Nollau · Das Amt

Günther Nollau

Das Amt

50 Jahre Zeuge der Geschichte

C. Bertelsmann Verlag
München

© 1978 C. Bertelsmann Verlag GmbH, München / 5 4 3 2 1
Gesamtherstellung Mohndruck Reinhard Mohn OHG, Gütersloh
Printed in Germany · ISBN 3-570-02687-6

Inhaltsverzeichnis

Meiner Frau,
der treuen Lebens- und Berggefährtin

Vorwort

Als mir der Verlag »Das Amt« als Titel für meine Erinnerungen vorschlug, habe ich diesen Titel zunächst kategorisch abgelehnt. Ich hatte zwei Gründe für meine Ablehnung: Einmal habe ich zwar ein Vierteljahrhundert lang dem Bundesamt für Verfassungsschutz angehört und in den letzten Jahren meiner beruflichen Laufbahn als Präsident an der Spitze dieser Behörde gestanden, aber den größeren Teil meines Lebens, von dem in meinen Erinnerungen auch die Rede sein soll, verbrachte ich außerhalb dieses Amtes.

Der zweite Grund meiner Abneigung gegen den Titel ist indirekt mit dem Bundesamt für Verfassungsschutz verbunden: Meine dortige Tätigkeit brachte mich mehr als mir lieb war mit jenem Geheimdienst in Berührung, der sich zunächst »Organisation Gehlen« nannte und aus dem später der Bundesnachrichtendienst hervorging. Über seinen längjährigen Chef, Reinhard Gehlen, konnte ich mir im Laufe der Jahre ein Urteil bilden, auf das ich im einzelnen noch zurückkommen werde. Nach seiner Pensionierung veröffentlichte Gehlen seine Memoiren unter dem Titel »Der Dienst«. Dieses Buch habe ich in einer Besprechung im »Spiegel« vom 1. 11. 1971 scharf kritisiert. Wer sich eingehender mit Gehlen beschäftigt hat, wird mir zubilligen, daß es sich herbei nicht um eine »natürliche« Rivalität zwischen den Chefs zweier Nachrichtendienste handelt, sondern um grundverschiedene Auffassungen. Daher war mir jede sich aus den Titeln der beiden Bücher ergebende Assoziation zuwider.

Die Herren des Verlages, der nach den Autorenverträgen über die Titel der Bücher zu befinden hat, konterten mit drei Argumenten: Primär seien Verlag und Leser an dem Teil meiner Erinnerungen interessiert, der meine Tätigkeit im Bundesamt für

Verfassungsschutz behandle. Zum anderen sei das Verhältnis des Verlages und der Leser zu Herrn Gehlen begreiflicherweise unbefangener als mein eigenes. Und schließlich könne die Öffentlichkeit durch meine Erinnerungen zum erstenmal in authentischer Form etwas über die Arbeitsweise jenes Amtes erfahren, das wie kaum eine andere Bundesbehörde im Laufe der letzten 25 Jahre im Zwielicht gestanden habe. Schließlich mußte ich den Rechtsgrundsatz »pacta sunt servanda« gelten lassen. Jedoch: Details von Verträgen mit besonderer Begeisterung zu erfüllen, haben selbst die Römer nicht verlangt.

Ich habe über meine Erlebnisse nicht von Anfang an Tagebuch geführt. Aber die Ereignisse verschafften mir von Zeit zu Zeit Muße, um das aufzeichnen zu können, was ich erlebt hatte. So habe ich 1941 in den Monaten meines Lazarettaufenthalts meine Erlebnisse im Zweiten Weltkrieg notiert. Und als ich im Januar 1945 Krakau verlassen mußte, benutzte ich die folgenden Monate in Dresden dazu, um meine Erinnerungen an das Generalgouvernement niederzuschreiben.

Im Frühjahr 1950 habe ich nach der Flucht aus Dresden in Westberlin festgehalten, was ich als bürgerlicher Anwalt unter einem kommunistischen Regime erlebt hatte.

In meiner Verfassungsschutzzeit von 1950 bis 1975 habe ich zwar viel geschrieben – aber kein Tagebuch geführt. Ich arbeitete über Probleme, die mich gerade beschäftigten: zum Beispiel über die Komintern und über den Zerfall des Weltkommunismus, den so viele nicht wahrhaben wollten.

Erst nach 1968, als ich Präsident des Bundesamtes für Verfassungsschutz geworden war, begann ich eine Art Tagebuch zu führen. Zwar fehlte mir die Zeit für tägliche Notizen, aber immer, wenn etwas Wichtiges oder Erregendes passiert war, versuchte ich, es wahrheitsgetreu zu fixieren.

Ich behaupte nicht, »objektiv« zu schreiben. Wer dies für sich in Anspruch nimmt, läßt, so meine ich, einen Mangel an Selbstkritik erkennen. Aber ich behaupte, subjektiv ehrlich notiert zu haben, was war und was ich dachte.

Zu danken habe ich Frau Hannelore Hille, die das Manuskript getippt und das Personenregister angefertigt hat.

Jugend in Dresden

»Ihr Gesuch um Zulassung als Anwaltsassessor wird abgelehnt, weil Sie nicht bereit gewesen sind, sich für Volk und Staat einzusetzen.«

Diesen Bescheid des Oberlandesgerichts Dresden erhielt ich im November 1937. Anfang Oktober hatte ich die zweite juristische Staatsprüfung bestanden und mein Gesuch auf Zulassung als Anwaltsassessor eingereicht.

Die Ablehnung traf mich schwer. Ich hatte gehofft, mit meinen guten beruflichen Leistungen »wenigstens« Rechtsanwalt werden zu können. Vor 1933 hatte ich mich noch in dem Gedanken gewiegt, Hochschullehrer zu werden. Aber da ich den inzwischen an die Macht gelangten Nazis keine Konzession machen wollte, bestand keine Aussicht, diesen Wunsch zu realisieren. Ich stamme aus einer bürgerlichen Familie. Mein Vater war Baurat gewesen, er starb 1920 an einer Krankheit, die er sich im Ersten Weltkrieg zugezogen hatte. Meine Mutter stammte aus einem wohlhabenden Haus. Während der Inflation hatte sie es verstanden, Teile des ererbten Vermögens durch Spekulation auf dem Aktienmarkt zu retten. Deshalb konnte sie uns studieren lassen.

Als ich im November 1931 in Leipzig im vierten Semester studierte, erhielt ich einen monatlichen Wechsel von 90 Mark. Das war wenig. Aber als Student konnte man damals billig leben. Ich gehörte keiner Verbindung an und ging auch nicht zum Repetitor. In meinem Taschenkalender notierte ich im November 1931 in einer Woche folgende Ausgaben: Mensa 2,90, Brot 0,26, Fett 0,50, Tinte 0,40, Klammern 0,35, Seife 0,25, Zahnpasta 1,–, Schwamm 0,60. Ich bewohnte mit einem Freund zwei Zimmer, die zusammen 45 Mark kosteten. Wir teilten uns den Betrag. Morgens und abends lebten wir von Brot und Schmalz. Der Preis für den dünnen Kaffee, den uns die Wirtin kochte, war in der Miete enthalten. Mittags aßen wir in der Mensa. Die Ernährung war so monoton wie unsere Lebensweise. Wir arbeiteten von 6 Uhr morgens bis 10 Uhr abends. Meine Brüder lebten so ähnlich. Unserem Studium hat dies keinen Abbruch getan. Alle drei haben wir das Universitäts-Examen »mit Auszeichnung« bestanden.

Zu Hause herrschte eine liberale Atmosphäre. Wir wohnten zuerst in Loschwitz auf dem Körnerweg, wo Schiller bei den Eltern Theodor Körners zu Gast gewesen war. Später zogen wir in das großväterliche Haus in Blasewitz. Schon als Kinder lernten wir die Dresdner Gemäldegalerie durch Tante Käte, die Schwester meiner Mutter, kennen. Sie kopierte dort und führte uns immer wieder durch die weltberühmte Sammlung. Wir wurden auch in das Musikleben eingeführt. Meine Mutter und Tante Käte spielten vierhändig Klavier und bevorzugten dabei Schubert, Chopin und Brahms. Ich erhielt auch einige Jahre Klavierstunden. Mit dem Ende des Unterrichts gab ich jedoch das Klavierspielen auf. Vor allem aber »lebten« wir mit der Dresdner Oper, die damals, was uns mit Stolz erfüllte, zu den ersten Europas – und damit der Welt – gehörte.

Die Dresdner Schüler profitierten dabei von einer Einrichtung der Oper, die »Rennplatz« genannt wurde. Eine Stunde vor Beginn der Oper wurde ein Seiteneingang geöffnet. Die Treppen dahinter endeten im fünften Rang. Man zahlte 50 Pfennig und raste die Treppen hinauf. Die zuerst Angekommenen ergatterten die Plätze, auf denen man sehen *und* hören konnte. Auf den hinteren Reihen mußte man sich mit den Tönen begnügen. Ich selbst landete nie in den hinteren Reihen, weil ich stets als einer der ersten oben ankam. Bei den Leibesübungen entwickelte ich einen Ehrgeiz, der mir in anderen Fächern fremd war. Eine Niederlage im Sport wurmte mich. Einmal verlor ich beim Tauziehen gegen einen sonst ganz unsportlichen Schulkameraden, der mich aber dank seines größeren Gewichts mühelos über die Linie zog. Diese Schmach trieb mir die Tränen in die Augen. Im Turnen erhielt ich stets die Note »eins«, die ich in anderen Fächern selten schaffte. Meine Lehrer meinten, ich sei zwar begabt, aber »schusselig«. Erst in den letzten Schuljahren interessierte ich mich auch für die anderen Fächer, so daß ich schließlich doch noch ein gutes Abitur machte.

Gläubig war ich nicht. Wir gingen nur am Weihnachtsabend in die Kirche. Denen, die ihre Frömmigkeit bewußt demonstrierten, stand ich skeptisch gegenüber. Im Religionsunterricht pries der Lehrer einmal die Diakonissinnen, weil sie ihr Leben der Nächstenliebe weihten. Ich meldete meine Zweifel an, möglicherweise hätte die eine oder die andere dieser Damen auch nur keinen Mann gefunden. Der Religionslehrer nahm diese Bemerkung übel. Er gab mir künftig nur noch eine »Drei«. Ich erregte auch noch durch andere vorlaute Äußerungen Anstoß bei ihm: Als er von Martin Luthers Leipziger Disputation mit dem katholischen Theologen Eck erzählte, erwähnte er auch, Luther habe zu Beginn des Streitgesprächs auf seinen Tisch das lateinische Wort »est« geschrieben, um sich von vornherein auf seine Meinung festzulegen, Brot und Wein seien beim Abendmahl tatsächlich der leibhaftige Leib und das Blut Christi. Ich war der Ansicht, daß dieses Verhalten Luthers »stur« gewesen sei. Denn wenn er von seinem »est« ohnehin nicht habe abweichen wollen, dann hätte er zu der Disputation nicht erst zu erscheinen brauchen.

Die Neigung zum selbständigen Denken habe ich von meiner Mutter geerbt, die sich nie scheute, in ihren Meinungen und in ihrem Lebensstil vom Hergekommenen abzuweichen. Einige Jahre nach dem Tode meines Vaters lernte sie einen Mann kennen, mit dem sie dann allem Gerede der Verwandtschaft zum Trotz 45 Jahre – bis zu ihrem Tode – zusammenlebte. Heiraten konnte oder wollte sie ihn nicht, weil sie sonst ihre Pension verloren hätte. Mit diesem Mann – wir nannten ihn Onkel Kurt – hatte ich als Vierzehnjähriger ein aufregendes Erlebnis: Wir waren beide gute Schwimmer und schwammen in den Ferien an der Ostsee auch bei Seegang von der ersten zur zweiten Sandbank vor Osternothafen. Eines Tages wollte mein älterer Bruder bei hohem Seegang mit uns hinausschwimmen. Obwohl er keine besondere Übung im Schwimmen hatte, dachte ich mir nichts dabei. Doch als ich die zweite Sandbank schon fast erreicht hatte, hörte ich meinen Bruder hinter mir um Hilfe rufen. Ich drehte mich sofort um und sah, daß sich Onkel Kurt schon um ihn bemühte.

Beide versuchten wir nun, den Kopf des Bruders über die schweren Brecher zu heben. Das gelang uns jedoch nicht, wir schluckten selbst eine Menge Wasser. Nach einer Viertelstunde war ich völlig erschöpft und von der Aussichtslosigkeit unserer Rettungsversuche überzeugt. Ich bemühte mich, mit den verbliebenen Kräften das Ufer zu erreichen. Als ich wieder Boden unter den Füßen hatte, drehte ich mich nach den beiden anderen um und war verblüfft, sie zwei Meter hinter mir zu sehen. Onkel Kurt hatte sich auf die Technik des Rettungsschwimmens besonnen, und mein Bruder Peter war gerade noch fähig gewesen, sich auf seinem Rücken festzuhalten. Mit weichen Knien wankten wir an Land, wo die Mutter auf uns wartete. Wir hüteten uns, ihr das Drama sogleich zu erzählen. Aber bei den Ausflügen von der ersten zur zweiten Sandbank verzichteten Kurt und ich von nun an auf Begleitung.

Von meiner Mutter habe ich auch die Begabung für fremde Sprachen geerbt. Sie hatte in ihrer Jugend einige Jahre in der romanischen Schweiz verbracht und sprach fließend Französisch. Da sie mehrmals in der Woche mit mir übte, frischte sie ihre Kenntnisse immer wieder auf. Als ich das Gymnasium verließ, hatte ich neun Jahre Latein-, sieben Jahre Französisch-, sechs Jahre Englisch- und zwei Jahre Spanischunterricht hinter mir. Sprachlich war ich also fürs Leben gut gerüstet.

Meine geistige Entwicklung wurde von zwei Männern bestimmt, denen ich in den ersten Studienjahren begegnete: Othmar Spann und Friedrich Brodauf. Spann war Professor für Volkswirtschaftslehre und Soziologie an der Wiener Universität. Ich hörte im Wintersemester 1930 bei ihm. Volkswirtschaftslehre war für mich als angehenden Juristen ein Nebenfach. Spanns faszinierende Art, seinen Studenten den Lehrstoff nahezubringen, bewog mich, den Grundlagen der Volkswirtschaftslehre einige Jahre meiner freien Zeit zu widmen. Er trug seinen Studenten nicht nur volkswirtschaftliche Theorien vor, sondern beriet uns auch, wie und nach welcher Methode wir studieren sollten. Er empfahl nicht nur Kompendien über volkswirtschaftliche und politische Theorien zu lesen, sondern die Quellen selbst zu studieren. Den Begriff »Quellen« faßte er dabei sehr weit, da er auch die philosophische Basis der Volkswirtschaftslehre dazu rech-

nete. In seinem Büchlein »Die Haupttheorien der Volkswirtschaftslehre« hat er seine Ratschläge zusammengefaßt. Ich übernahm zwar nicht Spanns eigene Lehre, den wirtschafts- und
gesellschaftspolitischen Universalismus, in dem er bis auf die
Scholastik zurückgriff und an die Romantik anknüpfte, aber ich
lernte von ihm, auf die Quellen zurückzugehen. In jenen Jahren,
von 1930 bis 1934, las ich Plato und Aristoteles, Seneca, Thomas
von Aquin, Erasmus von Rotterdam, David Hume, John Locke,
Thomas Hobbes, Descartes, Spinoza, Rousseau, Montesquieu,
Adam Smith, David Ricardo, Malthus, Kant, Hegel, Feuerbach
und schließlich auch Karl Marx. Mit dem ersten Band des »Kapitals« beschäftigte ich mich im Winter 1932/33. Spanns Antimar-
xismus basierte nicht auf einer unreflektierten Ablehnung. Er
verwies uns aber auf die Quellen, aus denen Marx geschöpft
hatte: Seine Dialektik fußte auf den Lehren Hegels, sein Mate-
rialismus auf Thomas Hobbes und Ludwig Feuerbach, die
Wert-, Lohn- und Preislehre beruhte auf den Arbeiten von Ricardo und Malthus. Da ich mich selbst mit diesen Quellen beschäftigte, mußte ich Spann recht geben und wurde nie ein überzeugter Marxist. Hinzu kam, daß die soziale Entwicklung (z.B.
in der Stellung der Arbeiterschaft und der Gewerkschaften) anders verlief, als Marx dies vorausgesagt hatte (etwa in seiner Verelendungstheorie). Dennoch trugen die Marxschen Lehren sehr
zum Verständnis unserer Zeit bei.
Der andere Mann, der mich in jenen Jahren stark beeinflußt hat,
war Friedrich Brodauf, der Vater eines Schulfreundes. Mit ihm
kam ich ins Gespräch, als ich seinen Sohn in den Semesterferien
besuchte und ihm von Othmar Spann und seinen Ratschlägen erzählte. Brodauf war interessiert und lud mich in sein Atelier ein.
Gegen Ende des 19. Jahrhunderts war er als Handwerksbursche
nach Rom gewandert. Später war er Bildhauer geworden, nachdem er vorher eine Graphikerlehre absolviert hatte.
In jüngeren Jahren war er offensichtlich erfolgreich. Seine Arbeiten wurden anerkannt. Man hatte ihm auch den Professorentitel
verliehen. Er besaß jedoch kein Amt mit festen Einkünften. In
den Jahren der Wirtschaftskrise erhielt er kaum Aufträge und
verdiente wenig. Er hatte jetzt viel Zeit, zu studieren und zu diskutieren. In meinen Semesterferien saßen wir oft in seinem Ate-

lier. Von ihm lernte ich nicht nur über seinen Beruf sehr viel. Er brachte mir die Grundbegriffe der Physiognomik bei, der Wissenschaft (oder der Gabe), nach der äußeren Erscheinung eines Menschen auf seinen Charakter zu schließen. Und er zeigte mir auch die Schriften von Lavater, Carus, Huter und Kretschmer. Einmal lieferte er einen stupenden Beweis seiner eigenen »Kunst«: Ich hatte meinen Bruder, einen damals fünfzehnjährigen Gymnasiasten, mitgebracht. Als ich das nächste Mal allein ins Atelier kam, sagte Brodauf: »Ihr Bruder wird mal ein hervorragender Ingenieur.« Sechs Jahre später, Brodauf war schon tot, machte mein Bruder seinen Dr.-Ing. mit Auszeichnung, und bald arbeitete er bei Wernher von Braun in der Raketenversuchsanstalt Peenemünde.

Hauptthema der Diskussion im Atelier waren aber Philosophie und Religion. Brodauf hatte viel gelesen und noch mehr nachgedacht. Von der Philosophie war er zur Anthroposophie und schließlich zur »Christlichen Wissenschaft« gelangt, der von Mary Baker-Eddy gegründeten Religionsgemeinschaft. Er gab mir ihr Buch »Science and Health«. Ich war sehr beeindruckt. Meine Mutter, der ich begeistert davon erzählte, war es auch – allerdings weniger von Mary Baker-Eddy als von der Befürchtung, daß ein Sektierer aus mir werden könne. Zu Hause gab es aber auch aus anderen Gründen hitzige Diskussionen. Einer meiner Brüder war Nationalsozialist und SA-Mann. Die Mutter, mein anderer Bruder und ich waren strikt dagegen. In diesen ersten Jahren des Dritten Reiches rechnete niemand von uns damit, daß ich mir durch meine ablehnende Haltung gegenüber den Nazis meine berufliche Zukunft verbauen könnte. Die Hauptsorge meiner Mutter galt einige Jahre tatsächlich meinen religiösen Neigungen. Aber allmählich befreite ich mich zu ihrer Genugtuung vom Einfluß Brodaufs.

Unterdessen absolvierte ich meine Ausbildung als Referendar. 1935 promovierte ich über ein zivilrechtliches Thema. Mein juristischer Mentor, der berühmte Konkursrechtler Professor Ernst Jaeger in Leipzig war ebenfalls ein Nazigegner. Ich mußte meine Doktorarbeit deshalb nicht mit Begriffen aus dem Sprachschatz der Naziideologie dekorieren.

Beruflich konzentrierte ich mich auf Zivilrecht, insbesondere auf gewerblichen Rechtsschutz und Urheberrecht. Auf diesem Rechtsgebiet schienen sich mir als Anwalt gute Aussichten zu eröffnen. Aus diesem Grunde sah ich davon ab, einen Teil der Referendarzeit bei einer Verwaltungsbehörde zu verbringen. Ich arbeitete statt dessen in der Patentabteilung der Mitteldeutschen Stahlwerke, die zum Flickkonzern gehörten. Dort lernte ich auch einige Praktiken der Großindustrie kennen. Meine Firma führte einen Patentprozeß gegen Krupp. Der Leiter unserer Patentabteilung hielt es für nötig, zur Untermauerung seines rechtlichen Standpunktes ein Gutachten bei Gericht einzureichen. Dieses Gutachten fertigten wir selbst in der Patentabteilung an. Der Abteilungsleiter ließ sich 3000 RM auszahlen, damals eine beträchtliche Summe. Wir fuhren nach Freiberg in Sachsen zur Bergakademie. Er ließ mich im Auto warten und verschwand in dem Gebäude. Nach einer halben Stunde kehrte er zurück und zeigte mir triumphierend die Unterschrift eines berühmten Professors auf dem Gutachten. »Die 3000 Mark bin ich los«, bemerkte er nebenbei.

Ich beendete meine Ausbildung in kürzester Zeit. Alle Vorgesetzten beurteilten mich gut. Nachdem ich die Befähigung zum Richteramt erlangt hatte, beantragte ich, als Anwaltsassessor zugelassen zu werden. Die Ablehnung meines Gesuchs habe ich eingangs bereits erwähnt. Meine Existenz war davon nicht unmittelbar bedroht. Ich hatte eine Stellung als juristischer Hilfsarbeiter in einem angesehenen Dresdner Anwaltsbüro, in dem ich gern arbeitete. Dort war ich übrigens auch nicht der einzige Hilfsarbeiter. Neben mir saß Ministerialrat Schröder, genannt »Matrosen-Schröder«, weil er 1918 als junger Mann mit den Kieler Matrosen gemeutert hatte. Der andere Nachbar war Ministerialrat Dr. Geyer, der als Sozialdemokrat 1933 ein Opfer des Gesetzes zur »Wiederherstellung des Berufsbeamtentums« geworden war.

Nach einem halben Jahr riet mir einer der Chefs dieses Anwaltsbüros, mein Verhältnis zur NSDAP in Ordnung zu bringen. Wenn ich nicht als Anwaltsassessor zugelassen würde, könne die Kanzlei mein Gehalt nicht mehr von den Beiträgen zur Anwaltskammer abziehen. Er sagte es nicht direkt, aber es war klar, daß ich mit der Beendigung meines Arbeitsverhältnisses rechnen

mußte, wenn es bei der Nichtzulassung blieb. Zu dieser Zeit –
im Frühjahr 1938 – war ich noch nicht bereit, einer Parteiorganisation beizutreten. Ich entschloß mich, zunächst als Freiwilliger
meinen Wehrdienst abzuleisten, damit hoffte ich, ausreichend
meine Bereitschaft zum »Einsatz für Volk und Staat« unter Beweis zu stellen. Der Entschluß fiel mir schwer, weil ich von meinen philosophischen und religiösen Studien her noch immer pazifistisch beeinflußt war. Aber ich sah keine andere Möglichkeit.

Da ich ein passionierter Bergsteiger war, meldete ich mich zu den
Gebirgsjägern. Von Oktober 1938 bis Januar 1939 machte ich
meine erste Übung in Saalfelden am Steinernen Meer. Der Dienst
war anstrengend, aber es gab wenig sinnlosen Schliff, und es
herrschte Kameradschaft.

Im Frühjahr 1939 wiederholte ich mein Gesuch um Zulassung als
Anwaltsassessor. Als es erneut abgelehnt wurde, war ich konsterniert. Was sollte ich nun tun? An Emigration dachte ich nicht.
Ich kannte niemanden im Ausland und hatte vor 1933 auch keiner demokratischen Partei angehört. Bei keiner Organisation –
außer dem Alpenverein – war ich Mitglied. Mir blieb nichts anderes übrig, als zu versuchen, die Zulassung durch eine weitere
Konzession zu erreichen. Ich trat dem Nationalsozialistischen
Kraftfahr-Korps (NSKK) bei. Das NSKK galt damals als ein
Verein von Leuten, die sich möglichst wenig engagieren wollten.
Uns wurden auch keine politischen Bekenntnisse oder Aktivitäten abverlangt. Trotzdem fiel es mir schwer genug, einmal wöchentlich die verabscheute Uniform anzuziehen und zum
»Dienst« zu gehen.

Nach einem halben Jahr versuchte ich wieder, als Anwaltsassessor zugelassen zu werden. Ich erhielt die dritte Abfuhr. Wieder
war ich ratlos. Da brach im Herbst 1939 der Krieg aus. An jenem
Tage war ich gerade in einem Freibad. Durch den Lautsprecher
wurden die Kriegserklärungen verkündet. Eine lähmende Stille
bemächtigte sich der Badegäste. Es war, als ob die Leute das
kommende Unheil ahnten.

Ich wurde zunächst nicht zur Wehrmacht eingezogen. Also arbeitete ich weiter als juristischer Hilfsarbeiter – nun schon das
dritte Jahr. Auch den NSKK-»Dienst« versah ich weiter. Eines

Abends – es war wohl im Spätherbst 1939 – fragte der Sturmführer die angetretene Mannschaft, wer noch nicht der NSDAP angehöre. Mit einigen anderen meldete auch ich mich. Er ließ uns die Aufnahmeformulare unterschreiben.

Wenige Monate danach wurde ich zur Wehrmacht eingezogen. Im Dezember 1941 erhielt ich als Kriegsbeschädigter meine Entlassung. Die Zulassung als Rechtsanwalt, die ich schon vorher vom Lazarett aus beantragt hatte, wurde jetzt endlich gewährt. An meinem »Einsatz« konnten die Nazi-Justizbehörden nun nicht mehr zweifeln. Ein Jahr später erfuhr ich von meiner Aufnahme in die NSDAP.

Schwere Jahre lagen damals hinter mir. Aber die beruflichen Sorgen belasteten mich weniger als das Gefühl, erniedrigt worden zu sein und – noch bitterer – mich durch eine Konzession nach der anderen selbst erniedrigt zu haben.

Als Gebirgsjäger
von Frankreich nach Kreta

Anfang Mai 1940 wurde ich nach Leoben/Steiermark einberufen. Dort stellte man das neue Gebirgsjägerregiment 143 auf. Nach wenigen Tagen wurden wir zum Truppenübungsplatz Heuberg in der Schwäbischen Alb transportiert, wo sich die neue 6. Gebirgsdivision versammelte. Über ihren Kommandeur, Oberst Schörner, kursierten unterschiedliche Geschichten. Er gehöre mit Rommel und Ernst Jünger zu den sechs Infanterie-Leutnants aus dem Ersten Weltkrieg, die den Orden Pour le mérite erhalten hätten, erzählte man sich. Vor allem aber sei er »ein wilder Hund, ständig hinter Bummlern und Drückebergern her«. Wir bekamen bald zu spüren, was tatsächlich los war. Eines Abends, wenige Tage nach dem Angriff auf Frankreich, marschierten wir vom »Heuberg« ab. Vorher waren der Truppe rigorose Befehle über die Marschdisziplin verlesen worden. Wer fußkrank war, durfte nur zurückbleiben, wenn er einen Befehl des Bataillonsarztes vorweisen konnte. Andernfalls drohte Bestrafung wegen militärischen Ungehorsams. Die Feldgendarmerie prüfte jeden Fall und erstattete Tatbericht (= Anzeige), wenn einer keinen Befehl des Arztes bei sich hatte. Noch während der ersten Nacht wurden uns Kriegsgerichtsurteile gegen solche »Ungehorsame« verlesen. Dabei verweigerten bei manchen die Füße einfach den Dienst. So viele mit blutigen Blasen bedeckte Füße hatte ich noch nie gesehen und sind mir seitdem auch nicht mehr zu Gesicht gekommen. Wir hatten auf dem »Heuberg« neue Bergstiefel bekommen. Die Füße in neuen Stiefeln einem derartigen »Test« auszusetzen war brutal. Einige »alte Marschierer«, darunter ich, hatten versucht, das Leder zu erweichen. Vor dem Abmarsch hatten wir hineingepinkelt und die Brühe einige Stunden »ziehen« lassen. Mich hatte das zwar nicht vor Blasen bewahrt, aber ich konnte sie gerade noch ertragen und der Versuchung widerstehen, mich in den Straßengraben fallen zu lassen. Dafür fielen ich und so mancher Kamerad bei jeder kurzen Marschpause auf die Knie – nicht um Gott zu danken, sondern um die malträtierten Fußsohlen zu entlasten. Auf diese Weise legten wir in den ersten 36 Stunden unserer Teilnahme an diesem Feldzug 102 km zurück. Wir passierten dabei auch Freiburg, wo uns der Anblick von Trümmern empörte, die scheinbar das Resultat eines französischen Luftangriffs auf eine friedliche Stadt waren. Erst nach dem Krieg erfuhr ich, daß deutsche Flugzeuge die Bomben versehentlich abgeworfen hatten. Wir überquerten den Rhein bei Breisach. Verluste hatten wir nicht, da andere vor uns die Bunker der Maginot-Linie genommen hatten. Bei Schlettstadt ging es dann in die Vogesen. Hier übernahmen wir die Spitze. Verluste hatten wir aber auch jetzt keine. Die Franzosen boten kaum Widerstand. Offensichtlich waren sie demoralisiert. Massen von – meist veraltetem Kriegsmaterial lagerten am Straßenrand. Bald erreichten wir St-Dié, wo uns der »Waffenstillstand« verkündet wurde.

Für mich bedeutete St-Dié auch eine persönliche Wende. Man hatte entdeckt, daß keiner im Bataillon besser französisch parlieren konnte als ich. So erhielt ich ein Motorrad mit Beiwagen samt Fahrer und wurde beauftragt, für das Bataillon Quartier zu machen, was ich nur zu gern tat. Die Fußmärsche waren damit für mich, wenigstens in Frankreich, zu Ende. Wer selbst viel marschiert ist, wird wissen, welches Glück ich damit hatte. Wie im Flug verging mir die Zeit auf der Fahrt nach Pontarlier an der französisch-schweizerischen Grenze. Dort überlegten wir, ob wir unmittelbar vor dem Einfall in die Schweiz standen. In Pontarlier wurde Schörner von Himmler besucht. Wir brauchten nicht lange über den Sinn dieses Besuches nachzudenken, denn bald ging die Reise weiter nach Westen an Paris vorbei zur normannischen Küste. Dort übten wir Landungsoperationen. Wir überquerten »kriegsmäßig« die Seine und paddelten in Schlauchbooten auf dem Kanal. Das Spekulieren über den Zweck dieser Übungen hörte auf, als Landkarten der englischen Kanalküste verteilt wurden. Wir sollten also die Insel erobern.

An einem Septembertag schien es Ernst zu werden. Unsere

Kompanie erhielt den Befehl, eine »Erste Staffel«, die Kampf-truppe, und eine »Zweite Staffel«, die Nachschubkräfte, zu bil-den. Eines Nachts marschierte die Erste Staffel nach Le Havre, der damals schon schwer zerbombten Hafenstadt. Dort mußten wir einen Dampfer besteigen, der mir sehr groß zu sein schien, aber nur 8000 Tonnen hatte. Wir erhielten einen Platz im Zwi-schendeck angewiesen. Einige tausend Soldaten wurden im Bauch des Schiffes untergebracht. Mit der Außenwelt waren wir nur durch eine Luke verbunden, die sich mehrere Stockwerke über uns befand und durch die man das Tageslicht schimmern sah. Ich stellte mich an den Fuß der Treppe, um nach oben stür-men zu können, wenn etwas »geschah«. Bald hörten wir Kom-mandos, vernahmen Maschinengeräusche und bemerkten die Bewegungen des Schiffes. Das Schiff lief aus. Wir kamen auf hohe See. Uns war mulmig zumute, und ich begann zu spekulieren, wie lange das Schiff wohl brauchen werde, bis es die englische Südküste erreicht hätte. Die Probe auf dieses Exempel wurde uns jedoch erspart. Das Schiff wendete. Nach einigen Stunden legte es wieder am Kai von Le Havre an. Wir gingen von Bord und marschierten wieder in unsere Quartiere. Niemand erklärte uns, was geschehen war. Erst Jahre später erfuhr ich, daß das »Unter-nehmen Seelöwe«, die Eroberung Englands, abgeblasen worden war. Wieder an Land, gaben sich manche Kameraden den Freu-den des »Fraternisierens« hin. Zu den Folgen gehörte auch ein Divisionsbefehl, in dem den Soldaten befohlen wurde, sich nach jedem Geschlechtsverkehr »sanieren«, d.h. im Krankenrevier vorsorglich behandeln zu lassen. Wer sich künftig mit einer Geschlechtskrankheit meldete, dem wurde Bestrafung wegen Mißachtung dieses Befehls, also wegen militärischen Ungehor-sams, angedroht. Obwohl ich gar nicht dagegen verstoßen hatte, wurde ich ein Opfer dieses Divisionsbefehls und mußte einen Lehrgang für Offiziersanwärter verlassen, an dem ich im Herbst 1940 teilnahm. Der Bataillonskommandeur erklärte mir, ihm liege eine Meldung vor, nach der ich ein »Hurenbeisl« besucht hätte. Nach einigem Nachdenken kam ich darauf, was mit dem »Hurenbeisl« gemeint war. Mit einigen Kameraden hatte ich ei-nes Abends eine Wirtschaft besucht, deren marokkanischer Wirt angenehm duftenden Pfefferminztee kochte, den seine 15jährige

Tochter servierte. Dort waren wir von einer Offiziersstreife kontrolliert worden, die aber nichts beanstandete. Einen der Offiziere kannte ich. Es war ein Bataillonsadjutant, dem ich törichterweise bei einer Diskussion meine besseren Französischkenntnisse nachgewiesen hatte. Ein Beisl, eine kleine Wirtschaft, war es unzweifelhaft, wo er uns angetroffen hatte, aber von Hurerei war nichts zu sehen gewesen. Ich überlegte, ob ich gegen diese Entscheidung etwas unternehmen sollte. Obwohl ich mit vier Kameraden dort gewesen war, also vier Zeugen hatte, unterließ ich es. Mein Interesse, an dem Lehrgang teilzunehmen, war gering. Wir hatten inzwischen das Üben für die Invasion in England aufgegeben und bereiteten uns auf Landkriegsoperationen vor. Wir machten lange Märsche, wurden aber durch Geländeläufe auch auf Schnelligkeit trainiert. Bei einem solchen Lauf in der Normandie war ich der Schnellste meines Bataillons. Das war kein Zufallserfolg, ich hatte nach dem Abitur, also immerhin zehn Jahre lang, zweimal in der Woche mit meinem jüngeren Bruder und einigen Freunden in der Dresdener Heide Waldlauf trainiert.

Im Dezember 1940 wurde das Regiment von der Normandie nach der Steiermark verlegt. Dort begannen anstrengende Hochgebirgsübungen. Bei einem Skilanglauf, den wir dort absolvierten, schnitt ich wieder gut ab. Am nächsten Tag ließ mich der neue Bataillonskommandeur, ein sportlich aktiver Bayer, kommen und erklärte mir: »Ich habe mich davon überzeugt, daß Sie doch ein guter Soldat sind. Daher nehme ich die von meinem Vorgänger verhängte Maßnahme zurück.«

Zwei Tage später wurde ich erneut zum Kommandeur bestellt. Ich hatte schon im Bett gelegen und mußte nun, mitten in der Nacht, auf Skiern die Straße nach Aflenz hinunterfahren. Dort angekommen, meldete ich mich im Dienstzimmer des Kommandeurs, der zunächst einmal meine Haltung beanstandete: »Können Sie die Daumen nicht richtig anlegen? Gehen Sie noch einmal hinaus.« Als ich das zweite Mal hereinkam und nun seinem kritischen Blick genügte, teilte er mir mit, daß der General einen Hochtourenbegleiter suchte, der ein guter Alpinist und außerdem auch noch intelligent sei. Die Frage, ob ich mir dies zutraue, bejahte ich. Darauf befahl er mir, am nächsten Morgen um 4 Uhr feldmarschmäßig bereit zu sein. Ein Krad werde mich abholen und zum Divisionsstabsquartier bringen. Dort hätte ich mich bei Major Wieser zu melden. Auf diese Weise kam ich zu einem angenehmen Druckposten bei dem inzwischen zum General beförderten Schörner. Major Wieser, ein Innsbrucker, der Ia unserer Division für Gebirgsfragen, also ein Spezialist für Kriegsführung im Hochgebirge, war mir wohlgesinnt. Er machte mich mit meiner Aufgabe bei Schörner vertraut. Der General brauchte mich nur dreimal in der Woche. Ich mußte ihn begleiten, wenn er die Truppe bei Hochgebirgsübungen inspizierte.

Major Wieser merkte bald, daß ich nicht nur alpine Erfahrungen hatte, sondern auch ganz gut deutsch konnte. Deshalb gab er mir Entwürfe für Hochgebirgsdienstvorschriften, damit ich sie auf Stil und Verständlichkeit durchsehen sollte. Vor allem aber drückte er mir einen schriftlichen Befehl in die Hand, der lautete: »Der Obergefreite Nollau hat zu Ausbildungszwecken vormittags von 8–13ʰ und nachmittags von 15–18ʰ skifahren zu gehen.« Wohl keinen Befehl habe ich so eifrig befolgt wie diesen. Selbst der Chef des Divisionsstabsquartiers versuchte vergeblich, mich für Bürodienste einzuspannen. Die meiste Zeit verbrachte ich auf der Aufsprungbahn der Sprungschanze, die steil genug war, um Slalomschwünge üben zu können.

General Schörner war kein Alpinist und auch kein guter Skifahrer. Er forderte mich auf, ihm die Ski für die Abfahrt stumpf zu wachsen, damit es nicht so schnell gehe. Sonst war er sehr auf seine Würde bedacht. Das hing möglicherweise mit seinem früheren Beruf als Volksschullehrer zusammen. Vor einem Anstieg wies er mich an, ihm in 100 m Abstand zu folgen. Wurde aber das Gelände lawinös, blieb er stehen und befahl: »Gehen Sie 100 m voraus.« In ähnlicher Weise verhielt er sich im Divisionshauptquartier. Wir wohnten im Hotel Panhans am Semmering, wo er eine Zimmerflucht im ersten Stock für sich reserviert hatte. Wenn er Mittagsruhe halten wollte, ließ er im Korridor einen Posten der Feldgendarmerie am Beginn seiner Zimmerflucht aufziehen und einen am Ende, so daß kein Vorbeigehender seinen Schlaf stören konnte. Über den Aufwand an Posten mokierte man sich natürlich im Hauptquartier. Ordonnanzoffizier war Leutnant Graf Einsiedel, mit dem ich bald bekannt wurde, weil einer meiner Dresdener Klassenkameraden ein von Einsiedel gewesen war. Wir amüsierten uns oft über Schörners Allüren. Eines Tages beschaffte sich von Einsiedel, dessen Zimmer über dem Schlafraum Schörners lag, ein Paar Holzpantinen und ging in seinem Zimmer klappernd auf und ab, während Schörner seine Mittagsruhe hielt. Dieser rächte sich, indem er den Grafen, der ein passionierter Kavallerist war, zu einer Jägerkompanie versetzte.

In die Reibereien zwischen den beiden wurde ich auch verwikkelt. Eines Tages nahm ich mit Schörner an einer Übung teil, zu der ein winterliches Hochgebirgsbiwak gehörte. Der General absolvierte es in 2000 m Höhe mit der Truppe. Ich hatte Gelegenheit, die Dienstvorschrift zu testen, bei deren Abfassung ich Major Wieser geholfen hatte. Am nächsten Morgen machte sich der General an den Abstieg. Ich folgte ihm in angemessener Entfernung. Wir überholten eine Jägerkompanie, zu deren Zugführer Graf Einsiedel gehörte. Als er mich sah, raunte er mir matt zu: »Können Sie mich mitnehmen? Ich habe die Schnauze voll.«

Schörners Eigenheiten kennend, wußte er, daß mir nie die Ehre zuteil wurde, mit dem General im selben Auto befördert zu werden. Schörner fuhr in einem Opel-Admiral, ich folgte mit einem Fahrer in einem VW-Geländewagen. An jenem Tag kamen der General und ich kurz hintereinander im Tal an. Ich ließ ihn vorausfahren und wartete dann auf den fußkranken Einsiedel. Wir bestiegen mein Auto und fuhren los. Nach einer Viertelstunde kam uns ein Opel-Admiral entgegen. Wir rutschten in unsere Sitze, aber bald bemerkten wir, daß der Opel offensichtlich gewendet hatte und uns jetzt zu überholen versuchte. Als er vor uns war, fuhr er rechts heran. Schörner nötigte uns zu halten, stieg selbst aus, trat an unseren Wagen und befahl, ohne mich zu beachten, Einsiedel: »Heute 20 Uhr Kriegsgerichtsverhandlung im Hotel Panhans.«

Später hörte ich, daß Graf Einsiedel bei dieser Kriegsgerichtsverhandlung Bescheinigungen des Bataillonskommandeurs und des Arztes vorgelegt hatte, die ihn als »fußkrank« vom Marschieren entbanden. Er wurde freigesprochen.

Im März 1941 wurden wir nach Rumänien transportiert, um dort als »Lehrtruppe« eingesetzt zu werden. Zu meiner Überra-

schung versetzte mich der General nicht zur Truppe, sondern beließ mich im Divisionsstab. In Rumänien fungierte ich wieder als Quartiermacher, denn dort sprachen die Gebildeten französisch. In Caracal mußte ich eine Unterkunft für den General suchen. Ich hatte eine große Villa ausgemacht, deren Eigentümer, ein Advokatenehepaar, baten, im Erdgeschoß oder im ersten Stock des Hauses bleiben zu dürfen. Schörners Antwort: »Mit diesen Wanzenhaltern schlafe ich nicht unter einem Dach.«
Wir blieben nicht lange in Rumänien, weil wir bald nach Bulgarien in Marsch gesetzt wurden. Ich gehörte zur motorisierten Vorausabteilung der 6. Gebirgsdivision, wobei mir die spezielle Aufgabe zugedacht war, den General zu schützen. Immerhin hatte ich dadurch den Vorteil, nicht marschieren zu müssen. Ich fuhr, die entsicherte Maschinenpistole auf den Knien, im ersten Geländewagen hinter Schörner. Zu dessen Steckenpferden gehörte Marschdisziplin in der Kolonne. Er wollte jede Störung der Marschkolonne unserer Division von vornherein unterbinden. Bevor wir das Balkangebirge über den Petrohanpaß zu überqueren begannen, befahl er einem Trupp von Feldgendarmen, sich ans Ende unserer Kolonne zu begeben und jedem, wer es auch sei, das Überholen zu verwehren. Die Feldgendarmen nahmen das wörtlich. Als der Erste Generalstabsoffizier der uns übergeordneten Armee versuchte, unsere Marschkolonne zu überholen, stoppten ihn die Feldgendarmen mit vorgehaltenen Maschinenpistolen. Es gab eine lautstarke Auseinandersetzung, aber die Feldgendarmen blieben fest. Sie kannten ihren Herrn. Später in Gorna Dschumaja – südlich von Sofia – hörte ich, wie der Armeeoberbefehlshaber, Feldmarschall von List, die Behinderung seines I a zur Sprache brachte. Aber Schörner beharrte auf seinem Standpunkt und deckte seine Feldgendarmen. Die Sache verlief im Sande.
In Gorna Dschumaja verbrachten wir einen ruhigen Tag. Wir mußten warten, bis die Division nachkam. Am Berghang entsprang eine starke heiße Quelle, die in mehrere untereinander gelegene Badebecken geleitet wurde. Dabei kühlte sie sich ab. Von den unteren Becken mit lauwarmem Wasser bis zu den oberen mit heißem Wasser aufsteigend, erholten wir uns. Schon die Römer hatten hier auf diese Weise ihre Kuren absolviert.

Eines Tages befahl mir Schörner, bei einer bulgarischen Kommandostelle vier bulgarische Uniformen zu besorgen und mich bereit zu halten. Am nächsten Morgen mußte ich damit erscheinen. Eine zog der Kommandierende General unseres Armeekorps, Böhme, an, eine sein Stabschef, eine Schörner, eine ich. Schörner teilte mir mit, er plane eine Erkundung der Befestigungen der Metaxaslinie. Ich sei für die Sicherheit seiner Gäste verantwortlich. Angesichts der Schnellfeuergeschütze, mit denen die griechische Armee die Bunker der Metaxaslinie bestückt hatte, faßte ich das als bloße Redensart auf. Dann stiegen wir jedoch drei Stunden bis unter den Kamm des etwa 2000 m hohen Belasica-Gebirges auf, den die griechischen Befestigungen krönten. Aus nur einigen hundert Metern Entfernung konnten wir sie gut beobachten. Nicht zu sehen war jedoch die zweite Linie der Griechen, die auf dem südlich liegenden Krusia-Oros-Gebirge verlief. Schörner war offenbar nicht sicher, wo die Bunker dort lagen. Am nächsten Tag befahl er mir deshalb, dies zu erkunden.

Eines Abends ging ich, begleitet von zwei Kameraden, wieder in bulgarischer Uniform zu einem Abschnitt der bulgarisch-griechischen Grenze, an der das Gebirge so steil und unwegsam war, daß die Griechen es nicht für nötig gehalten hatten, es zu befestigen.

Die Kameraden blieben an der Grenze zurück, um meine Rückkehr zu decken. Ich stieg auf der griechischen Seite mit äußerster Vorsicht den Hang hinunter. Meine Lage war prekär. Wenn ich in bulgarischer Uniform gefangen wurde, war ich als Spion so gut wie überführt. Um mein Leben so teuer wie möglich zu verkaufen, hatte ich meine Maschinenpistole mitgenommen. Endlich fand ich einen Platz, an dem ich, gut versteckt, mein Scherenfernrohr aufstellen konnte. Ich suchte die Hänge des gegenüberliegenden Krusia-Oros-Gebirge ab. Die Griechen hatten an einigen Bunker-Baustellen sorglos Licht brennen lassen. Die Bunker trug ich in ein mitgebrachtes Luftbild ein. Unbehelligt kehrte ich zu meinen Kameraden zurück. Das Luftbild legte ich am Morgen dem General vor. Er schien zufrieden zu sein.

Aber bald hatte er einen neuen Auftrag für mich. Er übergab mir ein Päckchen und einen Kurierausweis mit dem Befehl: »Sie fahren nach Salzburg zum General X, dem Kommandierenden General des XVIII. Armeekorps, und überbringen ihm das Päckchen. Für den Inhalt haften Sie mit Ihrem Kopf. In einer Woche sind Sie wieder da.« Ein Auto stand bereit, mich über Sofia nach Bukarest zu bringen, von wo aus ich den Zug benutzen sollte. Ich überlegte mir, wie ich das brisante Päckchen am schnellsten abliefern könnte. Schließlich dirigierte ich den Fahrer zum nächsten Flugplatz, der nur etwa 10 km von unserem Divisionsstabsquartier in Petric entfernt war. Dort meldete ich mich beim Kommandanten, zeigte meinen Kurierausweis und bat, in einem Flugzeug nach Bukarest mitgenommen zu werden. Er sagte: »In 10 Minuten startet eine Maschine. Sie können mit.« In einer Viertelstunde befand ich mich über den schneebedeckten Ausläufern des Rila-Gebirges. Bald lag Sofia unter uns, wir überquerten die Hauptkette des tiefverschneiten Balkan-Gebirges, schwebten über das silberne Band der Donau und landeten gegen Mittag auf einem Flugplatz am Rande der rumänischen Hauptstadt. Auch dort suchte ich den Platzkommandanten auf, zeigte meinen Ausweis, sagte meinen Spruch und war bald auf dem Wege nach Wiener Neustadt. Noch in der gleichen Nacht traf ich mit dem Zug in Salzburg ein. Am Morgen meldete ich mich bei dem General. Er öffnete das Päckchen in meiner Gegenwart und lächelte. Darin befand sich ein Kistchen Virginia-Zigarren, die offenbar aus dem bulgarischen Tabakanbaugebiet um Petric stammten. Ich lächelte nicht. Der General schrieb einige Zeilen an Schörner und fragte mich freundlich, ob ich irgendwelche Wünsche hätte. Ich bat ihn, mir eine Gelegenheit zum Rückflug zu verschaffen. Er rief einen Ordonnanzoffizier, der alles regelte. Am Nachmittag befand ich mich schon auf dem Rückflug nach Bukarest. Während des Fluges wurde mir die Inkonsequenz meines Verhaltens bewußt: Trotz meiner pazifistischen Neigungen und obwohl ich wußte, daß das kleine Griechenland in wenigen Tagen wider alles Recht von der deutschen Wehrmacht überrollt werden würde, eilte ich auf dem kürzesten Weg zu meiner Einheit zurück. Die Kameradschaft hatte den Pazifismus verdrängt.

Als ich mich bei Schörner meldete, fragte er argwöhnisch: »Du hast wohl dein Päckchen verloren?« Ich gab ihm die Empfangsbestätigung und bat ihn, mich zu meiner Truppe zurückzuversetzen. Das tat er. Tiefbefriedigt verließ ich das Stabsquartier und machte mich auf den Weg zu meiner Kompanie, wo ich freundlich empfangen wurde. Man war gerade dabei, die Einheit in eine Erste Staffel, die Kampftruppe, und die Zweite Staffel, den Nachschub, aufzuteilen. Diese Aufteilung war notwendig geworden, weil unsere Kompanie den Angriff in einen Abschnitt des Belasica-Gebirges vortragen sollte, der so steil war, daß unsere motorisierten Küchenfahrzeuge unverwendbar waren und selbst Tragtiere dort nicht gehen konnten. Ich kannte dieses Gelände bereits von meinen in Schörners Auftrag unternommenen Erkundungen. Der Tag des Angriffs nahte. Wir hatten den Befehl erhalten, das griechische Grenzwächter-Häuschen um 5 Uhr morgens zu überfallen. Da es in etwa 2300 m Höhe lag, mußte unser Stoßtrupp während der Nacht aufsteigen, um zur Angriffszeit in der Nähe dieses Zieles zu sein. Die Kompanie durfte aber nicht weit zurückbleiben, damit wir, die Überraschung nutzend, möglichst weit in das Tal vorstoßen konnten. Unser Ziel war die in diesem Tal liegende Ortschaft Kastanusa. Als der Kompaniechef am Abend vor dem Angriff den Befehl zum Abrücken gab, geschah etwas Unerwartetes: Einer unserer Kraftfahrer von der Nachschubstaffel ging beim Umfüllen von Benzin unvorsichtig mit seiner Zigarette um. Es gab eine Explosion, ein Benzinkanister kippte um, und sofort stand ein Lkw in Flammen. Das Feuer griff auch auf die Ladung über. Leuchtspurmunition explodierte, ein Feuerwerk stieg gen Himmel. Wir marschierten trotzdem los. Das Feuerwerk war jedoch auch in dem etwa 10 km entfernten Divisionsstabsquartier gesehen worden. Als wir gegen 1 Uhr morgens unsere erste größere Rast machten, erschien ein von Schörner beorderter Kriegsgerichtsrat, der den Tatbericht, d. h. die Strafanzeige, aufnehmen wollte. Der Kompaniechef erklärte ihm, er wisse nicht, wer der Täter sei, die Truppe müsse sich jetzt für den morgigen Angriff bereit stellen, der Richter solle zu geeigneter Zeit wiederkommen. Der Kriegsgerichtsrat sah dies ein und ging wieder. Wir sahen ihn nie wieder, denn wir trugen der durch die Kämpfe veränderten Lage Rechnung. Am Abend des ersten Kampftages sagte der Kompaniechef zu mir: »Nollau, Ihnen ist heute ein Richtkreis zerschossen worden.« Da ich wußte, daß auf dem verbrannten Lkw mehrere dieser wertvollen Instrumente gelegen hatten, bestätigte ich es. Bis zum Ende des Feldzuges waren alle Teile des verbrannten Lkws samt der Ladung ein Opfer der Kämpfe geworden. Zur Stunde X überfiel unser Stoßtrupp das besagte Grenzwärterhaus. Die Bewohner waren völlig ahnungslos und ergaben sich. Für unsere »Hauptmacht«, die Kompanie, war nun der Weg ins Tal frei. Wir trafen auf keinen Widerstand. Nur einmal brachten wir unsere Maschinengewehre in Stellung, um eine aufsteigende griechische Kolonne zu beschießen, die rasch Deckung suchte. Der Abstieg war anstrengend. Da die Tragtiere zurückgelassen worden waren, mußten wir vom Zug der Schweren Maschinengewehre alles selbst tragen. Als Gewehrführer brauchte ich zwar weder das Maschinengewehr noch die Lafette zu tragen, schleppte aber mit dem Entfernungsmesser, der Maschinenpistole und der Munition dennoch etwa 80 Pfund mit mir. Trotz guter Kondition verursachte mir das bei einem Abstieg von 2000 m Höhendifferenz weiche Knie. Nachdem wir gegen 8 Uhr morgens im Talort Kastanusa eingetroffen waren, bat unser Bataillonskommandeur durch Funk um Erlaubnis, die zweite Linie der Befestigungen im Krusia-Oros-Gebirge einzunehmen. Ein Spähtrupp hatte sie als unbesetzt gemeldet. Schörner verbot dies jedoch, weil er fürchtete, dadurch die rechte Flanke der Division zu entblößen. Gegen Mittag zeigten Staubwolken und Motorengeräusche vom Süden her das Nahen feindlicher Kräfte an, die diese Bunker besetzten. Aber die Hauptlinie der Befestigungen war zu dieser Zeit noch nicht in unserer Hand. Wir mußten warten. Am nächsten Morgen schickte mich der Kompaniechef mit einigen Jägern zur Erkundung der westlichen Flanke unserer Stellung aus. Wir hatten keine Feindberührung. Als wir am Nachmittag zurückkamen und dies melden wollten, fanden wir niemanden mehr vor. Aus dem Gefechtslärm, der in der Ferne zu hören war, schlossen wir, daß unsere Einheit die zweite griechische Linie angriff. Wir liefen unserer Kompanie buchstäblich hinterher. Als wir die Kameraden erreichten, hatten sie schon die Bunker der zweiten griechischen Linie im Krusia-Oros-Gebirge besetzt. Es dunkelte bereits, als wir den Befehl erhielten, auch den Kamm des Gebirges zu besetzen. Mir wurde befohlen, mit einem Spähtrupp zu erkunden, ob die Höhen feindfrei seien. Dieser Auftrag sah nach einem Himmelfahrtskommando aus. Nachts im unbekannten Gelände den Gegner zu suchen gehört zu den schwierigsten militärischen Unternehmen. Aber auf den Höhen befanden sich keine griechischen Truppen. Unter sternklarem Himmel richteten wir uns zum Biwakieren ein und hofften, ein paar Tage Ruhe zu finden, damit unsere Tragtiere und Küchen nachkommen könnten. Doch um Mitternacht alarmierte uns ein Befehl. Der Abmarsch in Richtung Katerini hätte um 4 Uhr morgens zu beginnen. Wir sollten Saloniki links liegen lassen und zu den Hängen des Olymp marschieren. Mit dem Frühstück brauchten wir uns nicht lange aufzuhalten, denn die Marschverpflegung, die wir vor drei Tagen gefaßt hatten, war längst verzehrt. Wir waren gezwungen, uns »aus dem Lande« zu ernähren, was uns auch einigermaßen gelang. Im Gasthaus eines Dorfes erbat ich etwas Wein. Der Wirt gab mir bereitwillig ein Glas. Ich nahm einen großen Schluck, aber der Wein schmeckte so bitter, daß ich ihn sofort wieder ausspie, weil ich glaubte, er sei vergiftet. Der Wirt hatte mir den harzigen Rezina eingeschenkt.

Die Verpflegung und das Marschieren waren unsere größten Probleme während dieses Feldzuges. Von morgens 4 Uhr bis abends 10 Uhr waren wir auf den Beinen. Glücklicherweise kamen nach drei Tagen unsere Tragtiere nach. Sie nahmen uns wenigstens das Schleppen der Munition ab. Dennoch war es eine Strapaze, wochenlang zu marschieren. Wenn der Gegner Widerstand leistete, konnten wir uns wenigstens hinlegen. Dennoch hatten die riesigen Märsche, die uns abverlangt wurden, einen Sinn. Wir umgingen die englischen Stellungen bei Katerini durch einen Marsch über einen Rücken des Olymp, gelangten auf diese Weise hinter die gegnerischen Linien und zwangen die Engländer dadurch, sich auf Larissa zurückzuziehen. Andere Gebirgsjäger umgingen die englischen Stellungen bei den Thermopylen ebenfalls durch einen Gebirgsmarsch, der sie hinter die Stellungen der Engländer führte und diese zum Rückzug zwang. Schörners Konzept »Schweiß statt Blut« bewahrte uns auf jeden Fall vor schweren Verlusten. Schwierigkeiten gab es allerdings bei der Verpflegung. Wo es, wie an den Flanken des Olymp, keine Dörfer gab, konnten wir kaum »aus dem Lande leben«, dort wurden wir aus der Luft verpflegt. Auf jeden Mann entfielen einige Scheiben Hartwurst und ein Riegel Schokolade, die wir aus den abgeworfenen Päckchen aufteilten. Das mußte für zwei Tage reichen. Als wir in die Ebene von Larissa hinabgestiegen waren, ging es uns besser. Wir hatten unseren SMG-Trupp, zu dem sieben Mann gehörten, eingeteilt: Bei jedem Halt widmeten sich zwei Mann den Tragtieren, die getränkt und gefüttert werden mußten und deren Rücken auf Druckstellen vom Tragsattel abzusuchen waren. Zwei Mann kümmerten sich um Futter für die Muli, und drei Mann fahndeten nach Verpflegung für uns. Einmal hatten wir fünf Hühner erbeutet und davon eine Suppe gekocht. Sie war so gut, daß uns sogar der Kompaniechef die Ehre gab. Auch für Getränke wurde gesorgt. Dabei hatten wir es allerdings nicht auf den überall erhältlichen Rezina abgesehen. Das Marschieren verursachte Durst, und aus Bächen zu trinken war riskant. Mancher bezahlte seine Sorglosigkeit mit der Ruhr. Wir beschlossen, nur Tee zu trinken und kochten schon am Abend so viel, daß jeder auch am nächsten Morgen genug davon hatte. Außerdem füllte jeder seine Feldflasche. Mit dieser den ganzen Tag auszukommen war nicht leicht, denn in Griechenland ist es im April schon ziemlich heiß. Aber die meisten schafften es, deshalb hatten wir auch wenig Ausfälle durch Ruhr.

Als wir uns nach zwei Wochen Athen näherten, tauchte ein anderes Problem auf: Auch die griechische Front gegen die von Albanien her angreifenden Italiener war zusammengebrochen. Die Italiener rückten vor. Schörner befürchtete, wie wir am Lagerfeuer hörten, daß sie vor uns in Athen eintreffen könnten. Deshalb bildete er eine motorisierte Vorausabteilung der 6. Gebirgsdivision. Die wenigen panzerbrechenden Waffen, die wir hatten, teilte er jedoch nicht dieser Vorausabteilung zu, wie man hätte annehmen sollen, sondern befahl sie an den Schluß unserer Kolonne und erteilte den Befehl, etwa vorrückende italienische Kräfte daran zu hindern, uns zu überholen. Da die Italiener nicht auftauchten, blieb es unserer Einheit erspart, diesen Befehl auszuführen. Erst nachdem wir in Athen angekommen waren, erschienen auch italienische Soldaten. Es war interessant, ihr Verhältnis zu den Griechen zu beobachten. Die einheimische

Bevölkerung verachtete sie, weil ihnen erst mit Unterstützung durch Hitlers Wehrmacht der »Sieg« über Griechenland gelungen war. Die Italiener schienen Racheakte zu befürchten. Sie traten stets zu viert auf. Unsere Soldaten durften sich einzeln im Lande bewegen und taten dies auch. Athen wurde am 27. April 1941 besetzt. Meine Division hatte seit dem Einmarsch zur Spitze gehört. Ihr wurde daher eine Ruhepause gegönnt. Wir kamen in ein Lager zwischen Athen und Marathon, wo unsere Zelte im Schatten breiter Pinienkronen standen und wir über das Ägäische Meer hinüber zur Insel Euböa blicken konnten. In diesem Lager erreichte mich der Befehl, mich in Athen beim Divisionsstab zu melden. Ich sollte nach Döberitz bei Berlin zu einem Offizierslehrgang geschickt werden. Dazu hatte ich aber wenig Lust, da ich lieber mit meinen Kameraden zusammenbleiben wollte. Mit meinem Kompaniechef studierte ich die für solche Fälle erlassenen Verordnungen. Wir fanden heraus, daß der Besuch eines Lehrgangs nur für diejenigen Offiziersanwärter obligatorisch war, die das siebenundzwanzigste Lebensjahr noch nicht vollendet hatten. Ältere konnten, auch ohne einen Lehrgang besucht zu haben, befördert werden, wenn sie sich »vor dem Feinde« bewährt hatten. Mein dreißigster Geburtstag stand kurz bevor, und ich gedachte, dies auszunutzen. In Athen suchte ich im Divisionsstab den für Personalangelegenheiten verantwortlichen Offizier auf, den ich von meiner Tätigkeit bei Schörner kannte. Ich trug meinen Fall vor und bat, meine Abkommandierung nach Döberitz rückgängig zu machen. Er stimmte sofort zu.

An diesem Tage sah ich mir die »Siegesparade« an, die Schörner auf dem Syntagma-Platz abnahm. Am Abend lag ich wieder in meinem Zelt und hörte das Ägäische Meer rauschen. Das war angenehmer als tagelang in einem Militärzug nordwärts zu fahren. Bald nahm ich auch meine Tätigkeit als Dolmetscher für das Bataillon wieder auf. Nebenher besorgte ich mir in Athen Informationsmaterial und hielt meinen Kameraden kleine Vorträge über die Geschichte und Kultur des alten Griechenland. Wir besuchten auch in der Nähe liegende Stätten des Altertums, wie den Grabhügel der Athener auf dem Schlachtfeld von Marathon und natürlich Athen. Außerdem trieben wir Sport, vor allem trainierten wir für einen Staffellauf von Athen nach Marathon, den unsere Division veranstaltete. Die »Ausschreibung« besagte, daß jedes Bataillon seine zweiundvierzig besten Läufer aufstellen sollte. Start war im Stadion von Athen, Ziel am Grabhügel bei Marathon. Die Strecke war etwa 42 km lang. Die Zahl der Läufer und die Entfernung legte es nahe, daß jeder Läufer tausend Meter zu übernehmen hatte. Da jedoch nicht vorgeschrieben war, welche Strecke jeder einzelne Läufer zurückzulegen hatte, ließ unser Bataillonskommandeur, ein erfahrener Militärsportler, einige gute Langstreckler mehr als 1000 m laufen, damit kurz vor dem Ziel vier schnelle Leute nur je 500 m zu laufen brauchten. Auch unterwegs plazierte er an geeigneten Stellen einige »Kurzstreckler«. Ich war einer der »Langstreckler« und sollte über zweitausend Meter »gehen«. Ich übernahm den Stab als zwanzigster Mann mit etwa 20 m Vorsprung. Obwohl die Konkurrenten hinter mir nach 1000 m wechselten, konnte ich den Vorsprung halten. Den Stab übergab ich an Sepp Bradl, den damaligen Weltmeister im Skispringen, einen kurzgewachsenen stämmigen Mann. Er hatte eine steile Strecke zurückzulegen, die er sehr schnell anging, da er wußte, daß die Ablösung nach 500 m wartete. Bradl holte einen großen Vorsprung heraus, den unsere Schlußläufer noch ausbauen konnten. Unseren Sieg bei Marathon feierten wir mit Strömen von Rezina.

Doch nicht alle Kämpfe waren so harmlos wie dieser. Am frühen Morgen des 20. Mai weckte uns das Brummen von Flugzeugmotoren. Wir sahen Hunderte von Maschinen südwärts fliegen. Wo ihr Ziel lag, wußten wir nicht. Die Nachrichten im Radio meldeten nichts. Nach und nach kamen wir zu dem Schluß, es mußte sich um einen Angriff auf Kreta handeln. Wir selbst machten weiterhin unseren ruhigen Dienst. Aber als ich zwei Tage später abends aus Athen zurückkam, befand sich das Lager bereits im Aufbruch. Noch in der Nacht sollte eine Kampfstaffel auf Lkws verladen und abtransportiert werden. Tragtiere, Köche und Schreibstube blieben zurück. Ein Ziel wurde uns nicht genannt, aber wir ahnten natürlich, daß wir nach Kreta gebracht werden sollten. Die Lkws lieferten uns auf einem Flugplatz nördlich von Athen ab. In einer Einsatzbesprechung wurde uns die Lage geschildert: Die 5. Gebirgsdivision, die beim Angriff auf kleinen

Schiffen übergesetzt werden sollte, sei schwer dezimiert worden. Italienische Zerstörer, die als Begleitschutz vorgesehen waren, hatten beim Nahen der Royal Navy das Weite gesucht. Wir sollten am nächsten Morgen früh um 6 Uhr mit Transportflugzeugen nach Malemes im Westteil Kretas gebracht werden. Der Flugplatz sei sehr klein, jede Transportmaschine müsse, nachdem sie gelandet und ausgeladen war, sofort wieder starten, damit die nächste »runter« könne. Auf diese Weise werde es mehrere Stunden dauern, bis sich das Bataillon in Malemes »versammelt« habe. Wir sollten in dieser Zeit in den neben dem Landeplatz gelegenen Olivenhain in Deckung gehen, da der Platz noch unter Artilleriebeschuß liege.

Um 6 Uhr starteten wir. Ich war mit meinen Leuten in einem der ersten Flugzeuge. Die Ju 52 flog in etwa 30 m Höhe über dem Meer. Der Pilot wollte vermeiden, daß uns die Flak der britischen Marine ausmachen konnte. Meine Kameraden schien die bevorstehende Gefahr nicht zu beunruhigen. Mehrere machten ein Nickerchen, ermüdet von der nächtlichen Lkw-Fahrt und eingelullt vom gleichmäßigen Motorenbrummen.

Wir mochten etwa eineinhalb Stunden geflogen sein, als wir uns einem Felsengebirge näherten, das sich unmittelbar aus dem Wasser erhob und uns angesichts der geringen Flughöhe weit überragte. Der Pilot flog an schroffen Felswänden entlang. Dann bogen wir um eine Felsnase. Das Gebirge trat zurück. Unter uns lag eine Bucht, die unmittelbar am Meer einen kleinen Sandstrand aufwies. Offenbar war er von einem Flüßchen angeschwemmt, das aus den Bergen kam. Der Pilot deutete nach unten: »Malemes.« Viel Platz zum Landen war dort nicht, und als wir uns der Rollbahn näherten, entdeckten wir auf dem Flugplatz Wracks von abgestürzten Lastenseglern und Transportmaschinen, die eine normale Landung unmöglich zu machen schienen. Unser Pilot schien jedoch seiner Sache sicher zu sein. Er drehte eine scharfe Kurve, und schon berührten die Räder die Piste. Im »Ausrollen« schlängelte er sich geschickt zwischen den Wracks hindurch. Kaum stand die Ju, als er »raus, raus!« schrie. Wir schoben noch das Schwanzende der Maschine herum, so daß er in der Gegenrichtung wieder starten konnte und – weg war er. Artilleriefeuer bekamen wir in diesen Minuten nicht. Den-

noch verzogen wir uns schleunigst in den Schatten der Oliven-
bäume, denn die Sonne strahlte gegen 8 Uhr früh schon kräftig.
Die folgenden Transportmaschinen landeten eine nach der anderen. Da jede aber nur etwa 20 Mann samt Gerät faßte, dauerte
es Stunden, bis sich das Bataillon sammeln konnte. Wir hatten
unterdessen Zeit, uns mit der Lage vertraut zu machen. In unmittelbarer Nähe des Flugplatzes schien sie katastrophal zu sein.
Nicht nur die Landebahn war mit Wracks und Trümmern über-
sät. Manche Lastensegler hatten – offenbar unter Beschuß – den
Platz nicht erreicht und waren in den umliegenden felsigen Gär-
ten abgestürzt oder notgelandet. Die Besatzungen waren tot.
Fallschirmspringer waren teils schon während des Sprungs erschossen worden, teils mit den Fallschirmen in den Bäumen hängengeblieben und dann umgekommen. Niemand hatte die Toten
beerdigen können. Ein entsetzlicher Leichengestank hing in der
Luft. Endlich – gegen 12 Uhr – war das Bataillon in der Nähe
des Flugplatzes versammelt, und wir erhielten unsere Befehle.
Wir hatten die ostwärts gelegene Stadt Canea, die noch in Fein-
deshand war, zu umgehen. Dabei sollten wir an den Hängen des
Madaras-Gebirges die Suda-Bucht umgehen und damit die Verbindung des größten Marinestützpunktes der Engländer auf
Kreta zur Südküste abschneiden.
Unsere schweren wollenen Gebirgsuniformen waren das unge-
eignetste Kleidungsstück für die Hitze, der wir von nun an aus-
gesetzt waren. Wenn wir die Khaki-Uniformen und die Tropen-
helme der Gegner sahen, wurden wir neidisch. Trotzdem
betrachteten wir nur eine Ohnmacht als ausreichenden Grund
für ein Zurückbleiben. Um 16 Uhr marschierten wir ab. Bereits
eine Stunde später ging der Schütze 1 des SMG-Trupps, den ich
führte, bei einem steilen Anstieg in die Knie. Ich übernahm sein
Maschinengewehr. Es drückte mich schwer. Aber andere voll-
brachten Schwereres. Ein Munitionsträger hatte ein altes Fahrrad
organisiert. Er belud es mit sieben Munitionskästen im Gewicht
von etwa 140 Pfund und schleppte es über Stock und Stein. Er
war ein Bergbauer aus der Steiermark, an Schinderei gewöhnt.
Gegen Mitternacht, als wir rasteten, hatte er seine sieben Kästen
noch beieinander. Im Morgengrauen brachen wir wieder auf, um
die kühleren Stunden zu nutzen. Aber schon gegen 9 Uhr war

es wieder glühend heiß. Schwitzend überquerten wir die weglosen Geröllhalden hoch über der Suda-Bucht. In dieser Bucht, einem riesigen Hafen, lagen schwerbeschädigte englische Kriegsschiffe, die von Stuka-Bomben getroffen worden waren. Ein kleineres Kriegsschiff versuchte auszulaufen. Über ihm kreiste ein Stuka. Plötzlich ging er zum Sturzflug über, in Sekunden näherte er sich dem Schiff auf wenige hundert Meter. Wir sahen die Bombe fallen, aufschlagen und wurden von einer Explosion erschüttert, deren Wellen bis zu uns herauf zu spüren waren. Von dem Schiff waren nur Trümmer zu sehen, die durch die Luft wirbelten. Es war offenbar mit Munition beladen gewesen.

Gegen Mittag erreichte die Hitze die Grenze des Ertragbaren. Die Sonnenstrahlen, die körperlichen Anstrengungen und die schwere Wolluniform brachten viele von uns an den Rand eines Hitzschlages. Die Stahlhelme hatten wir längst weggeworfen. Die Gasmasken ließen wir in einem Hain von Apfelsinenbäumen zurück, um die Früchte in die Gasmaskenbüchsen füllen zu können. Ich hatte plötzlich Sehstörungen. Aber wir wankten weiter.

Schließlich kamen wir in ein kleines Tal, in dem ein klarer Bach floß. Im Schatten einiger Bäume ließen wir uns nieder und rasteten ausgiebig. Meinen schweißnassen Uniformrock legte ich in die Sonne. Nach einer Stunde war er trocken. Am Rücken sah man weiße Ränder, die Rückstände der Körpersalze, die ich ausgeschwitzt hatte. Feucht war nur noch mein Soldbuch. Ich hatte es in der vorderen Brusttasche getragen, wo es vom Schweiß durchnäßt worden war.

An diesem Abend biwakierten wir in der Nähe von Amyro, einem Ort an der Nordküste der Insel. Die Häuser betraten wir nicht, denn uns war mitgeteilt worden, daß die kretischen Zivilisten Widerstand gegen die deutschen Besatzer leisteten. Am frühen Morgen ging der Marsch weiter. Unser Ziel war Rethymnon, wo Fallschirmjäger von britischen Truppen angegriffen wurden. Mit einigen Kameraden bildete ich die Vorhut des Bataillons. Wir marschierten auf einer kleinen Gebirgsstraße hoch über dem Meer ostwärts. Als sich ein deutsches Flugzeug näherte, waren wir nicht beunruhigt. Plötzlich spritzte jedoch die Garbe eines Maschinengewehrs zwischen uns. Wir sprangen in Deckung. Da wir schon in ziemlicher Entfernung von der Hauptkampflinie marschierten, hatte uns der Pilot für Feinde gehalten. Einer von uns legte eine Fahne mitten auf die Straße, als sie der Pilot bei seinem nächsten Anflug bemerkte, drehte er ab.

Gegen Mittag sahen wir die weißen Häuser von Rethymnon an einer kleinen Bucht in der Sonne liegen. Spitze Minaretts, Überbleibsel der früheren türkischen Herrschaft, erweckten den Anschein, vor uns liege ein orientalisches Städtchen. Kein Gefechtslärm war zu hören. Die abgeschnittenen britischen Truppen hatten einen Waffenstillstand angeboten. Später – nach einigen Verhandlungen – ergaben sie sich. Die Fallschirmjäger berichteten uns, wie hoffnungslos ihre Lage nach der Landung gewesen war. Sie hatten schwere Verluste erlitten und sich nur in einigen Igelstellungen oberhalb Rethymnons halten können. Es war unmöglich gewesen, die Verwundeten zu versorgen, da nicht einmal ausreichend Wasser und Schatten vorhanden war. Der örtliche britische Kommandant hatte dies erkannt und ihnen durch einen Parlamentär eine Waffenruhe angeboten, damit die Verwundeten in ein Lazarett gebracht werden konnten. So war es dann auch geschehen. Die Fallschirmjäger lobten die faire Kampfesweise der Briten in hohen Tönen.

Wir besetzten nun Rethymnon. Unser Kommandeur wurde Ortskommandant. Er mußte bald seine Tätigkeit aufnehmen. In der Nähe der Stadt hatten wir einige tausend italienische Kriegsgefangene befreit. Bald hörten wir, daß sie die Zivilbevölkerung in Rethymnon belästigten. Zu langen Untersuchungen war keine Zeit. Der Ortskommandant erließ deshalb den Befehl, alle Italiener hätten den Ort bis 17 Uhr des gleichen Tages zu verlassen. Zuwiderhandelnde werde man vor ein Kriegsgericht stellen. Seitdem hörten wir keine Beschwerden mehr.

Wir blieben nicht lange auf der Insel. Nach wenigen Tagen wurden wir von Malemes nach Griechenland zurückgeflogen. Die Zahlmeister verlangten nun von uns Rechenschaft über die verlorenen Gasmasken und Stahlhelme. Der Kompaniechef zeigte sich der Lage jedoch gewachsen. Er ließ melden, daß sich die Gasmasken und Stahlhelme in einem Transportflugzeug befunden hätten, das auf dem Rückflug verlorengegangen war.

Im Juli begann die Verlegung unserer Division an die Murmanskfront. Ich war Transportführer des Eisenbahnzuges, der meine Kompanie beförderte. Das hatte einen erheblichen Vorteil: Dem Transportführer stand ein eigenes Zugabteil zu, ich konnte deshalb im Liegen schlafen. Wir waren vor Saboteuren und Partisanen gewarnt worden. Als ich eines Nachts auf meiner Bank schlief, wurde ich durch Schüsse geweckt. Erschrocken sprang ich auf und wollte noch schlaftrunken aus dem Fenster sehen, um die Ursache des Alarms zu ermitteln. Dabei prallte ich so heftig gegen die Scheibe, daß sie zersprang. Die Beule an meiner Stirn war der einzige Schaden, den uns die Partisanen zufügten. Nach drei Tagen waren wir in Österreich und wurden in Bruck an der Mur ausgeladen, damit wir unsere Pferde und Mulis »bewegen« konnten. »Bewegen« hieß, die Tragtiere im Gelände herumzuführen, die Reitpferde wurden geritten. Als Zugführer stand mir ein Bergreitpferd zu, wie es im Militärdeutsch hieß. Ich ritt es auf einer Bergwiese. Kameraden »bewegten« auf der gleichen Wiese ihre Pferde. Plötzlich brach mein Pferd, ein gutmütiger Haflinger, mit der linken Hinterhand in ein Karnickelloch ein. Es schien nicht in der Lage zu sein, sich selbst daraus zu befreien. Ich wollte ihm das durch Absteigen erleichtern. Deshalb zog ich meinen rechten Fuß aus dem Steigbügel und versuchte abzuspringen. Dabei stützte ich mich auf den noch im linken Steigbügel befindlichen Fuß. Als mein rechter Fuß beim Abspringen über dem Schweif des Pferdes war, sprang das Tier an, und ich wurde nach hinten abgeworfen. Mein linker Fuß blieb mit dem Bergstiefel im Steigbügel hängen. Das nun nervös gewordene Pferd ging in Galoppsprünge über und schleifte mich hinter sich her. Bis dahin war ich noch nicht verletzt. Als ich jedoch meinen Kopf hob, um zu sehen, wohin die Reise ging, traf mich ein Hufschlag in die Gegend des rechten Auges. Das Pferd raste nun, mich hinter sich herziehend, in ein Wäldchen. Schließlich prallte ich mit dem Oberkörper gegen einen Baumstumpf. Der dadurch erzeugte Widerstand war so stark, daß mein Bergschuh aus dem Steigbügel gerissen wurde und ich liegen blieb. Meine Kameraden eilten herbei und sorgten für meinen Abtransport. Im Kreiskrankenhaus war ich noch etwas benommen und merkte nicht, daß der Chirurg die große Fleischwunde, die ich im Gesicht hatte, ohne Betäubung zu nähen begann. Auf dem rechten Auge konnte ich infolge der starken Schwellung, die es

umgab, nichts sehen. Nachdem diese zurückgegangen war, nahm ich immerhin einen Lichtschimmer wahr. Zwei Wochen vergingen. Meine Kompanie machte sich auf den Weg an die Murmansk-Front. Mich hielt nichts in Bruck an der Mur. Ich bat darum, in ein Dresdner Lazarett verlegt zu werden. Das wurde genehmigt. In Dresden untersuchte mich ein Professor der Augenheilkunde gründlich. Schließlich zucke er die Achseln und sagte:»Da ist nichts mehr zu machen.« Ich bat ihn, mir das zu erklären. Durch den Hufschlag, sagte er, hätte ich nicht nur eine Fleischwunde davongetragen, sondern auch einen Bruch des Jochbeins, der eine Erweiterung der Augenhöhle bewirkt habe. Auch ein Bluterguß ins Innere des rechten Auges beeinträchtige dessen Sehleistung. Gravierend sei aber die Erweiterung der Augenhöhle, in die der Augapfel gerutscht sei. Das behindere die Augenmuskeln und rufe Doppelbilder hervor. Solche Doppelbilder sah ich allerdings. Mit dem linken Auge erblickte ich ein normales Bild. Das beschädigte rechte Auge produzierte dagegen ein Bild, das rechts oben über dem normalen lag und sehr störte. Manchmal hatte ich deshalb Gleichgewichtsstörungen, die ich allerdings abstellen konnte, wenn ich über dem rechten Auge eine Binde trug. Der Professor kündigte mir an, die Doppelbilder würden sich mit der Zeit verlieren. Dennoch könne ich mit der Entlassung aus der Wehrmacht rechnen, da die volle Sehkraft des verletzten Auges nicht wieder herzustellen sei. Ich war wegen des Augenschadens zunächst deprimiert, aber meine Mutter meinte: »Wenn du deswegen entlassen wirst, dann hat das Pferd dein Leben gerettet.«
Sie hatte recht. Zwei meiner Kameraden, Nachfolger auf meinem Zugführerposten, sind an der Murmansk-Front gefallen. Im Dezember 1941 empfing ich in der Innsbrucker Klosterkaserne den Entlassungsschein. Ich wurde als Rechtsanwalt zugelassen und konnte nun in meinem Beruf arbeiten.

Rechtsanwalt in einem entrechteten Land
Krakau 1942–1945

Während der ersten Monate meiner Anwaltstätigkeit in Dresden trat ich in Briefverkehr mit Dr. Hans Markau, der in Krakau, der Hauptstadt des damaligen Generalgouvernements Polen, eine Anwaltskanzlei betrieb. Dr. Markau fragte, ob ich mich nicht auch in Krakau niederlassen wolle. Da er bisher der einzige in dieser Stadt zugelassene deutsche Rechtsanwalt sei, brauche er einen Kollegen, der die Gegenseite vertreten könne. Die dortige deutsche Justizverwaltung teilte mir auf Anfrage mit, ich könne damit rechnen, zugelassen zu werden, da ich kriegsbeschädigter Frontkämpfer sei. Im Frühjahr 1942 fuhr ich nach Krakau. Ein Angehöriger der Justizverwaltung unterrichtete mich über die dortigen Verhältnisse. Es gab sechs deutsche Gerichte:

das Deutsche Gericht (für Zivilsachen und kleinere Strafsachen)
das Deutsche Obergericht (Berufungsinstanz)
das Deutsche Sondergericht (für politische Strafsachen und »Wirtschaftsverbrechen«)
ein Feldkriegsgericht des Heeres
ein Feldkriegsgericht der Luftwaffe
ein SS- und Polizeigericht (für Strafsachen gegen Angehörige der SS und Polizei).

Die gesamte polnische Polizei, die der deutschen Polizei unterstand, war ebenfalls der SS-Gerichtsbarkeit unterworfen. In manchen Fällen war das, wie sich noch zeigen sollte, kein Nachteil. Daneben bestand für Fälle der sogenannten gemeinen Kriminalität der Polen und für ihre zivilrechtlichen Streitigkeiten die polnische Gerichtsbarkeit fort. Mit ihr würde ich nichts zu tun haben.

Soweit die Unterrichtung durch den Justizbeamten. Nicht erwähnt hatte er dabei die Mächtigsten im Lande, die Gestapo. Deren Macht sollte auch ich später kennenlernen. Einstweilen sah ich mich jedoch in Krakau um. Es war eine schöne Stadt, in der auch Deutsche tätig gewesen waren. Ich ging in die Marienkirche, um mir den Altar des Nürnberger Bildhauers Veit Stoß anzusehen. Ansonsten fand ich bestätigt, was Dr. Markau mir gesagt hatte: Für Deutsche waren die Lebensverhältnisse angenehm. Sie erhielten gute Lebensmittelzuteilungen und konnten außerdem auf dem florierenden Schwarzmarkt einkaufen, wenn sie gut verdienten. Und damit durfte ich rechnen. Für mich kam als weitere Attraktion die Nähe der Hohen Tatra hinzu, wo ich Skilaufen und Bergsteigen konnte.

Schon ein oberflächlicher Betrachter konnte sehen, daß die Lage für die Polen dagegen ausgesprochen schlecht war. Die Triebwagen der Straßenbahnen trugen die Aufschrift: »Nur für Deutsche«. Diese Wagen waren halb leer. In den »für Nichtdeutsche« bestimmten Anhängern drängten sich die Polen auch auf den Trittbrettern. Angesichts der geringen Lebensmittelzuteilungen an die Polen waren diese gezwungen, das Nötigste teuer auf dem schwarzen Markt zu erstehen. Viele mußten dabei ihren Schmuck oder die Teppiche verkaufen, um die Schwarzmarktpreise überhaupt bezahlen zu können. Hinzu kam, daß die nationalbewußten Polen unter der vierten Teilung ihres Landes litten, durch die weite Teile Ostpolens von der Sowjetunion und nicht weniger große Teile Westpolens wie der »Warthegau« und »Danzig-Westpreußen« von Hitler-Deutschland okkupiert waren. Aus diesen Landesteilen wurde die polnische Bevölkerung zwangsweise in das Restgebiet, das sogenannte Generalgouvernement, »umgesiedelt«. Im »Reich« wurden die Polen durch die sogenannte Polenstrafrechtsverordnung zu Personen minderen Rechts degradiert. Aber diese aus den veröffentlichten Gesetzen sich ergebenden Repressalien waren nicht die schwersten, unter denen die Polen zu leiden hatten. Von der eigentlichen Terrorherrschaft der »Gestapo« las man weder in der Zeitung noch in Gesetzesblättern. Auch ich lernte ihr Ausmaß erst kennen, als ich in Krakau praktizierte.

Nach meiner Rückkehr von der ersten Reise nach Krakau ent-

schloß ich mich im Frühjahr 1942 endgültig, in diese Stadt über-
zusiedeln. Nicht ohne Einfluß war dabei, daß ich hörte, Martin
Mutschmann, der fanatische Gauleiter Sachsens, ein Juristenhas-
ser, dränge darauf, junge Juristen, die nicht kriegsdienstfähig
waren, in die Rüstungsindustrie zwangsverpflichten zu lassen.

Vom Frühjahr 1942 an nahm ich Unterricht in der polnischen
Sprache, weil ich hoffte, daß ich das Vertrauen meiner polnischen
Klienten leichter gewinnen könne, wenn ich ihre Sprache ver-
stünde.

Am Abend unseres Hochzeitstages, am 8. August 1942, fuhr ich
mit meiner Frau nach Krakau. Wenige Tage später folgte uns
Frau Harzbecker als Sekretärin nach. Sie war in Oberschlesien
geboren, in Dresden hatte sie mir die erste Einführung in das
Polnische erteilt. Anschauungsunterricht über die im Generalgouvernement herrschenden Verhältnisse erhielt ich in den ersten Strafsachen, die ich übernahm.

In den ersten Septembertagen übertrug mir das SS- und Polizeigericht die Pflichtverteidigung eines Hauptsturmführers R., der
beschuldigt wurde, bei der Judenaussiedlung in Tarnow ein jüdisches Mädchen vergewaltigt zu haben. Diese Delikte – Not-
zucht und Rassenschande – wurden mit der Todesstrafe bedroht.
Deshalb mußte R. einen Verteidiger haben. Anfänger, der ich
war, erkundigte ich mich bei Freunden, was unter »Judenaussiedlung« zu verstehen sei. Wie in vielen Städten Galiziens waren
auch in Tarnow mehr als 50% der Einwohner Juden gewesen.
Sie hatten mitten unter der polnischen Bevölkerung gelebt und
Berufe aller Art ausgeübt, waren also Landwirte, Handwerker,
Advokaten, Ärzte gewesen. Die deutsche Besatzungsmacht
zwang die Juden nun, ihre Wohnungen zu verlassen und in mit
Mauern oder Stacheldraht abgegrenzte Gettos zu ziehen, die
niemand unkontrolliert betreten oder verlassen durfte. Der
nächste Schritt auf dem Wege zu ihrer Vernichtung war die »Judenaussiedlung«. Sie bedeutete den gewaltsamen Abtransport
der jüdischen Männer, Frauen und Kinder aus den Gettos. Sie
wurden in streng bewachten Eisenbahnzügen transportiert, deren Endstation die Gaskammern der Konzentrationslager waren. In Polen gab es drei Lager dieser Art: Auschwitz, Maidanek
und Treblinka. Ich weiß nicht, ob die Juden damals das Ziel die-

ser Transporte kannten, aber sie müssen geahnt haben, daß sie ihrem Tod entgegengingen. Sie versuchten verzweifelt, sich durch die Flucht aus den Gettos den Transporten zu entziehen. Dazu dienten auch unterirdische Verstecke, die sie vorher angelegt hatten, um sie zum Zeitpunkt der Aussiedlung zu benutzen. Manchen Kindern gelang die Flucht, weil ihnen die Eltern offenbar den Weg durch kleine Lücken in der Umzäunung der Gettos gewiesen hatten. Solche Kinder irrten dann ziellos umher, und manche gutmütige polnische Bauersfrau, die eines dieser Kinder aufnahm, mußte ihr Mitleid mit dem Leben bezahlen. Auf »Judenbegünstigung« stand die Todesstrafe, und deutsche Gerichte haben sie auch verhängt.

In dieser von Todesangst erfüllten Atmosphäre einer solchen »Aussiedlung« hatte also der SS-Hauptsturmführer R. ein schönes jüdisches Mädchen vergewaltigt. Vor der Hauptverhandlung hatte er mir noch erklärt: »Ich versichere Ihnen bei meiner Ehre als SS-Mann, daß ich die Tat nicht begangen habe.« Sein Leugnen erwies sich jedoch angesichts der Aussage des Mädchens und anderer Personen, die in der Hauptverhandlung gehört wurden, als unhaltbar. Der SS-Führer wurde zum Tode verurteilt.

Nach der Urteilsverkündung nahm mich ein junger SS-Offizier in seinem Auto mit nach Krakau. Er hatte einen schweren Koffer bei sich. Auf meine Frage nach dem Inhalt erzählte er mir, das seien die bei der Aussiedlung sichergestellten Schmuckstücke der Juden. Er müsse sie beim Befehlshaber der Sicherheitspolizei abliefern.

Obwohl ich als Soldat in Frankreich, Rumänien, Bulgarien und Griechenland gewesen war, ist mir das Delikt Vergewaltigung nur noch einmal begegnet. Ich verteidigte in Krakau einen Luftwaffensoldaten, der ein polnisches Mädchen roh vergewaltigt hatte. Er erhielt vom Feldkriegsgericht der Luftwaffe vier Jahre Zuchthaus. Das Urteil wurde Göring zur Bestätigung vorgelegt. Dieser lehnte ab, es zu bestätigen, und forderte eine höhere Bestrafung des Mannes. Nach einer neuen Verhandlung lautete das Urteil auf sechs Jahre Zuchthaus. Dabei blieb es.

Man brauchte nur wenige Wochen im Generalgouvernement zu leben, um zu erkennen, daß die Wirtschaft dort nach ganz anderen Regeln praktiziert wurde als im »Reich«. Im »Reich« funktionierte die Zwangswirtschaft einigermaßen. Von den Lebensmittelzuteilungen konnte man existieren. Es gab zwar einen Schwarzhandel, aber er spielte keine große Rolle. Ganz anders war die Lage im Generalgouvernement. Es wurde vom »Reich« als Nahrungsmittel- und Rohstofflieferant ausgebeutet. Da große Mengen an landwirtschaftlichen Erzeugnissen nach Deutschland abgeführt werden mußten, reichten die verbliebenen Lebensmittel nicht im entferntesten zur Ernährung der Polen. Die Zuteilungen von Brot und Zucker lagen weit unter dem Existenzminimum. Fett erhielt die polnische Bevölkerung mehrere Jahre überhaupt nicht. Da die Leute aber leben mußten, entwickelte sich ein umfangreicher Schwarzmarkt. Er wurde mit Lebensmitteln betrieben, die von den Erzeugern nicht an die deutschen Behörden abgeliefert worden waren. Ein Bauer war nicht verpflichtet, alles abzuliefern, was er produzierte. Ihm wurde lediglich ein bestimmtes Kontingent auferlegt. Erfüllte er dieses, so konnte er über den Rest frei verfügen. Dabei war er zwar offiziell an Preisvorschriften gebunden, aber die Knappheit der Waren und die Gewinnsucht der Bauern und Händler trieb die Preise der Lebensmittel auf dem schwarzen Markt ungeheuer in die Höhe. Dem Preisstand der Lebensmittel paßten sich dann auch die Preise der anderen Waren an. Zu den vorgeschriebenen Preisen wurden nur die Waren gehandelt, die auf Bezugsschein erworben werden konnten. So existierten im Generalgouvernement zwei Wirtschaftssysteme nebeneinander, das legale, das auf dem Bezugsscheinwesen beruhte, und das illegale, der Schwarzhandel. Das enorme Preisgefälle zwischen beiden Systemen verlockte dazu, Waren aus dem legalen Wirtschaftsbereich in den illegalen abzuführen. Wenn ein Kaufmann eine auf Bezugsschein billig erworbene Ware in den Schwarzhandel brachte, sie also zu Schwarzhandelspreisen verkaufte, erhielt er einen Gewinn, der bis zum Hundertfachen über dem lag, was er beim Absatz auf legalem Wege verdienen konnte. Verkauft wurden jedoch nicht nur die auf Bezugsschein erworbenen Waren, sondern auch die Bezugsrechte selbst. Einmal hatte ein deutscher Beamter Bezugsscheine über 500 Tonnen Zement verkauft. Sein Gewinn betrug 150000 Zloty. Ein Zloty war nominal 0,50 Reichsmark wert. Die tatsächliche Kaufkraft des Zloty war aber geringer. Der

Beamte wurde zum Tode verurteilt. Besser kam eine deutsche Geschäftsfrau davon, die versucht hatte, 6000 m Kleiderstoff im Schwarzhandel abzusetzen, um einen Gewinn von 600 000 Zloty zu erzielen. Die Ausführung dieses Geschäfts wurde unterbunden, die Frau zu drei Jahren Gefängnis verurteilt.

In der Praxis waren die beiden Wirtschaftssysteme nicht voneinander zu trennen. Auf legalem Wege gab es gewisse Gegenstände einfach nicht zu kaufen, oder es dauerte zu lange, um sie zu beschaffen. Auch wer sich legal verhalten wollte, sah sich bald genötigt, dringend gebrauchte Gegenstände auf dem schwarzen Markt zu erwerben. Die Schwarzhandelspreise konnte er aber mit dem aus legalen Geschäften erzielten Gewinn nicht decken. Deshalb war ein Geschäftsmann schließlich gezwungen, einen Teil seiner legal produzierten Waren nun seinerseits im Schwarzhandel mit Gewinn zu verkaufen. Da dieser illegal erzielte Gewinn nicht verbucht werden konnte, weil sonst die Steuerbehörden auf die illegalen Geschäfte aufmerksam geworden wären, mußte der Geschäftsmann eine schwarze Kasse führen, der die illegalen Gewinne zuflossen. Ihr wurden dann wiederum die Mittel für den Einkauf auf dem schwarzen Markt entnommen.

Da der Schwarzmarkt und die durch ihn verursachten Preissteigerungen offiziell nicht existierten, waren auch die Bezüge aller polnischen Arbeiter und Angestellten nach den Vorschriften der Arbeitsämter in friedensmäßiger Höhe bemessen. Die Polen hätten aber mit dem, was sie nach diesen Vorschriften für ihre Arbeit erhielten, nur wenige Tage leben können. Deshalb verpflegten die Arbeitgeber ihre polnischen Arbeitnehmer in Werksküchen. Die Nahrungsmittel beschafften sie entweder billig auf Bezugsschein oder teuer im Schwarzhandel. Manche Arbeitgeber, die keine Werksküchen einrichten konnten, gaben ihren Arbeitnehmern Waren, von denen sie wußten, daß sie im Schwarzhandel gefragt waren. Wer auch keine Waren anzubieten hatte, zahlte hohe »Überstunden«-Vergütungen, die er, um bei Kontrollen nicht aufzufallen, seiner illegalen Kasse entnahm.

Soweit sich dieses Geschäftsgebaren in Grenzen hielt, wurde es in der Regel von den Behörden toleriert. Wollte aber die Gestapo einen Geschäftsmann aus irgendeinem Grunde in ihre Hände bekommen, dann untersuchte sie mit Vorliebe die Schwarz-markt-Aspekte seines Geschäfts. Meist fand sie dann auch Material, das zur Erhebung einer Anklage ausreichte.

Wiederholt wurden aber dringende Wirtschaftsaufgaben von den deutschen Behörden selbst nur unter Inanspruchnahme des schwarzen Marktes bewältigt. So wurde in Krakau ein »kriegswichtiges« Wohnungsbauprogramm durchgeführt, bei dem alle Baustoffe auf dem schwarzen Markt beschafft worden sind. Die höchsten Regierungsstellen waren davon unterrichtet. Als sich jedoch einige der den Bau leitenden Herren bei der Polizei mißliebig gemacht hatten, wurden sie unter dem Vorwand festgenommen, sie hätten den zum Transport der Baustoffe erforderlichen Treibstoff im Schwarzhandel beschafft. Das war richtig. Aber es war auch bekannt, daß die Behörden die Beschaffung des Baumaterials auf dem schwarzen Markt gebilligt hatten. Erst nach längerem anwaltlichem Drängen gaben die Regierungsstellen zu, diese Einkäufe gedeckt zu haben. Die beschuldigten Unternehmer, die inzwischen mehrere Wochen in Haft gesessen hatten, wurden schließlich auf Anordnung der Staatsanwaltschaft entlassen.

Manche Staatsanwälte und Richter bemühten sich, der schwierigen Lage der Polen gerecht zu werden, die sich aus dem Fehlen ausreichender Lebensmittelzuteilungen ergab. Mir ist selbst kein Fall bekannt geworden, daß ein Pole, der sich Lebensmittel auf dem schwarzen Markt beschafft hatte, von einem deutschen Gericht bestraft worden ist. Verurteilt wurden jedoch Händler, die durch den Verkauf bewirtschafteter Waren große Gewinne erzielten.

Nach meinen Erfahrungen haben die Gerichte Deutsche, die an Schwarzhandelsgeschäften beteiligt waren, härter bestraft als ihre polnischen Komplizen. Die Deutschen, so argumentierten die Richter, hätten höhere Verpflichtungen gegenüber dem Deutschen Reich und müßten demzufolge auch höhere Strafen erhalten als die beteiligten Polen. In dem bereits geschilderten Fall des Verkaufs von Bezugsscheinen über 500 Tonnen Zement wurde der deutsche Verkäufer, wie erwähnt, zum Tode verurteilt, ein nicht weniger beteiligter Pole kam jedoch mit drei Jahren Zuchthaus davon.

Wie sehr die Polen dennoch Personen minderen Rechts waren, sah ich in meiner Praxis.

Ein dunkles Kapitel der deutschen »Rechtspflege« in Polen begann, als Dr. Frank, der »Generalgouverneur«, auf Wunsch der SS die »Standgerichte der Sicherheitspolizei« errichtete. Vor diese Gerichte kamen Polen, die in der Widerstandsbewegung tätig gewesen waren oder »Kriegswirtschaftsverbrechen« begangen hatten. Solche Standgerichte verdienten ihren Namen nicht: Sie arbeiteten geheim, kein Verteidiger war zugelassen, die Angeklagten nahmen an der »Verhandlung« nicht teil, sie erfuhren erst bei der Vollstreckung, daß ein Urteil gegen sie ergangen war. Ich habe mit Häftlingen gesprochen, die zum Tode verurteilt waren, ohne davon zu wissen. Einen solchen Fall erlebte ich im Frühjahr 1944 in Krakau. Zu dieser Zeit arbeiteten diese »Standgerichte« bereits mit Hochdruck. Fast jede Woche waren Plakate angeschlagen, auf denen die Namen derer standen, die zum Tode verurteilt waren. Ich pflegte diese Plakate sorgfältig zu studieren, weil ich befürchtete, darauf auch Namen von Personen zu finden, mit deren Verteidigung ich beauftragt war. Eines Tages entdeckte ich auf einem großen roten Plakat, das 50 Todesurteile ankündigte, auch den Namen eines polnischen Kaufmanns. Unter den aufgezählten Namen stand der Satz: »Die Urteile sind bereits vollstreckt.« Der Kaufmann war in einen Korruptionsskandal verwickelt gewesen, der als Strafverfahren vor dem zivilen Sondergericht anhängig war. Ein Irrtum über die Person konnte nicht vorliegen, da Name, Vorname, Wohnung und sogar das Delikt übereinstimmten. Ich war nicht der Verteidiger dieses Kaufmanns, sondern der eines anderen »Kriegswirtschaftsverbrechers«, der in diese Angelegenheit verwickelt war. Aber ich war äußerst gespannt, ob der – nach dem Plakat der Polizei – bereits Hingerichtete vor Gericht erscheinen werde. Er kam tatsächlich und nahm seinen Platz auf der Anklagebank ein. Mir erschien es unmöglich, diese allen Rechtsgrundsätzen hohnsprechende Sache – zwei Strafverfahren wegen einer Tat – mit Stillschweigen zu übergehen. Ich fragte den Kaufmann unter vier Augen, ob gegen ihn bereits ein Standgerichtsverfahren bei der Polizei durchgeführt worden sei. Das Todesurteil erwähnte ich nicht. »Nein«, sagte er, »ich habe nichts Derartiges hinter mir.

Ich bin immer nur in meiner Zelle im Polizeigefängnis gewesen.«
In einer Pause ging ich daraufhin zum Vorsitzenden des Gerichts
und machte ihn auf diese Situation aufmerksam. Wenn bereits ein
Urteil gegen den Mann vorliege, sagte ich, könne doch wegen der
gleichen Tat nicht noch ein Verfahren gegen ihn stattfinden. Der
Richter wollte jedoch nicht mit der Gestapo in Konflikt kommen
und bemerkte kühl, er finde in seinen Akten nichts darüber, daß
der Mann bereits abgeurteilt sei. Deshalb werde der Betreffende
weiter an dem Strafverfahren teilnehmen. Das Urteil, das gegen
den Todgeweihten erging, lautete auf drei Jahre Gefängnis. Es
war nach damaligen Begriffen nicht übermäßig hart. Was aus
dem Verurteilten geworden ist, weiß ich nicht.

Polizei-Standgerichte waren auch zum Schutz der sogenannten
Ernteerfassung tätig. Durch drakonische Strafen sollte dabei eine
höhere Ablieferung von landwirtschaftlichen Erzeugnissen erreicht werden. Schwarzschlachten von Vieh wurde mit der Todesstrafe bedroht. Ein Lehrer, der mehrere Kinder hatte, aber
keine Fleischzuteilungen erhielt, schlachtete in der Weihnachts-
zeit ohne Genehmigung ein Ferkel. Er wurde zum Tode verurteilt. Auch ein Eisenbahner, der eine Ziege schlachtete, wurde
zum Tode verurteilt und hingerichtet. Der zweite Fall war selbst
nach den Maßstäben der Besatzungsmacht fragwürdig. Ziegen
fielen, was die Gesetzesverfasser als bekannt vorausgesetzt hatten, nicht unter die Verordnung, die sich mit dem Schlachten von
»Vieh« befaßte. Die Hinrichtung war also ein Justizmord.
Zur Rechtsunsicherheit trug eine auch im »Reich« praktizierte
Methode bei, die in Polen besonders häufig angewendet wurde.
Die Polizei konnte verlangen, daß ihr ein der Gerichtsbarkeit
übergebener Beschuldigter »rücküberstellt« werde. Derartige
Fälle waren so häufig, daß die Justizbehörden einen roten Auf-
kleber eingeführt hatten, auf dem das ominöse Wort »Rücküberstellung« stand. Das hieß, die Polizei hatte das »Recht«, den Betreffenden ohne Rücksicht auf den Ausgang des Gerichtsverfah-
rens, auch wenn der Angeklagte für unschuldig befunden
worden war, zurückzufordern. Von dieser Machtbefugnis
machte die Polizei nicht nur in Fällen von politischer Bedeutung
Gebrauch, sondern auch bei weniger gewichtigen Fällen. Einmal

hatte sich ein angetrunkener Deutscher drastisch beleidigend über die SS geäußert. Das Gericht, dem die Gestapo den Fall mit der Forderung nach »Rücküberstellung« vorgelegt hatte, verurteilte den Angeklagten zu sechs Monaten Gefängnis. Als das Strafende herannahte, ging ich als Verteidiger zum Abteilungsleiter der Gestapo, um zu erreichen, daß der Mann bei Strafende tatsächlich entlassen werde. Aber Hauptsturmführer W. erklärte mir nur: »Sie haben mich aufgesucht und damit Ihr Geld verdient. Weiter habe ich Ihnen nichts zu sagen.« Immerhin wurde der Angeklagte nach einigen Wochen, die er über sein Strafende hinaus »gesessen« hatte, entlassen. Die Frau eines deutschen Oberförsters wurde in einem anderen Zusammenhang das Opfer polizeilicher Willkür. Sie hatte in einem polnischen Dorf mit ihrem Pferdewagen vor einer Gastwirtschaft gehalten, als drei Gestapobeamte auf sie zutraten und verlangten, sie solle sich ausweisen. Als sie diesem »Befehl« nicht schnell genug nachkam, rissen die Beamten die im sechsten Monat schwangere Frau derart rüde von ihrem Wagen herab, daß ihr der linke Arm ausgekugelt wurde. Die Beamten brachten die Frau trotz ihrer Schmerzensschreie in ein Haus, wo sie sie einem Verhör unterzogen. Der telefonisch zu Hilfe gerufene Oberförster und sein Gehilfe eilten bewaffnet herbei. Sie verzichteten jedoch auf Gewaltanwendung gegen die tobenden Polizisten, weil sie durch eine Beschwerde mehr zu erreichen hofften. In dieser Erwartung wurden sie jedoch bitter enttäuscht. Ihre Aussagen und die der verletzten Frau, die eine Fehlgeburt erlitten hatte, wurden wegen Befangenheit als ungeeignet angesehen, um die Behauptungen der Polizeibeamten zu widerlegen. Polnische Zeugen hatten, offensichtlich aus Angst vor Repressalien, erklärt, sie hätten nichts gesehen.

Manche Polizisten nutzten ihre Macht auch zu Razzien auf den Trödelmärkten, die Mittelpunkte des Schwarzhandels waren. Dabei beschlagnahmten sie alle Waren, deren sie habhaft werden konnten. Angeblich wurden die beschlagnahmten Güter Lazaretten zugeteilt. Oft verteilte die Polizei aber auch die Beute derartiger Razzien – weil »ihr schneller Verderb zu befürchten« war – unter ihren Beamten. In Krakau gab es auch sogenannte SS-Läden, in denen Lebensmittel aller Art bezugsscheinfrei gegen den

Nachweis, daß der Käufer SS- oder Polizeiangehöriger war, billig zu haben waren.

Aus Razzien, die noch den Anstrich von Legalität besaßen, lernten manche Polizeibeamte bald, daß es viel vorteilhafter sei, derartige Aktionen auf eigene Rechnung zu machen, d. h. ohne Befehl zu handeln und die Beute nur mit einigen Spießgesellen zu teilen.

Solche Beamte hielten dann in ihrer Freizeit auf den Zufahrtstraßen zur Stadt Bauernwagen an, in denen sie Lebensmittel vermuteten, und »beschlagnahmten« die vorgefundene Ware. Als Vorwand diente ihnen eine Verordnung, die den Transport von Lebensmitteln ohne behördliche Genehmigung verbot. In einem Gerichtsverfahren verteidigte sich ein Schwarzhändler mit der Behauptung, die deutsche Polizei habe seine Geschäfte genehmigt. Er habe bei seinen Transporten regelmäßig Abgaben an die Polizei entrichtet. Da er einige Polizeibeamte namentlich benannte, wurden diese als Zeugen vorgeladen. Als sie den Gerichtssaal betraten und ihre Wohlgenährtheit sichtbar wurde, flog ein ironisches Lächeln über die Züge der Richter. Sie wußten, daß niemand von den zugeteilten Rationen so fett werden konnte, wie diese Beamten es waren. Natürlich bestritten sie entschieden, einen »Wegezoll« von dem Schwarzhändler genommen zu haben.

In Polen stand die Polizei schon vor dem Kriege in dem Ruf, bestechlich zu sein. Während des Krieges wurde der Glaube an die Bestechlichkeit der Polizei allgemein. Ein findiger Kopf nützte das aus. Auf dem Trödelmarkt in Krakau kassierte er wochenlang Geld bei den Schwarzhändlern, mit dem er angeblich die Polizei bestach, damit der Markt vor Razzien verschont bliebe. Der Mann wurde wegen Betrugs verurteilt.

Einmal hatte sich eine Bande von fünf deutschen Polizeibeamten mit polnischen Verbrechern zusammengetan. Die Polen ermittelten begüterte Leute. Bei diesen erschien dann – gewöhnlich abends – ein aus mehreren Polen und uniformierten deutschen Beamten bestehendes Kommando. Die Polen dolmetschten und erklärten, die Beamten müßten eine Haussuchung vornehmen, oder man gab vor, einen Juden zu suchen. Zugleich ließ man durchblicken, die peinliche Geschichte ließe sich durch einen Geldbetrag erledigen, weil die deutschen Beamten »gute Menschen« seien und die Leute nicht unglücklich machen wollten. Oft fielen die Opfer auf diesen Trick herein und zahlten Zehntausende Zloty, um ihr Unglück abzuwenden. Die »guten Menschen« entfernten sich befriedigt und teilten anschließend die Beute. Wenn solche Verbrecher entdeckt wurden, erwarteten sie schwere Strafen. In vielen Fällen erstatteten die Geschädigten aus Angst vor Rache oder weiteren Unannehmlichkeiten jedoch keine Anzeige. Begünstigt wurden derartige Verbrechen durch die Rechtslage, die Festnahmen und Durchsuchungen ohne entsprechenden richterlichen Befehl zuließ.

Die Folge war eine schwache Position der Justiz. Die Polizeibeamten leiteten ihr einen Fall nur zu, wenn es ihnen paßte. Wenn es mir morgens gegen 8 Uhr gelang, in das Dienstzimmer des Chefs der Krakauer Kriminalpolizei vorzudringen, dann konnte ich folgende Szene beobachten: Der schwere Mann saß mit gerötetem Gesicht, die Zigarre im Mundwinkel, auf der Kante seines Schreibtischs und ließ sich »die Vögel« vorführen, die seine Beamten in der Nacht eingefangen hatten. Manchmal stellte er auch Fragen an die Delinquenten. Dann entschied er: »Montelupich« (das Polizeigefängnis), »Justiz« oder auch »freilassen«. Stand man gut mit ihm und war rechtzeitig zur Stelle, dann konnte man als Anwalt bei ihm etwas erreichen.

Von der polizeilichen Willkür wurden nicht nur die Polen, sondern auch Deutsche betroffen. Wenige Monate vor dem Ende der deutschen Herrschaft überwies die Gestapo der Krakauer Justiz einen Deutschen, den sie drei Jahre lang im Konzentrationslager Auschwitz festgehalten hatte. Sie verdächtigte ihn, einem Polen, der der Widerstandsbewegung anzugehören schien, Geld zur Unterstützung polnischer Nazigegner gegeben zu haben. In der Gerichtsverhandlung konnte die Behauptung des Angeklagten nicht widerlegt werden, er habe dem Polen, einem Bekannten aus der Vorkriegszeit, nur ein Darlehen gewährt. Für die Tätigkeit des Polen in der Widerstandsbewegung lag nicht der Schein eines Beweises vor. Das Gericht verurteilte den Deutschen wegen eines Devisenvergehens, das am Rande der Sache lag, zu sechs Monaten Gefängnis, die durch die Untersuchungshaft verbüßt waren.

Nicht alle Richter unterwarfen sich der Macht der Gestapo. Einer von ihnen war der Chef des SS- und Polizeigerichts Krakau, Sturmbannführer Sachs. Seine Hilfe erbat ich in der Sache des Polizeirates D., der mich beauftragt hatte, ihn zu vertreten. D. hatte durch eine Ungeschicklichkeit seinen Vorgesetzten, den Polizeigeneral Schöngarth, Befehlshaber der Sicherheitspolizei und des SD im Generalgouvernement, verstimmt. Schöngarth, der wie ein absoluter Herrscher waltete, benutzte einen geringfügigen Anlaß, um den Polizeirat zu ruinieren. Er ließ D. und seine Freundin, ein Fräulein E., beschuldigen, eine Urkundenfälschung begangen zu haben. Obwohl gegen SS-Männer im Offiziersrang normalerweise keine Untersuchungshaft angeordnet wurde, hatten der Polizeirat und seine Freundin schon vier Monate in Haft verbracht, ehe der Erlaß eines Haftbefehls beantragt wurde. Da keine Urkundenfälschung vorlag, ordnete das SS-Gericht die Freilassung des Polizeirates an. Die Freundin wurde nicht entlassen. Sie gehörte der SS nicht an und unterstand daher auch nicht dem SS-Gericht. Ich erreichte es, von General Schöngarth empfangen zu werden, und bat ihn, das Mädchen freizulassen. Der General benutzte die Gelegenheit jedoch nur dazu, um mich zu demütigen. Er sagte: »Sie wissen doch, daß Sie bei der Polizei nichts zu suchen haben.« Damit war die Unterredung auch schon zu Ende. Ich bemühte mich aber weiter um die Freilassung von Fräulein E., die, wie mir der Polizeirat D. mitteilte, inzwischen mit unbekanntem Ziel aus Krakau weggebracht worden war.

Ich interessierte deshalb den Chef des SS- und Polizeigerichts für das Schicksal dieses Mädchens. Er sagte mir: »Ich kann nur dann etwas tun, wenn Sie die Staatsanwaltschaft des zivilen deutschen Gerichts bewegen, die Strafsache gegen das Mädchen an das SS-Gericht abzugeben.« Daraufhin machte ich den Leiter der deutschen Staatsanwaltschaft, Oberstaatsanwalt Neeb, mit dem Fall des Mädchens bekannt und wies auf den Zusammenhang mit der Strafsache gegen den Polizeirat D. hin. Der Oberstaatsanwalt entsprach meiner Bitte sofort. Nun konnte sich Sturmbannführer Sachs der Sache annehmen. Das Mädchen befand sich inzwischen, wie der Polizeirat durch einen Bekannten aus der Gestapo erfahren hatte, im Polizeigefängnis Kattowitz. Das SS-Gericht wandte sich an das Reichssicherheitshauptamt. Und nun wurde das Mädchen freigelassen. Erst danach erfuhren wir, was ihm widerfahren war. General Schöngarth hatte sie in aller Heimlichkeit abtransportieren lassen. Unterwegs war sogar der Chauffeur gewechselt worden. Die Fahrt war zunächst ins KZ Auschwitz gegangen. Dort hatte man ihr gesagt, wenn sie den Polizeirat nicht belaste, werde sie im KZ bleiben, was einer Todesdrohung gleichkam.

Diese Willkürakte Schöngarths schienen Folgen zu haben. Er wurde abgelöst und mußte als Soldat bei der Waffen-SS eintreten. Nur wenige Eingeweihte wußten, was sich hinter dem durch die Presse bekanntgemachten »Wunsche« des Generals verbarg, zur Truppe zurückzukehren. Meine Genugtuung über diesen Lauf der Dinge war jedoch nicht von Dauer. Nach wenigen Wochen las man in der Zeitung, General Schöngarth sei auf einen hohen Posten in den Niederlanden befördert worden. Nach Kriegsende ist er dort zum Tode verurteilt worden.

Schöngarth war auch verantwortlich für das Wirken der schon erwähnten Polizei-Standgerichte und die Art der Vollstreckung ihrer Urteile. Meine Frau und ich haben es selbst erlebt, daß mitten in Krakau vor unserer Haustür am hellichten Tage Lastwagen vorfuhren, die zehn junge Polen und ein Erschießungskommando transportierten. Die Polen mußten sich in einer Reihe aufstellen und wurden erschossen. Ihre Leichen blieben einige Stunden »zur Abschreckung« liegen – so hieß es auf Plakaten, in denen mitgeteilt wurde, die öffentliche Hinrichtung sei erfolgt, weil Angehörige der Widerstandsbewegung einen »Volksdeutschen« erschossen hätten.

Vielfach waren die Opfer solcher Hinrichtungen Menschen, die die Polizei wahllos von den Trittbrettern überfüllter Straßenbahnen gerissen, bei Razzien auf dem schwarzen Markt eingefangen oder wegen des Verdachts strafbarer Handlungen festgenommen hatte. Die Angehörigen dieser Häftlinge wurden nicht verständigt, wenn die Gestapo einen solchen Häftling in ein Konzentrationslager brachte. Oft erschienen in meiner Kanzlei Mütter, Ehefrauen oder Bräute und fragten, ob ich einen Angehörigen finden könne, der spurlos verschwunden sei. In den ersten Monaten meiner Tätigkeit konnte ich nicht helfen. Glücklicherweise wurde ich aber im Winter 1942/43 beim Skilaufen in der Hohen Tatra mit einem jungen Mann bekannt, der sich als SS-Untersturmführer entpuppte. Er arbeitete in der Registratur des Krakauer Polizeigefängnisses Montelupich. Bei meinem nächsten Besuch in diesem Gefängnis fragte ich ihn, ob er mir Auskunft über den Verbleib von Personen geben könne, mit deren Vertretung ich beauftragt sei. Er sagte das zu. In der Folge suchte ich ihn einmal wöchentlich auf und fragte nach dem Verbleib von verschwundenen Personen. Die Antwort lautete etwa: »Der ist hier, der ist in Buchenwald, die ist in Ravensbrück.« Diese Informationen leitete ich an meine Klienten weiter, die auf diese Weise nicht nur Gewißheit über das Schicksal ihrer Angehörigen erhielten, sondern auch Gelegenheit, ihnen Pakete zu schicken, wodurch sie ihre Überlebenschancen erhöhten. Einige Male wurden mir Aufträge zu solchen Nachforschungen von Personen erteilt, die ihren Namen und ihre Adresse nicht angeben wollten, sondern lediglich erklärten, sie kämen »nächste Woche« wieder, um sich zu erkundigen. Ich schloß aus ihrem Verhalten, daß sie der Widerstandsbewegung angehörten. Manchmal konnte ich ihnen die erbetenen Auskünfte beschaffen.

Solange ich in Krakau war, habe ich das Verschleppen von Häftlingen mit unbekanntem Bestimmungsort für eine Schikane der dortigen Gestapo gehalten. Erst nach dem Kriege erfuhr ich vom sogenannten Nacht- und Nebelbefehl Hitlers, der diese Terrorakte sanktionierte.

Der Nacht- und Nebelerlaß vom 7. 12. 1941 lautete: »Gefangene müssen geheim nach Deutschland transportiert werden, um sie als verschwunden, ohne eine Spur zu hinterlassen, sicherzustellen. Zu diesem Zweck ist es verboten, Anverwandten des Betreffenden irgendeine Information zu geben.«

Dieser Befehl war von Hitler erlassen worden und wurde von Himmler an dessen Polizeikräfte und von Keitel an die Wehrmacht weitergeleitet.

Für Polen, die im KZ waren, konnte ich meist nicht mehr tun als Auskünfte zu beschaffen. Nur wenn Aussicht bestand, das SS- und Polizeigericht einzuschalten, konnte ich mich mit derartigen Fällen überhaupt befassen.

So kam eines Tages die polnische Inhaberin des renommiertesten

Krakauer Schlemmerlokals zu mir, in dem ich gelegentlich mit Dr. Markau ein »Advokatenfrühstück« zu Schwarzmarktpreisen genossen hatte. Frau X. bat mich, den Fall ihres Schwagers namens Wilk zu übernehmen, der sich im KZ Auschwitz befand. Was ihm vorgeworfen wurde, wußte sie nicht. Er sei jedenfalls von der Gestapo abgeholt worden. Ich war schon im Begriff, ihr zu sagen, daß ich leider nichts für sie tun könne, da erwähnte sie, ihr Schwager sei polnischer Polizist gewesen. Ich fragte, ob Wilk vom SS- und Polizeigericht abgeurteilt sei. Das wußte sie nicht. Ich nahm mich nun des Falles an, denn für einen polnischen Polizisten war das SS- und Polizeigericht zuständig. Dorthin ging ich und ließ im Register nachsehen, ob Wilk darin verzeichnet sei. Er war dem Gericht unbekannt. Nun machte ich den Chef des Gerichts darauf aufmerksam, daß ein Mann, der seiner Gerichtsbarkeit unterstehe, von der Gestapo nach Auschwitz gebracht worden sei. Sturmbannführer Sachs verlangte von der Gestapo, sie solle den Polizisten Wilk von Auschwitz nach Krakau bringen, damit er vor Gericht gestellt werde. Wenige Tage darauf erschien Frau X. und teilte mir freudestrahlend mit, der Schwager sei in Krakau und befinde sich im Zivilgefängnis. Dort war polnisches Wachpersonal. Deshalb hatte Wilk ihr seine Ankunft auch auf einem mir nicht bekannten Wege melden können.
Nun begann ein »normales« Strafverfahren. Als Verteidiger von Wilk erhielt ich Akteneinsicht, der ich folgenden Sachverhalt entnahm: Wilk hatte im Briefkasten seines ländlichen Polizeipostens ein Flugblatt der Widerstandsbewegung »Armija Krajowa« (= Heimatarmee) gefunden und es »zu den Akten« genommen. Von der Gestapo war das als Unterstützung der Widerstandsbewegung und als »KZ-würdig« angesehen worden. Der Anklagevertreter des SS-Gerichtes sah darin eine Unterstützung der Widerstandsbewegung, begangen durch Unterlassung, nämlich durch Nichtweitergabe an die deutsche Polizei. Er beantragte die Todesstrafe gegen Wilk. Ich erklärte dagegen, Wilk habe angesichts der Aussichtslosigkeit, den Verfasser oder die Verbreiter des anonym abgegebenen Flugblattes zu ermitteln, überhaupt nicht daran gedacht, die Widerstandsbewegung zu unterstützen, als er das Flugblatt bei seinen Akten aufbewahrte. Ich beantragte, ihn freizusprechen. Das Gericht zog sich zur Beratung zurück.

Ich ging im Flur des Gebäudes auf und ab. Nach etwa einer halben Stunde trat ein SS-Wachtmeister, eine Art Gerichtsdiener, auf mich zu und überbrachte mir die Bitte des Vorsitzenden, ins Beratungszimmer zu kommen. Ich entsprach dieser ziemlich ungewöhnlichen Bitte. Im Beratungszimmer erklärte mir der Vorsitzende – kein Jurist, sondern ein österreichischer Gendarmerieoberleutnant –: »Also, Herr Doktor, wir möchten uns ja Ihrem Antrag anschließen und den Mann freisprechen. Aber was passiert dann? Die Gestapo hat ›Rücküberstellung‹ beantragt. Sie holt ihn wieder, und der Mann landet in Auschwitz. Was das bedeutet, wissen Sie. Unsere Frage lautet: Wissen Sie eine juristische Möglichkeit, den Mann zu einer mäßigen Kriminalstrafe zu verurteilen, die er in einem zivilen Gefängnis verbüßen könnte?« Der unorthodoxe Vorsitzende brachte mich als Verteidiger in eine schwierige Lage. Wie konnte ich dem Gericht einen Tip geben, durch den eine Verurteilung meines Klienten möglich wurde, nachdem ich eben dessen Freispruch beantragt hatte? Da die Überlegungen des Vorsitzenden jedoch vernünftig waren, mußte ich dem Gericht einen Ausweg zeigen, wenn es mir um das Wohl des Angeklagten ging. Deshalb sagte ich dem Vorsitzenden: »Wenn Sie mir abnehmen, daß der Angeklagte nicht daran gedacht hat, die Widerstandsbewegung zu fördern, so könnten Sie ihn wegen Begünstigung im Amte verurteilen, weil die Meldung des Vorfalles doch zur Klärung des Täterkreises hätte führen können.« Das Gericht übernahm diese brüchige Argumentation. Der Vorsitzende verkündete nach fünfzehn Minuten das Urteil: »Der Angeklagte wird wegen Begünstigung im Amte zu eineinhalb Jahren Gefängnis verurteilt. Er hat auch die Kosten des Verfahrens zu tragen.«
Wilk dankte mir mit Tränen in den Augen. Er wußte, daß er die achtzehn Monate im Krakauer Zivilgefängnis verbüßen konnte, und er mag gehofft haben, daß die Deutschen vorher abziehen mußten. Am nächsten Tag erschien Frau X. bei mir. Sie zahlte nicht nur ein hohes Honorar, sondern versicherte mir auch, sie werde dies nie vergessen. Sie sollte Gelegenheit erhalten, dieses Versprechen wahr zu machen.
Noch in einem anderen Fall, an dem ich als Verteidiger mitwirkte, gelang es mir, einen polnischen Polizisten aus einem La-

ger herauszuholen. Der Mann hieß Gaida und war wegen eines Schwarzhandelsdelikts angeklagt. Als die Hauptverhandlung vor dem SS-Gericht eröffnet werden sollte, fehlte der Angeklagte. Wie eine Anfrage im Gefängnis ergab, war er von der Gestapo in das Konzentrationslager Buchenwald überstellt worden. Auf meine Anregung verlangte das SS-Gericht, die Gestapo solle den Mann dem Gericht zuführen, dessen Zuständigkeit er unterstand. Die Angehörigen des Angeklagten warteten in meiner Kanzlei auf das Ergebnis der Hauptverhandlung. Sie waren tief bestürzt, als sie hörten, er befinde sich im Lager Buchenwald. Angesichts der allgemeinen Erfahrungen fürchteten sie, ihn niemals wiederzusehen. In diesem Falle war jedoch ihr Pessimismus unbegründet. Der Mann wurde aus Buchenwald geholt, vor Gericht gestellt und verhältnismäßig milde bestraft. Nach wenigen Monaten war er wieder in Freiheit.

Meine Tätigkeit in diesen und anderen Fällen zog mir den Unwillen der Gestapo zu. Eines Abends erschien in meiner Kanzlei eine aufgeregte Frau. Sie übergab mir eine Banknote über 50 Dollar mit der Bitte, sie in Verwahrung zu nehmen. Das Verhalten der Frau erweckte mein Mißtrauen. Am nächsten Morgen schickte ich meine Sekretärin mit dem Dollarschein zur Bank. Drei Tage später, nach Ablauf der devisenrechtlichen Anbietungspflicht, erschienen zwei Gestapobeamte in meiner Kanzlei und forderten mich auf, ihnen die Banknote zu übergeben. Hätte ich sie noch besessen, würde ich mich strafbar gemacht haben. Statt dessen rief ich meine Sekretärin herein und bat sie, den Herren die Quittung zu zeigen, auf der die Bank den Empfang der Note bestätigt hatte.

Noch ernster war folgender Vorfall: Eines Morgens rief mich die Gestapo an und bat mich vorbeizukommen. Man habe eine meiner Angestellten, Agnes K., festnehmen müssen, da sie Jüdin sei. Agnes war ein scheues stilles Mädchen. Das Arbeitsamt hatte sie mir zugewiesen. Also ging ich ruhig zur Gestapo. Dort wurde mir mitgeteilt, bei der Überprüfung meiner Angestellten sei Agnes K. aufgefallen. Sie besitze zwar eine polnische Kennkarte, habe aber zugegeben, Jüdin zu sein. Zugleich habe sie entschieden erklärt, ich hätte von ihrer »Rassenzugehörigkeit« nichts gewußt. Ich habe zu meinem Bedauern nie wieder etwas von diesem Mädchen gehört. Was mich in Verbindung mit dieser Angelegenheit stutzig machte, war die Erklärung der Gestapobeamten, bei der Überprüfung meiner Angestellten sei ihnen Agnes K. aufgefallen. Warum überprüften sie meine Angestellten? Geheime Vorgänge gab es bei mir nicht. Also versuchten sie offensichtlich, unter meinen Angestellten jemanden zu finden, den sie als Spitzel gegen mich verwenden konnten. Vorsicht war demnach geboten.

Auch unter den Angestellten des anderen deutschen Rechtsanwalts befand sich eine Jüdin, die sich als Polin ausgegeben hatte. Das stellte sich aber erst heraus, nachdem diese Angestellte ausgeschieden war. Die Gestapo trat daraufhin an eine junge Dame heran, mit der der Anwalt einige Zeit befreundet gewesen war. Ein Beamter erklärte ihr: »Ein Wort von Ihnen, daß Dr. M. von der jüdischen Abstammung jenes Mädchens gewußt hat, und er sitzt wegen Judenbegünstigung.«

Kollegen in Krakau erzählten mir von zwei eklatanten Rechtsbeugungen: In Warschau hatte ein Deutscher einen Juden grausam mißhandelt. Der Jude erlitt schwere körperliche Schäden. Ein deutscher Staatsanwalt erhob Anklage wegen gefährlicher Körperverletzung. Ein Nazirichter sprach den Deutschen mit der Begründung frei, daß sich die Bestimmungen über die Bestrafung von Körperverletzungen nur gegen die Mißhandlung von »Menschen« richteten, ein Jude sei aber kein »Mensch« im Sinne dieser Vorschriften. Der andere Fall: Ein betrunkener SS-Mann drang in eine Baracke ein, in der jüdische Zwangsarbeiter untergebracht waren. Durch einen Schuß aus seiner Pistole tötete er einen Juden. Der Täter wurde vom SS- und Polizeigericht Krakau nicht wegen der Tötung eines Menschen, sondern nur wegen unrechtmäßigen Waffengebrauchs verurteilt.

Eine krasse Rechtsbeugung habe ich selbst erlebt. Der Advokat Dr. Wolter, ehemals Ordinarius für Strafrecht an der Krakauer Universität, fragte mich, ob ich bereit wäre, die Verteidigung von Dr. Walczynski zu übernehmen. Ihm als Polen wäre es wegen des Interesses der Gestapo an der Sache zu gefährlich, den Fall weiterzuführen. Ich ließ mir Dr. Wolters Akten geben und sagte zu, nachdem ich sie studiert hatte.

Dr. Walczynski, ein angesehener Krakauer Arzt, war von einer deutschen Luftwaffenhelferin aufgesucht worden, die ihn flehentlich gebeten hatte, ihre Schwangerschaft zu unterbrechen. Nach polnischem Recht war ein solcher Eingriff zulässig, wenn zwei Ärzte eine medizinische Indikation als gegeben ansahen. Daher hatte Dr. Walczynski seine Patientin zu einem zweiten polnischen Arzt geschickt, der bestätigt hatte, daß eine solche Indikation vorliege. Dr. Walczynski hatte schließlich den Eingriff vorgenommen. Seine Patientin hatte keinen gesundheitlichen Schaden davongetragen. Für das Honorar von 600 Zloty konnte Dr. Walczynski damals etwa 3 kg Butter kaufen. Irgendwie wurde die Sache aber ruchbar, und Dr. Walczynski und sein Kollege, der die Indikation bestätigt hatte, wurden angeklagt. Das Sondergericht Krakau verurteilte den Dr. Walczynski zu zwei Jahren Gefängnis, eine Strafe, die mir als Sühne für einen Einzelfall zu hoch erschien. In diesem Strafprozeß war als medizinischer Sachverständiger Dr. Beck, ein SS-Sturmbannführer, tätig gewesen. Ihn hatte die Regierung auch zum Hauptsachverständigen der Kommission gewählt, die die Morde von Katyn untersuchen sollte. Dr. Beck hatte Verbindung zu Obergruppenführer Krüger, dem Höheren SS- und Polizeiführer im Generalgouvernement, der der mächtigste Mann im Lande war. Krüger machte aus dieser kleinen Abtreibungssache nun eine politische Affäre. Er ließ verbreiten, die verurteilten Ärzte hätten durch die Abtreibung das deutsche Volkstum schädigen wollen. Deshalb sei die Strafe zu niedrig. Mit dieser Begründung drängte Krüger die Hauptabteilung Justiz bei der Regierung des Generalgouvernements, gegen das rechtskräftig gewordene Urteil außerordentlichen Einspruch einzulegen. Die Justizverwaltung übernahm Krügers Begründung, legte Einspruch ein und verwies die Sache zur nochmaligen Verhandlung an das Deutsche Obergericht in Krakau.

In diesem Stadium übernahm ich die Verteidigung von Dr. Walczynski. Ich besuchte ihn im Gefängnis, wo er die Behauptung zurückwies, er habe das deutsche Volkstum schädigen wollen. Er sei in Posen geboren und habe im Ersten Weltkrieg als deutscher Offizier gedient, wobei ihm das EK I verliehen worden sei. Zu der Abtreibung habe er sich durch die eindringlichen

Bitten des Mädchens bewegen lassen. Ich gewann einen guten Eindruck von Dr. Walczynski. Seine Behauptungen erschienen mir glaubhaft.

Da ich wußte, daß der Befehlshaber der Sicherheitspolizei auf eine harte Verurteilung von Dr. Walczynski drängte, wollte ich mich absichern und fragte den Präsidenten des Deutschen Obergerichts, ob er gegen meine Tätigkeit in dieser Sache Bedenken habe. Er verneinte dies. Er erklärte sogar, es sei gut, daß sich ein deutscher Verteidiger dieser Angelegenheit annehme. Wenige Tage vor der Hauptverhandlung traf ich den Sachverständigen Dr. Beck. Er teilte mir mit, General Krüger habe sein Mißfallen darüber geäußert, daß ein deutscher Rechtsanwalt Dr. Walczynski verteidige. Dr. Beck riet mir »freundschaftlich«, das Mandat niederzulegen, um Schwierigkeiten von seiten der Gestapo zu vermeiden. Ich war betroffen und suchte den Obergerichtspräsidenten Bauer auf, um mir seine frühere Äußerung noch einmal bestätigen zu lassen. Doch dieser bestritt jetzt sein Einverständnis von ehedem und meinte, ob ich den Arzt verteidigen könne, müsse ich mit meinem Gewissen ausmachen, hier liege ein schwerer Angriff auf das Deutschtum vor, den ein Deutscher nicht in Schutz nehmen solle. Diese Sinnesänderung des Präsidenten hatte, wie ich später hörte, ein Oberrichter bewirkt, der Mitglied des Gerichts war. Er gehörte dem SD an und war von der Gestapo veranlaßt worden, den Präsidenten umzustimmen.

Ich suchte nun meinen Kollegen Dr. Markau auf. Er verteidigte in dieser Sache den zweiten polnischen Arzt, der die medizinische Indikation bestätigt hatte. Wir wogen ab: Wenn wir fest blieben, riskierten wir vielleicht unsere Position in Krakau. Legten wir die Verteidigung nieder, so ließen wir unsere Klienten im Stich, die auf unseren Beistand vertrauten. Einen Tag vor der Hauptverhandlung wäre es einem anderen Verteidiger kaum möglich gewesen, sich einzuarbeiten. Wir beschlossen, die Sache weiterzuführen.

Die Hauptverhandlung, bei der als einziger Zuhörer ein Gestapo-Offizier zugelassen wurde, endete für Dr. Walczynski, also auch für mich, mit einem Fiasko. Vergeblich wies ich nach, daß Dr. Walczynski aus Mitleid gehandelt habe. Vergeblich bat ich mildernd zu berücksichtigen, daß der Angeklagte im Ersten Weltkrieg als Arzt in der deutschen Armee gedient habe. Das Gericht wandte die sogenannte Volksschädlings-Verordnung an und verurteilte den Angeklagten zum Tode. Es überschritt damit den Antrag des Staatsanwalts, der erklärt hatte, eine höhere Strafe als fünf Jahre Gefängnis halte er nicht für zulässig. Dieses Todesurteil versetzte viele Juristen Krakaus, Deutsche wie Polen, in Aufregung. Einer der beisitzenden Richter erzählte zu seiner Entschuldigung, der Präsident und der Oberrichter hätten ihn überstimmt. Viele Juristen waren damals davon überzeugt, daß hier das Recht auf Druck der Gestapo gebeugt worden sei. Den Angehörigen von Dr. Walczynski dieses Ergebnis mitteilen zu müssen war furchtbar. Zugleich beschämte es mich als Deutschen, zugeben zu müssen, daß meine Landsleute das Recht mit Füßen getreten hatten.

Nun, nachdem dieses Urteil vorlag, war ich nicht mehr um meine Position besorgt, sondern nur noch wütend. Ich machte ein Gnadengesuch, in dem ich darlegte, die Vollstreckung des Urteils würde einem Justizmord gleichkommen. Ich bestürmte den Oberstaatsanwalt Dr. Neeb, dieses Gesuch zu befürworten, was er auch tat. Dann sandte ich einen Bekannten zu Dr. Losacker, dem »Gouverneur« von Krakau, der trotz seiner Zugehörigkeit zur SS als einsichtig galt. Auch Dr. Losacker erkannte an, daß hier Unrecht geschehen war, und befürwortete ebenfalls mein Gnadengesuch. Nach einigen Wochen mußte Dr. Losacker seinen Posten verlassen. Ich erfuhr, daß er sich auf Betreiben Himmlers an die Front melden mußte, weil er als SS-Mann »pflichtwidrig« mein Gnadengesuch unterstützt hatte.

Dieses Gnadengesuch wurde in der Hauptabteilung Justiz der Regierung des Generalgouvernements bearbeitet. In dem Gnadenreferenten fand ich einen Mann, der tat, was er konnte, um dem Gesuch zum Erfolg zu verhelfen. Über das Gesuch hatte die beim Generalgouverneur Dr. Frank bestehende Gnadenkommission zu entscheiden. Mit Dr. Frank könne man reden, sagte mir der Gnadenreferent. Aber auch General Krüger war Mitglied dieser Kommission. Wenn er sich dagegen aussprechen sollte, würde das Gesuch nicht bewilligt werden. Und er würde, so glaubten wir, unter allen Umständen gegen die Begnadigung votieren. Der Gnadenreferent teilte mir mit, er beabsichtige, die Akte Dr. Walczynski zu jeder Sitzung mitzunehmen. Er wolle sie aber nur vortragen, wenn der SS-General nicht anwesend sei. Da er aber stets erschienen war, ist die Sache des Dr. Walczynski vom 18. 6. 1943 bis zum 18. 1. 1945, dem Tage des Einmarsches der Russen in Krakau, in der Gnadenkommission nicht verhandelt worden. So ist das Leben des unglücklichen Dr. Walczynski gerettet worden. Die Rote Armee hat ihn befreit. Aber es gab nicht nur skandalöse Rechtsbeugungen wie im Fall von Dr. Walczynski, im Generalgouvernement wurden auch gerechte Urteile gefällt, zu deren Erlaß allerdings Mut gehörte. Von einem markanten Fall, der Sache Kwiatkowski, will ich berichten.

Im Herbst 1939 verkündete die Nazipropaganda, polnische Gefängnisbeamte hätten deutsche Häftlinge erschossen und Kriegsgefangene mißhandelt. Die Toten wurden öffentlich als Märtyrer gefeiert, die Polen als Mörder gebrandmarkt. Aus unerklärlichen Gründen verschwanden die Polen aber nicht im Konzentrationslager, sondern wurden der deutschen Gerichtsbarkeit zur Aburteilung übergeben. Im Ermittlungsverfahren stellte sich heraus, daß der Fall anders lag, als er propagandistisch dargestellt worden war. Die polnischen Gefängnisbeamten hatten auf flüchtende Gefangene geschossen, und zwar erst, nachdem ihnen das von ihren Vorgesetzten befohlen worden war. Ob sie Kriegsgefangene mißhandelt hatten, mußte die Hauptverhandlung ergeben. Da die politische Propaganda den Fall als schweres Verbrechen dargestellt hatte, fürchteten manche Richter einen Skandal, wenn sie die Angeklagten, der wahren Sachlage entsprechend, milde bestraften oder freisprächen. Der Prozeß wurde daher jahrelang hin und her geschoben, ohne daß eine Hauptverhandlung stattfand. Endlich wurde der Kammergerichtsrat Dr. Tschischgale aus Berlin nach Krakau versetzt. Er bearbeitete die Sache und setzte eine Hauptverhandlung an. In dieser wurden die Angeklagten freigesprochen. Sie hatten vier Jahre in Untersuchungshaft verbracht.

Nach meinen Erfahrungen wurde in den Gerichtsverfahren, auch wenn Polen angeklagt waren, die Frage, ob der Angeklagte schuldig war, von den meisten Richtern sorgfältig untersucht.

Allerdings boten die Protokolle über die polizeilichen Vernehmungen keine sicheren Grundlagen für richterliche Urteile. Viele Polizeibeamte wandten, um Geständnisse zu erzielen, Methoden an, die früher jeden Beamten ins Zuchthaus gebracht hätten. »Verschärfte Vernehmung« war der Gestapo-Euphemismus für »Folter«. Durch »verschärfte Vernehmungen« kamen Aussagen zustande, die der Wahrheit direkt zuwiderliefen. Einmal hatten drei Angeklagte bei der Polizei zugegeben, einen Diebstahl ausgeführt zu haben. In der Hauptverhandlung wiesen die Verteidiger jedoch nach, daß sich die Angeklagten zur Zeit der Tat im Gefängnis befanden. Die Angeklagten wurden freigesprochen. Nach solchen Erfahrungen erklärten manche Richter, sie verließen sich nicht mehr auf die Aussagen der Beschuldigten in den Polizeiprotokollen und würden nur noch das in der Hauptverhandlung selbst Gehörte ihrem Urteil zugrunde legen. Gegen diesen guten Grundsatz verstießen andere Richter, die es nicht mit der Polizei verderben wollten. Sie hielten sich in der Hauptverhandlung strikt an die Aussagen in den polizeilichen Protokollen. Einzelne Richter ließen die Angeklagten sogar nicht zu Wort kommen, wenn sie einen von den Protokollen abweichenden Sachverhalt vortragen wollten, oder sie luden Polizeibeamte als Zeugen vor, um sich bestätigen zu lassen, daß die Protokolle korrekt zustande gekommen waren. Bei diesen Richtern war der Verteidiger fast einflußlos, da ihr Urteil schon feststand, wenn sie die Hauptverhandlung eröffneten.
Unter den Krakauer Richtern waren diejenigen in der Überzahl, die sich um Gerechtigkeit bemühten. Mancher von ihnen beklagte sich bitter darüber, in welch demütigende Lage die Justiz durch das Überhandnehmen der Polizeigewalt gekommen sei.

»Herr Doktor«, sagte mir die Fürstin Lubomirska, »Sie müssen sich um den Zamoyski kümmern. Er sitzt wegen einer blöden Sache im Gefängnis.« Ich sah mir die Gerichtsakten an. Die Sache war wirklich albern. Konstanty Graf Zamoyski war Abkömmling einer der berühmtesten Familien Polens und als solcher den Nazis ein Dorn im Auge. Er hatte das riesige Waldgut Adampol bei Zamosc in der Nähe von Lublin besessen. Es sei wohl 180000 Hektar groß, sagte er mir, aber genau wisse er das nicht. Von diesem Gut war er wegen »Mißwirtschaft« vertrieben worden, und zwar wenige Tage, nachdem der höchste deutsche Forstbeamte in Polen dort zehn Tage als Gast verbracht und die gute Bewirtschaftung gelobt hatte. Der gesamte land- und forstwirtschaftliche Besitz des Grafen wurde beschlagnahmt, was die deutschen Beamten nicht hinderte, ihm auch sein goldenes Taschenfeuerzeug mit der Bemerkung wegzunehmen, er könne sich seine Zigaretten ja mit Streichhölzern anzünden. Binnen zwei Stunden sollte er sein Gut verlassen. Bevor die Beamten ihn aus dem Hause trieben, verlangten sie von ihm, er solle in Form einer eidesstattlichen Versicherung sein gesamtes Vermögen angeben. In seiner Aufregung vergaß der Graf, in seiner eidesstattlichen Versicherung den Familienschmuck anzugeben, der im Keller des Gutshauses versteckt war. Nach Monaten wurde durch den Verrat eines Dieners der Safe entdeckt und geleert. Die Forstverwaltung übergab die Sache der Gestapo, die den Grafen beschuldigte, in seiner eidesstattlichen Erklärung den Schmuck bewußt verschwiegen zu haben. Glücklicherweise hatte die Gestapo diese Sache dann aber an die Justizbehörden abgegeben. Ich sagte dem Staatsanwalt zunächst, die Forstbehörden dürften eidesstattliche Erklärungen weder verlangen noch entgegennehmen. Außerdem hätten sie nicht das Recht gehabt, von dem Grafen Erklärungen über Dinge zu verlangen, die sich nicht auf sein land- und forstwirtschaftliches Vermögen bezogen. Der Schmuck sei nicht Teil dieses Vermögens und falle daher nicht unter die Beschlagnahme. Der Staatsanwalt war meiner Meinung und ordnete die sofortige Haftentlassung des Grafen an. Den Staatsanwalt von der Unschuld des Grafen zu überzeugen war wesentlich einfacher, als den Grafen dazu zu bewegen, seinen Anspruch auf die Rückgabe des Schmucks geltend zu machen. Er befürchtete, daß die Gestapo, bei der er eingesessen hatte, wieder auf seinen Fall aufmerksam werde. Vielleicht würde auch die Forstverwaltung versuchen, sich an ihm zu rächen, wenn sie den Schmuck herausrücken müsse. Endlich erteilte er mir die Vollmacht, die Sache in die Hand zu nehmen. Inzwischen war es Herbst 1944 geworden. Die Rote Armee hatte Lublin bereits besetzt. Wie ich ermittelte, hatte die Bank, in deren Tresor der Schmuck aufbewahrt worden war, ihn bei der Räumung Lublins

einem deutschen Beamten, Forstmeister X., herausgegeben. Der Beamte hatte den Schmuck aber nirgendwo abgeliefert. Auf mein Drängen wurde er von seinen Vorgesetzten zur Rede gestellt. Er gab zu, die Juwelen in einem Dorf in der Nähe von Meißen »sichergestellt« zu haben. Mich interessierte das Verhalten des Beamten nur insoweit, als daraus hervorging, daß der Schmuck noch greifbar war. Während der Weihnachtstage 1944 fuhr ich von Dresden aus nach Meißen. Versehen mit einer Ermächtigung der Regierung des Generalgouvernements und einer Devisengenehmigung holte ich die Juwelen aus ihrer »Sicherstellung«, brachte sie Anfang Januar nach Krakau und lieferte sie bei der Regierung ab. Am 11. Januar 1945 ging ich mit dem Grafen ins Regierungsgebäude. In Gegenwart von hohen Beamten wurden die Siegel von der Kassette entfernt. Perlenketten und herrlicher Brillantschmuck blitzten auf. Stück für Stück wurden die Preziosen in ein Übergabeprotokoll aufgenommen und dem Grafen ausgehändigt. Auf der Straße wollte ich mich von ihm verabschieden. Er bat mich aber dringend, ihn in seine Wohnung zu begleiten. »Wenn ich von Polizisten angehalten und solche Werte bei mir gefunden werden«, sagte er, »nehmen sie mich gleich mit.« Also ging ich mit. In seiner Wohnung waren acht Personen um einen großen Tisch versammelt. Ich kam mir vor wie der Weihnachtsmann, als ich die Kassette aus der Aktentasche nahm und öffnete. Nachdem alles bewundert war, wollte ich aufbrechen. Aber der Graf bestand darauf, daß ich mir eines der Stücke zur Erinnerung aussuchte. Ich wählte eine Brosche mit Brillanten, in deren Mitte ein großer Rubin eingefaßt war. »Lieber Doktor«, sagte der Graf, »nehmen Sie bitte eine andere Brosche. Diese hat die Königin Viktoria von England meiner Urgroßmutter geschenkt.« Nun bat ich ihn, selbst ein Schmuckstück auszuwählen. Er gab mir zwei.
Als ich mich an der Haustür verabschiedete, warnte er mich: »Doktor, denken Sie an Ihre Sicherheit. In wenigen Tagen werden die Russen dasein.« Das war am 11. Januar. Acht Tage später nahmen die Russen die Stadt ein.
In der Regierung des Generalgouvernements hatte die Hauptabteilung Ernährung und Landwirtschaft die Aufgabe, Vorschriften über die Erzeugung von landwirtschaftlichen Produkten auf-

zustellen sowie deren Ablieferung zu regeln und zu überwachen. Sie zog aber auch größere Besitzungen an sich, um sie selbst zu bewirtschaften. Derartige Güter wurden beschlagnahmt. Die Beschlagnahmeverordnung enthielt nur allgemeine Richtlinien darüber, in welchen Fällen zu beschlagnahmen sei. Es hing daher von den Leitern der Distriktsbehörden ab, wie die Verordnung gehandhabt wurde. Im Distrikt Radom wurden zum Beispiel viele Güter beschlagnahmt, im Distrikt Krakau dagegen nur wenige. Eine derart unterschiedliche Praxis erweckte den Eindruck von Willkür. Besonders drastisch war der Fall des Markgrafen Wielopolski. Er kam in meine Praxis und erzählte mir, wie es ihm ergangen war. Er besaß zwei Güter. Das eine lag im Distrikt Krakau, das andere im Distrikt Radom. Einige Monate nach Ende der Kampfhandlungen wurde der Markgraf festgenommen und ins Konzentrationslager Oranienburg gebracht. Während er sich dort befand, wurde das im Bezirk Radom gelegene Gut beschlagnahmt. Der Markgraf wurde dazu weder gehört, noch teilte ihm die Gestapo mit, warum er in das Lager eingewiesen worden sei. Infolge glücklicher Umstände und der Bemühungen eines deutschen Rechtsanwalts wurde der Markgraf nach einigen Monaten aus dem KZ Oranienburg entlassen. In Radom erklärte ihm die Behörde, das Gut sei beschlagnahmt. Die Einwände des Besitzers, er habe von diesem Gut immer die volle Menge der verlangten Lebensmittel abgeliefert und außerdem dort eine anerkannte Vollblutzucht betrieben, verfingen nicht. Das Gut blieb beschlagnahmt. Er mußte es verlassen. Ihm blieb das andere 4000 Hektar große Gut Kiaz Wielki, das im Distrikt Krakau gelegen war. Die Krakauer Behörden beschlagnahmten es nicht, weil das Gut seine Ablieferungspflichten stets erfüllt hatte. Die Radomer Behörde drängte jedoch auf Beschlagnahme auch dieses Gutes. Sie ging soweit, einen ihrer Sachverständigen in das Krakauer Gebiet, also in einen ihr fremden Distrikt, zu senden, um durch sein Gutachten nachzuweisen, daß auf diesem Gut Mißwirtschaft herrsche. Auf diese Weise erreichte die Radomer Behörde bei der den Krakauer Beamten übergeordneten Regierung des Generalgouvernements auch die Beschlagnahme des zweiten Gutes. Zu diesem Zeitpunkt beauftragte mich Wielopolski mit seiner Vertretung. Ich beschaffte mehrere Gutachten von Krakauer Behörden, die sich günstig über die Wirtschaftsmethoden des Eigentümers äußerten. Das Radomer Gutachten erwies sich als verfehlt. Die Regierung des Generalgouvernements hob die Beschlagnahme auf. Sie scheint dies zähneknirschend getan zu haben, denn sie erhob gegen mich, den Anwalt des Eigentümers, bei der Hauptabteilung Justiz eine Beschwerde, in der sie mich bezichtigte, deutsche Interessen verletzt zu haben.

Derartig absurde Ansichten zeigten besonders solche Beamte, die keine ausreichende Vorbildung für ihr Amt besaßen. So war ein Landinspektor, der dafür zu sorgen hatte, daß die Felder seines Bezirks zweckmäßig bewirtschaftet wurden, der Meinung, gewisse Felder eines Gutes, die sein Eigentümer inzwischen verkauft hatte, müßten dennoch weiterhin von dem Gut aus bewirtschaftet werden. Der Beamte schrieb einen Brief an das Grundbuchamt, in dem er verlangte, man solle im Grundbuch eintragen, das Eigentum an den früher verkauften Feldern sei wieder auf den Verkäufer übergegangen. Dabei hatten weder ein Rückkauf noch ein ähnliches Rechtsgeschäft stattgefunden. Die unglücklichen Käufer rafften sich zu einer Beschwerde auf, die immerhin bewirkte, daß der Landinspektor von seinen Vorgesetzten auf seine Grenzen hingewiesen wurde.

In Krakau hatten sich zwei deutsche Kaufleute im behördlichen Auftrag der Gemüse- und Lebensmittelversorgung der Stadt angenommen. Die Kaufleute erregten durch ihre beträchtlichen Einkünfte den Neid gewisser Beamter. Man begann, dem Vorleben dieser Geschäftsleute nachzuspüren, und entdeckte, daß der eine, mein Klient Gumpinger, erhebliche Vorstrafen hatte. Der Stadthauptmann (Bürgermeister) drohte diesem Kaufmann in öffentlicher Sitzung, er werde ihn aus dem Generalgouvernement »hinausschmeißen« lassen. Dieser durch mancherlei Erfahrung gewitzigt, verschwand aus Krakau, nachdem er mir vorher noch Generalvollmacht erteilt hatte. Der Stadthauptmann ließ nun ohne jede Rechtsgrundlage Gumpingers wertvolle Wohnungseinrichtung beschlagnahmen und in ein städtisches Lagerhaus schaffen. Er beauftragte Steuerbeamte, die Geschäftsbücher zu revidieren, um ein Verfahren wegen Steuerhinterziehung einleiten zu können und auch das übrige Vermögen Gumpingers in die Hand zu bekommen. Gegen den anderen Kaufmann wurde eine umfangreiche Anklage wegen Untreue erhoben, die sich jedoch als haltlos erwies. Er wurde wegen eines geringfügigen Delikts zu sechs Monaten Gefängnis verurteilt. Auch seine Wohnungseinrichtung ließ der Stadthauptmann beschlagnahmen. Der stellvertretende Stadthauptmann, der vorher Bürgermeister in einer Gemeinde von 800 Einwohnern gewesen war, zog in die Wohnung dieses Kaufmanns und benutzte sie mit allem Inventar. Der Stadthauptmann selbst besichtigte die Möbel von Gumpinger im städtischen Lagerhaus und erklärte bei dieser Gelegenheit, die Teppiche wolle er selbst haben.

Der Stadthauptmann war sehr verstimmt, als die beiden deutschen Rechtsanwälte Krakaus – jeder vertrat einen der Kaufleute – energisch verlangten, diese Beschlagnahmungen aufzuheben, für die jede Rechtsgrundlage fehlte. Die Verstimmung äußerte sich in schweren persönlichen Angriffen auf meinen Kollegen und mich. Der Stadthauptmann, als Mitglied des Reichstages und Inhaber des goldenen Ehrenzeichens der NSDAP ein einflußreicher Mann, versuchte außerdem unsere Einberufung zum Wehrdienst und die Rücknahme unserer Erlaubnis zur Berufsausübung zu erreichen. Ferner ordnete er eine Steuerrevision bei uns an. Mir teilte er schriftlich mit, sämtliche von mir an Dienststellen der Stadt Krakau gerichteten Schreiben würden unbeantwortet bleiben, solange ich die Vertretung des Kaufmanns nicht niederlege.

Von der vorgesetzten Dienstbehörde des Stadthauptmanns wurde mir zwar Abhilfe gegen seine Willkürmaßnahmen zugesagt, diese erfolgte jedoch so spät und so lau, daß der Stadthauptmann sich des Besitzes an den beschlagnahmten Sachen bis zur Räumung Krakaus erfreuen konnte.

Die Atmosphäre von Willkürherrschaft, von Rechtlosigkeit der Polen und Schwarzhandel als Existenzgrundlage bildete den Nährboden für eine weit verbreitete Korruption. Zwei krasse Fälle sind mir besonders in Erinnerung geblieben. In der Hauptverhandlung gegen Dr. Sch., den Leiter einer Bewirtschaftungsstelle für Benzin und Chemikalien in Krakau, häuften sich vor dem Richtertisch Wertobjekte vom Brillantring bis zum Perserteppich. Der Angeklagte hatte sie von Leuten erhalten, die entsprechende Zuteilungen von ihm erwarteten. Dr. Sch. hatte das

Zuteilungswesen für die Produkte, über die er verfügte, völlig zentralisiert. Jeder Bewohner des Generalgouvernements, der diese Erzeugnisse benötigte, mußte sich an das Amt des Angeklagten wenden. Dort liefen täglich Tausende von Anträgen ein. Wegen »Überlastung« wurden jedoch nur die Anträge der Rüstungsfirmen oder solcher Personen bearbeitet, die sich angemessen in Erinnerung brachten. Dr. Sch. hatte seine Behörde so organisiert, daß sie reichen privaten Gewinn abwarf. Er wurde zum Tode verurteilt.

Tragisch war der Fall eines polnischen Ehepaares – der Mann jüdischen Glaubens, die Frau österreichischer Herkunft –, das sich nach Österreich absetzen wollte, da Juden in Polen besonders gefährdet waren. Die Frau verkaufte deshalb ein kleines ihr gehörendes Landgut, das einen Vorkriegswert von 20 000 Zloty hatte, unter Umgehung der Preisvorschriften für 900 000 Zloty. Um diese Summe nach Deutschland transferieren zu können, war eine Devisengenehmigung nötig. Die Frau »kaufte« sich diese Genehmigung für 100 000 Zloty von einem bestechlichen Beamten. Um zu demonstrieren, daß sie die Beziehungen zu ihrem Mann abgebrochen habe, ließ sie sich scheiden. Mit dem transferierten Geld wollte sie in Österreich ein neues Gut kaufen. Dazu benötigte sie jedoch den Nachweis ihrer deutschen Abstammung. Für einige mit ihr verbrachte Nächte und eine größere Summe Geldes verschaffte ihr diesen Nachweis einer der höchsten Parteifunktionäre Krakaus, der Stabsamtsleiter Hohn. Nachdem sich auch der Ehemann eine polnische Kennkarte besorgt hatte, schienen alle Wege geebnet. Sie erwarb das Gut in Österreich, und er verdingte sich dort als polnischer Landarbeiter. Aber das mit viel Phantasie realisierte Unternehmen flog auf, weil die Gutsherrin und ihr Landarbeiter in ihrem Umgang nun jede Vorsicht außer acht ließen. In dem folgenden Verfahren verlor der Stabsamtsleiter Hohn nicht nur Amt und Würde. Der gelernte Schlosser war Parteifunktionär der NSDAP geworden und hatte einige Monate am Krieg teilgenommen. In Krakau trug er auf seiner Goldfasanen-Uniform das Eiserne Kreuz, das Verwundeten- und das Sturmabzeichen. Im Prozeß stellte sich dann heraus, daß er sich diese Auszeichnungen selbst verliehen hatte. Die nach seinen Aussagen vor 1933 »im Kampf um die Macht«

erlittene Stichverletzung am Bauch erwies sich nach ärztlicher Untersuchung als Operationsnarbe. Bevor man diesen Repräsentanten deutschen Herrenmenschentums entlarvte, war er im Verfahren gegen Beamte, die kleinere Verfehlungen begangen hatten, mit Entschiedenheit für die Sauberkeit des deutschen Beamtentums eingetreten und hatte ihre strenge Bestrafung gefordert. Dieser Auffassung schlossen sich seine Richter jetzt an. Sie verurteilten ihn zum Tode.

Der Fall führte zu weiteren Untersuchungen in der Krakauer Devisenstelle. Die Tätigkeit dieser Behörde spielte sich vor einem Hintergrund ab, der Gelegenheit zu riesigen finanziellen Gewinnen bot. Wer eine Devisengenehmigung zur Wareneinfuhr aus Deutschland erhielt, konnte dort, wo die Preise stabil geblieben waren, billig einkaufen und im Generalgouvernement durch Verkauf auf dem schwarzen Markt enorme Geschäfte machen. Gelang es, das im Schwarzhandel verdiente Geld mit Hilfe einer Devisengenehmigung ins »Reich« zu transferieren, hatte man den Gewinn auch noch in einer stabileren Währung angelegt. Einige Beamte der Devisenstelle, die sich für die Erteilung von Genehmigungen bestechen ließen, hatten auch durch hohe Ausgaben Verdacht erregt. Deshalb wurden zahlreiche Beamte dieser Devisenstelle verhaftet. Da die Geschäfte, die geprüft werden mußten, weit verzweigt waren, dauerten die Ermittlungen sehr lange. Die Verhafteten behaupteten, die untersuchenden Beamten dehnten ihre Ermittlungen deshalb so aus, um selbst nicht zur Wehrmacht eingezogen zu werden. Sollten sie diese Absicht gehabt haben, dann erreichten sie ihr Ziel – als die Russen Krakau einnahmen, war das Verfahren noch immer nicht abgeschlossen.

Korruption und Schiebung fanden auch in den Krakauer Wehrmachtskreisen Eingang. Offiziere des Luftgaukommandos hatten das Bedürfnis nach mehr französischem Cognac, als die Marketenderei der Wehrmacht liefern konnte. Deshalb bot der dem Luftgaukommando angehörende Soldat P., der im Zivilberuf Kaufmann war, seine Dienste an. Er wollte die zum Einkauf in Frankreich benötigten Devisen beschaffen, wenn man ihm Dienstreisebescheinigungen nach Paris ausstellte. Das war für die am Cognac interessierten hohen Offiziere ein leichtes. P. reiste als Kurier nach Paris. Um dort einkaufen zu können, beschaffte er sich auf folgende Weise Geld: Einer seiner Geschäftsfreunde benötigte dringend Fässer. P. versprach, die Fässer in Paris zu besorgen, wenn der Geschäftsfreund ein Akkreditiv auf eine Pariser Bank über eine sehr hohe Summe von der Devisenstelle genehmigen lasse. Zugleich gestand der Geschäftsfreund ihm für den Faßeinkauf eine Provision zu und erlaubte ihm, diese bei der Pariser Bank mit dem Kaufpreis für die Fässer abzuheben. P. kaufte die Fässer, verdiente eine schöne Summe als Provision und konnte so den Cognac bezahlen. Im ersten Kriegsjahr kostete die Flasche Cognac für Wehrmachtsangehörige drei Reichsmark. In Krakau wurden für die Flasche französischen Cognac auf dem schwarzen Markt jedoch 200–300 Mark bezahlt. P. lieferte nur einen kleinen Teil des Cognacs an die Offiziere, die den Normalpreis zahlten. Einen großen Posten setzte er auf dem schwarzen Markt ab. Er wurde von seinen Auftraggebern noch mehrmals nach Paris gesandt und machte dabei seine Geschäfte.

Mit dem Fortgang des Krieges sah sich P. allerdings einer Schwierigkeit gegenüber: Infolge der Menschenverluste an der Front, bemühte sich die Wehrmacht, junge Männer aus der Etappe zur kämpfenden Truppe zu versetzen. Für P. als jungen Mann war es nicht leicht, einer solchen Versetzung zu entgehen. Durch seinen Cognac-Handel hatte er jedoch den Chefarzt des Krakauer SS-Lazaretts kennengelernt. Obwohl P. der Luftwaffe angehörte, nahm ihn dieser in das SS-Lazarett auf und behielt ihn dort fünf Monate. P.s Krankheit hinderte ihn nicht, weiterhin »in Geschäften« nach Paris zu fahren. Auch für diese Fahrten hatte er die Reisepapiere von hohen Offizieren des Luftgaukommandos erhalten. Die Sache wäre noch lange gutgegangen, wenn nicht jemand Anzeige erstattet hätte. P., ein Hauptmann und ein Oberst wurden angeklagt. Der Chefarzt mußte sich vor dem SS-Gericht verantworten. P. wurde zum Tode, die Offiziere zu hohen Freiheitsstrafen verurteilt. P. wurde allerdings begnadigt, da seine Schuld nicht größer als die der Offiziere war, die mit Freiheitsstrafen davongekommen waren.

In einen anderen Fall war ein bestechlicher Gestapobeamter verwickelt. Ich wurde eines Tages von einer Schweizer Familie gebeten, nach Warschau zu kommen, um das Familienoberhaupt zu vertreten, das bei der Gestapo einsitze. Mein Einwand, daß dies sinnlos sei, weil ich bei der Gestapo keinen Häftling sprechen könne, wurde mit einem überlegenen Lächeln quittiert. Ich würde schon sehen, daß es ginge. Also fuhr ich nach Warschau. In der Wohnung meiner Klienten erfuhr ich, der Familienvater, ein erfolgreicher Geschäftsmann, sei wegen Wirtschaftsvergehens von der Gestapo festgenommen worden. Wir würden den Häftling zum Mittagessen in einem der ersten Schlemmerlokale treffen, wo er mir berichten werde, wessen man ihn beschuldige. Ich solle ihn beraten, was er zugeben könne, um »billig« davonzukommen. Wir gingen also in das Lokal. Kaum hatten wir den ersten Apéritif getrunken, da trat ein Herr an den Tisch, der mir als der Familienvater vorgestellt wurde. Er war in Begleitung eines Gestapobeamten, der mich begrüßte, als seien wir alte Bekannte. Er habe mich den Schweizern empfohlen, sagte er. Danach kümmerte er sich nur noch um das Essen oder scherzte mit der Ehefrau. Mein Klient berichtete mir, was ihm vorgeworfen wurde, und setzte flüsternd hinzu: »Die wollen nur Geld.« Ich beriet ihn, so gut ich konnte. Gegen Abend, auf der Heimfahrt, überlegte ich mir, was wohl den Beamten bewogen haben konnte, mich zu empfehlen. Er wollte offenbar, so sinnierte ich, bei den Schweizern ein schönes Stück Geld herausholen. Warschauer Anwälte hätten den Gestapobeamten vielleicht erkannt und seine zwielichtige Rolle aufgedeckt. Offensichtlich war deshalb ich aus Krakau herangezogen worden. Wenige Wochen später erfuhr ich, daß mein Klient gegen Zahlung eines »Unterwerfungsgeldes« entlassen worden war.

Als ich mich entschlossen hatte, nach Krakau zu gehen, begann ich, wie erwähnt, Polnisch zu lernen. Ich erweiterte aber auch meine Schulkenntnisse über die Geschichte Polens. Wir hatten wenig über die Geschichte Osteuropas gelernt: Im Mittelalter regierte ein Piastengeschlecht Polen und herrschte zeitweise auch über Schlesien. Johann Sobieski hatte 1683 geholfen, die Türken vor Wien zu schlagen. Ich hatte von den drei »polnischen« Teilungen gehört, bei denen Preußen westliche und nördliche Teile Polens erhalten, Österreich sich West- und Ostgalizien genommen und Rußland zwei Drittel des polnischen Staatsgebiets mit

71

der Hauptstadt Warschau okkupiert hatten. Und als Sachse war mir natürlich bekannt, daß Kurfürst August der Starke und sein Sohn im 18. Jahrhundert zu polnischen Königen gewählt worden waren. Nur wenig hatte ich dagegen vom Aufstand des tapferen Kosciusko gegen die dritte Teilung des Landes gehört. Nichts wußte ich von der Erhebung der Polen in den Jahren 1830–1832 und ihrem Aufstand von 1862/63, nichts auch vom polnischen Nationalcharakter und vom Russenhaß, der, vor allem im polnischen Kerngebiet um Warschau, im Laufe der 120jährigen Besetzung entstanden war.

Aber ich kannte das arrogante Gerede mancher Deutscher über die »polnische Wirtschaft«, womit sie die Verwahrlosung des Landes andeuten wollten, und wußte, daß die Meinung über die Polen von den polnischen Landarbeitern bestimmt wurde, die sich jährlich zur Erntearbeit verdingten. Man nannte sie verächtlich »Polacken«, ohne zu wissen, daß polak einfach »Pole« heißt.

Bereits in den ersten Monaten meiner Tätigkeit in Krakau begriff ich, daß die Nazis beabsichtigten, die polnische Oberschicht, insbesondere die Intelligenz, auszurotten. Nach der Besetzung des Landes begnügten sie sich nicht damit, die Wiederaufnahme des Lehrbetriebes an den Universitäten und an den höheren Schulen zu verbieten, sie versuchten vielmehr, die polnische Intelligenz physisch zu vernichten. Ein polnischer Wissenschaftler, der später aus dem KZ entlassen worden war, erzählte mir, bald nach dem Ende der Kämpfe hätte man die Professoren der ehrwürdigen Krakauer Universität – sie wurde 1364, fast 45 Jahre vor der Leipziger Universität gegründet – im Herbst 1939 zu einer Besprechung eingeladen, die angeblich der Wiederaufnahme des Lehrbetriebs dienen sollte. Viele seiner Kollegen seien auch erschienen. Die Besprechung verlief jedoch völlig anders, als man erwartet hatte. Die Türen wurden geschlossen, die »Gäste« festgenommen und in das Konzentrationslager Sachsenhausen gebracht. Diese Maßnahmen waren ein Teil des sogenannten »Volkstumskampfes«, den die Nazis führten, um das polnische Volk auf den Status von Sklavenarbeitern herabzudrücken. Auch der bereits erwähnte »Nacht- und Nebelerlaß« gehörte zu dieser Strategie. Die jüdischen Opfer der Verbrechen Hitlers sind bekannt. Viel weniger Leute wissen jedoch, daß Deutsche auch zwei Millionen Polen ermordet und weitere Millionen in Konzentrationslager verschleppt haben. Die SS-Organisation »Lebensborn« hat über 100 000 polnische Kinder ins »Reich« deportiert, um sie zu germanisieren. Wer sich über das sowjetische Verbrechen an polnischen Offizieren in Katyn empört, sollte deshalb vorher vor der eigenen Tür kehren.

Die »Polenstrafrechtsverordnung« machte die im »Reich« lebenden Polen zu Personen minderen Rechts. Sie nahm ihnen das Recht, sich vor Gericht durch einen Anwalt verteidigen zu lassen, und führte eine neue Form der Vollstreckung von Freiheitsstrafen ein: das Zwangsarbeitslager. Im Generalgouvernement wurde die »Polenstrafrechtsverordnung« zwar nicht angewendet, trotzdem waren die Polen auch hier deklassiert. In manchen Behörden, insbesondere der Polizei, ordneten die Chefs an, polnische Besucher hätten beim Warten auf den Korridoren mit dem Gesicht zur Wand zu stehen. So mancher Beamte, dem ich erklärte, ich hätte die Vertretung eines Polen übernommen, fragte mich erstaunt: »Ja, dürfen Sie denn das?« Aber diese Frage war harmlos. Ein Gestapobeamter, der seit der militärischen Besetzung Polens im Generalgouvernement »arbeitete«, griff mich dagegen massiv an: »Was, Sie verteidigen einen Polen? Sie schädigen die deutschen Interessen. Wer sind Sie denn überhaupt?« Ich sei ein kriegsbeschädigter Frontkämpfer, der die deutschen Interessen nicht nur im Hinterland verteidigt hätte, erwiderte ich.

In einem Punkt hatten sich die Urheber dieser unmenschlichen – aber auch dummen – Maßnahmen verrechnet: Den Widerstand der polnischen Männer und Frauen konnten sie nicht brechen. Widerstand zu leisten, hatten die Polen 120 Jahre lang, von 1793 bis 1918 gelernt. Ich hatte keine Gelegenheit, den bewaffneten Widerstand, etwa der polnischen Partisanen, zu beobachten. Aber den Opfersinn für die Verhafteten, den konspirativen Zusammenhalt, das Gewinnen von Nachrichten über die Lage von Häftlingen, Bestechungen, um ihnen die Freiheit zu verschaffen, habe ich oft beobachtet. Solche Aktionen machten vor niemandem halt, auch nicht vor der Gestapo. Frau X. von der Romabar in Krakau wußte eher als ich, daß ihr Schwager, Herr Wilk, von

73

Auschwitz nach Krakau verlegt sei. Die Frau von Dr. Walczynski wußte von dem gegen ihren Mann ergangenen Todesurteil, das nur in Anwesenheit eines deutschen Zuhörers gefällt worden war, bevor sie mich zwei Stunden nach der Urteilsverkündung aufsuchte.

An einem Wochenende fuhr ich mit meiner Frau zum Skifahren nach Zakopane. Wir benutzten die Bergbahn, die auf den dortigen Hausberg, den Kasprowy, führte. Ich gab dem Schaffner eine Fahrkarte, damit er sie entwertete. Er gab mir die Karte zurück, ohne geknipst zu haben, sagte aber kein Wort. Ich wartete in der Bergstation, bis die Fahrgäste ausgestiegen waren. Dann fragte ich ihn: »Warum knipsen Sie meine Karte nicht?« Er sagte: »Herr Doktor, Sie tun so viel für unsere Leute.« Ich hatte einige Klienten in Zakopane. Einer von ihnen mußte mich ihm gezeigt haben.

Einer dieser Klienten, der heutige Krakauer Journalist Pszon, hat einem früheren Reporter 1975 über seinen damaligen Besuch bei mir berichtet. Der »stern« schrieb*: »Krakau im Generalgouvernement Polen wurde seine erste Station als Advokat. Für seine Feinde ein handfester Grund zum Mißtrauen. Ein Anwalt, so sagen sie, der in Krakau polnische Bürger verteidigen durfte, muß schon ein großer Nazi gewesen sein. Nollau schweigt bis heute zu diesem Vorwurf. Er kann es sich leisten: er verfügt über Aussagen von Opfern des Regimes, denen er zu helfen versuchte. So die des heute 60jährigen Krakauer Journalisten Mieczyslaw Pszon, der während der deutschen Okkupation einer Widerstandsgruppe angehörte. Pszon erzählt: 1942 sei er zwei Monate von der Gestapo in Zakopane inhaftiert und erst freigelassen worden, nachdem er einen deutschen Polizeioffizier bestochen hatte. In seinem Versteck habe er dann erfahren, die Gestapo suche ihn, weil er noch Geld zu bekommen habe: Unsicher, ob dies eine Falle sei, habe er Nollau um Rat gefragt, ob er nach Zakopane zurückkehren solle. Pszon: ›Ich war bei diesem Gespräch immer bereit, ihm den Stuhl über den Kopf zu schlagen und zu fliehen, falls er die Polizei anruft.‹ Nollau riet ihm, nicht nach Zakopane zu gehen. Zwei Wochen später erhielt Pszon einen Brief seines Anwalts mit der Warnung, sich auf keinen Fall in Zakopane sehen zu lassen.« Soweit der »stern«.

* zitiert mit Genehmigung des »stern« aus Nr. 37/1975, S. 32.

Unter merkwürdigen Umständen kam eine Besprechung zustande, die mit einem Klienten in einem Lemberger Gefängnis stattfand. Zwei seiner »Verwandten« suchten mich auf und baten mich dringend, nach Lemberg zu kommen. Dort sollte ich den Häftling, der in einem Zivilgefängnis einsaß, sprechen. Ich sagte zu, mir eine Sprecherlaubnis zu besorgen. Wenn ich sie hätte, würde ich kommen. Das abzuwarten sei überflüssig, drängten sie, ich käme schon ins Gefängnis hinein. Zwei Tage später konnte ich mich freimachen. Die »Verwandten« holten mich im Morgengrauen mit einem Auto ab und fuhren die lange Strecke durch die weiten galizischen Ebenen ohne Unterbrechung bis Lemberg durch. Den Haupteingang des Lemberger Gefängnisses vermieden meine Begleiter. Pünktlich um 15 Uhr klopften sie an einer Seitenpforte, die auch sogleich geöffnet wurde. Ein polnischer Gefängnisbeamter führte uns, ohne ein Wort zu sagen, ins Gebäude und ließ mich in ein Besprechungszimmer eintreten. Ich brauchte nicht lange zu warten, bis mein Klient erschien, der mir sogleich eifrig berichtete, was ihm vorgeworfen wurde. Es war ein kleines Wirtschaftsvergehen, wie sie in Polen täglich zu Tausenden begangen wurden. »Das ist aber nett von Ihren Freunden, sich so um Sie zu kümmern, obwohl nur eine Bagatelle vorliegt«, sagte ich zu ihm. »Ja«, erläuterte er, »die brauchen mich zu was.« Dabei kniff er ein Auge zu. Ich begriff: Die »Verwandten« waren von der A. K., der Widerstandsbewegung. Die einsilbigen »Verwandten« luden mich noch zum Essen ein. Dann fuhren wir durch die Nacht zurück nach Krakau. Ich regte bei der Lemberger Staatsanwaltschaft an, die Sache durch einen Strafbefehl zu erledigen. Die Strafe wurde sofort bezahlt, mein Klient kam frei. Weder von ihm noch von seinen »Verwandten« habe ich je wieder etwas gehört.

Eine andere Begegnung mit der Widerstandsbewegung hatte ich in einem Verfahren vor dem SS-Gericht. Mein Klient, ein polnischer Polizist, war angeklagt, aus Feigheit ein Verbrechen nicht angezeigt zu haben. Er war nachts außer Dienst an einer Schnapsbrennerei vorbeigekommen. Da traten drei Männer auf ihn zu, hielten ihn fest und schleppten ihn in das Gebäude der Brennerei. Sie waren, wie sich herausstellte, Angehörige der Widerstandsbewegung, die sich gerade mit Schnaps versorgten.

Nachdem die Plünderei beendet war, hatten die Partisanen dem Polizeibeamten ein Viertelliter 98prozentigen Sprit mit einem Trichter gewaltsam eingeflößt und ihn dann mit der Drohung auf die Straße gestoßen, sie würden ihn erschießen, wenn er etwas von der Plünderung melde. Er wurde von einem Kameraden betrunken in seiner Wohnung gefunden, der ihn, da die Polizei inzwischen auf andere Weise alarmiert worden war, zur Hilfeleistung holen wollte. Das Gericht glaubte dem Angeklagten nicht, daß er unter Zwang betrunken gemacht worden sei. Es nahm vielmehr an, daß er mit den Partisanen unter einer Decke steckte, und verurteilte ihn zum Tode. Es kostete mich größte Mühe, die Vollstreckung des Urteils zu verhindern und die Begnadigung des Mannes zu einer Freiheitsstrafe zu erreichen.

Aber nicht nur auf konspirativem Gebiet waren die Polen Meister. Mich hat auch ihre Dankbarkeit beeindruckt. Nachdem Herr Wilk glimpflich davongekommen war, versicherte mir, wie bereits erwähnt, Frau X. ihre Dankbarkeit. Im Herbst 1944 bewies sie, daß leeres Gerede nicht ihre Art war: Die Russen näherten sich der Weichsel. Meine Familie war schon nach Dresden zurückgekehrt. Ich wollte sie besuchen und natürlich etwas mitbringen. Ich ging deshalb in die Romabar. Nach dem Essen bat ich Frau X., mir einige Kilo Butter und Speck zu beschaffen. Zur Zeit habe sie nicht genügend da, meinte sie, aber bis zur Abreise werde sie mir etwas besorgen. Am Abend vor dem Reisetag erschien sie in meiner Wohnung mit einer Einkaufstasche, in der je drei Kilo der gewünschten Ware verstaut waren. Ich fragte, was ich schuldig sei. Sie wies jede Zahlung zurück und erklärte: »Das ist für den Wilk.«

Als ich für den Markgrafen Wielopolski die Aufhebung der Beschlagnahme seines Gutes Kiaz Wielki erwirken sollte, erhielt ich einen hohen Vorschuß von ihm. Nachdem die Sache abgeschlossen war, erklärte ich ihm, mehr Honorar als den Vorschuß beanspruchte ich nicht. Darauf sagte er: »Wissen Sie, Herr Doktor, ich erziele doch in meiner Landwirtschaft Überschüsse in Zukker, Butter und Fleisch, über die ich verfügen kann. Davon werde ich Ihnen, solange der Krieg dauert, so viel schicken, wie Sie in Ihrem Haushalt brauchen.« Ich bedankte mich. Am nächsten Tag fuhr an dem Haus, in dem wir wohnten, ein Panjewagen vor. Ein

Bauer lud sich einen zentnerschweren Sack auf, buckelte ihn bis in den zweiten Stock und stellte ihn meiner erstaunten Frau in die Küche. Das sei vom Wielopolski, machte er ihr klar und verschwand. Der Sack war voll Zucker. Einige Wochen später führte mich meine Frau ins Badezimmer, in dessen Wanne zehn Karpfen schwammen. Ein unbekannter Bote hatte sie in einem Fäßchen transportiert und Grüße von Wielopolski ausgerichtet. Graf Wielopolski besaß allein Fischteiche im Umfang von 50 Hektar. Wir mußten unsere Bekannten bitten, uns Karpfen abzunehmen, damit wir wieder baden konnten. Die Gänse zu verteilen, die wir für die Weihnachtstage frei ins Haus bekamen, war ein anderes Problem.

Ein dankbarer Klient, ein Kunsthändler, der wegen Wirtschaftsverbrechen angeklagt und freigesprochen worden war, brachte mir am ersten Tag, den er wieder in Freiheit verbrachte, einen wertvollen Kirman-Teppich. Das vereinbarte Honorar hatte er längst bezahlt.

An einem Novembertag 1944 suchte mich eine Dame auf, deren Mann ich einmal verteidigt hatte. Sie war eine jener schönen Polinnen, die Heinrich Heine in seinem Essay »Über Polen« 1822 »Weichsel-Aphroditen« nannte, als er schrieb: »Hätte ich den Pinsel Raphaels, die Melodien Mozarts und die Sprache Calderons, so gelänge es mir vielleicht, Ihnen ein Gefühl in die Brust zu zaubern, das Sie empfinden würden, wenn eine wahre Polin, eine Weichsel-Aphrodite, vor Ihren hochbegnadigten Augen erschiene.«

Nun, meine Augen waren so »hoch begnadigt«. Die Dame fragte, wie es mir gehe, und fügte hinzu: »Lange werden die Deutschen ja nicht mehr hier sein können. Was werden Sie dann machen?« Ich antwortete, ich wolle so lange wie möglich bleiben. Wenn Krakau geräumt werde, hätte ich die Absicht, nach Dresden zurückzukehren. Darauf sie: »Sie müssen nicht weg, Herr Doktor, Sie stehen auf der Schutzliste der A. K.« Ich hatte schon von der Existenz einer solchen Liste gehört, die von der Widerstandsbewegung aufgestellt worden war, um »anständige« Deutsche zu schützen. An der Legitimation der Dame, mir dies mitzuteilen, zweifelte ich nicht. Daher bedankte ich mich, und die Dame ging. Ich habe trotzdem nie ernsthaft erwogen, die

Wirksamkeit dieser Schutzliste zu erproben. Ich ging davon aus, daß der angestaute Haß gegen die Deutschen unberechenbar sein würde, wenn das Regime zusammenbrach. Deshalb wollte ich nach Dresden zurückkehren, wenn sich die Russen bedrohlich näherten.

Bald war es soweit. Am 12. Januar 1945 stieß die Rote Armee aus ihrem Brückenkopf bei Baranow vor. Am 15. wurde Kielce eingenommen, am 16. Radom, am 17. Warschau. Am 18. Januar morgens hörte ich, daß der letzte reguläre Zug Krakau mittags verlassen werde. Ich packte zwei Koffer voll Akten, steckte meine Reisebescheinigung ein und begab mich zum Bahnhof. Die Reisebescheinigung war eine Anweisung »zur Verlagerung von Notariatsakten«, die mir die Hauptabteilung der Justiz auf meine Anregung ausgestellt hatte. Ich hoffte, daß sie mir nützlich wäre, wenn man unterwegs Männer aus dem Zuge für den Volkssturm reklamierte. Der Zug fuhr langsam durch Schlesien, erreichte aber ohne nennenswerten Aufenthalt am nächsten Morgen Dresden. Am gleichen Tage hörte ich mittags im Radio, die Rote Armee habe Krakau besetzt.

Der Zusammenbruch

Bald nach meiner Ankunft in Dresden meldete ich mich beim Wehrbezirkskommando. Der Beamte erklärte mir, ich hätte mit meiner baldigen Einberufung zu rechnen. Ich ging nach Hause und wartete. Am 24. Januar hörte ich im Radio, die Rote Armee habe Oppeln und Gleiwitz erobert. Am 27. Januar wurde berichtet, daß die Deutschen das oberschlesische Industriegebiet räumten. In Dresden trafen immer mehr Flüchtlinge aus Schlesien ein.

Am 31. Januar wurde ich zu einem Infanterie-Ersatzbataillon nach Halle einberufen. Da ich vermeiden wollte, mit einem verlorenen Haufen an die schlesische Front geworfen zu werden, machte ich ein Gesuch, in dem ich auf meine Gebirgsausbildung hinwies, und bat, zu meinem Ersatztruppenteil, dem Gebirgsjägerregiment 143, nach Innsbruck einberufen zu werden. Onkel Kurt, der im Dresdner Generalkommando diente, nahm es zum Leiter des Wehrbezirkskommandos mit, den er persönlich kannte. Am Abend berichtete er mir, das Wehrbezirkskommando werde dem Gesuch entsprechen und in Innsbruck anfragen, wohin ich einberufen werden solle. Den Einberufungsbefehl für Halle wollte er bei der Stelle abliefern, die sich mit der Sache befaßte.

Inzwischen rückte die Rote Armee weiter vor. Wir konnten uns ausrechnen, wann sie Sachsen erreichen würde. Da wir von den zahlreichen Übergriffen sowjetischer Soldaten hörten und meine Frau mit unserem zweiten Kind im sechsten Monat schwanger war, wollten wir sie keinem derartigen Risiko aussetzen. Wir beschlossen deshalb, daß sie Mitte Februar zu einer Kusine nach Sömmerda in Thüringen fahren sollte. Wir packten zwei große Koffer mit unseren besten Kleidungsstücken, der Babyausstat-

tung und Verpflegung und gaben sie am 13. Februar im Dresdner
Hauptbahnhof nach Sömmerda auf. Am Abend dieses Tages saßen wir zusammen und berieten, was wir tun konnten, um durch
den Zusammenbruch des Dritten Reiches nicht voneinander getrennt zu werden. Wir gelangten schließlich zu dem Entschluß,
daß ich beim Herannahen des endgültigen Zusammenbruchs
versuchen sollte, mit dem Fahrrad von Dresden nach Sömmerda
zu gelangen, was ein ausdauernder Radler an einem Tage schaffen konnte, wenn er früh genug losfuhr.
Weiteres Nachdenken ersparten uns die Luftschutzsirenen, die
einen Angriff ankündigten. Wir wohnten damals in Blasewitz,
einem Dresdner Vorort, den schon Schiller in Wallensteins Lager
erwähnt hatte. Vom Stadtzentrum waren wir etwa sieben Kilometer entfernt. Der alliierte Bombenkrieg hatte Dresden bisher
verschont. Deshalb gingen wir auch diesmal ohne ernsthafte Befürchtungen in den Luftschutzkeller. Bald hörten wir aus der
Ferne Einschläge, unser Haus wurde jedoch nicht getroffen.
Nach einer halben Stunde ging ich nach oben, um nachzusehen.
Ich vernahm nun weder Einschläge noch Motorengeräusche. In
der Annahme, daß die Gefahr überstanden sei, kehrten wir in
unsere Wohnung zurück und tranken eine Flasche Sekt. Wir saßen noch eine Stunde beisammen und sprachen über unsere Zukunft. Plötzlich hörte ich aus weiter Ferne eine Sirene, die wieder
»Fliegeralarm« ankündigte. Als wir erneut in den Keller eilten,
sah ich durch die Fenster des Treppenhauses, wie die nieder-
schwebenden Leuchtbomben Tageshelle verbreiteten. Es wurde
offensichtlich Ernst. Die Einschläge in der Ferne und in der Nähe
waren jetzt zahlreicher geworden und folgten dichter aufeinan-
der. Unser Haus wurde vom Explosionsdruck der Sprengbom-
ben erschüttert, wir hörten die Fensterscheiben klirren, es wurde
aber nicht getroffen. Nachdem eine halbe Stunde keine Explo-
sionen zu hören waren, wagten wir es, den Keller zu verlassen.
In unserer Wohnung sah es wüst aus. Sämtliche Fensterscheiben
waren zersprungen, die Splitter lagen auf Fußböden, Möbelstük-
ken und Betten. Das schien uns kein guter Aufenthalt für eine
Schwangere mit einem Kleinkind zu sein. Wir entschlossen uns
daher, noch in der Nacht zu meiner Mutter zu gehen, die jenseits
der Elbe am Loschwitzer Hang wohnte. Die schlafende Sabine

packten wir in den Kinderwagen, beluden eine kleine Karre mit allerlei Sachen und machten uns auf den Weg zur Elbbrücke. Brennende Häuser beleuchteten den Weg. Als wir die Brücke erreichten, begegneten uns Leute, die berichteten, die Brücke sei getroffen, es komme keiner hinüber. Wir versuchten es trotzdem, und wenn man die Löcher umging, die die Bomben in das Pflaster geschlagen hatten, schaffte man es auch. Als wir uns dem Körnerplatz auf dem anderen Ufer näherten, sahen wir aus den Fenstern des Loschwitzer Kirchleins, das einst von Georg Bähr erbaut worden war, haushohe Flammen schlagen. Auch andere Loschwitzer Häuser waren getroffen. Sogar an der nächtlich einsamen Schillerstraße, die wir hinaufgingen, brannte ein Haus. Im Schein der Flammen konnte ich am Schillerhäuschen die alte Inschrift lesen:»Hier schrieb Schiller bei seinem Freund Körner am Don Carlos.« Doch das Haus meiner Mutter war unversehrt. Als wir dort von der Veranda auf Dresden hinabsahen, lag roter Feuerschein über der Stadt. Sonst war nichts zu erkennen. Die Wohnung meiner Mutter stand offen, war aber leer. Als wir im Keller nachsahen, fanden wir die Hausbewohner. Sie warteten noch immer auf Entwarnung. Mit meiner Mutter vereinbarten wir, bei ihr zu bleiben, bis wir die Folgen der Angriffe auf die Stadt übersehen konnten.

Am nächsten Vormittag nahmen meine Frau und ich einen Handwagen, um aus der Blasewitzer Wohnung noch einiges zu holen. Als wir die Brücke erreichten, begegneten uns kleine Trupps von Menschen mit rußgeschwärzten Gesichtern, angesengten Kleidern und verstörten Mienen, Opfer der Angriffe, die mit dem Leben davongekommen waren. Sie berichteten uns, die ganze Innenstadt sei zerstört, Tausende von Menschen umgekommen, die Toten lägen noch in den Straßen. Der erbärmliche Aufzug dieser Menschen verlieh ihren Aussagen einen hohen Grad von Wahrscheinlichkeit. Wir waren tief betroffen. Vor allem machten wir uns auch Sorgen, weil wir annahmen, daß die Eltern meiner Frau und ihre Schwägerin die Nacht im Zentrum der Stadt verbracht hatten. In der Blasewitzer Wohnung angelangt, beluden wir unser Handwägelchen und machten uns schleunigst wieder auf den Weg nach Loschwitz. Gegen Mittag überquerten wir die Brücke. Plötzlich näherten sich Flugzeuge.

»Tieffliegerangriff«, schoß es mir durch den Kopf. Wir rannten mit anderen von Panik ergriffenen Menschen zu den ersten Häusern jenseits der Brücke. Kaum hatten wir uns in einen Hausflur gerettet, schlugen schon in der Nähe mit ungeheurem Getöse die Bomben ein. Das Haus bebte, Kalk rieselte von den Wänden, Menschen wimmerten vor Angst. Das Haus hielt jedoch stand. Unversehrt trafen wir bei meiner Mutter ein.

Da keine Zeitungen erschienen und wir den Nachrichten im Radio nicht trauten, konnten wir uns kein klares Bild von der Zerstörung Dresdens machen. Auch von unseren Verwandten hatten wir keine Nachricht. Deshalb machte ich mich zwei Tage nach dem Angriff auf, sie zu suchen. Ich nahm ein Fahrrad, um in die Stadt zu gelangen. Unter normalen Verhältnissen hätte ich dazu eine Stunde gebraucht. Sobald ich mich aber dem Stadtkern näherte, mußte ich vom Rad steigen und es tragen. Die Straßen waren durch den Schutt der eingestürzten Fassaden blockiert. Nur schmale Trampelpfade führten durch die Trümmer. In der Innenstadt stand kein Haus mehr. Einige Pfeiler der Frauenkirche ragten in den Himmel. Vor der Ruine lag das Denkmal Martin Luthers auf dem Boden. Ich strebte der Prager Straße zu, um zum Hauptbahnhof zu gelangen, in dessen Nähe meine Schwiegereltern gewohnt hatten. Die Prager Straße war nur noch ein Trümmerfeld. Ich mußte, das Fahrrad auf der Schulter, von Stein zu Stein balancieren. Die Stahlkonstruktionen des Hauptbahnhofs ragten rußgeschwärzt in den Himmel. Von der Hitze zusammengeschrumpfte verkohlte Leichen lagen an der Straße. Ich drückte mich daran vorbei. Als ich in die Lindenaustraße einbog, in der meine Schwiegereltern gewohnt hatten, sah ich, daß ich hier niemanden mehr antreffen würde. Keine Fassade war übriggeblieben. Ich stolperte über die Trümmer, bis ich vor dem Haus stand. Vor manchen Trümmerhaufen hatte ich Mitteilungen an Verwandte auf Brettern gelesen. Hier fand ich nichts. Ich versuchte durch den halbverschütteten Kellereingang in den Keller einzudringen. Als ich mich in den verbliebenen Gang zwängen wollte, schlug mir glühende Hitze entgegen, die jedes Vordringen unmöglich machte.

Ich kehrte unverrichteterdinge nach Hause zurück und berichtete deprimiert über das Erlebte. Am Abend kam Onkel Kurt aus dem Generalkommando. Er erzählte uns, daß sämtliche Akten des Wehrbezirkskommandos verbrannt seien. »Es wird wohl Wochen dauern, ehe du von denen etwas hörst«, sagte er. Es galt nun, umgekehrt zu vermeiden, daß die Militärbehörden von mir etwas »hörten«. Da ich mich bei jedem Ortswechsel hätte melden müssen, durfte ich also jetzt meinen Aufenthaltsort nicht verändern. Um das Leben naher Verwandter mußten wir weiter bangen. Erst nach einigen Wochen erlangten wir Gewißheit über das Schicksal der Angehörigen meiner Frau. Mein Schwiegervater hatte die Nacht auf seiner Dienststelle verbracht. Dort hatte er sich retten können. Unsere Schwägerin hatte mit ihrem Kind und der Schwiegermutter das brennende Haus in der Lindenaustraße noch rechtzeitig verlassen können. Die Schwiegermutter war aber sofort zurückgekehrt, um noch etwas zu retten. Seitdem hatte sie niemand mehr gesehen. Im Keller fand man später ein Skelett, das man mit Hilfe eines Schlüsselbundes, der daneben lag, als das ihrige identifizierte.

Meine Frau hatte nun keinen Grund mehr, in der zerstörten Stadt zu bleiben, deren Krankenhäuser und Transporteinrichtungen vernichtet waren. Ein Verwandter, Hermann Lorenz, und seine Frau, die in Westsachsen ein Gut besaßen, waren bereit, uns aufzunehmen. Dieses Angebot nahmen wir gern an, weil sich meiner Frau auch eine gute Transportmöglichkeit bot. Sie und das Kind wurden von einem Militärzug nach Geringswalde mitgenommen, von dort gingen sie mit dem Kinderwagen und einem Köfferchen, nunmehr ihren einzigen Habseligkeiten, zu Fuß nach Döhlen bei Rochlitz, wo das Gut lag. Bald folgte ihnen meine Mutter, die ein uns bekannter Spediteur im Lastkraftwagen mitnahm. Er beförderte sogar ihre Lieblingscouch und einige Koffer nach Döhlen. Ich blieb allein in Dresden zurück, weil ich hoffte, dadurch der Einberufung zu entgehen. Da die Amerikaner in Thüringen zügig vorrückten, kamen sie dem Aufenthaltsort meiner Frau immer näher. Am 14. April hörte ich abends im Radio, sie hätten Jena besetzt. Da beschloß ich, am nächsten Morgen um 5 Uhr Dresden zu verlassen, um noch vor Eintreffen der Amerikaner Döhlen zu erreichen. Auf der völlig leeren Autobahn radelte ich in Richtung Chemnitz. Bei Hainichen schwenkte ich auf eine Landstraße ab, die über Mittweida nach Rochlitz führte. Unterwegs begegneten mir Soldaten, die mir zuriefen:»Mensch kehr um, die Amis kommen.« Aber ich fuhr weiter. Gegen 17 Uhr traf ich in Döhlen ein. Erleichtert empfing mich meine Frau. Wir hatten es geschafft. Die Familie war in den nächsten kritischen Tagen beisammen. Wir aßen gerade Abendbrot, als die Sirenen zu heulen begannen: Panzeralarm. Die Amerikaner näherten sich der am westlichen Ufer der Zwickauer Mulde gelegenen Stadt Rochlitz. Am nächsten Mittag hörten wir das Rasseln von Kettenfahrzeugen: Die Amerikaner waren da. Zu unserem Erstaunen bezogen die Soldaten nicht das Gutshaus, sondern schlugen ihre Zelte im Park auf. Eines der Zelte stand gerade dort, wo meine Frau unsere Silberbestecke vergraben hatte. Uns war das nur recht, einen sichereren Platz konnte es nicht geben.

Die Amerikaner waren anständig, sie behelligten niemanden, den Kindern gaben sie Schokolade. Mich überprüften einmal zwei Sicherheitsbeamte, die von einer höheren Einheit kamen. Sie schienen in mir einen desertierten Soldaten zu sehen, der gefangengenommen gehörte. Da ich ihnen aber meinen Entlassungsschein vorlegen konnte, nach dem ich schon 1941 aus der Wehrmacht entlassen worden war, gaben sie sich zufrieden. Die Amerikaner halfen uns auch, unser familiäres Hauptproblem zu lösen. Die Niederkunft meiner Frau stand nun unmittelbar bevor. Hebamme und Krankenhaus befanden sich westlich der Zwickauer Mulde, während unser Aufenthaltsort Döhlen auf dem Ostufer des Flusses lag. Aber Deutsche durften die Mulde aus uns damals unverständlichen Gründen nicht überschreiten. Von der Vereinbarung der Alliierten, die Zwickauer Mulde zur vorläufigen Grenze der Besatzungsgebiete der Russen und Amerikaner zu machen, erfuhren wir erst später. Als ich »unseren« Amerikanern die Lage meiner Frau erklärte, fuhren sie mit ihr in einem Jeep zur Kommandantur in Rochlitz, wo ihr ein Passierschein für den Übergang über die Mulde ausgestellt wurde. Nun hatte sie die Erlaubnis, ins Krankenhaus zu gehen, wenn tagsüber die Wehen einsetzten. Nachts stand einer solchen Wanderung die allgemeine Ausgangssperre entgegen, die für die Zeit von 20 Uhr abends bis 6 Uhr morgens verhängt worden war.

Um dem Risiko einer nächtlichen Geburt ohne ärztlichen Beistand vorzubeugen, ging meine Frau wochenlang jeden Abend nach Rochlitz ins Krankenhaus und kehrte morgens zu Fuß nach Döhlen zurück. Diese nützlichen Wanderungen wurden jäh unterbrochen, als sich die Amerikaner Anfang Juni zu unserem Schrecken auf das westliche Ufer der Mulde zurückzogen. Die Russen besetzten nun auch unser Dorf. Sie verhielten sich aber diszipliniert. Einer ließ sich von meiner Mutter breite Offiziersachselstücke an seine Uniform nähen, dann forderte er mich auf, mit ihm zu fahren. Im Auto erzählte ich ihm radebrechend auf polnisch-russisch, ich sei während des Krieges Advokat gewesen und hätte Hitlergegner verteidigt. Da setzte er mich nach einigen Kilometern ab. Ob er nur ein Hochstapler war, haben wir nie erfahren. Noch immer wanderte meine Frau abends zur Brücke, um im Rochlitzer Krankenhaus zu übernachten. Einige Tage respektierten die russischen Posten den amerikanischen Passierschein. Dann aber wechselte die Wachmannschaft. Als wir am Abend des 6. Juni an die Brücke kamen, warf der russische Wachposten nur einen kurzen Blick auf den Passierschein und winkte geringschätzig ab:»nix gutt«. Wir gingen einige Kilometer stromauf, in der Hoffnung, meine Frau könne die Mulde dort auf einem Steg überqueren. Aber auch dort stand ein Posten, der sie abwies. Nun kehrten wir zur Straßenbrücke zurück, um unser Glück nochmals zu versuchen. Doch der Russe lehnte erneut ab. Da brach meine Frau in Tränen aus und wies verzweifelt auf ihren Bauch. Da ließ der Soldat sich erweichen. Sie durfte passieren. Wir vereinbarten schnell noch, daß sie bis zur Geburt im Krankenhaus bleiben solle. Bis zum Einsetzen der Wehen wollten wir uns mittags am Ufer der Mulde »auf Sicht« treffen. Am nächsten Tag erschien sie auch noch, aber am übernächsten sah ich drüben die Hebamme stehen. Sobald ich in Rufweite war, schrie sie: »Schon wieder ein Mädchen.« Unsere Franziska war geboren. Einige Tage später rief die Hebamme über den Fluß, meine Frau habe Fieber und müsse etwas länger als normal im Krankenhaus bleiben. Ich wollte sie daher besuchen. Einige Kilometer flußabwärts führte eine Eisenbahnbrücke über die Mulde, die nicht dem Fußgängerverkehr diente. Ich hatte herausgefunden, daß sie nicht bewacht wurde. So nahm ich mir einen Blumenstrauß aus dem Gutsgarten und näherte mich der Brücke. Weit und breit war kein Posten zu sehen, Züge verkehrten ohnehin nicht. Vorsichtig balancierte ich über die Schwellen, bis ich drüben war. Meine Frau fühlte sich im Krankenhaus unglücklich. Bei uns auf dem Gut würde sie es besser haben. Die Ärzte versprachen mir, Mutter und Kind in einem Krankenauto bis zur Mitte der Brücke transportieren zu lassen. Dort wollte ich sie in einem Rollstuhl empfangen. Als am nächsten Tag der Krankenwagen auf der Brücke erschien, ging der russische Posten mit mir und meiner Mutter bis zur Brückenmitte. Die »Fracht« wurde umgeladen. Mit dem Rollstuhl und Kinderwagen kehrten wir auf das Gut zurück.

Anwalt
unter einem kommunistischen Regime

Den Zusammenbruch hatten wir überstanden. Jetzt mußte ich mich um meinen weiteren Berufsweg kümmern. Viel hing dabei auch davon ab, ob unsere Wohnung in Dresden noch bewohnbar war und ob dort das Leben wieder in Gang käme. Aber das würde man nur an Ort und Stelle sehen können. Daher entschloß ich mich, eine Erkundungsfahrt nach der Heimatstadt zu machen. Ich benutzte dazu das Fahrrad. Die Strecke von etwa 100 km bewältigte ich leicht und war überrascht, in der Wohnung meiner Mutter alles unberührt vorzufinden. Unsere alte Aufwartefrau berichtete mir, die Russen seien nicht in der Wohnung gewesen. Und der Hauswart meinte, daß eine Beschlagnahme durch deutsche Stellen nicht drohe, da man mit der baldigen Rückkehr meiner Mutter rechne, die, wie man wisse, keine Nationalsozialistin gewesen sei. Ich suchte auch einige Kollegen auf, die mir berichteten, daß der Gerichtsbetrieb bald wieder eröffnet werde. Sie rieten mir, eine Kanzlei zu suchen. Nach zwei Tagen trat ich die Rückfahrt nach Döhlen an. Unterwegs hatte ich in der Nähe von Mittweida eine kleine Panne. Die Kette war von den Zahnrädern gesprungen. Als ich sie wieder auflegen wollte, trat ein bewaffneter Rotarmist heran und forderte das Fahrrad von mir. Ich zeigte auf die herunterhängende Kette und sagte:»kaputt«. Da ließ er vom Fahrrad ab und verlangte das Paket, das ich auf den hinteren Gepäckträger geklemmt hatte. Ich gehorchte, und er zog damit ab. Beim Auspacken wird er nicht viel Freude gehabt haben: Das Paket enthielt nur Babysachen. In Döhlen überlegten wir, ob wir versuchen sollten, nach Westdeutschland zu gehen? Aber ich war dort als Anwalt nicht zugelassen, wir kannten niemanden, und wir hatten keine Wohnung. Wir konnten zwar auf einige Freunde zählen, hatten aber keinen

Bekanntenkreis, was für den Aufbau einer Praxis wichtig war. Dresden war zwar russisch besetzt, von den Russen hatte ich jedoch nichts zu befürchten. In jener Zeit lasen wir viel vom »Aufbau eines demokratischen Deutschland« in der Zeitung. Unsere bisherigen Erfahrungen bestärkten uns in dem Urteil, daß wir wahrscheinlich in Dresden würden leben können. Die alte Heimatstadt mit ihrem einst so blühenden Kulturleben und ihrer herrlichen Umgebung, unserem alten Loschwitz, der Sächsischen Schweiz und dem Erzgebirge, zog uns mächtig an. Ich entschloß mich, bald nach Hause zurückzukehren. Meine Frau wollte mit den Kindern zunächst auf dem Lande bleiben, wo die Lebensverhältnisse für sie bedeutend besser waren als in der zerstörten Stadt.

Ich fuhr also wieder mit dem Fahrrad nach Dresden zurück. Das alte Vehikel war auch in der Stadt, wo die Verkehrsmittel noch nicht funktionierten, unentbehrlich. Die Bereifung stammte noch aus der Vorkriegszeit und war entsprechend anfällig. Aber das Reifenflicken hatte ich schon als Junge gelernt. Nun erwarb ich mir darin eine gewisse Fertigkeit. An manchen Tagen mußte ich zwei- bis dreimal »flicken«. Die nötige Gummilösung besorgte ich mir auf dem schwarzen Markt. Ihn gab es auch in Dresden, wenngleich er nicht so florierte wie in Polen und die Sachsen nicht so clever und aus historischen Gründen auch autoritätsgläubiger waren als die Polen. Aber ich hatte in Krakau einiges auf diesem Gebiet gelernt und verfügte vor allem über ein begehrtes Tauschobjekt: einige tausend Zigaretten, die meine Frau und ich als Nichtraucher in Krakau gesammelt und nach Dresden gerettet hatten. Als ich bei den städtischen Behörden um die Zuteilung von Lebensmittelmarken nachsuchte, erhielt ich sie sofort. Man gab mir – wie einem Arbeitslosen – die niedrigste Kategorie.

Eine Kanzlei fand ich auf der Friedrich-Engels-Straße in der rechtselbischen Dresdner Neustadt, in der einige Straßen unzerstört waren. Dort eröffnete ich meine Anwaltspraxis.

Ende August 1945 besuchte ich an einem Sonnabend meine Familie auf dem Gut in Döhlen. Meine Frau kam mir verstört entgegen. »Gestern haben sie Hermann abgeholt«, berichtete sie. Wir konnten uns nicht erklären, warum das geschehen war. Hermann Lorenz war mit Leib und Seele Bauer gewesen. Er hatte das Gut zunächst als Pächter geleitet. Da er gut wirtschaftete, war er später in der Lage gewesen, es zu kaufen. Seine Landarbeiter, Deutsche wie Polen, die ihm während des Krieges zugewiesen worden waren, hatte er gut behandelt. Allerdings glaubte er noch kurz vor Kriegsende an Hitler, den »Endsieg« und an die angekündigten Wunderwaffen des Dritten Reiches. Seiner Überzeugung gemäß lebte er auch. Zum Beispiel hielt er seine Familie dazu an, die Bewirtschaftungsvorschriften peinlich zu beachten. In der SA hatte er es nur zum Scharführer gebracht. Wir konnten uns nicht vorstellen, daß er irgend jemandem etwas zu Leide getan haben sollte, und rechneten daher mit seiner baldigen Rückkehr. Der wahre Grund seiner Festnahme wurde uns Mitte September klar, als die sächsische Landesverwaltung die Bodenreform verkündete. Durch diese Bodenreform wurden alle Güter entschädigungslos enteignet, die über 100 Hektar groß waren. Zu Hermanns Gut gehörten etwa 150 Hektar Land. Also war er davon betroffen. Ein Döhlener Funktionär sagte mir später, er sei verhaftet worden, um den reibungslosen Ablauf der Reform zu gewährleisten. Infolge der Reform mußte auch Hermanns Familie den Hof verlassen. Das Gutshaus, ein »Wahrzeichen des Feudalismus«, wurde abgerissen. Hermann blieb verschwunden. Seine Familie erfuhr jahrelang nichts über sein Schicksal. Als er 1948 aus dem Lager Mühlberg an der Elbe, wo er mit anderen »Kriegsverbrechern« inhaftiert war, entlassen wurde, fuhr er nach Döhlen. Dort fand er weder das heimische Gutshaus noch seine Familie. Wenige Monate darauf ist er gestorben.

Am 18. Oktober 1945 teilte mir der Landgerichtspräsident mit, meine Zulassung zur Rechtsanwaltschaft werde mit sofortiger Wirkung zurückgenommen. Binnen einer Woche hätte ich meine Kanzlei zu schließen. Ich könne aber meine Wiederzulassung erwirken, wenn ich eine antifaschistische Betätigung nachwiese.

Zunächst mußte ich aber meine Kanzlei schließen. Eine freundliche Kollegin übernahm mein Büro und meine Klienten. Ich montierte mein Namensschild an der Haustür ab und brachte ihres an.

Ich war fest davon überzeugt, die geforderte antifaschistische

Betätigung nachweisen zu können, und reichte ein Gesuch ein, das alle Einzelheiten über meine Tätigkeit in Krakau und die entsprechenden Beweismittel enthielt. Meine Mutter ließ sich nicht abhalten, der betreffenden Behörde eine Erklärung zuzusenden, aus der unser damaliges Dilemma hervorging. Ihre Erklärung lautete:

»Meinem Sohn, Dr. jur. Günther Nollau, ist infolge seiner Zugehörigkeit zum NSKK die Zulassung als Rechtsanwalt entzogen worden. Infolgedessen versichere ich an Eides Statt, wie es zu diesem Eintritt in das NSKK kam. Als kriegshinterbliebene Witwe hatte ich die Aufgabe, drei Söhne ihren Fähigkeiten entsprechend zu erziehen. Unter größten wirtschaftlichen Schwierigkeiten hatte ich meinen zwei ältesten Söhnen – Peter als Zahnarzt, Günther als Jurist – ein Studium ermöglicht. Schon vor Abschluß seines ersten Staatsexamens 1934 erklärte mir mein Sohn Günther, daß er infolge seiner ablehnenden Einstellung dem Nationalsozialismus gegenüber nicht in der Lage sei, in den juristischen Staatsdienst zu treten, was das ursprüngliche Ziel seines Studiums war. Der Staatsdienst habe wahrscheinlich den Eintritt in eine Gliederung der Partei zur Voraussetzung, was für ihn nicht in Betracht kommen könne. Er glaubte aber und hoffte, im freien Beruf als Rechtsanwalt könne er um den Eintritt in die Partei herumkommen.

Wie sich aber später herausstellte, wurde ihm nach Abschluß des zweiten Staatsexamens auf Grund seiner ›politischen Unzuverlässigkeit‹ die Zulassung als Anwaltsassessor nicht erteilt.

Wenn ich auch in der Ablehnung der nationalsozialistischen Gedankengänge mit meinem Sohn konform ging, war mir dieser Zustand auf die Dauer doch untragbar. Nach den Erfahrungen, die ich im Leben gemacht hatte, hielt ich es daher für unumgänglich notwendig, in dieser Beziehung Konzessionen zu machen. Vor allem hatte ich dazu zwei zwingende Gründe. Erstens wußte ich, daß mein Sohn mit Leib und Seele Jurist war, den die Arbeit in der Industrie nicht befriedigen würde. Zweitens hatte ich große pekuniäre Sorgen. Mein dritter Sohn Hans hatte gerade sein Studium als Bauingenieur begonnen, zu dessen Durchführung ich der finanziellen Unterstützung meines Sohnes Günther bedurfte.

Nach endlosem vergeblichen Zureden, wenigstens in das NSKK, das ich politisch für völlig belanglos hielt, einzutreten, appellierte ich schließlich ernsthaft an seine Pflicht und Dankbarkeit mir gegenüber. Das half endlich.

Durch die Ereignisse der letzten Jahre habe ich einen Sohn verloren und sehe nun mit Schrecken, daß mein Sohn Günther durch meine Schuld aus seinem Beruf gebracht worden ist.« Soweit die Mutter. »Schuld« hatte sie wohl nicht. Aber unsere Diskussionen sind in ihrer Erklärung anschaulich wiedergegeben. Der Sohn, den sie verloren hatte, war mein Bruder Hans. Er gehörte als wissenschaftlich hochqualifizierter Ingenieur zum Stabe Wernher von Brauns und hatte einige Jahre in Peenemünde an ballistischen Problemen der V-2-Rakete gearbeitet. Als die Rote Armee näher rückte, war die Versuchsanstalt nach Bleicherode im Harz verlegt worden. Mein Bruder war sehr freiheitsliebend und hatte das gleiche Faible für die Berge wie ich. In den Tiroler Alpen hatte er sich eine Almhütte als »réduit«, wie er es nannte, eingerichtet und dort auch Lebensmittel deponiert. Bei Kriegsende wolle er zu dieser Hütte fliehen, hatte er mir einmal erzählt. Als die Amerikaner Bleicherode am 15. April besetzten und auch die Baracke betraten, in der mein Bruder arbeitete, sprang er zum Fenster hinaus, um der Gefangenschaft zu entgehen. Da traf ihn eine Garbe aus der Maschinenpistole eines amerikanischen Postens.

Ich habe vom Ende meines Bruders erst Monate später durch einen seiner Mitarbeiter erfahren, der damals schon in den USA lebte. Anschließend mußte ich nach Döhlen fahren und die Unglücksbotschaft meiner Mutter überbringen.

Die Entscheidung über mein Gesuch um Wiederzulassung ließ auf sich warten. Ich wollte vermeiden, zur Trümmerbeseitigung verpflichtet zu werden. Als ich hörte, das Forstamt Bühlau bei Dresden suche Waldarbeiter, meldete ich mich deshalb dort. Der Förster zweifelte zwar daran, daß ich bei der Akkordarbeit mit den gelernten Waldarbeitern mithalten könne, nahm mich aber dann doch.

Einen Vorteil hatte ich aus der Tätigkeit als Waldarbeiter: Ich erhielt Schwerarbeiterzuteilungen, und insoweit ging es mir viel besser als einem Anwalt. Andererseits verdiente ich erheblich weniger. Aber ich hatte kurz vor Kriegsende eine größere Menge Bargeld von der Bank abgehoben und profitierte nun von dieser Vorsichtsmaßnahme, denn alle Bankguthaben waren inzwischen beschlagnahmt worden.

Natürlich war es mir unmöglich, ebensoviel zu leisten wie ein Facharbeiter, aber ich schaffte auch nicht so wenig, daß ein Waldarbeiter es abgelehnt hätte, im Akkord, zum Beispiel beim Fällen von Bäumen, mit mir zusammenzuarbeiten. Eine große Rolle spielte damals das Holzdeputat, das den Waldarbeitern zustand. Jeden Abend nahm ich auf meinem Fahrrad so viel Abfallholz mit, wie ich schleppen konnte. Auf diese Weise löste ich in jenem harten Winter das Heizungsproblem, das anderen Familien Sorgen und Mühe bereitete.

Im Mai 1946 entsprach das Justizministerium meinem Gesuch um Wiederzulassung. Ich nahm meine Tätigkeit als Rechtsanwalt wieder auf. Aber schon Anfang 1947 mußte ich erneut um meine Zulassung kämpfen. Das Justizministerium hatte sie mir am 20. Januar wieder entzogen. Die Rücknahme dieser Entscheidung erreichte ich aber schon nach wenigen Wochen.

1946/47 fand in Dresden der erste sogenannte Euthanasie-Prozeß statt. Hitler hatte zu Anfang des Krieges einen Befehl zur »Vernichtung lebensunwerten Lebens« erlassen, mit dem er die Tötung von Geisteskranken anordnete. In der Praxis wurden seit Sommer 1940 in gewissen Anstalten alte, geistesgestörte und mit unheilbaren Krankheiten behaftete Menschen als »nutzlose Esser« getötet. Ihre Angehörigen erhielten die Nachricht, sie seien eines natürlichen Todes gestorben. In der Nähe Dresdens lag die bekannte Irrenanstalt »Sonnenstein«. Den Tötungen, die dort vorgenommen worden waren, galt der Dresdner Prozeß. Hauptangeklagter war ein Arzt Dr. Nitsche, der zur medizinischen Leitung des »Euthanasieprogramms« gehört hatte. Ich verteidigte eine Krankenschwester, der vorgeworfen wurde, an den Tötungen beteiligt gewesen zu sein.

Ich beschäftigte mich gründlich mit dem Problem der Euthanasie und kam natürlich zu dem Ergebnis, daß echte Sterbehilfe nur vorlag, wenn das Ende eines mit Sicherheit verlöschenden Lebens erleichtert wurde. Solche Sterbehilfe war, wie ich damals in der Literatur las, in einigen Staaten des Westens durchaus zugelassen, und auch ein deutscher Psychiater, Professor Hoche, hatte schon vor 1933 vorgeschlagen, sie in »Lebensunwerten Lebens«-Fällen anzuwenden. Von Sterbehilfe in diesem Sinne konnte jedoch keine Rede sein, wenn führende Nazis bei Kriegsbeginn beschlossen, »nutzlose Esser« zu beseitigen. Ärzte, die in Kenntnis dieser Absichten das Programm in die Tat umgesetzt hatten, waren Mittäter. Das galt für den Hauptangeklagten Dr. Nitsche. Aber das Verhalten der Krankenschwestern, die das Programm nicht gekannt, sondern nur Teile davon ausgeführt hatten, mußte anders beurteilt werden.

Diesem Gedanken entsprechend verteidigte ich »meine« Schwester und fand dabei eine günstige Resonanz. Der Prozeß erhielt große Publizität, in der Presse wurde auch auf die Parallelen zum Nürnberger Kriegsverbrecherprozeß hingewiesen. Dort legte man den »Gnadentod«, dem nach Schätzungen 270000 Menschen zum Opfer gefallen waren, dem früheren Reichsinnenminister Frick zur Last, der für Krankenhäuser und Irrenanstalten verantwortlich gewesen war.

Die SED versuchte, den Dresdner Prozeß auch politisch auszuschlachten. Sie veranstaltete eine öffentliche Diskussion über die Probleme des Prozesses, in der Dr. Kohn, der Anklagevertreter, als Referent auftrat. Ich hörte mir an, wie Dr. Kohn die Angeklagten in Bausch und Bogen als »Mörder« hinstellte. Das Publikum schwieg. Da meldete ich mich zu Wort und wandte mich dagegen, die Angeklagten pauschal zu verurteilen, insbesondere trat ich für eine differenzierte Behandlung der Krankenschwestern ein. Jeder von ihnen müsse nachgewiesen werden, die Absichten der Führung gekannt und den Willen gehabt zu haben, an den rechtswidrigen Tötungen teilzunehmen. Zu meiner Überraschung erhielt ich großen Beifall.

Im Prozeß selbst wurde Dr. Nitsche zum Tode verurteilt. Die von mir vertretene Schwester erhielt eine Zuchthausstrafe.

Viele – darunter auch ich –, die nach dem Siege der Alliierten trotz mancher abschreckenden Erlebnisse in dem von sowjetischen Truppen besetzten Lande geblieben waren, erwarteten die von den Vertretern der Sowjetregierung angekündigte »Demokratisierung« des öffentlichen Lebens. Die Nazipropaganda hatte uns auf zahlreichen Gebieten belogen, also dürfte wohl auch vieles von dem verzerrt gewesen sein, was sie uns über die Sowjets erzählt hatten. So argumentierte ich im Sommer 1945 in Diskussionen mit Freunden. Einer von ihnen stimmte mir zu und meinte, bedeutende westliche Staatsmänner, die sicher gut informiert seien, hätten mit den Russen in Teheran und Jalta Verträge abgeschlossen, die über ein bloßes Kriegsbündnis weit hinausgingen. Diese Staatsmänner müßten den Russen doch wohl vertrauen. Unser eigenes Vertrauen wurde aber sehr bald – noch im Spätsommer 1945 – erschüttert. Zwei Ereignisse trugen dazu bei: der erste Justizskandal in Sachsen und die Bodenreform.

Die Bodenreform wurde als »unaufschiebbare, nationale, wirtschaftliche und soziale Notwendigkeit« hingestellt. Als solche wäre sie diskutabel gewesen, wenn man sie, wie es proklamiert wurde, auf Güter beschränkt hätte, die über 100 Hektar groß waren. In der Praxis wurden aber auch zahlreiche kleinere Höfe enteignet und aufgeteilt, und zwar unter dem Vorwand, der Eigentümer sei »aktiver Verfechter der Nazipartei oder Kriegsverbrecher« gewesen. Dieses Vorgehen und die Vertreibung der enteigneten Gutsbesitzer und ihrer Familien aus dem Landkreis, in dem ihr Gut lag, wurden von der Bevölkerung als Unrecht empfunden.

Der erste Justizskandal wurde von der Landesverwaltung inszeniert. Ein Rechtsanwalt hatte gegen das Land Sachsen eine Schadenersatzforderung wegen Amtspflichtverletzung eines Beamten eingeklagt. In der Klageschrift hatte er den Ministerpräsidenten und den Innenminister als Vertreter des beklagten Landes bezeichnet. Von diesem in einer Demokratie alltäglichen Vorgang fühlte sich der Innenminister Kurt Fischer provoziert. Er ließ »spontane« Demonstrationen der Werktätigen organisieren und »einmütige Protestresolutionen« von Betrieben beschließen. Der Anwalt verlor seine Zulassung. Ein Richter, der einen Verhandlungstermin angesetzt hatte, wurde gemaßregelt. Die Klage stützte sich auf das geschriebene Recht, das den Rechtsweg für Ansprüche wegen Amtspflichtverletzungen von Beamten zuließ. Jetzt wurde jedoch der Rechtsweg ausgeschlossen und damit ein Grundstein jeder Demokratie beseitigt. Über Ansprüche, die aus Amtspflichtverletzungen von Beamten herrührten, entschied

94

seitdem das Innenministerium. Aus unerfindlichen Gründen entschädigte es aber auch in krassen Fällen die Betroffenen nicht. Ein Kriminalpolizist hatte einen Mann, den er als Schieber überführen wollte, erschossen, obwohl er nicht angegriffen, sondern sogar durch einen im gleichen Raum stehenden bewaffneten Polizisten gedeckt worden war. Der Erschossene hinterließ eine Frau und vier minderjährige Kinder. Das Innenministerium lehnte die Ansprüche dieser Unglücklichen ab. In einem anderen Fall wurde einem kleinen Bauern aus Bannewitz bei Dresden 1946 vorgeworfen, einen Polen erschossen zu haben. Er kam ins Gefängnis, seine Familie wurde vom Hof gewiesen. Vom Hausrat durfte sie nichts mitnehmen. Die Hauptverhandlung gegen den Bauern fand erst nach drei Jahren statt. Sie endete mit einem Freispruch. Inzwischen war das Gut parzelliert, vom Hausrat kein Stück mehr da, die Familie verarmt. Auch dieser Bauer bemühte sich vergebens um Schadenersatz.

Zur »Demokratisierung« der Justiz gehörte die Ablösung der Berufsrichter durch die sogenannten Volksrichter. Die ersten Lehrgänge für Volksrichter begannen schon 1945. Die »große Lebenserfahrung« der Anwärter sollte die akademisch-wissenschaftliche Ausbildung der Berufsrichter ersetzen. Offensichtlich deshalb wurde das Mindestalter der »Volksrichter« auf dreiundzwanzig (!) Jahre festgesetzt. Der erste Lehrgang dauerte sechs Monate. Dann wurden die Lehrgänge auf acht Monate und schließlich auf ein Jahr verlängert. Die ersten Volksrichter nahmen bereits im Laufe des Jahres 1946 ihre Tätigkeit auf. Sie waren schnell herangebildet worden, um die Berufsrichter zu ersetzen, die als Folge der strengen Entnazifizierungsmaßnahmen den Justizdienst verlassen mußten. Die Erfahrungen, die ich als Anwalt mit den Volksrichtern machte, waren nicht durchweg negativ. Da von ihnen aber als einzige Voraussetzung politische Linientreue verlangt wurde, schlichen sich auch Hochstapler und sogar Verbrecher in ihre Reihen ein.

Neben dieser »Demokratisierung« der Justiz wurde der Aufbau einer politischen Polizei betrieben, und zwar zunächst geheim, weil der Alliierte Kontrollrat die Einrichtung von politischen Polizeiorganisationen verboten hatte. Ich erfuhr durch Zufall von der Existenz dieser Polizei. Ein Polizeibeamter, der mir seinen Scheidungsprozeß anvertraut hatte, antwortete auf meine Frage, bei welcher Polizeidienststelle er arbeite, bedeutungsvoll: »bei K 5.« Ich wußte nicht, was das war, und bat ihn um weitere Erklärungen. »Die ›Kommissariate 5‹ helfen den sowjetischen Genossen bei Ermittlungen gegen Kriegsverbrecher«, sagte er. »Ich war sogar in der Sowjetunion zur Ausbildung.« Ich wunderte mich. Noch in keinem Strafverfahren vor deutschen Gerichten hatte ich einen Beamten bemerkt, der »K 5« angehörte. »Ja«, sagte er, »unsere Sachen werden bei den Gerichten der SMA* verhandelt. Aber warten Sie, unsere Organe werden auch noch die deutschen Gerichte beliefern.«

Als mein Klient gegangen war, dachte ich nach. Das Wort »Organe« für Polizeibehörden kam mir bekannt vor. Mir fiel ein, daß ich es aus den Berichten über die Prozesse während der sowjetischen »Säuberungen« kannte.

Die Ausbildung der K-5-Beamten in der Sowjetunion, offensichtlich bei der dortigen Geheimpolizei, deutete an, daß die Kommissariate 5 noch eine wichtige Funktion übernehmen sollten. Diese Funktion wurde erkennbar, als die SMA am 16. August 1947 ihren Befehl 201 erließ. Dieser Befehl schien nominelle Mitglieder der NSDAP von jeder Diskriminierung zu befreien. Seine Hauptbedeutung lag aber, wie man erst nach und nach erkannte, auf anderem Gebiet. Er übertrug Ermittlungen in »restlichen« Entnazifizierungssachen, also Ermittlungen, die gegen Belastete mit dem Ziel der Bestrafung geführt wurden, den deutschen Verwaltungen für Inneres. Diese Verwaltungen hielten für derartige Aufgaben die Kommissariate 5 bereit. K 5 erhielt damit eine Macht, die in dieser Form nicht einmal die Gestapo besessen hatte. Der Befehl 201 ermächtigte die Polizei, das Untersuchungsverfahren bis zur Anklageerhebung zu betreiben.

Die Kommissariate 5 erließen aber nicht nur Haftbefehle, sondern sie verfaßten auch die Anklageschrift. Sie beschlagnahmten das Vermögen des Beschuldigten und waren befugt, seine Entlassung aus öffentlichen Ämtern zu fordern. Wenn K 5 die Anklageschrift angefertigt und die Sache an die Staatsanwaltschaft abgegeben hatte, blieb dieser Behörde nur noch die bescheidene Aufgabe, die Anklage zu bestätigen. Ich habe keinen Fall erlebt,

* Sowjetische Militär-Administration

Bei Ausbruch des Ersten Weltkrieges in Leipzig

1935 in der Sächsischen
Schweiz

Gebirgsjäger auf Kreta

Rechtsanwalt in Krakau

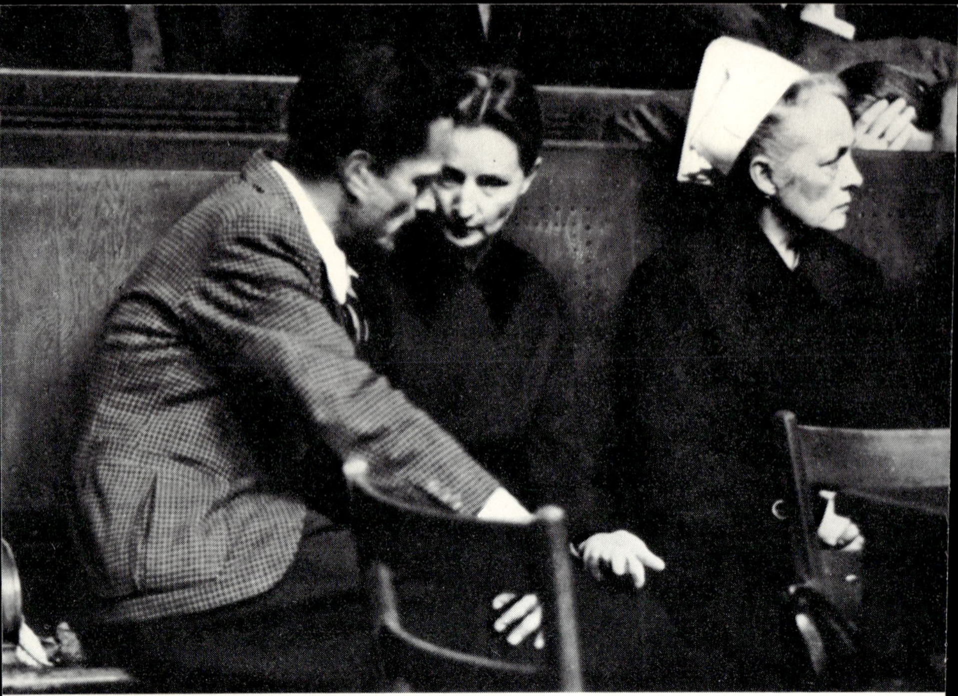

Oben: Im Dresdener Euthanasieprozeß. Unten: Nachkriegszeit

in dem diese Bestätigung versagt worden wäre. Die Abgabe an die Staatsanwaltschaft war nicht der einzige Weg, der K 5 offenstand. Kamen die Polizeibeamten zu dem Schluß, das von ihnen beigebrachte Material werde nicht ausreichen, um bei der deutschen Justiz eine Verurteilung zu erzielen, dann konnten sie versuchen, die sowjetischen Behörden zur Übernahme des Verfahrens zu bewegen. Einen solchen Fall habe ich erlebt. Ich hatte die Verteidigung zweier Spitzenfunktionäre der sächsischen SPD, Arno Haufe und Arno Wend, übernommen. Beide hatten sich der erzwungenen Vereinigung der SPD mit der KPD widersetzt und waren bei ihrer Opposition geblieben, nachdem die Zwangsvereinigung im April 1946 vollzogen worden war. Der Anhang dieser Männer unter den ehemaligen SPD-Mitgliedern war so groß, daß sich die SED entschloß, sie auszuschalten. Beide waren beim Dresdner Schlachthof beschäftigt. K 5 konstruierte daher eine Anklageschrift wegen Wirtschaftsvergehens und reichte sie der Staatsanwaltschaft ein. Nunmehr erhielt ich Akteneinsicht und die Erlaubnis, mit Wend und Haufe im Gefängnis zu sprechen. Dabei stellte sich heraus, daß die Beschuldigungen an den Haaren herbeigezogen waren. Wend und Haufe konnten mir massive Gegenbeweise nennen. Gestützt auf diese, reichte ich einen Schriftsatz ein, der den Staatsanwalt veranlaßte, mir zu sagen: »Was aus der Sache noch werden soll, weiß ich nicht.« K 5 wußte es. Als ich das nächste Mal ins Polizeigefängnis kam, um mit meinen Klienten zu sprechen, wurde mir mitgeteilt, sie seien abtransportiert worden. Erst nach einer längeren Befragung erfuhr ich, daß sie den sowjetischen »Organen« übergeben worden waren, die sie zum Tode verurteilten und erst nach Jahren begnadigten. Mehr als fünfzehn Jahre später habe ich Arno Wend in der Bundesrepublik wiedergesehen. Arno Haufe war inzwischen gestorben.

Als »Untersuchungsorgan« erließ K 5 – insoweit Staatsanwalt und Richter in einem – auch Haftbefehle. Solange K 5 ein Ermittlungsverfahren bearbeitete, war nicht nur keine Haftbeschwerde zugelassen. Dem Beschuldigten war es auch nicht erlaubt, mit seinem Verteidiger zu sprechen. Die Urheber dieser Anordnung wußten, daß die seelische Verfassung vieler Häftlinge durch die Aussprache mit einer Person, der sie vertrauen konnten, gefestigt wurde. Deshalb verwehrten sie Häftlingen die Aussprache mit ihrem Verteidiger. Isoliert würden die Häftlinge – so rechneten die Russen und ihre gelehrigen Schüler, die K-5-Beamten – eher zu Geständnissen bereit sein. Je länger die Untersuchungshaft dauerte, desto härter wirkte sich die Isolierung aus. Ihre Wirkung wurde durch den Hunger noch verschärft, den die politischen Häftlinge erleiden mußten. Ihren Angehörigen wurde – im Gegensatz zu kriminellen Häftlingen – nicht gestattet, ihnen auch nur das geringste Stück trockenen Brotes ins Gefängnis zu bringen. Die Gefängniskost jener Zeit war völlig unzureichend. Erwachsene Männer mit einem Normalgewicht von 130 bis 140 Pfund magerten nach langer Untersuchungshaft bis auf 90 Pfund ab. Die Folgen des unmenschlichen Verbots, den Häftlingen Essen zu bringen, waren furchtbar. Im Winter 1945/46 starben nach amtlichen Mitteilungen in sächsischen Justizgefängnissen neunundsechzig Personen an »Mangelkrankheiten«. Das heißt, sie verhungerten. In späteren Jahren sind derartige Zahlen nicht mehr veröffentlicht worden. Nicht selten hatten solche Todesfälle Einfluß auf den Verlauf von politischen Prozessen. In einem politischen Prozeß, der 1948/49 in Dresden gegen Roch, Fischer und Andrich lief, sollte infolge einer Kassation des ersten Urteils eine neue Hauptverhandlung stattfinden. Die Hauptverhandlung »vereinfachte« sich, da zwei der Häftlinge, Männer in den Dreißigerjahren, im Gefängnis verstorben waren.

Damals gelangten ich und einige Anwaltskollegen zu der Überzeugung, daß wir das unsere tun mußten, um die Hungernden mit Nahrung zu versorgen. Wenn ich meine Klienten im Gefängnis besuchte, nahm ich also Nahrungsmittel mit. Dabei war es nicht etwa möglich, einem Häftling ein Brot oder etwas Ähnliches im ganzen zu übergeben, weil sie auf dem Weg vom Sprechzimmer zu ihrer Zelle »gefilzt« wurden. Jede größere Gabe wäre dabei entdeckt worden. Infolgedessen mußte ich meinen Schützlingen im Sprechzimmer Bissen für Bissen aus meiner Aktentasche zuteilen, während Polizeibeamte vor der Tür des kleinen Raumes auf und ab gingen und ab und zu hereinblickten, um zu kontrollieren, ob ein »Unrecht« geschah.

Eines Tages, als ich es eilig hatte, übergab ich einem Klienten, der mich weinend um Essen gebeten hatte, ein Stück Kuchen, das er in seinem Strumpf verbarg. Auf dem Weg in seine Zelle wurde er untersucht und das Stück Kuchen gefunden. Ich wurde an der Gefängnispforte angehalten und für einige Tage in eine Zelle gesperrt. Bei meiner Vernehmung durch Beamte von K 5, die schließlich mit meiner Freilassung endete, wurde ich gefragt, wieviel Geld ich für diesen Liebesdienst erhalten hätte.

Der Zwischenfall hatte noch ein Nachspiel. Auf meine Anregung schrieb ein junger Journalist im Dresdner CDU-Blatt »Die Union« am 5. März 1949 die Glosse »Der Anwalt in der Zelle«. Darin stellte er meine Festnahme als Freiheitsberaubung hin. Daraufhin erschien in der Dresdner SED-Zeitung eine Replik, in der ich als »Schädling unseres demokratischen Neuaufbaues« bezeichnet wurde.

Die Polemik ging weiter. Auf einer Anwaltsversammlung im April 1949 sprach ein SED-Anwalt über die Pflichten des Rechtsanwalts im demokratischen Staat. Er empfahl, alle staatlichen Anordnungen einzuhalten, und verurteilte aufs schärfste, daß Rechtsanwälte ihren Klienten Lebensmittel zugesteckt hätten. Das Verhalten solcher Kollegen, erklärte er, könne man auch nicht mit Dummheit entschuldigen. Dieser Anwalt erhielt Beifall von Hilde Benjamin, die von der Zentralverwaltung für Justiz aus Berlin gekommen war, und von dem »liberalen« sächsischen Justizminister, Johannes Diekmann. Ich meldete mich zu Wort und erklärte vom Rednerpult aus, das Hungernlassen von Gefangenen sei unsittlich und die schlechtere Behandlung von politischen Häftlingen verstoße gegen Anordnungen des Alliierten Kontrollrates. Es sei nicht Dummheit, wenn man ihnen zu essen gebe, sondern Menschlichkeit.

Meine Anwaltskollegen wagten nicht zu applaudieren. Im Saal herrschte eisiges Schweigen. Erst nachher in der Pause versicherten mir einige wortreich, wie gut sie meine Attacke gegen den SED-Anwalt fanden. Ich dachte: Zivilcourage haben die deutschen Juristen noch immer nicht mehr als im Dritten Reich.

Durch den Hunger in den Gefängnissen wurden wir damals veranlaßt, eine andere Frage aufzuwerfen: Hat der Staat das Recht, Menschen in Haft zu halten, deren Gesundheit er nicht garantieren kann? Oder schärfer ausgedrückt: Ist der Staat berechtigt, Menschen – außer mit Freiheitsentzug – noch mit Tuberkulose oder mit Hungerödem zu bestrafen? Diese Frage stellen, heißt sie beantworten, sollte man denken. Die Antwort, die der »Liberale« Johannes Diekmann durch eine Rundverfügung vom 12. 8. 1948 gab, lautete jedoch anders als erwartet. In dieser Verfügung verbot er »ausnahmslos« die Haftentlassung wegen Haftunfähigkeit von Personen, die »nach Befehl 201 wegen Sabotage (Befehl 106) oder Wirtschaftsvergehen . . . einsitzen«. Dann folgte ein bezeichnender Satz: »Den Richtern und Staatsanwälten, welche entgegen dieser Anweisung Haftentlassungen wegen Haftunfähigkeit anordnen, wird angekündigt, daß sie vor einem sowjetischen Kriegstribunal zur Verantwortung gezogen werden.«

Einige Kollegen, die wie Diekmann der Liberal-Demokratischen Partei angehörten, erzählten mir damals, der Justizminister habe privat geäußert, diese Rundverfügung habe er auf »Befehl« von Oberstleutnant Lysiak, dem Chef der Rechtsabteilung der SMA in Sachsen, erlassen. Wir waren der Ansicht, Herr Diekmann hätte eigentlich aus den Nürnberger Kriegsverbrecherprozessen, die damals gerade zu Ende gingen, gelernt haben müssen, daß die Entschuldigung, auf Befehl gehandelt zu haben, nicht vor der Verurteilung wegen Verbrechens gegen die Menschlichkeit geschützt hatte.

Zu den Methoden der »Demokratisierung« der Rechtspflege gehörten auch die Schauprozesse. Sie waren nicht von der DDR-Justiz erfunden worden. Ihre Vorbilder waren die großen Prozesse, die vor allem Mitte der dreißiger Jahre in der Sowjetunion stattfanden. Auch die Justiz des Dritten Reiches hatte Schauprozesse zu verschiedenen politischen Zwecken veranstaltet. Dem Terror gegen die katholische Kirche hatten in den ersten Jahren nach der »Machtübernahme« die Devisen- und Sittlichkeitsprozesse gegen Geistliche gedient. Kommunisten und andere Widerstandskämpfer sollten durch die Verfahren vor Freislers Volksgerichtshof abgeschreckt werden.

Der Abschreckung dienten auch die Schauprozesse gegen Wirtschaftsverbrecher in der Sowjetischen Besatzungszone. Aber die Organisatoren der Schauprozesse verfolgten daneben auch die Absicht, das Vermögen der Verurteilten »einzuziehen«. Wirtschaftsverbrechen warfen die Ankläger vor allem solchen Personen vor, die keine Nazis oder »Kriegsverbrecher« gewesen waren, deren Fabriken aber dennoch enteignet werden sollten. Diese Methode der »Sozialisierung« wurde sichtbar, als in Sachsen der Glauchau-Meerane-Prozeß inszeniert wurde. Er diente dazu, wichtige Teile der westsächsischen Textilindustrie in »Volkseigentum« umzuwandeln. Die Betriebsinhaber wurden wegen Geschäften bestraft und enteignet, die vorher von Regierungsmitgliedern gebilligt worden waren. Diese Tatsache hielt den Oberstaatsanwalt Dr. Kohn nicht davon ab, gegen einen der Angeklagten die Todesstrafe zu fordern und gegen andere hohe Freiheitsstrafen zu beantragen. Volksrichter Flemming entsprach diesen Anträgen. In der Hauptverhandlung stießen Anklagevertretung und Verteidigung heftig zusammen. Nach dem Prozeß wurde einem Verteidiger die Zulassung entzogen. Ein anderer Rechtsanwalt geriet für Monate in Untersuchungshaft. Die Gestaltung der Schauprozesse ließ auch noch andere Absichten der Organisatoren erkennen. Die Angeklagten wurden gefesselt in den Gerichtssaal geführt, ihre Rechtsanwälte demonstrativ auf Waffen durchsucht. Offensichtlich sollte der Eindruck erweckt werden, der »demokratische« Neuaufbau sei durch gewalttätige Gegner bedroht. Andererseits sollten die noch unentdeckten »Schädlinge« auch eingeschüchtert werden. Ein ausgewähltes Publikum begleitete die Vorträge der Verteidiger mit drohendem Gemurmel. In einer Hinsicht unterschieden sich die in jenen Nachkriegsjahren veranstalteten Schauprozesse von ihren sowjetischen Vorbildern: Geständnisfreudigkeit war bei den Angeklagten nicht zu beobachten. Dem entsprach, daß ich trotz Kenntnis von Hunderten von politischen Prozessen aus jener Zeit nur in einem Falle von Gefangenenmißhandlungen gehört habe.

Die Verlagerung des Schwergewichts des Ermittlungsverfahrens auf die Kommissariate 5 hatte nicht nur den Zweck, die Beschuldigten durch Hunger und Isolierung »weich« zu machen. Ebenso große Bedeutung für diese Prozesse hatte die Bearbeitung der Zeugen durch K 5.

In ganz Sachsen wurden die Kriminalbeamten von Oberpolizeirat Mellmann in »Vernehmungstechnik« geschult. Mellmann war vor 1945 ein strammer Hauptmann der Luftwaffe im sächsischen Oschatz gewesen. In dieser Schulung unterwies er die Beamten darin, den Zeugen das in den Mund zu legen, was K 5 brauchte, um den Beschuldigten zu überführen. Die Zeugen waren meist einfache Menschen, die keinen Sinn für sprachliche Differenzierungen besaßen und nicht bemerkten, wenn ihnen etwas nur Vermutetes als tatsächlich gehört oder gesehen untergeschoben wurde. Ließ sich ein Zeuge auf eine solche Unterstellung nicht ein, so wurde er, wenn er etwa selbst NSDAP-Mitglied gewesen war oder der Deutschen Arbeitsfront angehört hatte, unter Druck gesetzt. Man hielt ihm vor, er sei wohl so schweigsam, weil er sich mitschuldig gemacht habe? Derartige Drohungen und die Angst, die K 5 um sich verbreitete, bewirkten, daß die meisten Leute bald das aussagten, was die Polizei von ihnen hören wollte. Die Neigung dazu wurde durch die Überredungskünste der Polizisten noch bestärkt, die dem Zeugen suggerierten, seine Aussage sei »nur für den Dienstgebrauch, es bleibt unter uns, was Sie hier sagen«. Die wenigsten dieser Zeugen machten sich klar, daß sie ihre Erklärungen in einer öffentlichen Gerichtsverhandlung würden wiederholen müssen. Für K 5 war eine solche Aussage schon im Ermittlungsverfahren nützlich. Auf sie konnte man einen Haftbefehl gründen, Vermögensstücke der Beschuldigten »sicherstellen« usw.

Die Angehörigen der Kommissariate 5 wurden von den neuen Machthabern als die Elite ihres Apparates betrachtet. Sie erklärten öffentlich:

»Wenn mit dem Befehl 201 . . . rein politische Verfahren in die Hand der Polizei gelegt wurden, so ist das natürlich kein Zufall, vielmehr basiert diese Maßnahme auf der Tatsache, daß die Volkspolizei in weit stärkerem Maße als die Justiz . . . aus den fortschrittlichsten Kreisen der Bevölkerung geformt wurde.«

Aber nicht nur Polizisten, sondern auch die in den politischen Strafverfahren tätigen Staatsanwälte und Richter waren besonders ausgesucht. Sie durften erst dann amtieren, wenn die Sowjetische Militär-Administration, die sich die Entscheidung über jede Person vorbehalten hatte, mit ihrer Tätigkeit einverstanden war.

Strafprozesse auf Grund des 1947 erlassenen Befehls 201 wegen »völkerrechtswidriger Behandlung von Kriegsgefangenen« oder wegen der »Erzielung von Kriegsgewinnen« betrafen meist Personen, die bereits Enteignungsverfahren, insbesondere nach dem »Volksentscheid« von 1946, hinter sich hatten. Wer damals als belastet angesehen worden war, der hatte sein Vermögen verloren, seine Freiheit aber behalten. Wer dagegen freigesprochen worden war, mußte nun zum Verbrecher gestempelt und eingesperrt werden, damit man ihn enteignen konnte.

Hier begann offensichtlich eine neue Phase des Klassenkampfes. Das Verhalten eines Mannes, der Produktionsmittel, z. B. eine Fabrik, besaß, wurde strafrechtlich anders bewertet als das eines Arbeiters. Was bei einem Arbeiter als Bagatelle angesehen und nicht zum Anklagepunkt erhoben wurde, diente bei einem »Kapitalisten« als Grundlage für die Bestrafung und Einziehung des Vermögens.

Dafür ein Beispiel von vielen: Im letzten Kriegsjahr zeigte ein Betriebsinhaber zwei Polen, die einer ausgebombten Person Schnaps gestohlen hatten, auf Wunsch des polnischen Vorarbeiters wegen Diebstahls an. Der Vorarbeiter hatte auf der Anzeige bestanden, weil die beiden Delinquenten wiederholt auch gegen eigene Landsleute unehrlich gewesen waren. Man erwartete, daß die beiden einen Denkzettel erhalten würden. Zur Überraschung aller wurden die Diebe von der Polizei als Plünderer erschossen. Nach dem Zusammenbruch hatte die sowjetische Polizei in Gegenwart der Landsleute der Erschossenen den Fall untersucht. Der Betriebsinhaber wurde vernommen. Er blieb aber unbehelligt. Erst im Jahre 1949, vier Jahre nach Kriegsende, wurde die Sache von K 5 aufgegriffen. Der Betrieb des Mannes war sehr schön. Das Gericht verurteilte ihn zu drei Jahren und sechs Monaten Zuchthaus und zog sein gesamtes Vermögen ein. Im Urteil hieß es, die Polen hätten (den Schnaps!) aus Hunger gestohlen und sich daher im Notstand befunden, sie hätten deshalb nicht angezeigt werden dürfen. Mit der Erstattung der Anzeige habe der Betriebsinhaber ein Verbrechen gegen die Menschlichkeit begangen.

Einmal erklärte mir ein Volksstaatsanwalt, bei dem ich anregte, ein Verfahren gegen einen offenbar unschuldigen Fabrikanten einzustellen, schlicht: »Ja, aber wir brauchen doch den Betrieb.« Alle diese Prozesse wurden auf der Basis geführt, die durch die polizeilichen Vernehmungen geschaffen worden war. Die meisten Richter – es gab allerdings auch Ausnahmen – ließen die Angeklagten nicht frei zur Sache reden, sondern hielten ihnen die von K 5 verfaßten Protokolle vor. Sobald der Angeklagte etwas sagte, das vom polizeilichen Protokoll abwich, fragte ihn der Richter:»Haben Sie die Polizei belogen?« Hinweise auf Angst oder Hunger während der Haft taten manche Richter mit einer Handbewegung ab. Andere fragten:»Wollen Sie behaupten, daß unsere Volkspolizei Geständnisse erpreßt?«

Bei manchen der ersten politischen Prozesse, in denen Zeugen vernommen wurden, erlebte man aber auch Überraschungen. Zeugen, die unter dem Einfluß der Polizei bestätigt hatten, was diese ihnen in den Mund legte, wagten in der Hauptverhandlung in Gegenwart des Angeklagten, deren Familien und sonstiger Zuschauer nicht zu lügen. Anständige Richter merkten nach einigen Erfahrungen dieser Art, was von den Protokollen zu halten war, die»fortschrittliche« Polizisten von K 5 verfaßt hatten. Sie sprachen manche Angeklagte frei. Die dadurch provozierten »Untersuchungsorgane« veranlaßten nun jedoch Angriffe in der Presse gegen solche Richter, die»als Formaljuristen von der werktätigen Bevölkerung nicht verstanden« wurden. Aber bei derartigen Angriffen blieb es nicht. Es folgten Vorhaltungen durch den Landesvorstand der SED, der die Richter meist angehörten, die in politischen Fällen zu entscheiden hatten. Die meisten Richter beugten sich und bemühten sich, in der Folgezeit nicht mehr aufzufallen. Mancher führte Buch über Verurteilungen und Freisprüche und achtete peinlich darauf, nicht zu viele Angeklagte freizusprechen. Ein Volksrichter sagte mir nach einem Freispruch:»Herr Doktor, sorgen Sie dafür, daß ich in der bürgerlichen Presse nicht gelobt werde, ich habe sonst Schwierigkeiten auf der Tannenstraße.« Auf der Tannenstraße befand sich der Landesvorstand der SED.

Waren Richter oder Staatsanwälte nicht bereit, dem Willen der Partei nachzugeben, so wurden sie behandelt wie der Zwickauer Landgerichtspräsident Sch. oder der Dresdner Staatsanwalt F. Der Landgerichtspräsident wurde wegen Rechtsbeugung festgenommen und monatelang in Haft gehalten. Die gegen ihn erhobenen Vorwürfe waren offensichtlich unbegründet. Selbst ein linientreuer Volksrichter mußte ihn freisprechen. Anders endete der Prozeß gegen den Staatsanwalt F. In Dresden waren ihm die ersten politischen Prozesse übertragen worden. F.s Linie war es, gegen wirkliche politische Verbrecher streng vorzugehen, gegen unschuldige Angeklagte aber Milde walten zu lassen, gleichgültig ob sie Fabrikanten waren oder nicht. Davon ließ er sich auch durch Vorstellungen der Sowjetischen Militär-Administration nicht abbringen. Schließlich wurde er abgesetzt. Einige Zeit danach machte man ihm den Prozeß. Er wurde wegen Wirtschaftsverbrechen, Amtsunterschlagung, Begünstigung im Amt und Verleitung Untergebener zu strafbaren Handlungen angeklagt. F. war durch die fünfmonatige Einzelhaft in dem berüchtigten Dresdner Polizeigefängnis Schießgasse, wo er auch einem Verhör durch sowjetische Geheimpolizisten unterzogen worden war, psychisch so geschwächt, daß er sich kaum verteidigen konnte. Die Hauptverhandlung fand vor einer Zuhörerschaft von mehreren hundert Polizisten statt. Der Generalstaatsanwalt bezeichnete den Angeklagten als »Schumacheranhänger«, d.h. als Anhänger der illegalen Sozialdemokratischen Partei. Gravierend war an diesem Vorwurf nicht nur, daß er der schwerste war, den man damals einem Häftling machen konnte. Uns, den Angeklagten und mich als seinen Verteidiger, belastete vor allem aber, daß dieser Vorwurf zutraf und wir nicht wußten, welche Tatsachen dem Generalstaatsanwalt bekannt waren. Wir bestritten alles und erreichten mit vereinten Kräften F.s Freispruch in allen Punkten, die Gegenstand der Anklage gewesen waren. Das Gericht leistete sich jedoch den Zynismus, den Angeklagten »wegen unberechtigten Bezugs von bewirtschafteten Waren« zu der angesichts dieses Delikts außerordentlich hohen Strafe von zweiundzwanzig Monaten Gefängnis zu verurteilen. F. hatte aus Westberlin stammende Waren im Werte von etwa 150 Mark in der Überzeugung gekauft, sie unterlägen nicht der Bewirtschaftung.

Die markanteste Figur unter den Dresdner Richtern war für mich der Senatspräsident Dr. K., ein Volljurist alter Art, etwa 70 Jahre alt. Wenn ich bei der Eröffnung einer Hauptverhandlung den kleinen weißhaarigen Mann mit seinen kalten schwarzen Augen nach der Anklagebank hinüberblicken sah, wußte ich, daß dem

Angeklagten schwere Stunden bevorstanden. Dr. K., der die Akten vorzüglich beherrschte, ließ den Angeklagten nur wenige Worte sagen, ohne ihn zu unterbrechen. Er irritierte seine Opfer durch ständige Zwischenfragen, Zeugen ließ er nicht im Zusammenhang aussagen, sondern hielt ihnen regelmäßig die von K 5 verfaßten Protokolle vor, um dann zu fragen:»War es so, oder haben Sie die Polizei belogen?«

Wer ihn beobachtete, gewann die Überzeugung, diesem Senatspräsidenten gehe es nicht darum, in der Verhandlung die Wahrheit zu ermitteln, sondern vielmehr darum, das polizeiliche Ermittlungsergebnis zu bestätigen.

Ein Fall, in dem ich als Verteidiger mitwirkte, mag das illustrieren: Der Bauer A. aus Conradsdorf bei Freiberg war ein tüchtiger Fachmann, der sein 80 Hektar großes Gut so erfolgreich bewirtschaftete, daß er wegen seiner guten Ablieferungsergebnisse mehrfach öffentlich gelobt wurde. 1948 wurde er eines Tages verhaftet. K 5 wollte ermittelt haben, er habe seine Fremdarbeiter im Kriege mißhandelt und sei deshalb ein Kriegsverbrecher. 1945 hatten russische Truppen sein Gut mehrere Monate besetzt gehabt. Die befreiten Arbeiter waren ständig mit ihnen zusammen gewesen. Sie zeigten den Bauer jedoch nicht bei den Russen an, was dafür sprach, daß sie anständig behandelt worden waren. A. erhielt sein Gut von den Russen zurück. Erst drei Jahre später entdeckte K 5 mit Hilfe einiger Zeugen, daß A. ein Kriegsverbrecher war. In der Hauptverhandlung, die Dr. K. leitete, versagten diese Zeugen so kläglich, daß Dr. K. vertagte, um einen Freispruch zu vermeiden. Der Bauer A. blieb in Haft. Als die Polizei ihre Zeugen nochmals vernommen und diese nunmehr schriftlich bestätigten, ihre den Angeklagten belastenden Aussagen seien unwahr, entließ ein Ferienvertreter des Dr. K. den Angeklagten aus der Haft. Der hatte durch die im Prozeß gemachten Erfahrungen jedes Vertrauen zur Justiz in der Sowjetischen Besatzungszone verloren, und ich mußte seinen Argwohn bestätigen, daß seine Freiheit nach wie vor bedroht sei. A. entfloh nach Westdeutschland. Wie recht er gehabt hatte, zeigte die weitere Entwicklung. Tüchtigere Polizisten ermittelten erneut. Ihnen gegenüber bezeichnete eine Zeugin, die vorher ihre erste vor der Polizei abgegebene Aussage schriftlich als unwahr bezeichnet hatte, nunmehr diese erste Aussage als richtig. Sie erklärte jetzt den Widerruf, obwohl er von Polizeibeamten protokolliert worden war, als »erpreßt«, so daß vor lauter Widerrufen kein klares Bild mehr zu gewinnen war. Obwohl die widerspruchsvolle Aussage dieser Zeugin nur zu einem Freispruch hätte führen dürfen, wurde er nicht ausgesprochen. Dr. K. vertagte auch die zweite Hauptverhandlung. Nach einiger Zeit wurden Frau und Söhne des Bauern, die inzwischen das Gut mustergültig bearbeitet hatten, von der Bewirtschaftung ausgeschlossen und aus ihrer Wohnung vertrieben. Später ist A. in Abwesenheit zu dreieinhalb Jahren Zuchthaus und zur Einziehung seines Vermögens verurteilt worden.

Eine Volksrichterin hat mir erzählt, Dr. K. habe nicht selten zu Beginn der Sitzung schon die fertigen Urteile vorgelegt und sei erstaunt gewesen, als Beisitzer und Schöffen erklärten, sie kämen sich überflüssig vor.

In seinem Eifer, die Angeklagten zu verurteilen, übertraf Dr. K. sogar die Polizei. In der Hauptverhandlung erörterte er Sachverhalte, die in der Anklageschrift gar nicht enthalten waren und auf die der Angeklagte seine Verteidigung deshalb nicht hatte vorbereiten können. Zur Begründung derartiger Rechtswidrigkeiten erklärte Dr. K., in politischen Prozessen komme es auf das politische Gesamtverhalten des Angeklagten an.

Der Senatspräsident faßte seine Urteile, die nur mit der Revision anfechtbar waren, so ab, daß er durch Tatsachenfeststellungen, die vom übergeordneten Gericht nicht nachgeprüft werden konnten, den Erfolg des Rechtsmittels vereitelte. Dabei schrieb er in das Urteil Tatsachen hinein, von denen in der Verhandlung nie gesprochen worden war. Er nahm in das Urteil sogar Tatsachen auf, die das Gegenteil von dem darstellten, was in der Verhandlung ausgesagt worden war. Hatten ihn seine Beisitzer und Schöffen in der Beratung überstimmt und war ein Urteil verkündet worden, das ihm nicht paßte, dann ging er zum Generalstaatsanwalt und zur Landesleitung der SED, um zu erreichen, daß gegen dieses von ihm selbst verkündete Urteil Revision eingelegt werde.

Derart krasse Rechtsbrüche wurden allerdings nicht von allen Schöffen und Beisitzern hingenommen. Manche Schöffen weigerten sich, an Sitzungen teilzunehmen, denen er präsidierte. Eine Volksrichterin hätte als Beisitzerin an der Verkündung eines Urteils teilnehmen müssen, das Dr. K. in der Beratung durch die Übertölpelung der Schöffen durchgesetzt hatte. Sie lehnte es ab, bei der Verkündung des Urteils mitzuwirken, was formal bedenklich, vom Standpunkt des Rechts aber zu billigen war. Diese Volksrichterin war eine alte Kommunistin und Opfer des Faschismus. Deshalb konnte sie sich dieses Verhalten leisten. Einige Staatsanwälte aber, deren Strafanträge Dr. K. durch härtere Urteile zu übertreffen pflegte, wurden versetzt.

Aber auch Dr. K. hatte eine schwache Stelle. In einem Strafverfahren gegen einen Nährmittelfabrikanten wurde bekannt, daß er bei ihm fortgesetzt bewirtschaftete Lebensmittel ohne Bezugsschein gekauft hatte. Nach der Festnahme des Fabrikanten hatte Dr. K. dessen Ehefrau um weitere Lieferungen ersucht. Das war in den Hungerjahren 1947/48 geschehen. Dr. K. hatte in dieser Zeit für sich und seine Ehefrau, die er als seine treue Helferin bezeichnete, Lebensmittelzuteilungen der höchsten Kategorie erhalten, selbst war er gegen kleine Wirtschaftsvergehen jedoch immer mit aller Schärfe eingeschritten. Daher erschien es mir nur recht und billig, nun auch gegen ihn etwas zu unternehmen. Ich regte also an, im Dresdner CDU-Blatt solle ein Artikel über die »Verfehlungen« des Dr. K. erscheinen. Dieser Artikel fand eine unerwartete Resonanz. Der Betriebsrat des Landgerichts erklärte, Dr. K. sei als Richter untragbar geworden, und verlangte, ihn abzuberufen. Das war eine Reaktion auf Dr. K.s hochfahrendes und unsoziales Verhalten. An der nächsten Sitzung der Strafkammer des Dr. K. war ich als Verteidiger beteiligt. Ich glaubte, den schon angeschlagenen Dr. K. durch einen Ablehnungsantrag noch mehr treffen zu können. Nach der Eröffnung der Sitzung erklärte ich also, Herr Dr. K. werde wegen Besorgnis der Befangenheit abgelehnt, weil aus dem Zeitungsartikel und dem Betriebsratsbeschluß hervorgehe, daß er das Vertrauen der Öffentlichkeit verloren habe. Es sei zu befürchten, er werde versuchen, es durch ein hartes Urteil gegen den von mir verteidigten Angeklagten wiederzugewinnen. Im Schwurgerichtssaal herrschte atemlose Stille, als ich mein Gesuch vorlas. Auch ich konnte meine Aufregung nicht unterdrücken. Dr. K. wurde blaß, aber er verlor seine Haltung nicht. »Was meint die Staatsanwaltschaft zu dem Gesuch?« fragte er. Die Antwort gab der Anklagevertreter, Volksstaatsanwalt Welich, der als fanatischer Kommunist bekannt war. Welich hatte von meinem Gesuch nichts geahnt. Er überraschte mich mit der Erklärung: »Die Staatsanwaltschaft kann sich der Berechtigung des Gesuchs nicht verschließen.« Darauf Dr. K.: »Das Gericht wird beraten.«

Die Zustimmung des linientreuen Staatsanwalts mußte auf die übrigen Mitglieder des Gerichts großen Eindruck machen. Die Beratung dauerte stundenlang. Man flüsterte in den Gängen von Telefongesprächen mit dem Justizministerium und mit dem Landesvorstand der SED. Schließlich kehrte das Gericht zurück, und zwar mit dem Landgerichtspräsidenten als Vorsitzenden. Als ich ihn sah, wußte ich, daß mein Gesuch als begründet anerkannt worden war. Dementsprechend lautete der Gerichtsbeschluß, der darauf verkündet wurde. Ich glaubte, gesiegt zu haben, denn der Beschluß war nach dem Gesetz unanfechtbar, durfte also von der höheren Instanz nicht aufgehoben werden. Nachmittags eilte ich zu dem Anwaltskollegen, der am nächsten Tage vor der Kammer des Dr. K. verteidigen sollte, und legte ihm nahe, ein ähnliches Ablehnungsgesuch vorzutragen. Doch zu meiner Enttäuschung lehnte er ab. Offenbar fehlte es ihm an Mut. Man hatte allgemein damit gerechnet, auch dieser Anwalt werde Dr. K. ablehnen. Der Landgerichtspräsident hatte sogar einen Ersatzrichter bestimmt, der die nächste Sitzung bei Ausscheiden des Dr. K. leiten sollte. Aber das erwies sich als überflüssig. Mit eiserner Stirn präsidierte Dr. K. Das Oberlandesgericht hob einige Tage später den nach dem Gesetz unanfechtbaren Beschluß auf, durch den mein Ablehnungsgesuch für begründet erklärt worden war. Das war der Musterfall einer Rechtsbeugung.

Dr. K. saß seitdem fester im Sattel denn je. Nach wie vor warf er mit Zuchthausstrafen um sich. Die Bevölkerung schmiß ihm dafür die Scheiben ein. Dr. K. forderte Polizeischutz an und erhielt ihn auch. Einige Zeit bewachte eine Doppelstreife der Polizei seine Wohnung. Wochen vergingen. Dann hörte Dr. K. wieder seine Scheiben klirren. Er beschwerte sich über die unaufmerksame Streife. In der nächsten Nacht klingelte es stündlich bei Dr. K. Die Ruhestörer waren Volkspolizisten, die sich – Rache des kleinen Mannes! – fürsorglich erkundigten, ob bei dem Herrn Präsidenten alles in Ordnung sei.

Die Personalpolitik der sächsischen Justizverwaltung leitete in den ersten Nachkriegsjahren der frühere Eisendreher Steingräber, der nicht einmal als Volksrichter ausgebildet worden war. Seine Qualifikation bestand nur in seiner treuen kommunistischen Gesinnung. Mehr verlangte er auch nicht von seinen Bewerbern. Dabei zog er nicht einmal ausreichende Informationen über deren Vorleben ein. Infolgedessen konnten sich in die Justiz auch Leute einschleichen, die Linientreue heuchelten, in Wahrheit aber Hochstapler oder Verbrecher waren. So entpuppte sich »Staatsanwalt« Hermann, eine wahre Geißel in Dresdner politischen Prozessen, als ein in Westdeutschland steckbrieflich gesuchter Heiratsschwindler, der mehrfach vorbestraft war. Auch der SS hatte er angehört. Als Vertrauensmann der Sowjetischen Militär-Administration schien er den deutschen Behörden unangreifbar. Die Eingeweihten ließen ihn, selbst als sie wußten, wen sie vor sich hatten, weiterhin seine Donnerstimme gegen kleine Nazis erheben. Endlich stimmte die SMA seiner Absetzung zu. Aus »sozialen« Gründen wurde er mit sechswöchiger Kündigungsfrist entlassen. Nachdem er seinen Schreibtisch geräumt hatte, entdeckte man, daß er auch während seiner Amtstätigkeit mit dem Gesetz in Konflikt geraten war. Nun wurde Anklage gegen ihn erhoben. Er erhielt vier Jahre Zuchthaus.

Bei der Staatsanwaltschaft Leipzig galt seit 1945 Frau Dr. Hilde Kroschel als erstklassige Fachkraft. Obwohl sie sich selbst als Bürgerliche bezeichnete – ihr Vater sollte an der Sorbonne und an der Wiener Universität gelehrt haben –, hatte sie wegen ihrer fortschrittlichen Gesinnung in Kreisen der Leipziger SED starken Rückhalt. Auch von den Offizieren der Besatzungsmacht wurde Frau Dr. Kroschel als wertvolle Mitarbeiterin geschätzt. Deshalb wurden immer wieder Bedenken ignoriert, die aus der Beobachtung entstanden, daß der Schnaps- und Zigarettenkonsum von Frau Dr. Kroschel wesentlich eindrucksvoller war als ihr Plädoyer. Schließlich stellte sich alles als Schwindel heraus: die Professuren des Vaters, der Doktortitel der Tochter. Nur der Alkoholkonsum erwies sich als reell. Sie war eine Schustertochter, die jahrelang die Justizverwaltung an der Nase herumgeführt hatte. In einem Strafverfahren wurde sie zu drei Jahren Gefängnis verurteilt.

Die übelsten Gangster, die jemals in Sachsen als Richter und Staatsanwalt amtiert haben, waren Grasse und Müller. Grasse hatte als einer der ersten die Volksrichterschule in Bad Schandau absolviert. Er war intelligent und avancierte schnell. Längere Zeit arbeitete er als Strafrichter beim Amtsgericht Radebeul. Später stieg er zum Richter im besonderen Senat des Oberlandesgerichts Dresden für politische Strafsachen auf. Müller war Justizinspektor beim Amtsgericht Radebeul gewesen. Auf Empfehlung Grasses wurde er politischer Staatsanwalt, ohne seine Kenntnisse in der Volksrichterschule vorher vertiefen zu müssen. Die beiden Komplizen begannen schon beim Amtsgericht Radebeul zusammenzuarbeiten. Grasse, der Strafrichter, und Müller, der Justizinspektor, betrachteten sich als die Herren der dortigen Effektenkammer, des Raumes also, in dem die sichergestellten Sachen aufbewahrt wurden. Sie eigneten sich an, was ihnen gefiel, statteten Ehefrauen und Geliebte aus und lebten wie die Maden im Speck. Da sämtliche Mitwisser schwiegen, blieben die Unterschlagungen unentdeckt.

Kollegen und Vorgesetzte schwiegen, weil Grasse ihnen gegenüber freigiebig war. Die Geschädigten erstatteten keine Anzeige, weil Grasse ihre Freilassung aus dem Gefängnis vom Verzicht auf die sichergestellten Sachen abhängig zu machen verstand. Den Verzicht ließ er sich auf raffinierte Weise bestätigen: Seine Opfer mußten eine Quittung unterschreiben, nach der sie ihr Eigentum zurückerhalten hatten. So sicherte sich Grasse gegenüber den Kontrollen der Justizverwaltung. Die Geschädigten schwiegen auch nach ihrer Freilassung, weil sie nicht glaubten, ihr Recht gegenüber Grasse durchsetzen zu können. Mit dieser Arbeitsmethode begnügte Grasse sich jedoch nicht. Mit Müller ging er dazu über, Strafverfahren nur zu dem Zweck einzuleiten, um die beschuldigten Opfer »abzukochen«, wie es in der Sprache dieser Gauner im Richtergewande hieß. Natürlich wurden zum »Abkochen« nur begüterte Personen, Fabrikanten oder Kaufleute, ausersehen. Wohl am erfolgreichsten war ihr Raubzug gegen den bekannten Zigarettenfabrikanten Sch. Um seine Wertsachen an sich zu bringen, hängte ihm das Gaunerpaar einen politischen Prozeß an. Nachdem der Fabrikant festgenommen worden war, gingen Grasse und Müller in seine Wohnung, wo sie das wertvollste Hab und Gut »sicherstellten«, ohne es aber zunächst mitzunehmen. Sie nahmen zunächst nur die Wohnungsschlüssel an sich. Mit diesen drangen sie bei gelegentlicher Abwesenheit der Frau des Fabrikanten heimlich in die Wohnung ein und transportierten die sichergestellten Sachen ab. Bei der späteren Durchsuchung der Wohnung Grasses und Müllers fand man Brillanten des Fabrikanten in Wandvasen versteckt und in die Stores eingenäht.

Im Amtsgericht spielten sich aber auch makabre Szenen ab: Ein Häftling bemerkte nach der Vernehmung, daß Grasse den Haftbefehl mit seinem, des Häftlings, goldenem Füllfederhalter unterschrieb. Als Grasse das Zimmer kurz verließ, steckte der Häftling seinen Füller ein. Er nahm ihn unbemerkt mit in seine Zelle. Grasse vermißte den Federhalter und ahnte, wer der »Dieb« war. Er schickte einen Wachtmeister in die Zelle, damit er den Füller abhole.

Nach einer fröhlichen Silvesterfeier, die im Gefängnis Radebeul stattgefunden hatte, ließ sich Grasse von einem Häftling in dessen sichergestelltem Auto nach Hause fahren. Beide waren betrunken. Der Häftling fand nicht den Weg zum Gefängnis zurück, landete aber in seiner Wohnung, in der er seinen Rausch ausschlief. Am nächsten Morgen holte er den »Chef« ab, und beide kehrten zu ihren »Geschäften« zurück.

Bei Grasse und Müller ging der Krug lange zu Wasser; als er dann doch brach, wurden beide zu langjährigen Zuchthausstrafen verurteilt. In ihrem Prozeß wurde jedoch vermieden, die Nutznießer und Dulder der Grasseschen Verfehlungen zu ermitteln. Als Grasse noch Strafrichter in Radebeul war, wurde dem der SED angehörenden Oberlandesgerichtspräsidenten Weiland gemeldet, der Volksrichter verteile Lebensmittel aus sichergestellten Beständen an seine Kollegen. Da Weiland selbst solche Waren von Grasse erhalten hatte, unterdrückte er eine Untersuchung, indem er erklärte: »Grasse ist doch ein Schandauer (d.h. ein in Bad Schandau geschulter Volksrichter), da unternehmen wir nichts.« Auch an den damaligen Generalstaatsanwalt Rolf Helm wurde die Sache herangetragen. Er schritt ebenfalls nicht ein. Sein enger Mitarbeiter, Oberstaatsanwalt Dr. Kohn, gab als Zeuge im Prozeß zu, von Grasse eine Kiste Wein erhalten zu haben. »Natürlich« hatte er nicht geahnt, woher sie stammte.

Im Sommer 1946 suchte mich ein Freund, Arzt von Beruf, auf. Er kam aus Westdeutschland, wohin er ein Jahr vorher in den Wochen des Zusammenbruchs geflohen war, um seine Familie vor den Greueln der Sieger zu bewahren. Sein Haus im Erzgebirge, berichtete er, stehe zwar noch, sein bewegliches Eigentum sei aber in alle Winde zerstreut. Das mußte ich ihm leider bestätigen. Ich war einige Wochen vorher in diesem Haus gewesen, weil ich nach einem großen Perserteppich suchte, den ich dort ausgelagert hatte. Auf Grund von Hinweisen einiger Dorfbewohner, die mich kannten, fand ich den Teppich schließlich in der Wohnstube des Herrn Pfarrers, der ihn anstandslos herausgab. Eingehüllt in einen alten Sack, brachte ich ihn auf dem Fahrrad glücklich nach Dresden.

Dieser Freund besaß nun außer dem Haus und seiner Fähigkeit, zu arbeiten, nichts mehr. Ich gab ihm eine Skihose und ein feststehendes Messer mit Hirschhorngriff, das eine etwa 10 cm lange Klinge hatte. »Damit du wenigstens Brot schneiden kannst«, sagte ich. Einige Monate später besuchte ich ihn in seinem Dorf. Es ging ihm ganz gut. »Nur Fleisch haben wir keins«, meinte er. Bei dieser Gelegenheit erzählte er, daß er gern auf die Jagd gehen würde, Wild, auch Hirsche, gäbe es genug. »Die Russen fahren nachts mit großen Scheinwerfern über die Felder und knallen ab, was ihnen vor die Flinte kommt.« Sonst sei nachts niemand draußen. Kein Jagdpächter lasse sich sehen, und die Russen erkenne man an ihren Scheinwerfern von weitem, so daß man sich rechtzeitig verdrücken könne. »Ich würde es glatt mal versuchen«, sagte er. »Ich habe auch ein Gewehr, aber es funktioniert nicht. Munition liegt genug im Wald herum.« Schließlich brachte er mir das Gewehr. Ich sah auf den ersten Blick, daß es ein Karabiner 98 k war, wie ich ihn als Soldat beim Waffenreinigen hundertmal auseinandergenommen und wieder zusammengesetzt hatte. Ich nahm das Schloß heraus, schraubte es auseinander, kratzte den Rost ab, schmierte es mit Margarine und setzte es wieder ein. Und siehe, es funktionierte. Nur der Sicherungsflügel war abgebrochen. ›Sicherheit‹, dachte ich, ›ist hier sowieso nicht viel drin.‹

Der Freund hatte keine Skrupel zu wildern. Er wollte hungrige Mägen mit dem Fleisch füllen, das sich sonst die Russen geholt hätten. Und ich hatte ebenfalls keine Skrupel gehabt, ihm dabei zu helfen.

Nach einigen Wochen erhielt ich eine Postkarte, auf der er die ganze Familie für den nächsten Sonntag zum Mittagessen einlud. Diesem ersten Wildbraten folgten noch mehrere.

Mit einem gewissen naiven Erstaunen bemerkte ich im Herbst 1945, daß sich manche Zwangsmaßnahmen der Sowjets nicht nur gegen ehemalige Nazis, Gutsbesitzer oder Kapitalisten richteten, sondern auch gegen Sozialdemokraten. In Freital bei Dresden hatte im Oktober 1945 ein Parteitag der SPD stattgefunden, auf dem einige Redner die Besatzungsmacht kritisiert hatten. Darauf wurden einige dieser Sozialdemokraten von den Russen festgenommen. Auf Konferenzen, die im Frühjahr 1946 die Vereinigung von SPD und KPD vorbereiten sollten, traten einige der verhaftet gewesenen Genossen auf und forderten die Vereinigung der beiden Arbeiterparteien. War das der Preis, den sie für ihre Freilassung entrichten mußten?

In den ersten Monaten nach der Zwangsvereinigung von KPD und SPD zur SED, die im April 1946 erfolgt war, schien eine gewisse Beruhigung einzutreten. Die Ämter in der neuen Partei wurden paritätisch besetzt. Mancher frühere sozialdemokratische Funktionär weigerte sich jedoch, Funktionen zu übernehmen, weil er den unfreiwilligen Zusammenschluß ablehnte. Von strafrechtlichen Maßnahmen gegen solche Oppositionelle wurde bis zum Herbst 1946 nichts bekannt. Die im Oktober 1946 stattfindenden Landtagswahlen wurden von der Besatzungsmacht massiv beeinflußt. Teils geschah dies verhüllt durch reichlichere Zuteilung von Material an die SED, insbesondere von Papier zu Zwecken der Wahlpropaganda, teils unverhüllt durch die Festnahme von CDU- und LDP-Kandidaten. Ich war schon im November 1945 der CDU beigetreten, weil ich der Meinung war, die bürgerliche Intelligenz müsse sich politisch mehr engagieren, als sie dies vor und während der Hitlerzeit getan hatte. Die Wahlbeeinflussung der Besatzungsmacht ließ sich an den Wahlergebnissen ablesen. In Sachsen erhielt die SED 49,8%. Die absolute Mehrheit erreichte sie mit den Stimmen der »Vereinigung der gegenseitigen Bauernhilfe« (VdgB). In Groß-Berlin dagegen, wo die Sowjetische Militär-Administration nur im Sowjetsektor die Wahl beeinflussen konnte, gewann am 20. Oktober 1946 die SPD 46,75%, die SED dagegen nur 18,5% der Stimmen. Uns in Dresden ließ dieses Berliner Wahlergebnis hoffen. Wir waren davon überzeugt, daß bei international kontrollierten Wahlen zur Vorbereitung der Wiedervereinigung die SED eine erhebliche Niederlage erleiden würde.

Am Tag nach der Landtagswahl suchte mich ein Freund in meiner Anwaltskanzlei auf und berichtete erregt, in der vergangenen Nacht sei seine Schwester mit ihrem Mann von den Russen abgeholt worden. Sogar die Möbel der Familie habe man mit einem Lkw fortgeschafft. Ich fragte, ob sich der Mann politisch betätigt habe, erfuhr aber, daß es sich um einen unpolitischen Ingenieur handele. Im Kriege habe er an der Fernsteuerung von V-Waffen gearbeitet. Ich konnte mir die Sache nicht erklären. Die Mitnahme von Frau, Kindern und Möbeln war bisher noch nicht vorgekommen. Bei der CDU sagte man mir, in der gleichen Nacht seien mehrere Personen mit Familien in ähnlicher Weise abgeholt worden. Die meisten gehörten zu den hochqualifizierten Ingenieuren der Weltfirma Zeiss-Ikon. In den nächsten Wochen meldeten westliche Rundfunksender, aus Jena seien Hunderte von Spezialisten der Zeiss-Werke und aus Dessau eine große Anzahl von Flugzeugingenieuren der Junkers-Werke in die Sowjetunion verbracht worden.

Noch in einem anderen Punkt gab die sowjetische Besatzungsmacht nach den Landtagswahlen ihre bisherige Zurückhaltung auf. Im Winter 1946/47 wurden zahlreiche oppositionelle Sozialdemokraten, die gegen die Vereinigung von KPD und SPD gearbeitet hatten, festgenommen. In der Zone erfuhren wir nur gerüchtweise, wie viele Sozialdemokraten festgenommen worden waren. Ein Gerichtswachtmeister des Landgerichts Dresden Münchner Platz erzählte mir, in dem Flügel des Gerichtsgefängnisses, der den Russen reserviert werden mußte, »säßen« neunhundert ehemalige Sozialdemokraten. Meine Frage, ob er Einblick in dieses Gebäude habe, verneinte er aber. Von einem

Zwickauer Kollegen hörte ich, auch im dortigen Gefängnis befänden sich mehrere hundert Sozialdemokraten. Bei einem Besuch in Westberlin las ich in einer Zeitung, in der Osterwoche seien in Dresden, Leipzig und Halle über hundert Sozialdemokraten festgenommen worden. Vor deutschen Gerichten erschienen die wenigsten dieser Häftlinge. Dies war meist nur dann der Fall, wenn man glaubte, ihnen etwas Kriminelles nachweisen zu können. Versagte dieses Mittel, übergab man sie der sowjetischen »Justiz«.

Zugleich setzte eine öffentliche Kampagne gegen »Schumacheragenten« und »Sozialdemokratismus« ein, die den Eindruck erweckte, die Sowjetische Besatzungszone sei von einem dichten Netz sozialdemokratischer Agenten überzogen. Ihren Höhepunkt erreichte diese Propagandawelle im Juni 1948 durch die Veröffentlichung des »Geständnisses« von Wilhelm Lohrenz, eines früheren sozialdemokratischen Funktionärs, der behauptete, Dr. Schumacher habe auf einer Sitzung in Ostberlin erklärt, die Hauptaufgabe der illegalen SPD-Organisation in der Sowjetischen Besatzungszone sei die Spionage für die Amerikaner. Diese Aufgabe solle ein in Berlin eingerichtetes »Ostbüro« der SPD erfüllen. Das merkwürdige Deutsch, in dem dieses Geständnis abgefaßt war, erweckte in mir den Verdacht, daß es ein Ausländer verfaßt hatte. Ich hatte allerdings keine Gelegenheit, diesem Verdacht nachzugehen.

Wohl aber konnte ich mich bald von der Existenz des Ostbüros der SPD überzeugen. In meiner Anwaltspraxis erschien ein Mann, der meinen Angestellten gegenüber als Klient auftrat. Sobald wir unter vier Augen sprachen, gab er sich als Kurier zu erkennen, der aus Westberlin komme. Er habe den Auftrag, mich zu bitten, in Westberlin Herrn Brandt aufzusuchen. Brandt wohne in Halensee auf der Trabener Straße. Der Kurier machte einen vertrauenerweckenden Eindruck, außerdem wies er sich durch die Kenntnis von Tatsachen aus, die, so meinte ich, nur durch einige meiner Klienten nach Berlin gelangt sein konnten. Eine Woche später fuhr ich also nach Berlin. Im Zuge kamen mir allerdings Bedenken. Wenn der Kurier etwa doch ein Provokateur der Russen oder ihrer deutschen Handlanger war? Ich schob diese Bedenken jedoch beiseite. Trotzdem war ich in Berlin vorsichtig. Ich bestieg als letzter die Bahn nach Halensee und ging zu Fuß durch die Trabener Straße, die auf mehrere hundert Meter übersehbar war. Willy Brandt, damals noch ein junger Mann, empfing mich freundlich. Er sei vom Parteivorstand der SPD in Hannover beauftragt, sich um die in der Zone lebenden Sozialdemokraten zu kümmern, insbesondere natürlich um die Verhafteten. Brandt kannte die Lebensbedingungen, die uns die sowjetische Besatzungsmacht auferlegte, und sprach sich dagegen aus, unnötige Risiken einzugehen. Deshalb hatte er Verständnis für meine Bitte, keine Kuriere mehr zu mir zu schicken. Kuriere konnten festgenommen und zum Reden gebracht werden, sie einzusetzen bedeutete deshalb eine vermeidbare Gefährdung der Leute, zu denen sie gesandt wurden. Ich schlug Brandt vor, ihn regelmäßig jeden zweiten Monat zu besuchen. Wenn er nicht anwesend sei, könne ich einem Vertreter berichten. Für Notfälle, etwa für eine Warnung, wollte ich ihm die Adresse eines Freundes geben, der mich verständigen werde, ohne ein Risiko einzugehen. Brandt war interessiert und fragte, wer dies sei. Ich erzählte ihm von meiner Freundschaft mit dem Kammersänger Josef Hermann, der Nationalpreisträger der DDR sei, eine Wohnung in Westberlin und eine auf dem »Weißen Hirsch« bei Dresden habe. Die Russen hätten ihm für seinen Wagen einen »Propusk« ausgestellt, so daß er beliebig zwischen Westberlin und Dresden hin und her fahren könne. Brandt hielt das für eine gute Lösung. Ich gab ihm daher Hermanns Westberliner Telefonnummer, und er ließ mich eine Nummer memorieren, die ich anrufen sollte, wenn ich in Westberlin ankäme.

Von da an fuhr ich regelmäßig nach Berlin, um Brandt oder seinem Vertreter zu berichten. In meiner Dresdner Kanzlei tauchte kein Kurier mehr auf. Einmal, es war schon 1949, saß ich bei Willy Brandt, als die Tür aufging und mein Bautzner Rechtsanwaltskollege Erich Schuster eintrat, ein alter Sozialdemokrat. Brandt muß wohl meine Überraschung bemerkt haben, denn er sagte sogleich: »Sie brauchen sich nicht zu beunruhigen. Unsere Freunde sollen, solange sie in der Zone sind, zwar nichts voneinander wissen, aber Erich Schuster geht nicht mehr zurück. Er ist zu sehr gefährdet.« Mit dieser Erklärung war ich zufrieden. Erich Schuster wurde im hessischen Innenministerium Ministerialdirektor. Und wenn er, wie seine Neider immer wieder andeuteten,»nicht in Ordnung« gewesen wäre, hätte ich mich wohl kaum lange meiner Freiheit erfreut. Ich aber blieb noch ein halbes Jahr unbehelligt in Dresden. Uns ging es 1948/49 in Dresden wirklich gut. Wir hatten in Oberloschwitz ein wunderbar gelegenes Haus gemietet. Es lag dort, wo Ludwig Richter einst seine idyllischen Kinderszenen gezeichnet hatte. Wenn ich wissen wollte, ob im Erzgebirge noch genug Schnee lag, um Ski fahren zu können, dann brauchte ich nur vom Schlafzimmer aus auf die etwa 45 km entfernten Hänge des Geising zu sehen. Wer etwas Erfahrung auf diesem Gebiet hatte, konnte aus dem Blick durch das Fernglas seine Schlüsse ziehen.

Viel Freude bereitete uns auch das wiederaufgenommene Musikleben der Stadt. Sempers Opernhaus stand zwar nur noch als Ruine da, aber im Kurhaus Bühlau, einem Dorftanzsaal, fand die erste Nachkriegsaufführung von Beethovens Neunter Symphonie statt. Obwohl ich es versäumt hatte, im Vorverkauf Karten zu besorgen, wollten wir die Aufführung unbedingt miterleben. Mit 20 Mark, die ich einem Türschließer in die Hand drückte, schafften wir es doch noch. Es wurde ein großes Erlebnis. Joseph Keilberth dirigierte, Josef Hermann, Christel Golz und Bernd Aldenhoff sangen. Viele Hörer waren zu Tränen gerührt, als die vertrauten Verse Schillers ertönten. Tiefen Eindruck hinterließ uns auch die erste Nachkriegsaufführung von Richard Strauss' Einakter »Salome«, in der unser Freund Josef Hermann den Jochanaan sang und Christel Golz die Salome tanzte. Am Erfolg dieser Aufführung hatte auch die Dresdner Staatskapelle großen Anteil, deren Vorgängerin der einstige königliche Musikdirektor Richard Wagner eine »Wunderharfe« genannt hatte. Richard Strauss schrieb 1948 zum 400jährigen Bestehen dieses Orchesters:»Aus der Fülle der herrlichsten Erinnerungen meiner künstlerischen Laufbahn rufen die Klänge dieses Meisterorchesters stets von neuem Gefühle innigster Dankbarkeit und Bewunderung wach.« Er wußte, warum er die Uraufführung seiner Opern »Feuersnot«, »Salome«, »Elektra« und»Rosenkavalier« dem Dresdner Ensemble anvertraut hatte. Mit dem berühmten Bariton Josef Hermann war ich durch einige anwaltliche Dienste, die ich ihm leisten konnte, bekannt geworden. Wir hatten außerdem gemeinsame Freunde, denen es günstige Umstände ermöglichten, im kleinen Kreis äußerst gastfreundlich zu sein. Das verdankten wir den Russen. Sie hatten unseren Freund, den Inhaber einer der ersten Dresdner Fleischereien, zu ihrem Lieferanten gemacht. Er hatte dementsprechend einen großen Umsatz und konnte einen gewinnenden Prozentsatz von diesem Umsatz als »Schwund« abbuchen, à conto dessen wir manchmal eingeladen wurden. Doch nicht nur leibliche Genüsse wurden uns bei solchen Gelegenheiten geboten. Wenn es sich ergab, sang Hermann auch Arien aus bekannten Opern. Von unserem Freund, dem Fleischlieferanten, erfuhren wir, daß nicht nur die Russen bevorzugt beliefert wurden, sondern auch die Mitglieder des Landesvorstandes der SED wöchentlich ein Paket mit Lebensmitteln erhielten. Wenn diese Verfechter der Gleichheit und der klassenlosen Gesellschaft dies annahmen, brauchten wir keine Skrupel zu haben, uns gelegentlich solche Lebensmittelpakete zu beschaffen.

Eines Tages erschien in meiner Kanzlei die Ehefrau Karl Nitsches, eines Ingenieurs der Zeiss-Ikon-Werke. Sie berichtete mir, ihr Mann sei am Tage vorher von K 5 festgenommen worden. Die Beamten hätten die Wohnung durchsucht, aber nichts »sichergestellt«, da nichts Geeignetes dagewesen sei. Auf die Frage Nitsches, was ihm vorgeworfen werde, hätten die Beamten geantwortet: »Das werden Sie schon sehen!« Frau Nitsche meinte, die Festnahme ihres Mannes könne nur mit seiner Tätigkeit im Krieg zusammenhängen. Er sei damals Betriebsleiter eines Zweigwerkes der Zeiss-Ikon AG, des Goehlewerkes in Dresden, gewesen, wo auch Fremdarbeiter beschäftigt worden seien.

Frau Nitsche bat mich, die Verteidigung ihres Mannes zu übernehmen, was ich zusagte. Ich kannte Karl Nitsche seit meiner Schulzeit. Er war damals zwar nicht in meiner »Penne« gewesen, aber dem Pfadfinder-Fähnlein, das er damals führte, gehörten mehrere meiner Klassenkameraden an. Sie hatten nur Gutes von ihm erzählt. Ich war nicht bei den Pfadfindern gewesen, da ich mir meine »Pfade« im Erzgebirge und in der Sächsischen Schweiz lieber selber suchte. Einige Male war ich dabei auch Karl Nitsche begegnet. Er hatte immer den Eindruck eines ausgeglichenen, ja geradezu sanften Menschen gemacht. Freunde aus jener Zeit, mit denen ich nach Übernahme der Verteidigung sprach, bestätigten mir diesen Eindruck. »Karl, ein Kriegsverbrecher?« sagten sie, »ausgeschlossen!«

Ich suchte Karl Nitsche im Gefängnis auf. Er schien sehr erschüttert von dem zu sein, was die Beamten von K 5 ihm vorgeworfen hatten. Er berichtete, im Goehlewerk seien während des Krieges einige tausend russische Zwangsarbeiter beschäftigt gewesen. Er, Nitsche, habe nie Schwierigkeiten mit ihnen gehabt. Die Behandlung dieser Zwangsarbeiter sei nach dem Zusammenbruch, als sich viele von ihnen noch in Dresden aufhielten, von der russischen Geheimpolizei untersucht worden. Die Russen hätten ihn damals zwar vernommen, aber unbehelligt gelassen. Dagegen seien andere, die sich Übergriffe geleistet hätten, verhaftet worden. Noch im Hochsommer 1945, so berichtete mir Nitsche, hätten ihn ehemalige russische Zwangsarbeiter besucht und ihm ihre Sympathie bekundet. Diese Erzählung paßte zu dem Bild, das ich auf Grund meiner eigenen Erfahrungen von Nitsche hatte. Die Beamten von K 5 hatten ihn beschuldigt, ein Hauptkriegsverbrecher zu sein, weil durch seine Schuld 30% der Zwangsarbeiter an Tuberkulose zugrunde gegangen oder verhungert seien. Durch seine Stellung als Vorgesetzter habe er sich an der Unterdrückung der Zwangsarbeiter kollektiv mitschuldig gemacht. Der K-5-Beamte Hermann habe ihm angekündigt, er werde »zum Tode« verurteilt werden.

Die Anklage enthielt kaum konkrete Tatsachen, die Nitsche hätten belasten können. Dennoch mußte man sie sehr ernst nehmen, denn die Verurteilung Nitsches als Kriegsverbrecher war die Voraussetzung für die Einziehung des Vermögens der Firma Zeiss-Ikon. Und in der kommenden Hauptverhandlung würde als Vorsitzender des Gerichts der berüchtigte Senatspräsident Dr. K. amtieren, dessen Bestreben, das polizeiliche Untersuchungsergebnis zu bestätigen, bekannt war. So verließ ich Nitsche in der Befürchtung, daß ihm tatsächlich die Todesstrafe drohe.

Frau Nitsche vertraute ich das nicht an. Ihr Los und das ihrer fünf minderjährigen Kinder war ohnehin schon schwer genug. Aber vor Freunden Nitsches, die mich aufsuchten, um sich zu erkundigen, ob sie etwas für ihn tun könnten, verhehlte ich den Ernst der Lage nicht. Einer dieser Freunde, der ihm wohl am nächsten stand, ein Arzt, suchte mich nach einigen Tagen allein auf. Da ich nicht einmal garantieren könne, daß Nitsche mit einer Zuchthausstrafe davonkomme, müßten wir etwas unternehmen, um ihn zu retten, meinte er. Eine solche Garantie konnte ich tatsächlich nicht abgeben. Rechtlich ließen sich zwar gute Gründe zu Karls Gunsten vorbringen, aber sie würden auf den Gerichtsvorsitzenden keinen Eindruck machen. Nach meinen bisherigen Erfahrungen setzte dieser das gewünschte Ergebnis auch bei den Schöffen durch. Und wenn die Polizei die Todesstrafe wollte, dann verurteilte er den Angeklagten auch dazu. »Karl sitzt im Gefängnis Schießgasse«, überlegte der Freund weiter, »läßt sich seine Flucht von dort aus organisieren?« Das hielt ich für ausgeschlossen. Der Freund verließ mich sorgenvoll. Nach drei Tagen war er wieder da. »Ich habe eine Idee«, sagte er. »Du weißt doch, daß die Russen vor nichts so viel Angst haben wie vor Seuchen in Gefängnissen. Wenn Karl Typhus hätte, würde er sofort in das Seuchenkrankenhaus Löbtau verlegt werden. Dort kenne ich mich aus, von dort aus ließe sich seine Flucht organisieren.« Ich holte tief Luft. »Willst du Karl etwa Typhusbakterien injizieren?« – »Nein«, erwiderte er, »aber man muß das Bild eines Typhuskranken erzeugen. Dieses Krankheitsbild wird durch hohes Fieber und Durchfall gekennzeichnet. Diese Symptome kann man durch eine Injektion mit einem Mittel erzeugen, das hohes Fieber verursacht, und durch Pillen, die den Durchfall hervorrufen.« – »Wer soll ihm die Injektion geben?« fragte ich. »Du«, war seine schlichte Antwort. Ich erklärte ihn für verrückt und versuchte ihm die Verhältnisse im Sprechzimmer der Schießgasse zu schildern, wo die Tür nur angelehnt war und der Posten von draußen jeden Augenblick hereinkommen konnte. Nun erinnerte er mich daran, daß ich oft genug über die passive Rolle der Intelligenz im Dritten Reich räsoniert hatte und für ein aktiveres Verhalten eingetreten war. Damit hatte er meine schwache Stelle getroffen. Schließlich verwies er noch auf das Naturrecht, nach dem die Todesstrafe ein rechtswidriger Angriff auf das Leben eines Unschuldigen sei. Wer ihn davor rette, handelt in einer Art Notwehr. Wenn ich mich entschieden hätte, werde er mir die

Spritze und die Pillen bringen, um das Seuchenkrankenhaus wolle er sich einstweilen selbst kümmern. In den nächsten Tagen überlegte ich hin und her. Sollte ich es riskieren, Nitsche im Gefängnis die Spritze zu geben? Da ich ihm von dem Plan nichts gesagt hatte, mußte ich mich nicht auf die Sache einlassen. Ich besprach das Problem mit meiner Frau. Sie kannte den Fall Nitsche, kannte auch seine Familie und wußte von der drohenden Todesstrafe. Von dem Plan, Nitsche zu befreien, und dem Risiko, das damit für uns verbunden war, wenn der Plan entdeckt wurde, erfuhr sie erst jetzt. Zu meinem Erstaunen sagte sie: »Versuch's.« Um noch ein unvoreingenommenes Urteil darüber zu hören, ob es moralisch zulässig sei, in dieser Weise gegen die Gesetze zu verstoßen, vor allem aber auch meine Familie einer derartigen Gefahr auszusetzen, beschloß ich, mit dem Präsidenten der Landessynode Sachsens, Reimer Mager, zu sprechen. Ich kannte ihn seit einigen Jahren, hatte ihn in Rechtsfragen beraten, und er hatte mir einige Fälle zur Verteidigung vermittelt. Er war christlicher Gewerkschafter gewesen und hatte sich im Dritten Reich als führendes Mitglied der Bekennenden Kirche in Sachsen ein weit über kirchliche Kreise hinausreichendes Ansehen erworben. Ich suchte ihn auf und schilderte den Fall. Nach einigen kurzen Fragen sagte er: »Machen Sie's.«
Nun war mir der Rücken etwas gestärkt. Ich suchte Nitsche im Gefängnis auf und erläuterte ihm flüsternd – im Sprechzimmer konnte ein Mikrophon eingebaut sein – den Plan. Er war bereit, die ihm zugedachte Rolle zu spielen. Also verabredeten wir uns auf eine Woche später. Ich riet ihm noch, eine Trainingshose anzuziehen, damit er sein Gesäß, in das ich die Spritze setzen sollte, schneller freimachen könne.
Nun verständigte ich den Arzt. Er brachte die Spritze mit. Die Nadel hatte er abgenommen und in einem wattierten Kästchen verstaut. Das Mittel, das ich einspritzen sollte, befand sich in einer gläsernen Ampulle. Der Arzt zeigte mir an einer anderen Ampulle, wie ich deren Spitze abzubrechen hatte, um die Spritze durch Ziehen des Kolbens zu füllen. Das hatte ich bald begriffen.
Als der verabredete Tag gekommen war, füllte ich zu Hause die Spritze und klebte sie in der Brusttasche meiner Lederjacke fest.

Der gezogene Kolben hing nach unten im Inneren der Brusttasche. Die Nadel der Spritze verwahrte ich getrennt, ebenso die
Pillen. Nun setzte ich mich auf mein Motorrad und fuhr in einer
Viertelstunde zum Gefängnis Schießgasse. Nitsche wurde sogleich ins Sprechzimmer gebracht. Er hatte die Trainingshose an.
Nach einigen Sätzen gingen wir in eine Ecke hinter den Schacht
eines Aufzuges, die der Posten nicht sofort einsehen konnte,
wenn er die Tür zum Sprechzimmer öffnete. Nun zischte ich:
»Hosen runter.« Ich versuchte, die Nadel langsam ins Fleisch zu
drücken. Das gelang jedoch nicht. Darauf stieß ich heftig zu, mit
dem Erfolg, daß die Spitze der Nadel auf den Beckenknochen des
in der Haft abgemagerten Nitsche prallte. Durch stetigen Druck
auf den Kolben entleerte ich die Spritze. Danach setzten wir uns
wieder hin. Ich gab ihm noch die Pillen, die er sofort schluckte
und versteckte die Spritze. Der ganze Vorgang hatte kaum eine
halbe Minute gedauert. Wir redeten noch einige Minuten, damit
mein Besuch den Wächtern nicht verdächtig kurz erschiene.
Dann verschwand ich. Nachdem sich das Gefängnistor hinter mir
geschlossen hatte, stieß ich einen Seufzer der Erleichterung aus.
Der erste und für mich gefährlichste Akt der Operation war ge-
glückt. Ich fuhr schleunigst nach Hause, wo mich meine Frau
schon gespannt erwartete. Nun kam es darauf an, daß der Polizeiarzt die »richtige« Diagnose stellte. Ich kannte diesen Arzt
gut. Er wohnte in meiner Nähe und hatte sich in einigen anderen
Angelegenheiten als anständig erwiesen. Aber ich sah doch davon ab, ihn einzuweihen. Ich wollte es vermeiden, ihn in einen
Konflikt mit seinen Dienstpflichten zu bringen.
An den nächsten Tagen wartete ich gespannt, ob ich etwas von
einer Verlegung Nitsches hörte. Doch es geschah nichts. Nach
einer Woche rief ich im Gefängnis an und fragte, ob ich am Nachmittag kommen könne, um einige Häftlinge, darunter auch Nitsche, zu sprechen. Man bejahte. Ein hohlwangiger Nitsche erschien im Sprechzimmer. Er berichtete, er habe hohes Fieber und
auch Durchfall bekommen. Der Polizeiarzt habe dies als Symptome einer Darmgrippe betrachtet und auch etwas Entsprechendes dagegen verordnet. Ihn, Nitsche, habe der Durchfall
sehr geschwächt. 10 Pfund Gewicht habe er verloren. »Noch mal
halte ich das nicht aus«, fügte er hinzu.

Mir stand der Sinn auch nicht nach einer Wiederholung. Meine Aufgabe mußte es jetzt sein, dafür zu sorgen, daß Nitsche wieder zu Kräften kam. In seiner jetzigen Verfassung würde er einer Hauptverhandlung wohl kaum gewachsen sein. Wir hatten noch zwei Monate Zeit bis zu dieser Verhandlung. Um meinen Patienten zu kräftigen, ging ich in der Woche zweimal ins Gefängnis, um ihn in der geschilderten Form mit Lebensmitteln zu versorgen. Das kostete mich weit mehr Zeit, als die eigentliche Verteidigung vorzubereiten.

Senatspräsident Dr. K., den ich bereits charakterisiert habe, leitete die Hauptverhandlung. Die Anklage vertrat der Volksstaatsanwalt Spank, der während des Krieges jahrelang als Automatenobereinsteller im Werk von Zeiss-Ikon tätig gewesen war. Er war dort Vorgesetzter mehrerer Zwangsarbeiter gewesen. Frühere Kollegen berichteten, Spank sei in der Kriegszeit der »größte Wühler in der ganzen Bude«, also der fleißigste Arbeiter, gewesen. Seiner kriegswichtigen Tätigkeit hatte er es zu verdanken, daß er die Kriegsjahre hindurch in Dresden geblieben war. Die schwerwiegendsten Punkte der Anklage wurden in der Beweisaufnahme nicht bestätigt. So sagte der Arzt, der den Gesundheitszustand der Zwangsarbeiter zu beobachten gehabt hatte, die Sterblichkeit unter ihnen sei kaum höher gewesen als die der deutschen Zivilbevölkerung. Gericht und Staatsanwalt begannen, Zeugen einzuschüchtern, die entlastende Aussagen machten. Der Vorsitzende unterbrach eine Zeugin, die günstig für Nitsche aussagen wollte, mit den Worten: »Wenn Sie nichts Belastendes angeben können, interessiert uns das nicht.« Einige Zeugen wurden wegen Beteiligung an der strafbaren Handlung im Gerichtssaal festgenommen, was tiefen Eindruck bei den noch ihre Vernehmung erwartenden Zeugen hinterließ. Einen anderen Zeugen, der günstig für Nitsche aussagte, unterbrach der Staatsanwalt und fragte ihn nach seiner jetzigen Parteizugehörigkeit. Als der Zeuge erklärte, er gehöre der SED an, notierte der Staatsanwalt dies ostentativ und drohte damit versteckt an, der SED eine Meldung machen zu wollen. Manche der so beeindruckten Zeugen hielten daraufhin, um sich nicht selbst zu schaden, Aussagen zurück, die dem Angeklagten hätten günstig sein können. Im Verlauf des Prozesses verschärfte sich der Druck der »Öffentlichkeit« auf die Angeklagten und ihre Verteidiger. Zahlreiche im Saal anwesende Mitglieder der Vereinigung der Verfolgten des Naziregimes begleiteten jede für den Angeklagten günstige Äußerung eines Zeugen oder Verteidigers mit drohendem Gemurmel. Am Tage der Plädoyers wurden die Verteidiger nach Waffen untersucht. Zuletzt führte der Staatsanwalt nach Schluß der Beweisaufnahme einen Zeugen ein, der aussagte, als Hofarbeiter im Goehlewerk habe er beobachtet, daß der Angeklagte Nitsche enge Beziehungen zur Gestapo unterhalten habe. Auf meine Frage, worin diese Beziehungen bestanden hätten, wußte der Zeuge keine Antwort. Auf meine weitere Frage, wie seine Aussage in das polizeiliche Protokoll gekommen sei, erklärte der Zeuge, diese Aussage habe nicht er formuliert, sondern die Polizei.

Obwohl sämtliche rechtskundigen Beteiligten der Meinung waren, dieser Prozeß sei ein Reinfall für die Anklage gewesen, beantragte Volksstaatsanwalt Spank gegen Nitsche sieben Jahre Zuchthaus. Das Gericht ging über diesen Antrag noch hinaus. Es verurteilte Nitsche zu acht Jahren Zuchthaus.

Nitsche ist später begnadigt worden. Das SED-Regime desavouierte das Zuchthausurteil selbst, indem es den freigelassenen Nitsche an der Technischen Hochschule Dresden als Privatdozenten beschäftigte.

Nach seiner Entlassung schrieb mir meine Mutter, Nitsche habe sie besucht. Er habe ihr »vom Gefängnis« erzählt. Sie hätten beide geweint.

Die Flucht

»Wenn wir die Nazizeit nicht erlebt hätten, würden wir die Sowjetisierung nicht aushalten«, sagte ich oft zu meinen Freunden. Das war keine Phrase. Das meiste von dem, was wir im Dritten Reich erlebt hatten, begegnete uns nun, Jahre nach der »Befreiung« in der Sowjetischen Besatzungszone wieder – verbrämt durch Phrasen über Humanität und Demokratie. Hitler und seine Paladine hatten unser Volk in die Gefahr gebracht, aus der Reihe der Kulturnationen gestrichen zu werden. Während die Nazis jedoch schon in ihrer Ideologie ihre inhumanen Zielsetzungen zu erkennen gaben und ihr Regime schließlich im Völkermord kulminierte, hatte sich der Bolschewismus stalinistischer Prägung aus einer Philosophie entwickelt, die einmal die Befreiung der Menschheit von Ausbeutung und Unterdrückung auf ihre Fahnen geschrieben hatte. Die alten Ideale wurden verbal auch weiterhin verbreitet, aber in der Praxis ging es dem Regime allein um die Unterwerfung der in seinem Machtbereich lebenden Menschen und um die Ausdehnung dieses Machtbereichs. Die Diskrepanz zwischen der ursprünglichen Idee und der Realität wurde durch Phrasen und Heuchelei übertüncht. Typisch hierfür war, wie sich beide Systeme der Tschechoslowakei bemächtigten. Hitler ließ seine Truppen unter Bruch aller Verträge in die Rest-Tschechoslowakei einmarschieren und Prag einnehmen. Stalin vernichtete 1948 die tschechische Demokratie, indem er den kalten Staatsstreich der Kommunisten als Abwehrakt gegen einen angeblich bevorstehenden Putsch antidemokratischer Kräfte ausgeben ließ.

Auffälligerweise gingen beide totalitären Systeme in ihrem Bestreben, die Justiz zu beherrschen, ähnliche Wege. Die Nazis hatten in politischen Prozessen die sogenannte »Vorschau« eingeführt. Durch diese »Vorschau« gab das Reichsjustizministerium dem Richter vor der Verhandlung zu verstehen, wie das Urteil auszufallen hatte. Die Volksrichter in der Sowjetischen Besatzungszone erhielten in politischen und Wirtschaftsstrafsachen von einiger Bedeutung geheime Anweisungen vom Landesvorstand der SED.

Auch im Sprachgebrauch zeigten beide Systeme Übereinstimmungen. Im Dritten Reich hieß das gefürchtetste Gericht »Volksgerichtshof«. In der Sowjetischen Besatzungszone amtierten »Volksstaatsanwälte« und »Volksrichter«. Die Nazis behaupteten, das »gesunde Volksempfinden« zur Grundlage der Urteile zu machen. In der Sowjetischen Besatzungszone sollte die gelenkte Justiz nach dem »Willen der Massen« oder der »Werktätigen« entscheiden. Was das »Volk« oder die »Werktätigen« wirklich wollten, spielte dabei keine Rolle. Diese prozeßfremden Kategorien dienten lediglich dazu, den Willen der Machthaber durchzusetzen, wo immer ihnen das erforderlich schien.

Diese Einsichten drängten sich dem auf, der sich bemühte, hinter den Propagandakulissen zu erkennen, was seit 1945 Monat für Monat in der Sowjetischen Besatzungszone wirklich geschah: Die im Herbst 1945 eingeleitete Bodenreform war keine durch die angebliche Unrentabilität des Großgrundbesitzes bedingte Notwendigkeit, sondern eine – soweit davon Latifundien betroffen wurden – rein politische Maßnahme. Sie reduzierte den Bodenertrag durch Zersplitterung der Güter und verschärfte dadurch die ohnehin vorhandene Hungersnot. Die im Frühjahr 1946 vollzogene Vereinigung von SPD und KPD war nicht – wie die offizielle Propaganda wochenlang mit großer Lautstärke verkündete – »spontan von den Mitgliedern gewollt«. Die Besatzungsmacht hatte sie vielmehr mit Hilfe einiger kurzsichtiger, schwacher oder gekaufter Sozialdemokraten als Strohmänner erzwungen und jede Abstimmung der Mitglieder über die Vereinigung verhindert.

1947 entpuppte sich das geräuschvoll verkündete Ende der Entnazifizierung als Beginn einer neuen Verfolgungswelle. Die Auflösung der »Kommissionen für Sequestrierung« im Frühjahr 1948 verhinderte nicht weitere Vermögenseinziehungen, diese wurden nun – nach Befehl 201 der SMA – durch Gerichtsurteile ausgesprochen.

In mir und in vielen meiner Freunde reifte die Einsicht, daß wir von diesem Regime nur Erniedrigung zu erwarten hatten. Wir fühlten uns berechtigt, der Bedrohung dessen, was wir als lebenswerte Existenz ansahen, zu widerstehen. Bestärkt wurden wir dabei durch die Illusion, das System werde bald zusammenbrechen, und der Westen werde uns helfen.

Ich hatte in Krakau als Angehöriger der »Siegernation« das tragische Schicksal der Polen und Juden vor Augen gehabt. In Dresden sah ich nun, zu den Besiegten gehörend, die Leiden vieler unglücklicher Mitbürger. In Krakau hatte ich die in hundertjähriger Unterdrückung erworbene Geschicklichkeit der Polen bewundert, den Fallstricken der Sieger zu entgehen. Diese Erfahrung erleichterte es mir, die Fährnisse zu überstehen, die später folgen sollten.

Einen Schluß hatte ich aus all dem gezogen: Ich würde alles versuchen, um einer Festnahme zu entgehen. Ich wollte nicht naiver sein als ein bedeutender französischer Advokat, der in den Tagen der Schreckensherrschaft von 1790 erklärt hatte: »Und wenn ich beschuldigt würde, die Türme von Notre-Dame gestohlen zu haben, ich würde sofort nach Amerika fliehen.«

So mancher hatte sich, wie ich in meiner Praxis immer wieder beobachtete, der Illusion hingegeben, ihm werde schon nichts passieren. Zu den bald Desillusionierten wollte ich nicht gehören. Daher hatte ich Fluchtwege vorbereitet. In meinem Schlafzimmer hatte ich an der Zentralheizung ein Seil festgemacht. Falls nachts die Polizei kommen sollte, wollte ich mich in den Garten abseilen, aus dem man auf mehreren Wegen entweichen konnte. Auch in meinem Büro hatte ich einen Fluchtweg erkundet, der durch einen Hinterausgang ins Freie führte.

In meiner beruflichen Praxis hatte ich beobachtet, daß bei Haussuchungen sämtliche Barmittel sichergestellt wurden. Infolgedessen standen die Angehörigen eines Festgenommenen oder Flüchtigen oft völlig mittellos da. Diese Lage wollte ich meiner Frau ersparen. Ich bat daher einen älteren Juristen, der sich politisch sehr vorsichtig verhielt, von mir einen Briefumschlag mit 6000 Mark anzunehmen und den Betrag meiner Frau auszuhän-

digen, wenn ein entsprechender Fall eintreten sollte. Der alte
Herr nahm den Betrag auch an, aber nach wenigen Tagen bat er
mich, das Geld wieder abzuholen. Die Sache sei ihm zu gefährlich. Die gleiche Abfuhr erteilte mir ein junger Anwalt, ein eifriger Antikommunist, der aber ebenfalls das Risiko scheute.
Seit ich die Verbindung zu Willy Brandt nach Westberlin aufgenommen hatte, ermahnte ich mich immer wieder, auf Anzeichen
zu achten, aus denen auf eine Gefahr zu schließen war. Einige
Male hatte ich auch vorsorglich bei Freunden übernachtet. Aber
bisher hatten sich meine Ängste stets als unbegründet erwiesen.
Jeder, der in ähnlicher Lage gewesen ist, weiß, wie leicht derartige Befürchtungen entstehen.
Im März 1950 erhielten meine Vorahnungen neue Nahrung. Bei
einer Verteidigung in einer heiklen politischen Sache hörte ich,
bevor ich zu plädieren begann, den Volksstaatsanwalt Welich zu
einem Genossen von K 5 sagen: »Na, mal sehen, ob Nollau heute
hereinfällt.« An diesem Tage fiel ich nicht herein. Aber wenig
später wurde es Ernst. Mein Freund aus dem Erzgebirge, dem
ich seinerzeit bei seinen Vorbereitungen für die Jagd geholfen
hatte, war Mitte März verhaftet worden. Ich war erstaunt, daß
der Fall von der Dresdner Mordkommission bearbeitet wurde.
Ich glaubte genau zu wissen, daß mein Freund nichts mit einem
Mord zu tun hatte. Mein Mißtrauen veranlaßte mich zu besonderer Vorsicht.
Am Morgen des 18. März stellte ich mein Auto nicht wie üblich
auf der Straße vor der Kanzlei ab, sondern in einer Seitengasse.
Gegen neun Uhr, ich hatte gerade eine Besprechung mit einem
Klienten, meldete mir meine Sekretärin, ein Herr Berger vom
Kriminalamt wolle mich sprechen. Ich kannte den Beamten. Er
war ein Assistent von Herrn Mohr, dem Leiter der Dresdner
Mordkommission. Ich bat, Herrn Berger auszurichten, er möge
einige Minuten warten, bis meine Besprechung zu Ende sei. Ein
Blick aus dem Fenster zeigte mir, daß vor dem Hause ein Polizei-
auto mit noch anderen Insassen wartete. Ich setzte meine Besprechung noch etwa zehn Minuten fort, nahm aber unterdessen
Bargeld aus meinem Panzerschrank. Im Nebenzimmer öffnete
ich ein Fenster, das auf eine Seitengasse ging und von der Front
des Hauses, wo der Polizeiwagen hielt, nicht eingesehen werden

konnte. Von dem Fenster aus konnte ich – ein weiterer Flucht-weg – einen Blitzableiter erreichen, an dem ich leicht zur Straße hätte hinunterklettern können.

Nun bat ich den Kriminalbeamten in mein Zimmer und fragte ihn, ob er dienstlich oder privat zu mir komme. Ich wollte vermeiden, einer Vermutung wegen Hals über Kopf zu fliehen. Er antwortete: »Ich komme dienstlich und muß Sie bitten, zu einer Zeugenvernehmung mit ins Kriminalamt zu kommen.« Ich zeigte ihm eine Einladung zu einer Konferenz im Justizministerium, die in einer halben Stunde beginnen solle, und fragte, ob ich nicht nachmittags kommen könne. Er erwiderte: »Das geht nicht. Sie müssen mit zum Amt, nur ganz kurz, ich habe den Wagen unten.« Ich kannte die Methode der Polizei, das »Mitgehen« als Bagatelle hinzustellen, und ahnte, daß es sich um eine Festnahme handelte. Der falsche Tonfall, in dem der Beamte die Worte »nur ganz kurz« vorbrachte, bestärkte mich in dieser Befürchtung. Ich wußte nicht, ob man mir selbst etwas vorwarf. Wenn ich das herausgefunden hatte, würde es aber zu spät sein, dachte ich. Daher versicherte ich Herrn Berger ruhig, ich ginge natürlich mit, er möge sich nur eine Sekunde gedulden, ich wolle meinen Mantel aus dem Nebenzimmer holen. Er war einverstanden. Ich ging ins Nebenzimmer und bemerkte, daß er mir nicht folgte. Diese Chance nützte ich sofort. Sie ermöglichte es mir, zu vermeiden, aus dem Fenster zu steigen, was tagsüber womöglich Aufsehen erregt hätte. Leise, aber schnell schlich ich durch mein Wartezimmer zum Ausgang und auf die Treppe. Ich verließ das Haus durch eine Hintertür, um nicht am Polizeiwagen vorbeigehen zu müssen. In wenigen Sekunden erreichte ich die Seitenstraße, in der mein Wagen stand. Mit fliegenden Händen startete ich das Auto und fuhr, nur Nebenstraßen benutzend, in einen Vorort Dresdens, wo ich in einer abgelegenen Garage parkte. Es traf sich gut, daß ich gerade zu der Stunde in einem nahegelegenen Hotel eine Besprechung mit einem auswärtigen Klienten verabredet hatte, der von einem mir befreundeten Anwalt begleitet war. Etwa eine Stunde lang konferierten wir dort. Dann verabschiedete sich der Klient. Danach machte ich den befreundeten Kollegen mit meiner Lage vertraut. »Sie haben vielleicht Nerven, die Besprechung noch wahrzunehmen«, sagte er. »Ich habe an Ihnen keine Unruhe bemerkt. Sie waren zwar etwas eilig, aber eilig sind Sie ja immer.« Nun berieten wir, ob ich nicht doch voreilig gehandelt hatte und es vielleicht besser wäre, die Mordkommission anzurufen? Ich hätte sagen können: ›Ich habe die Nerven verloren, in zehn Minuten bin ich bei Ihnen.‹ Aber wir verwarfen diesen Gedanken.

Also setzte ich meine Flucht fort. Ich war davon überzeugt, daß der Versuch, mit dem Auto von Dresden nach Berlin zu entkommen, scheitern würde, weil die Straßenkontrollpunkte durch den Polizeifunk verständigt worden waren. Ich durfte auch nicht unmittelbar nach meinem Verschwinden die Eisenbahn benutzen. Das war aber auch nicht nötig, weil ich einen Zufluchtsort hatte, von dem nicht einmal meine Frau wußte: die Wohnung des Kammersängers Hermann in Bühlau, einem Dresdner Vorort. Ich ging zu Fuß dorthin, vermied aber verkehrsreiche Straßen. Hermann und seine Frau befanden sich auf einer Konzertreise in Südamerika. Als ich die Wohnung mit dem Schlüssel geöffnet hatte, den Hermann mir gegeben hatte, war ich zunächst sicher. Sogar etwas zu essen fand ich. Ich wollte einige Tage in dieser Wohnung bleiben, um nicht in die Großfahndung zu geraten, die vermutlich inzwischen eingesetzt hatte. Die Nacht verlief ruhig. Ich merkte jedoch am nächsten Tage, daß meine Nerven der erzwungenen Untätigkeit nicht gewachsen waren. Jedes auf der Straße anhaltende Auto ließ mich zusammenschrecken. Bei jedem Klingeln am Wohnungseingang stürzte ich zur Hintertür. Der Wunsch, diesen Zustand zu beenden, und die Erinnerung an die in Polen gelernte nützliche Regel der Illegalen, alle 24 Stunden das Quartier zu wechseln, ließen mich bald aufbrechen. Ich beschloß, mit einem Personenzug nach Leipzig und von dort über Bitterfeld nach Berlin zu fahren. Im Dresdner Hauptbahnhof durfte ich den Zug nicht besteigen, weil dort Personenkontrollen vorgenommen wurden. Die kommende Nacht verbrachte ich in einem anderen Quartier in Dresden, wo ich mir auch einen Hut und einen Personalausweis auslieh. Am nächsten Morgen bestieg ich noch in der Dunkelheit auf einer kleinen Station den Personenzug nach Leipzig. Im ersten Abteil, das ich öffnete, saßen fünf Volkspolizisten beim Kartenspiel. Ich setzte mich zu ihnen. Ich war nervös, weil ich in mehreren Verhandlungen als

Verteidiger aufgetreten war, denen Hunderte abkommandierter Volkspolizisten als Zuhörer beigewohnt hatten. Aber ich mußte mich wohl oder übel auf mein Glück und auf meine »Tarnung« mit Hut und Brille verlassen. Nach drei Stunden näherte sich der Zug Leipzig. Bis zum Hauptbahnhof durfte ich nicht fahren, dort waren wieder Kontrollen. Also stieg ich in Paunsdorf, einem Vorort, aus und fuhr mit der Straßenbahn quer durch Leipzig zu einer westlichen Vorortstation. Dort löste ich eine Fahrkarte nach Bitterfeld. Im Zug von Bitterfeld nach Berlin erzählten Mitreisende, in Großbeeren würden auch die Reisenden in Personenzügen scharf kontrolliert. Auf eine Ausweiskontrolle wollte ich es nicht ankommen lassen. Die Personenbeschreibung in dem geliehenen Ausweis stimmte mit meiner Erscheinung in einem wichtigen Punkte nicht überein: Die Haarfarbe war mit »blond« angegeben. Ich wollte weder mich noch den Besitzer des Ausweises unnötig gefährden. Also entschloß ich mich zu einem Frühlingsspaziergang durch die märkische Heide in Richtung Berlin. An einem kleinen Bahnhof stieg ich aus. In einiger Entfernung von der Bahnlinie pilgerte ich nordwärts.

Im Augenblick fühlte ich mich nicht ernsthaft bedroht. Wie sollte ich aber über die Grenze zum amerikanischen Sektor kommen? Ich hatte gehört, daß dort Polizisten mit Hunden patrouillierten, deshalb hielt ich es für günstiger, die Demarkationslinie erst abends zu passieren, und rastete an einem sicheren Platz. Mein ursprünglicher Plan, bis zum amerikanischen Sektor zu Fuß zu gehen, schien mir bei genauer Überlegung jetzt doch zu riskant zu sein. Wenn ich allein die Grenze überschritt, mußte das bei jedem Polizisten Mißtrauen wecken.

Als ich weiterging, kam ich an einem Siedlerhäuschen vorbei, vor dem ein Mann in der Abendsonne Holz hackte. Mit ihm begann ich ein Gespräch über Land und Leute. Er schimpfte auf die Demontagen, durch die er seine Arbeit verloren hatte. Dadurch ermutigt, fragte ich ihn, ob er mir zeigen könne, wie ich, ohne auf die Polizei zu treffen, nach Berlin kommen könne. Sein Sohn brachte mich auf einem Umweg nach Mahlow, dem ersten Bahnhof nach einem der Kontrollpunkte. Von dort fuhr ich mit der S-Bahn nach Lichtenrade, der ersten im amerikanischen Sektor gelegenen Station. Mit der Straßenbahn gelangte ich ins Zentrum

Westberlins, wo ich in der Charlottenburger Wohung Josef Hermanns glücklicherweise die Haushälterin antraf, die mich kannte. Dort traf ich auch am nächsten Tag einen treuen Helfer, der meine Ausweise von Dresden nach Berlin gebracht hatte und nun den geliehenen Ausweis nach Dresden zurückbringen konnte, wo sein legaler Inhaber inzwischen Stubenarrest hatte, damit er nicht ohne Ausweis auf der Straße angetroffen wurde. Ich meinte, nun in Sicherheit zu sein.

Doch wenige Tage, nachdem ich in Berlin angekommen war, mußte ich mich an der Festnahme eines Mörders beteiligen. Der des Mordes Beschuldigte war ich selbst.

Ich hatte die für die Anerkennung als politischer Flüchtling erforderlichen Formalitäten bei den Behörden des Berliner Magistrats bereits erledigt und wartete nur noch auf die Aushändigung meines Flüchtlingsausweises. Da betraten zwei energische Herren das Zimmer, bezeichneten sich als Angehörige der Kriminalpolizei und forderten mich auf, mit zu ihrer Dienststelle zu gehen. Durch aufgeregte Fragen versuchte ich zunächst zu klären, ob sie der Polizei der Westsektoren angehörten. Darüber beruhigten mich ihre Ausweise. Die Herren machten nun Ernst. Einer legte mir eine Handfessel an, der andere raunte mir zu: »Bei jedem Fluchtversuch wird geschossen.« Während wir durch die Straßen von Charlottenburg zur Polizeiinspektion gingen, überlegte ich: Von Westberliner Behörden konnte meine Festnahme nicht ausgehen, denn hier gab es keinen Tatbestand, der eine solche Maßnahme gerechtfertigt hätte. Also mußte das Festnahmeersuchen aus der Sowjetischen Besatzungszone gekommen sein. Auslieferungen zwischen den Zonen, so erinnerte ich mich, wurden aber nur vorgenommen, wenn dem Delinquenten ein Kapitalverbrechen zur Last gelegt werden konnte. Das sagte ich den Kriminalbeamten, von denen einer in überlegenem Tone erwiderte: »Sie wissen doch ganz genau, daß Sie an einem Mord beteiligt sind.« Da begriff ich: Die sowjetzonale Volkspolizei dichtete mir einen Mord an, um meine »Überstellung« nach Dresden zu erreichen. Ich versuchte, dies den Beamten klarzumachen, und fragte, ob eine einzige Tatsache mitgeteilt worden sei, die für einen Verdacht gegen mich spreche. Das müsse der Richter entscheiden, erklärten die Beamten, sie täten hier nur ihre

Pflicht. Immerhin waren sie auf meine Bitte hin so freundlich, einen meiner Bekannten telefonisch von der Festnahme zu unterrichten. Er wolle, so ließ er mir sagen, alles unternehmen, um meine »Überstellung« in die Sowjetische Besatzungszone zu verhindern. Willy Brandt sei leider gerade in der Bundesrepublik.

Ich wurde ins Polizeigefängnis Charlottenburg gebracht. Beim Betreten der Zelle sah ich, daß an der Tür eine Tafel mit der Aufschrift »Nollau/Mord« hing. Ich verbrachte eine unruhige Nacht. Meine Gedanken kreisten um die Frage, wie ich den Richter am nächsten Morgen davon überzeugen konnte, daß die Dresdner Justiz nur bluffte, um meiner habhaft zu werden. In dieser Nacht faßte ich auch den Entschluß, noch in Westberlin einen Fluchtversuch zu unternehmen, falls der Richter sich gegen mich entschied. Ich sagte mir, wenn die Dresdner Justiz schon einen Haftbefehl wegen eines mir angedichteten Mordes nach Berlin schicke, dann werde sie auch nicht zögern, mich wegen dieses Delikts zu verurteilen.

Am nächsten Morgen wurde ich mit 16 anderen Delinquenten im Mannschaftstransportwagen zum Amtsgericht Moabit gebracht. Kurioserweise befand sich unter ihnen auch ein Polizist aus der Sowjetzone, der in Westberlin versucht hatte, einen Flüchtling mit Gewalt zu entführen.

Die Häftlinge wurden in einen Raum geführt, wo sie auf die Ankunft des Richters warten mußten. Er kam und begann die Vernehmungen mit meinem Fall. Ich wollte vermeiden, daß der Volkspolizist meine Erklärungen hörte, weil ich auch meine Beziehungen nach Westberlin vorzubringen gedachte. Deshalb bat ich den Richter, mit mir in einen anderen Raum zu gehen. Dieser Bitte entsprach er.

Unter vier Augen sagte ich ihm nun, die Kriminalbeamten hätten mir erklärt, mir werde vorgeworfen, an einem Mord beteiligt zu sein. Ich bat ihn, mir Einzelheiten zu nennen: Wer sollte ermordet worden sein, wann und wo? Der Richter sah sich das Überstellungsersuchen der sowjetzonalen Justiz an und erwiderte, darin stehe nur, man lege mir zur Last, mich der Mitwisserschaft an einem Mord schuldig gemacht zu haben. Ich fragte, wer denn überhaupt ermordet worden sei und ob behauptet werde, daß ich von dem Mordplan gewußt hätte, bevor er ausgeführt worden sei. Der Richter fand auf beide Fragen keine Antwort in dem Überstellungsersuchen. Darauf bat ich ihn, mich freizulassen. Er zögerte, weil er sich nicht vorstellen konnte, daß eine Behörde einen solchen Verdacht ohne jede Grundlage aussprach. Ich hätte in Berlin keine feste Wohnung, also müsse er auch mit Fluchtverdacht rechnen.

Nun fragte ich ihn, wie er es begründen wolle, mich in Haft zu halten, ohne eine einzige Tatsache nennen zu können, die einen Verdacht gegen mich begründe. Er wisse nicht, wer ermordet worden sei, und schon gar nicht, was ich mit einem etwaigen Mord zu tun gehabt hätte. Daraufhin entschloß er sich, mit dem für die Sache verantwortlichen Staatsanwalt zu sprechen. Nach zehn Minuten kam er zurück und ordnete meine Freilassung an. Er fügte hinzu, er werde die Akten meines Falles in Dresden anfordern. Wenn sie einträfen, werde er sehen, ob sein Vertrauen in meine Erklärungen gerechtfertigt gewesen sei. Das war am 25. März 1950. Ich kehrte erleichtert in die Wohnung des Kammersängers zurück.

In meiner Dresdner Wohnung waren, wie ich später von meiner Frau erfuhr, am Nachmittag des 18. März fünf Beamte erschienen, die eine Durchsuchung vorgenommen hatten. Sichergestellt und mitgenommen hatten sie nur vier Autoreifen und einige Päckchen Nägel. Sie hatten ein Protokoll über die Sicherstellung hinterlassen, das die Unterschriften der fünf Beamten trug. Als meine Frau es mir einige Wochen später nach Berlin brachte, entdeckte ich unter diesen Namen zwei Polizeibeamte, die mir als Angehörige des Staatssicherheitsdienstes, des Nachfolgers von K 5, bekannt waren. Von einem Haftbefehl hatten diese Beamten gegenüber meiner Frau nicht gesprochen. Er wurde erst am 25. März erlassen. Zwei Beamte der Dresdner Polizei brachten ihn am 27. März nach Berlin-Charlottenburg zur Kriminalpolizei, die meine Festnahme nach Dresden mitgeteilt hatte. Die Beamten erwarteten, mich in Charlottenburg abholen zu können.

In dem Haftbefehl wurde ich beschuldigt

1. im Sommer 1947 auf der Kalkstraße in Hermsdorf-Nassau den Schutzmann Kaden getötet zu haben,

2. unter Verletzung fremden Jagdrechts dem Wild nachgestellt, es in den Jahren 1947–1949 in der Gegend von Hermsdorf erlegt und mir angeeignet zu haben,

3. unbefugt Waffen besessen zu haben.

Diesen Haftbefehl habe ich selbst nie zu Gesicht bekommen. Aber der Dresdner Staatsanwalt Hans-Joachim Schiebel, mein Freund und Gesinnungsgenosse, hat die Dresdner Strafakten im Sommer 1950 heimlich nach Berlin gebracht. Er traf mich jedoch nicht an. Meine Frau hat aber wesentliche Teile der Akten abgeschrieben, die der Staatsanwalt am gleichen Tage mit nach Dresden zurücknahm. Schiebel hat ein hartes Schicksal erlitten. Er wurde einige Zeit später verhaftet, gestand in der Haft seine Beziehungen zum Westen und wurde zum Tode verurteilt. Man begnadigte ihn zu lebenslänglichem Zuchthaus. In der Haft zog er sich eine Tuberkulose zu, die ihn schwer schädigte. Erst Jahre später ist er im Zuge einer Austauschaktion in die Bundesrepublik entlassen worden. Er war Anfang der siebziger Jahre in Berlin als Staatsanwalt tätig, wo er unter tragischen Umständen starb.

Der Haftbefehl war eine eindeutige Manipulation. Ich hatte den »Schutzmann Kaden« weder gekannt noch jemals gesehen, geschweige denn getötet. In den Dresdner Gerichtsakten stand auch kein Wort darüber, wie diese Behauptung in die Akten gekommen war. Ich hatte in der Gegend von Hermsdorf auch kein Wild erlegt und über meinen »Waffenbesitz« enthielten die Akten nichts Näheres. Von der bereits erwähnten Reparatur des Gewehrs meines Freundes war keine Rede. Nur das Messer, das ich ihm vor Jahren geschenkt hatte, war bei der Durchsuchung seines Hauses gefunden worden.

Wie es zu der Beschuldigung gekommen war, erfuhr ich erst im Sommer 1951. Ich war damals schon im Bundesamt für Verfassungsschutz tätig. Bei der Auswertung von Flüchtlingsaussagen las ich eines Tages überrascht, der Volkspolizeikommissar Walter Mohr, im Frühjahr noch Leiter der Dresdner Mordkommission, sei in die Bundesrepublik geflüchtet und wohne nun in Speyer. Ich verständigte Dr. Otto John, meinen damaligen Chef, und erhielt die Erlaubnis, Mohr zu befragen. Mit einem Kollegen suchte ich Mohr in Speyer auf. Mohr war erstaunt und zuerst etwas ängstlich, weil er befürchtete, wir wollten ihm Schwierigkeiten bereiten. Darüber beruhigten wir ihn aber bald. Er berichtete, er habe mich nicht des Mordes verdächtigt. Den Volkspolizeimeister Berger habe er zu mir geschickt, um mich fragen zu lassen, aus welchem Anlaß ich meinem Freund das feststehende Messer gegeben hätte. Nachdem ich aber geflohen sei, habe die Kriminaldirektion den Staatssicherheitsdienst verständigt. Der dort tätige Volkspolizeioberrat Smolka habe erklärt, man warte schon lange darauf, eine Handhabe gegen mich zu erhalten. Smolka habe verlangt, wegen Mordverdachts nach mir zu fahnden, damit Westberlin mich ausliefere. Die Staatsanwaltschaft Dresden habe ihn, Mohr, beauftragt, Unterlagen für einen Haftbefehl wegen Mordes beizubringen, damit sie zur Begründung des Überstellungsersuchens nach Berlin geschickt werden könnten. Es seien aber keine Unterlagen für einen derartigen Verdacht zu finden gewesen.

Nun war mir klar, warum die Dresdner Staatsanwaltschaft dem Berliner Ersuchen um Übersendung der Akten nicht entsprochen und den Haftbefehl am 26. April 1950 aufgehoben hatte. Der Freund hatte übrigens mit dem Mord an Kaden auch nichts zu tun. Nach einigen Wochen hörte ich, er sei aus der Haft entlassen worden.

Als mich meine Frau nach meiner Flucht das erste Mal in Berlin besuchte, berichtete sie mir, nach meinem Verschwinden sei fünf Tage lang ein Polizeiposten Tag und Nacht im Hause gewesen. Der Posten habe sie auch beim Einkaufen begleitet. Erst nachdem meine Ankunft in Berlin bekannt geworden sei, habe man ihn abgezogen. Auch meine Mutter habe mehrere Tage einen solchen Gast in der Wohnung gehabt, der ihr auf Schritt und Tritt gefolgt sei. Meine Mutter pflegte damals ab und zu auf der Straße Pferdeäpfel zu sammeln, um ihr Gemüsegärtchen damit zu düngen. Auch auf einem solchen Gang habe sie der Posten begleitet. Meine Frau hatte aber auch weniger Amüsantes zu berichten: Das Wohnungsamt hatte einen Teil unserer Wohnung beschlagnahmt und dessen Räumung verlangt. Das schien mir eine günstige Gelegenheit, die besten Stücke unseres Mobiliars unauffällig aus der Wohnung zu schaffen. Ich hatte auch eine Idee, wie man diese Möbel nach Westberlin bringen könne. Unser Freund, der Kammersänger Josef Hermann, hatte je eine Wohnung in Dresden und in Westberlin. Ihm als Nationalpreisträger würden die Dresdner Behörden die zum Möbeltransport erforderliche Genehmigung sicher erteilen. Sobald Hermann von seiner Konzertreise aus Südamerika zurück war, sprach ich mit ihm darüber: Wir müßten einen Vertrag abschließen, in dem ich ihm die Möbelstücke verkaufte, die nach Berlin transportiert werden sollten. Die Möbel würden wir aus meiner Wohnung herausschaffen und unter seinem Namen bei einem Dresdner Spediteur einstellen. Diesen Spediteur sollte Hermann beauftragen, die Genehmigung einzuholen, und schon könne der Transport beginnen. Als ich ihm meinen nicht ganz uneigennützigen Plan unterbreitet hatte, fragte ich ihn: »Jupp, würdest du das machen?« Er antwortete: »Warum soll ich das nicht machen?« Noch am selben Abend setzte ich den Vertrag auf. Wir unterschrieben, meine Frau nahm den Vertrag und Hermanns Auftrag mit nach Dresden. Drei Wochen später traf der Möbeltransport in Westberlin ein. Josef Hermann half uns auch noch in anderer Weise. Jedes Mal, wenn er in Dresden war, belud er auf der Rückfahrt seinen Mercedes mit den wertvolleren Dingen aus unserem Hausrat. Er kam immer unbeanstandet durch die Kontrollen. Hermann stammte aus einfachen Verhältnissen, hatte sich dank seiner großen Begabung vom Schlosser zum großen Sänger hochgearbeitet. Leider ist er viel zu früh gestorben. Dank seiner Hilfe hatten wir in Berlin schon im Mai einen ansehnlichen Hausrat beisammen. Nur mein Auto, das ich in Dresden hatte stehenlassen müssen, fehlte mir noch. Ich versuchte, auch seine Überführung nach Berlin zu bewerkstelligen. Zunächst holte es ein Dresdner Freund aus der Garage und parkte es an einem sicheren Ort. Dann suchte ich bei Berliner Fuhrunternehmen nach einem Autobesitzer, der den gleichen Fahrzeugtyp besaß und dazu einen sowjetischen »Propusk«, d.h. die Erlaubnis, mit diesem Auto aus Westberlin in die Sowjetzone und zurück zu fahren. Als ich ihn gefunden hatte, überließ er mir gegen Zahlung von 300 DM für drei Tage seine Nummernschilder, seine Fahrzeugpapiere und vor allem seinen Propusk. Ich sandte einen Boten zu meinem Dresdner Freund, der das Auto verwahrte. Dieser fälschte Motor- und Fahrgestellnummer meines Wagens so, daß sie zu den Nummern des »Propusk-Autos« paßten. Dann brachte er meinen Wagen nach Berlin. Die Nummernschilder und Papiere konnte ich dem »Vermieter« nach drei Tagen pünktlich abliefern. Schwierigkeiten hatte ich erst, als ich meinen Wagen bei der Berliner Zulassungsstelle anmeldete: Durch Änderung der Fahrgestellnummern war ja eine Urkundenfälschung begangen worden. Und nach dem Auto wurde in der DDR gefahndet. Glücklicherweise waren die Beamten, die ich auf den fingierten Haftbefehl wegen Mordes hinwies, einsichtig. Mein Wagen erhielt eine Westberliner Nummer, unter der ich ihn später durch einen Strohmann auch in die Bundesrepublik überführen ließ. Wenig später, es war im Mai, kamen meine Frau und die Kinder mit dem Zug nach Ostberlin. Mit der S-Bahn fuhren sie dann über die Sektorengrenze.

Kaum konnte ich mich in Westberlin frei bewegen, begann ich, nach einer Beschäftigung zu suchen. Ich war darauf angewiesen, bald etwas zu finden, da ich für meine Familie zu sorgen hatte. Für eine Übergangszeit konnten wir uns dank eines Guthabens bei einer Westberliner Bank über Wasser halten, das ich noch, während ich in Dresden arbeitete, angelegt hatte. Westdeutsche Klienten hatten ihre Honorare auf dieses Konto überwiesen. Nachdem ich nach Westberlin geflohen war, überwies auch die Firma Zeiss-Ikon großzügigerweise einen ansehnlichen Westmarkbetrag als Honorar für meine Verteidigung von Karl Nitsche auf dieses Konto.

Wir lebten damals, wie es unserer Lage entsprach, bescheiden in einigen möblierten Zimmern. Meine Frau litt natürlich unter dieser Veränderung am meisten und klagte gegenüber den Kindern über den Verlust des schönen Hauses auf den Höhen von Oberloschwitz. Bei einer solchen Gelegenheit sagte die damals achtjährige Sabine zu ihr: »Du mußt nicht immer rückwärts denken, Mutti, vorwärts geht's!«

Ich verwarf den Gedanken, im Westen meine Anwaltstätigkeit wieder aufzunehmen, weil meine Mittel nicht im entferntesten ausreichten, um eine längere Anlaufzeit zu überbrücken. Ich bewarb mich daher bei verschiedenen Stellen in der Bundesrepublik und in Westberlin, unter anderem auch beim RIAS. Dort erlebte ich jedoch einen Reinfall. Nach einem Vorstellungsgespräch, in dem mir Aussichten gemacht wurden, angestellt zu werden, wurde ich zu einer Geburtstagsfeier eingeladen, die schon im Gange war. Es wurden einige Gläser getrunken, laut geredet und gelacht. Plötzlich beschuldigte mich ein Unbekannter, ich hätte versucht, aus dem Schreibtisch des Abteilungsleiters eine Urkunde zu entwenden. Ich wies diese Behauptung natürlich zurück. Die Feier wurde abrupt beendet. Ein paar Tage später schrieb mir der RIAS, er müsse auf meine Anstellung verzichten, obwohl die Angelegenheit als ein von keiner Seite verschuldeter unglücklicher Zufall zu betrachten sei. Wenig später erzählte mir ein Freund, der die Verhältnisse bei RIAS kannte, der Hausdetektiv habe durch diesen Zwischenfall meine Anstellung verhindern wollen. Mich lehrte diese Erfahrung, daß sich auch der bisher so hochgeschätzte Westen nicht eben im Zustand paradiesischer Unschuld befand.

Die Anfänge
des Verfassungsschutzes

Wir erlebten aber auch Erfreuliches in Westberlin. Eines Tages erschien ein Bote des Lutherischen Kirchenamtes in unserer Wohnung und übergab mir folgendes Schreiben:

»Es wird hiermit bescheinigt:
Herr Synodalpräsident Reimer Mager aus Dresden hat uns versichert, daß es sich bei Dr. Günther Nollau, geb. 4. 6. 1911 in Leipzig, um einen Mann handelt, der sich in letzter Hingabe um unsere Leute bemüht hat. Er ist einer der wenigen Männer, für deren Fortkommen wir unbedingt eintreten müssen.«

Wie bereits erwähnt, hatte ich Reimer Mager seinerzeit konsultiert, als wir uns um die Befreiung Karl Nitsches bemühten; er wußte aber auch von anderen Fällen, in denen ich getan hatte, was ich unter den Umständen tun konnte.
Seine Hilfe konnte mir besonders beim Bundesinnenministerium nützlich sein, dessen damaligen Chef, Dr. Gustav Heinemann, Mager, wie er mir erzählt hatte, von der Bekennenden Kirche her kannte. Zunächst wandte ich mich aber an das Hessische Innenministerium, in dem mein Bekannter, der frühere Bautzener Rechtsanwalt Dr. Schuster, als Ministerialdirektor tätig war. Dr. Schuster teilte mir mit, er wolle für mich tun, was immer ihm möglich sei, im hessischen Innenministerium könne er mich aber leider nicht unterbringen. Er habe dort schon so vielen sächsischen Kollegen Stellungen verschafft, daß man ihn im Landtag mit der Bemerkung angepflaumt habe, im hessischen Innenministerium gehe die Staatsgewalt nicht vom Volke, sondern »von Sachsen« aus.
Mitte Mai 1950 las ich in der Presse, die Bundesregierung werde

ein Amt zur Überwachung verfassungsfeindlicher Bestrebungen schaffen, das dem Bundesinnenministerium unterstellt werden solle.

In meiner Bewerbung um Einstellung in dieses Amt schrieb ich: »Meine . . . Arbeit in Krakau brachte mich nicht nur in ständigen gefährlichen Konflikt mit Gestapo- und Parteidienststellen, sie gab mir auch Gelegenheit zu beweisen, daß ich schwierigen Situationen gewachsen war. Das gleiche gilt in noch höherem Maße von der Tätigkeit, die ich in Dresden von 1945 bis 1950 ausgeübt habe . . . Die Jahre in Dresden haben meine Einsicht in das Wesen der Arbeit des totalitären Gegners noch vertieft. In der Ostzone habe ich . . . eine intime Kenntnis der dortigen Verhältnisse und der vom Ostzonen-Regime verfolgten Politik gewonnen, Voraussetzungen für die, wie mir scheint, zur Zeit dringlichste Aufgabe des Amtes für Verfassungsschutz.«

Die Entscheidung über mein Gesuch zog sich einige Monate hin. Ich erfuhr, daß die Alliierten allen Einstellungen zustimmen mußten. Meine Personalien seien ihnen bekanntgegeben worden. Ende August erhielt ich die Nachricht, ich solle als Angestellter nach der Vergütungsgruppe III eingestellt werden. Daraufhin beendete ich meine Tätigkeit beim Untersuchungsausschuß Freiheitlicher Juristen in Westberlin, die ich einige Monate ehrenamtlich ausgeübt hatte. Am 4. September 1950 trat ich meinen Dienst in Köln an.

Wir waren eine Handvoll Leute in jener »Dienststelle Köln«, wie die Keimzelle des Bundesamtes für Verfassungsschutz genannt wurde, bevor seine Gründung Ende September gesetzlich verankert war. Als wir uns an unseren Schreibtischen niederließen, leere Panzerschränke hinter uns, weiße Papierbögen vor uns, war weder ein Präsident ernannt noch ein Vizepräsident.

Doch das blieb nicht lange so. Einige Landesämter für Verfassungsschutz waren schon vor unserem Amt gegründet worden. Sie sandten uns Berichte, die wir zu Informationen für die Bundesregierung verarbeiteten. Ein Verfassungsschutz mit der Aufgabe, verfassungsfeindliche Bestrebungen zu beobachten, war als Organisation ohne polizeiliche Exekutive im Apparat der deutschen Innenverwaltung etwas noch nie Dagewesenes. Niemand, der eine Ahnung von der preußischen politischen Polizei oder von der Gestapo hatte, konnte sich vorstellen, wie das funktionieren sollte. Wir, die Angehörigen der neuen Behörde, wußten das ebenfalls noch nicht.

Das uns vorgesetzte Bundesinnenministerium hatte nur unzulängliche Vorstellungen über die Größe des Apparats, der erforderlich sein würde, um die gesetzlich festgelegten Aufgaben zu erfüllen. Das Ministerium hatte zunächst einen Plan von 90 Stellen für ausreichend gehalten und aufgestellt.

In jenen ersten Wochen besuchte uns der Staatssekretär des Bundesinnenministeriums Ritter von Lex. Er sah sich an, was wir machten, und fragte mich dann, ob wir einen Aktenplan hätten. Ich kannte dieses Wort überhaupt nicht, da ich noch nie in einer Verwaltungsbehörde tätig gewesen war. So zog ich mich mit der Ausflucht aus der Affäre, wir seien dabei, einen solchen Plan aufzustellen. Das gelang uns rechtzeitig, denn die Gefahr, die eingegangenen Papiere nicht mehr übersehen zu können, bestand anfangs noch nicht. Das Amt war damals einfach gegliedert. Eine Abteilung hatte Nachrichten zu beschaffen, eine andere war damit betraut, diese Nachrichten auszuwerten, d.h. sie zu prüfen und weiterzugeben. Ich wurde als Zentralauswerter beschäftigt. Über meinen Schreibtisch gingen alle Nachrichten, die das Amt empfing, und alle Berichte, die es nach außen erstattete. Mir gefiel diese Tätigkeit. Ich hatte eine ausreichende Vorbildung, um Nachrichten über links- und rechtsradikale Bestrebungen beurteilen zu können. Und ich konnte auch schnell und gewandt Berichte verfassen.

Einige Wochen nach der Gründung traf der Vizepräsident ein, der aus der Reichswehr hervorgegangene Oberst a.D. Radke, der nach dem Kriege in der Organisation Gehlen gearbeitet hatte. Herr Radke war ein verständnisvoller Vorgesetzter, der die Leistungen seiner Untergebenen anerkannte. Im Dezember 1950 trat Dr. Otto John sein Amt als Präsident an. Dr. John war vom Scheitel bis zur Sohle ein Demokrat. Seine Intelligenz schien nicht brillant zu sein. Er war aber weit über dem Durchschnitt sprachbegabt und sprach fließend Englisch, Französisch und Spanisch. Das kam ihm bei dem angestrebten Verkehr mit Ausländern sehr zustatten. Freunden, vor allem den alten Widerstandskämpfern gegenüber, war er unkritisch. Er neigte auch dazu, Nachrichten selbst zu beschaffen. Wenn man solche Nachrichten kritisierte, wie ich das gelegentlich, gestützt auf bessere Kenntnis der Verhältnisse in der DDR, tat, war er indigniert. Sein besonderes Interesse galt den Nachrichten über Rechtsextremisten. Er hat aber auch die Nachrichtengewinnung über kommunistische Bestrebungen gefördert. Sympathien für den Kommunismus habe ich nie beobachtet. Als Chef des Dienstes war er etwas zu weich.

Die Hauptaufgabe des Amtes war in jenen Jahren die Beschaffung von Material zum Vorgehen gegen rechts- und linksextremistische Bestrebungen. Wir besorgten Material, auf das sich die Bundesregierung bei ihrer Klage gegen die rechtsextreme Sozialistische Reichspartei (SRP) stützte. Die SRP wurde 1952 vom Bundesverfassungsgericht verboten. Das Amt erhielt auch den Auftrag, Unterlagen zusammenzustellen, die einen Antrag auf Verbot der Kommunistischen Partei rechtfertigen sollten. Ich legte Dr. John damals ein Schreiben an Bundesinnenminister Dr. Lehr vor, in dem ich ein Verbot der KPD für unzweckmäßig erklärte. Angesichts der Unterstützung der KPD durch die sowjetzonale SED hielt ich es für zweifelhaft, ob das Amt die in den Untergrund ausweichende KPD wirksam genug überwachen könne. Dr. John unterzeichnete diesen Bericht. Die Bundesregierung erhob dann trotzdem Klage gegen die KPD. Meine Argumente gegen das Verbot hatten sich aus Besprechungen mit Offizieren der englischen und amerikanischen Nachrichtendienste ergeben, die uns in jener Aufbauphase wirksam unterstützten. Die Engländer besaßen im innenpolitischen Nachrichtendienst die größten Erfahrungen, da in ihrem Land schon seit Jahrzehnten eine Nachrichtenorganisation arbeitete, das berühmte MI 5, dessen Aufgabe es war, ohne Exekutivgewalt Nachrichten über Verfassungsfeinde zu sammeln.

Die Beschaffung des Materials gegen die KPD war zwar zeitraubend, aber nicht allzu schwierig, da uns die KPD selbst ein schwerwiegendes neues Argument für ihr Verbot lieferte. Im November 1952, nachdem die Bundesregierung das Verbot gegen die KPD schon beantragt hatte, verkündete die KPD das »Programm der nationalen Wiedervereinigung«, in dem sie zum revolutionären Sturz des Adenauer-Regimes aufrief. Wie sich im

Verbotsurteil nachlesen läßt, hat das Bundesverfassungsgericht dieses Programm als wesentliche Grundlage seiner Entscheidung betrachtet.

Im Laufe der nächsten Jahre haben sich meine Besorgnisse, wir würden die verbotene KPD nicht wirksam überwachen können, als unbegründet herausgestellt.

Bis zum Frühjahr 1953 hatte die Zentralauswertung des Bundesamts mit Spionageabwehrfällen nichts zu tun. Der Verantwortliche für das Spionagereferat, Regierungsdirektor Gerken, ein ehemaliger Abwehroffizier, setzte bei Dr. John seine Auffassung durch, solche Fälle seien das Geheimste vom Geheimen. Aus Sicherheitsgründen dürfe niemand, auch die Auswertung nicht, von diesen Fällen wissen, bevor sie an die Exekutive gingen. Ich wandte mich gegen diese Ansicht, weil sie dazu führte, daß aus Gründen der Geheimhaltung, das Notwendige ungetan blieb. Notwendig war jedoch, so argumentierte ich, jede Nachricht zu prüfen, bevor sie an die Exekutive gegeben wurde, und zwar durch eine von der Beschaffung unabhängige Stelle, die Auswertung. Damit drang ich aber zunächst nicht durch.

Im April dieses Jahres war beim Spionageabwehrreferat eine emsige Tätigkeit zu beobachten. Alliierte Abwehroffiziere gingen ein und aus. Beamte des Bundeskriminalamtes tauchten auf. Dann lasen wir in der Zeitung, was geschehen war: 38 Personen waren auf Antrag der Bundesanwaltschaft festgenommen worden. Das Bundesinnenministerium veröffentlichte die Namen der Festgenommenen. Zur allgemeinen Überraschung befanden sich darunter angesehene Geschäftsleute.

Einige der Häftlinge gestanden ihre Verbindung zu einem Spionagedienst der DDR. Andere protestierten empört gegen diesen Verdacht. Die Haftbeschwerden ihrer Anwälte hatten Erfolg. Ein Häftling nahm sich sogar das Leben. Das war eine Tragödie, mochte er nun unschuldig sein oder nicht.

Ich erfuhr, daß ein alliierter Nachrichtendienst einen Überläufer aus der DDR, mit dem er schon vor seinem Übertritt in Verbindung stand, den deutschen Behörden als Zeugen zur Verfügung gestellt hatte. Auf den Angaben dieses Zeugen beruhten die Festnahmen, von denen die Mehrzahl aufgehoben wurde. Ein sehr negatives Presseecho und ein öffentlicher Sturm der Entrüstung waren die Folge. Zielscheibe dieser Angriffe war das Bundesamt für Verfassungsschutz.

Ich beschaffte mir die Aussagen des Überläufers. Er behauptete, dem Institut für Wirtschaftswissenschaftliche Forschung (IWF) angehört zu haben, einem – wie er erklärte – Spionagedienst der DDR. Dieser Dienst sei 1951 aus einem Nachrichtendienst des Zentralkomitees der SED hervorgegangen. Leiter des IWF sei Anton Ackermann, der bekannte SED-Spitzenfunktionär und Staatssekretär im Außenministerium. Entscheidend war jedoch, daß der Überläufer die von ihm genannten westdeutschen Bürger als Agenten des IWF bezeichnete. Die Festnahmen, insbesondere aber die Angaben des Überläufers über die Existenz des »Instituts für Wirtschaftswissenschaftliche Forschung« entfachten lebhafte Diskussionen unter den deutschen und alliierten Abwehrbeamten in der Bundesrepublik. Es bildeten sich geradezu zwei Parteien, von denen die eine meinte, der Überläufer sei ein Schwindler oder ein Provokateur, während die andere Partei seine Angaben für glaubwürdig hielt. Ich neigte zu den Skeptikern. Zwar war nicht zu übersehen, daß einige der von dem Überläufer genannten Personen ihre Spionagetätigkeit gestanden hatten. Andererseits schienen einige seiner Aussagen barer Unsinn zu sein, insbesondere die Behauptung, vom ZK der SED sei ein eigener Nachrichtendienst betrieben worden. Ich erwirkte mir bei Dr. John die Erlaubnis, mit dem Überläufer zu sprechen. Gemeinsam mit einem Bundesanwalt habe ich dann fünf Tage mit ihm diskutiert. Dabei kam mir zustatten, daß ich einige DDR-Plätze, wo er gearbeitet zu haben behauptete, genau kannte. Mit Fragen aus solchen Bereichen fing ich an. Er sprach von seiner Laufbahn und erzählte, er habe im sächsischen Finanzministerium gearbeitet. Da fragte ich ihn im schönsten sächsischen Idiom: »Kenn Se den und den?« Er antwortete prompt und richtig. Ich stellte noch ein Dutzend ähnlicher Fragen. Soweit ich seine Antworten an meinen eigenen Erfahrungen messen konnte, waren sie zutreffend.

Dann ging ich zu schwierigeren Themen über. »Sie haben ausgesagt«, hielt ich ihm vor, »im ZK der SED sei ein Nachrichtendienst betrieben worden.« – »Ja«, antwortete er. »Dann sagen Sie mir, woher Sie das wissen«, fuhr ich fort. Diese jedem, der forensische Erfahrung hat, geläufige Methode, nachzubohren, entlockte ihm die Antwort: »Das hat mich noch niemand gefragt.« Na, dachte ich, dann ist es ja dringend erforderlich, das jetzt endlich nachzuholen. »Also, überlegen Sie mal, woher Sie das wissen?« Er erzählte nun, in der Aufbauphase des IWF habe er oft »Kadermaterial«, d. h. Angaben über bestimmte Personen, von einem Genossen X. im ZK der SED, an den er verwiesen worden sei, erbeten und erhalten. »Das ist doch ganz klar«, sagte der Überläufer, nun sich etwas ereifernd, »daß der Genosse X. in einem Nachrichtendienst gearbeitet hat.« In Wirklichkeit war das durchaus nicht klar. Der Genosse X. gehörte, wie mir aus der Beobachtung des ZK der SED bekannt war, zur Kaderabteilung. Der Überläufer hatte, so stellte sich heraus, aus einer Beobachtung, die er selbst gemacht hatte, einen falschen Schluß gezogen. Das hätte bei seiner ersten Befragung aufgedeckt werden können. Statt dessen hatte man seinen falschen Schluß in die Niederschrift seiner Aussage aufgenommen.

In ähnlicher Weise drangen wir in unserer Diskussion zum Kern seiner Aussagen vor, bei denen es um die Agententätigkeit einzelner Personen ging: »Sie haben gesagt, der Kaufmann Y. sei ein Agent des IWF?« fragte ich. Er bejahte. »Haben Sie jemals einen Bericht gesehen, den dieser Kaufmann dem IWF geliefert hat?« Er: »Nein.« Ich fragte weiter: »Haben Sie eine Quittung über erhaltene Gelder gesehen, die er unterzeichnet hat?« – »Nein.« Nun stieß ich nach: »Woher wissen Sie dann, daß er ein Agent war?« – »Ich habe doch die Karte mit seinem Namen in der Agentenkartei des IWF selbst gesehen«, verteidigte er sich. Meine nächste Frage: »Wurden in diese Kartei nur die Namen bereits tätiger Agenten aufgenommen oder befanden sich darin auch die Namen solcher Personen, die Ihr Dienst in Zukunft anzuwerben gedachte?« Wieder antwortete er wahrheitsgemäß: »Darin waren auch die Namen solcher Personen, die wir anwerben wollten, damit kein Werber dem anderen in die Quere kam.« Nun war es heraus: Der Überläufer hatte sowohl die Namen tätiger als auch die Namen potentieller Agenten genannt, von denen man noch gar nicht wissen konnte, ob sie zu dieser Agententätigkeit überhaupt jemals bereit sein würden. Die bloße Aufnahme des Namens einer Person in diese Kartei war jedenfalls kein Beweis für eine Agententätigkeit. Bei gründlicher Befragung des Überläufers hätte das aufgedeckt werden müssen. Ich trug meine Befragungsergebnisse dem Vizepräsidenten und dem Präsidenten vor. Dr. John ordnete daraufhin an, daß künftig auch Erkenntnisse aus Spionagefällen vor der Abgabe an die Exekutive von der Auswertung zu prüfen seien.

Noch eine Lehre war aus den Angaben des Überläufers zu ziehen: An der Existenz des IWF, des neuen Nachrichtendienstes der DDR, war nicht zu zweifeln. Wir standen also vor der Tatsache, daß wir alle, Engländer, Franzosen, Amerikaner (mit Ausnahme des Dienstes, der den später zum Überläufer gewordenen Agenten geführt hatte) und Deutsche, von dieser Neugründung nichts bemerkt hatten. Ein Jahr später erfuhren wir von einem anderen Überläufer, Wladimir Petrow, daß in der Sowjetunion von 1947 bis 1951 eine ähnliche nachrichtendienstliche Organisation bestanden hatte, die sich mit Auslandsarbeit befaßte. Es war das Informationskomitee, das – wie das IWF in der DDR – vom Außenministerium geleitet wurde.

Was ein schöner »Erfolg« hätte sein können, die Kompromittierung eines östlichen Dienstes durch einen Überläufer, wurde nun durch die Fehler bei der Vernehmung des Überläufers und durch die vorschnelle Verwertung seiner subjektiv wahrheitsgemäßen Aussagen zu einer Blamage.

Aus Anlaß von Besprechungen in Verbindung mit der »Vulkan-Affäre«, wie die eben geschilderten Vorfälle von der Presse genannt wurden, war ich in jenen Monaten oft in der deutschen Zentrale eines amerikanischen Nachrichtendienstes. Am 17. Juni 1953 kam ich am frühen Nachmittag dort an. Die alliierten Kollegen empfingen mich erregt: »In Ostberlin ist was Tolles im Gange. Wir sind völlig überrascht. Wozu die Massenstreiks führen werden, ist nicht abzusehen.« Ich hatte von dem Volksaufstand auch keine Ahnung gehabt. Wir lasen bis in die Nacht hinein Berichte, die über den Fernschreiber einliefen. Darin war zwar von der Verhängung des Ausnahmezustandes und von sowjetischen Panzern die Rede, jedoch nichts von der Tätigkeit eigener Agenten. Die Regierung der DDR ließ trotzdem am Abend des 17. Juni behaupten, »Agenten ausländischer Staaten« hätten den Aufstand angezettelt.

Unkritisches Übernehmen von Nachrichten ist eine Kinderkrankheit der Nachrichtendienste. In jenen Jahren habe ich einige Beispiele dafür kennengelernt. Eines Sonntags rief mich Dr. John an und fragte: »Wissen Sie Oberalpinist, wo der ›Daniel‹ liegt?« – »Ja«, sagte ich, »das ist ein Aussichtsberg am Rande des Ehrwalder Kessels.« Darauf bat er mich, ihn aufzusuchen. Ich traf ihn allein an. Er erzählte mir eine phantastische Geschichte über den früheren NSDAP-Reichsleiter Bormann, der sich seit Jahren in einer Höhle am Daniel verbergen solle und von Gesinnungsgenossen versorgt werde. Ich sagte unverblümt, daß ich nichts von der Sache hielt. Wie sollte sich in diesem von Ausflüglern stark besuchten Gebiet jemand seit sieben Jahren – wir schrieben 1952 – vor Bergsteigern und Jägern verstecken können und den Winter überleben? Dr. John schien fasziniert von der Aussicht, Bormann »fangen« zu können. Durch meine Einwände ließ er sich nicht davon abhalten, eine Ermittlergruppe in das betreffende Gebiet zu senden. Ein Amerikaner und ein ehemaliger Gestapobeamter – ein seltsames Gespann! – machten sich mit einigen Hilfskräften auf. Nach drei Tagen waren sie ohne Bormann zurück. Sie hatten keine Spur von ihm entdeckt. Erst jetzt taten sie, was nach den Regeln der Kunst am Anfang der Ermittlungen hätte stehen sollen: Sie überprüften die Quelle der Nachricht. Danach wurde über den »Fall Bormann« nicht mehr gesprochen. Die »Quelle« war ein Schwindler, der schon einmal in einer Nervenheilanstalt untergebracht gewesen war.

Der Fall Otto John

»Sie werden ja so blaß, Herr Doktor«, sagte eine Sekretärin, als wir am 21. Juli 1954 die Nachricht hörten, Dr. John befinde sich im sowjetischen Sektor von Berlin. Ich hatte Grund zu erblassen. Vor einem halben Jahr hatte mir mein Bruder, der damals als Zahnarzt in Eberswalde in der DDR lebte, von Westberlin aus geschrieben, er sei von einigen Herren aus Dresden besucht worden, die offenbar zum Staatssicherheitsdienst gehörten. Sie hätten ihn eindringlich aufgefordert, mir vorzuschlagen, über ihn Kontakte zum Staatssicherheitsdienst der DDR aufzunehmen, insbesondere sie im Ostsektor Berlins zu besuchen. Die Besucher hätten ihn zum Schweigen verpflichtet. In dem Brief, den er in Westberlin zur Post gegeben hatte, bat mein Bruder um Rat, wie er sich verhalten sollte. Ich zeigte seinen Brief dem Vizepräsidenten und dem Präsidenten. Wir kamen gemeinsam zu dem Schluß, meinem Bruder zu raten, in keiner Weise auf derartige Vorschläge einzugehen. Später berichtete mein Bruder, die Besucher seien wiedergekommen. Er habe es aber abgelehnt, auf ihre Wünsche einzugehen. Als mein Bruder kurz darauf einige Wochen in der Bundesrepublik war, besuchte ich ihn. Wir waren uns einig, daß er bei seiner Ablehnung bleiben müsse, wenn es nicht für uns beide zu einer Katastrophe kommen sollte.
Nun war die Katastrophe da. Wir wußten noch nicht, ob Dr. John freiwillig in den Sowjetsektor gegangen oder dorthin verschleppt worden war. Im Endergebnis war der Unterschied für mich allerdings nicht allzu groß: Wenn er freiwillig übergelaufen war, würde er wahrscheinlich alles erzählen, was er wußte. Wenn er verschleppt worden war, dann würde man alles aus ihm herauspressen. In beiden Fällen würde mein Bruder im Gefängnis landen.

Diese privaten Sorgen mußte ich jedoch zunächst verdrängen. Es galt zu klären, was eigentlich vorgefallen war. Der Vizepräsident befand sich in den Ferien. Er wurde schleunigst zurückgeholt. Herr Gerken, der Spionageabwehrfachmann, entschloß sich, nach Westberlin zu fliegen, um dort an den Ermittlungen teilzunehmen. Als er sich auf dem Wege zum Flugplatz befand, erschienen bei mir zwei alliierte Abwehroffiziere, die mich fragten, ob ich Dr. Wohlgemuth kenne. Ich verneinte. Sie erklärten mir, Dr. Wohlgemuth sei ein Westberliner Arzt, der zweifelhafte Beziehungen zu östlichen Stellen unterhalte. Erst am 14. Juli hätten sie Dr. John eindringlich vor Dr. Wohlgemuth gewarnt. Sie gaben mir einen Zettel mit Dr. Wohlgemuths Westberliner Adresse in der Uhlandstraße und empfahlen, dort nachzusehen. Ich sandte sofort einen Boten zum Flugplatz, der Herrn Gerken Wohlgemuths Adresse und einige Hinweise übergeben sollte. Herr Gerken fand in Wohlgemuths Wohnung eine Nachricht vor, die Wohlgemuth abgefaßt hatte, als er in der Nacht vom 20. zum 21. Juli vorübergehend nach Westberlin zurückgekehrt war. Unter anderem schrieb Wohlgemuth:

»Es handelt sich darum, daß Herr John nicht mehr nach dem Westsektor zurückkehren will.«

Wie es zu dem Übertritt Johns gekommen war, erfuhren wir auch in den nächsten Tagen nach seinem Verschwinden nicht. Auffallend war, daß Dr. John – wie unsere Leute aus Berlin berichteten – seine Schlüssel und sein Notizbuch mit Adressen und persönlichen Aufzeichnungen im Hotelzimmer zurückgelassen hatte. Außerdem hatte er beim Verlassen des Hotels seiner Frau, mit der er eine gute Ehe führte, nichts davon gesagt, wo er den Abend zu verbringen gedachte. Eine naheliegende Erklärung dafür war, daß er sich ihren Einwendungen entziehen wollte.

Am 23. Juli erlebten wir eine neue Sensation. Über den DDR-Rundfunk wurde eine Erklärung Dr. Johns verlesen, die er – so behauptete der Sender – nach einer Aussprache »mit verantwortlichen Persönlichkeiten der Deutschen Demokratischen Republik« abgegeben habe. Darin hieß es:

». . . Deshalb habe ich am Jahrestag des 20. Juli einen entscheidenden Schritt getan und die Verbindung mit den Deutschen im Osten aufgenommen.«

Am nächsten Tag war diese Erklärung in der DDR-Presse abgedruckt. Sie trug im Faksimile das Datum vom 22. Juli 1954 und die uns allen wohlbekannte Unterschrift »Otto John«.

Diese Tatsachen beeinflußten mein Urteil über Johns Verschwinden. Ich fragte meine Kollegen: »Habt ihr schon mal von einem Entführten gehört, der seine persönlichen Utensilien im Hotelzimmer zurückläßt und zwei Tage danach politische Erklärungen unterzeichnet?« Betretenes Schweigen war Antwort genug auf diese Frage. In offizielle Erklärungen wurden diese Indizien jedoch nicht aufgenommen. Bundesinnenminister Dr. Schröder äußerte am 26. Juli, das vorliegende Material deute darauf hin, daß Dr. John überlistet worden sei.

Trotz schwerer Zweifel, die in der Öffentlichkeit diskutiert wurden, galt diese Erklärung bis zum 11. August. Mit Nachdruck trat das Innenministerium auch sensationellen Pressemeldungen entgegen, nach denen Agenten des Bundesamtes für Verfassungsschutz in der DDR im Gefolge des Verrats von Dr. John verhaftet worden seien. Es waren allein schon deshalb keine Agenten verhaftet worden, weil Dr. John die Namen solcher Agenten überhaupt nicht kannte.

Am 11. August veranstaltete der »Ausschuß für Deutsche Einheit« in der DDR eine Pressekonferenz, auf der Dr. John eine längere Erklärung abgab. Sensationell war dabei nicht so sehr der Wortlaut dieser Erklärung als die Tatsache, daß Dr. John Hunderten von Journalisten, darunter zweihundert Vertreter der internationalen westlichen Presse, offensichtlich frei gegenübertrat. Dr. John beantwortete auch Fragen, die vorher nicht mit ihm abgesprochen waren, schnell und frei. Johns alter Mentor, der britische Journalist Sefton Delmer, berichtete, er habe sich ungestört mit ihm unterhalten können. John habe nach seinem – Delmers – Eindruck ungezwungen gesprochen. Im ähnlichen Sinne berichtete auch Karl Robson, der John ebenfalls schon aus London kannte. Diese Freunde Johns gaben die Auffassung wieder, die am nächsten Morgen einhellig von der internationalen Presse vertreten wurde.

Der Verlauf der Pressekonferenz bestärkte meine Zweifel an der Entführungstheorie. Das offizielle Bonn hielt jedoch nach wie vor daran fest, John sei »unfreiwillig« übergetreten.

Dieses Problem trat für mich aber nun gegenüber der Frage zurück, was ich tun mußte, um meinen Bruder aus der DDR zu retten. Unser Apparat war durch die inzwischen eingeleiteten Untersuchungen gelähmt. Ich bat daher mit Zustimmung der Amtsleitung befreundete alliierte Kollegen, die Flucht meines Bruders nach Westberlin zu organisieren.

Wir hatten folgenden Plan: Ein Bote aus Westberlin sollte in Eberswalde die Praxis meines Bruders als Patient aufsuchen. Da wir nicht wußten, ob diese Praxis schon überwacht wurde, sollte sich der Bote ins Wartezimmer setzen und ausharren, bis er dran war. Erst auf dem Behandlungsstuhl sollte er meinen Bruder warnen. Aber wie konnte er meinen Bruder davon überzeugen, daß er kein Provokateur des DDR-Staatssicherheitsdienstes war? Wir mußten dem Boten eine Parole mitgeben, die der Staatssicherheitsdienst nicht kennen konnte. Ich schlug vor, ihn sagen zu lassen: »Sie müssen sofort nach Westberlin fahren. Es ist so dringlich wie in Osternothafen.« Nachdem ich den alliierten Kollegen erklärt hatte, daß mein Bruder in Osternothafen beinahe einmal ertrunken war, akzeptierten sie den Vorschlag. Der für das Unternehmen ausgewählte Bote war ein Deutscher, der in den Diensten der Alliierten stand. Die Abfahrtszeit und die Ankunft des Zuges wurde ermittelt. Wir überlegten auch, wann der Bote wieder in Westberlin eintreffen würde, falls alles glatt ging. Schließlich fuhr er los. Wir warteten auf seine Rückkehr, aber er traf nicht ein. An diesem Abend erhielt ich einen Anruf, in dem mir mitgeteilt wurde, daß er nicht gekommen sei. »Da scheint was passiert zu sein«, sagte der Anrufer. Deprimiert warteten wir weiter. Nachts gegen 10 Uhr klingelte wieder das Telefon: Der Bote war zurück. Er hatte länger im Wartezimmer sitzen müssen als vermutet. Deswegen war er mit einem späteren Zug zurückgekommen. Seine Warnung war verstanden worden.

Am nächsten Morgen wurde ich von unseren Leuten aus dem Berliner Flüchtlingslager angerufen. Man teilte mir mit: »Ihr Bruder und seine Frau sind da.« Nach wenigen Tagen trafen beide in Köln ein.

Im Bundesamt für Verfassungsschutz waren inzwischen die Untersuchungen im Gange. Ein parlamentarischer Untersuchungsausschuß wurde gebildet. Oberbundesanwalt Dr. Wichmann ließ die strafrechtliche Seite des Übertritts von Dr. John und sein Verhalten in der DDR untersuchen. Das Bundesinnenministerium leitete eine Untersuchung der Verhältnisse im Bundesamt ein. Diese Untersuchung übernahm der Bremer Senator Ehlers. Der schwedische Kriminalist Harry Södermann erhielt von der Bundesregierung den Auftrag, in Ostberlin zu ermitteln.

Bei alledem kam nicht viel heraus. In unserem Amt hatten sich zwei Parteien gebildet. Die eine, die überwiegend aus leitenden Beamten bestand, hielt an der These fest, John sei »nicht freiwillig« in den Sowjetsektor gegangen. Diese Gruppe zeigte sogar Verständnis für Johns Angriffe gegen die Bundesregierung, die er von Ostberlin aus über den Rundfunk oder in Presseinterviews ständig wiederholte. Die Kollegen billigten zwar diese Erklärungen keineswegs, sie unterstellten aber, John habe sich nicht anders verhalten können. Ich war schon in der Frage des Übertritts in den Sowjetsektor anderer Meinung. Nach meiner Überzeugung sprachen überwiegende Indizien dafür, daß John vorher gewußt hatte, wohin er ging. Auch sein Verhalten in der DDR war nicht das eines Entführten. Außerdem war ich der Ansicht, wenn er schon entführt worden sei, dürfe er – angesichts seiner Dienstpflichten – den Entführern nicht schon zwei Tage später nach dem Munde reden.

Die Sache wäre wohl immer unentschieden geblieben, hätte sich John nicht im Dezember 1955 zur Rückkehr in die Bundesrepublik entschlossen. Seine Flucht gelang ihm nur, weil er in der DDR zwar beschützt, aber nicht bewacht worden war. Das war jedem klar, der die Verhältnisse in der DDR kannte.

In der Bundesrepublik wurde nun die strafrechtliche Untersuchung, die seit dem Verschwinden Johns in Karlsruhe anhängig war, von Dr. Wichmanns Nachfolger, dem Generalbundesanwalt Dr. Güde, energisch betrieben, um den Fall endlich aufzuklären.

Der seriöse Kölner Rechtsanwalt Dr. Dix, der Johns Interessen vertreten hatte, solange dieser in der DDR war, legte alsbald nach der Rückkehr seines Mandanten die Verteidigung nieder. Man munkelte, er habe sich dazu entschlossen, weil er die These vom unfreiwilligen Übertritt nicht habe vertreten wollen. John hatte

nun selbst Gelegenheit, durch klare Angaben über die Entführung – durch Gewalt oder List – seine These plausibel zu machen. Das gelang ihm nicht. In der Hauptverhandlung, die Ende 1956 stattfand, sah sich John Richtern gegenüber, die der Sache auf den Grund zu gehen versuchten. John schilderte die Ereignisse der Nacht vom 20. zum 21. Juli 1954 farblos. Warum er sich so schnell zu politischen Erklärungen bereit gefunden hatte, versuchte er mit allgemein gehaltenen Hinweisen auf die Zwangsmittel seiner Gegner plausibel zu machen. Aber seine Aussagen überzeugten nicht. Er behauptete nicht einmal, wenigstens ernstlich versucht zu haben, dem angeblich auf ihn ausgeübten Druck zu widerstehen. Mit Nachdruck bestand Dr. John allerdings darauf, seinen sowjetischen Gastgebern keine Angaben über Angehörige des Bundesamtes für Verfassungsschutz gemacht zu haben, die den Tatbestand des Landesverrats erfüllten. Der Senat konnte ihm das nicht widerlegen und hat ihn demgemäß nicht wegen Verrats von Staatsgeheimnissen verurteilt. Aber das Gericht sah die sonstigen öffentlichen Erklärungen Dr. Johns, die er in der DDR abgegeben hatte, als so schwerwiegend, zum Teil auch als landesverräterische Verfälschung von Tatsachen an, daß es ihn zu vier Jahren Zuchthaus verurteilte. Für viele war das Urteil überraschend hart, zumal der Generalbundesanwalt nur eine Strafe von zwei Jahren vorgeschlagen hatte. Ich hatte dagegen aus Bemerkungen, die ich in der Hauptverhandlung von Mitgliedern des Gerichts gehört hatte, auf eine hohe Strafe geschlossen. Am Tage der Urteilsverkündung, dem 22. 12. 1956, war ich mit meiner Familie in Tirol unterwegs. Wir wollten die Weihnachtstage auf einer Alpenvereinshütte verbringen. Ich hatte den Prozeßbeobachter meiner Behörde gebeten, mir nach der Urteilsverkündung ein Telegramm nach dem Dörfchen Patsch in Tirol zu senden. Am Nachmittag des 22. Dezembers holte ich das Telegramm dort ab.
Das Urteil des Bundesgerichtshofs war rechtskräftig. Der Fall Otto John schien damit zu Ende. Er war es aber nicht für John selbst, der bei seiner Entführungsthese blieb und versuchte, das Urteil durch mehrere Wiederaufnahmeanträge zu erschüttern. Der Moskauer Geheimdienst schätzte offensichtlich Johns Aussichten, in einem solchen Verfahren rehabilitiert zu werden,

günstig ein. Offenbar fürchteten die Russen, dem verurteilten John werde tatsächlich der Nachweis gelingen, er sei das Opfer einer Entführung gewesen. Ein solcher Nachweis hätte angesichts des Interesses, das der Fall John in der westlichen Welt immer noch fand, zu einer weltweiten Blamage des sowjetischen Geheimdienstes führen können. Man entschloß sich deshalb in Moskau, die Archive zu öffnen und »Dokumente« zu publizieren, die beweisen sollten, daß John freiwillig übergetreten war. Im November 1968 wandte sich der Geheimdienstoberst Karpow in Moskau an den dortigen Korrespondenten des »stern«, Dieter Steiner. Er übergab ihm Fotografien und andere Papiere mit dem Vorschlag, sie im »stern« zu publizieren. Dabei verhehlte er nicht einmal die damit verbundene Absicht: Man wolle verhindern, daß es in einem etwaigen neuen Prozeß zu antisowjetischer Polemik komme. Dieter Steiner schickte das Material seiner Chefredaktion nach Hamburg, und diese überlegte, ob sie es publizieren solle. In dem Material befand sich auch ein Dokument, das sich auf mich bezog. Es war eine Charakteristik meiner Person, die Dr. John – so behauptete jedenfalls Oberst Karpow – für den sowjetischen Geheimdienst angefertigt hatte. Der »stern« übergab sie mir mit der Frage, ob ich meine, daß sie von Otto John stamme. Natürlich las ich das »Dokument« mit großem Interesse. Hier ist sein Wortlaut:

»Dr. Nollau:
N. ist der stellvertretende Leiter der Auswertungsabteilung. Er ist Ende der 30, von Beruf Rechtsanwalt. Er ist verheiratet und hat 3 Kinder. Er stammt aus Dresden. Er ist ein ausgezeichneter Bergsteiger und Skiläufer und wurde deshalb bei Ausbruch des Krieges zu einer Gebirgsjägerdivision eingezogen. Wegen seiner besonderen sportlichen Leistungen war er verschiedentlich höheren Offizieren bei Bergtouren und Skiübungen beigegeben, so z. B. dem Feldmarschall Schörner. Bei einer Übung oder bei einem Gefecht ist er nicht sehr lange nach Kriegsausbruch mit dem Bergpferd verunglückt und erhielt einen Hufschlag über das rechte Auge. Wegen dieser schweren Verletzung hat er monatelang im Lazarett gelegen und ist nach seiner Genesung als nicht mehr kriegsverwendungsfähig entlassen worden. Danach war er

als Rechtsanwalt in Krakau tätig und ist nach Ende des Krieges wieder nach Dresden gegangen, wo er weiterhin eine Praxis als Anwalt betrieben hat. Als ich mein Amt übernahm war er bereits beim BfV angestellt. Vorher war er einige Zeit in Berlin gewesen, ich glaube bei RIAS. M. W. hat er die DDR verlassen, weil ihm im Zusammenhang mit einer Strafverteidigung und einer Auseinandersetzung mit einem Staatsanwalt ein Verfahren drohte. Wie er dann in das BfV kam bzw. wer ihn dafür beim Innenministerium empfohlen hatte, weiß ich nicht.

N. ist sehr intelligent und auch sehr ehrgeizig. Er ist außerdem sehr tüchtig und fleißig und hat praktisch die Auswertungsabteilung des BfV aufgebaut. Seiner politischen Einstellung nach ist er ein echter Anti-Nazi und auch echter Anti-Militarist. Nach vielen Auseinandersetzungen mit dem Innenministerium habe ich schließlich im vorigen Jahr erreicht, daß er zum Oberregierungsrat ernannt wurde. Er wurde von der Personalabteilung des Innenministeriums ›als ganz links stehend‹ betrachtet. In der DDR war er m. W. Mitglied der SPD. In der Bundesrepublik ist er jedenfalls nicht Mitglied der SPD geworden. N. ist mit seiner eigenen wirklichen Meinung mir gegenüber immer sehr zurückhaltend gewesen, aber ich weiß, daß ihm die Bonner Mentalität, die Aufrüstungspolitik, vor allem die Offiziere und ihre Art und der ganze »Rechtsdrall« in der Bundesrepublik wirklich verhaßt sind. Offen hat er sich mir gegenüber einmal über die unsoziale Politik der Bundesregierung ausgesprochen und gesagt, daß er diese Politik nicht billigen könne. Über den Minister Lehr hat er sich verschiedentlich lustig gemacht. Das ist einmal von einem Angehörigen des LfV Berlin an das Innenministerium berichtet worden und hätte beinahe zur Entlassung von Nollau geführt. Ich konnte seine Entlassung damals nur mit größter Mühe verhindern. Ich habe ihm einmal gesagt, daß ich die Volksbefragung persönlich juristisch nicht für unzulässig hielte, weil ja auch jedes demoskopische Institut unbehindert jede Art Volksbefragung durchführen kann und durchführt. Er meinte dazu, daß das ja nun in Karlsruhe entschieden werden würde, aber er widersprach mir auch nicht ausdrücklich. N. ist zwar sehr eifrig im Amt, aber nicht glücklich, vor allem auch deshalb, weil er im Amt für sich selbst keine Entwicklungsmöglichkeit sieht. Im Frühjahr sagte er mir einmal, daß er die Möglichkeit habe, ins Bundesjustizministerium zu kommen und sich dort bewerben würde, wenn er eine Ministerialratsstelle bekäme.

Nollaus Vornamen kenne ich nicht. Er ist mittelgroß, schlank, hat dunkle Haare und dunkle Augenbrauen, blaue Augen. Das Haar ist völlig, etwas gewellt. Um das rechte Auge herum hat er Narben. Das Gesicht ist um das rechte Auge herum entstellt, es liegt tiefer und steht etwas schief. gez. Otto John«

Nun, meinen Vornamen hätte Dr. John wohl vom KGB erfahren können. Sie besaßen ja sicher Unterlagen über meine Dresdner Zeit. Und daß ich kein SPD-Mitglied war, wußten die Russen sicher auch.

Aber gab es Indizien für die Echtheit des Papiers, d. h. dafür, daß es wirklich von Otto John stammte? Als solche Indizien kamen nur Tatsachen in Betracht, die nur John und ich kannten. Andere, einem weiteren Kreis geläufige Eigenschaften oder Vorgänge hätte das KGB den Berichten seiner zahlreichen Spione entnehmen können. Ich fand aber zu meiner Überraschung in dem Papier Ereignisse beschrieben, die sich nur zwischen John und mir abgespielt hatten. Zum Beispiel hatte ich mich ihm gegenüber unter vier Augen über die unsoziale Politik der damaligen Bundesregierung geäußert. Es traf auch zu, daß wir – ebenfalls unter vier Augen – über die Volksbefragung gegen die Remilitarisierung gesprochen hatten.

Schließlich hatte ich ihm auch gesagt, wenn ich in einer anderen Behörde eine Ministerialratsstelle erhielte, würde ich versuchen, das Bundesamt zu verlassen.

Ich gelangte deshalb zu der Überzeugung, daß diese Charakteristik höchstwahrscheinlich von Otto John stammte. Der »stern« hat das Material damals dennoch nicht veröffentlicht.

Johns Schutzbehauptung, er habe dem sowjetischen Geheimdienst keine Angaben über Angehörige des Bundesamts für Verfassungsschutz gemacht, war durch jene Charakteristik widerlegt. Ich hatte dieser Behauptung von vornherein skeptisch gegenübergestanden, denn ich wußte aus meiner Dresdner Praxis: Das erste, was die Russen von einem verlangten, den sie in ihrer Gewalt hatten, waren Charakteristiken aller Personen, mit denen er zu tun gehabt hatte.

Auch wer, wie ich, davon überzeugt ist, daß Geheimnisträger überprüft werden müssen, damit alles nur Erdenkliche geschieht, um Spione rechtzeitig zu entlarven, lernt die Schattenseiten dieses notwendigen Übels kennen – vor allem, wenn sie ihn selbst betreffen.

Ich hatte reichlich Gelegenheit, derartige Erfahrungen zu machen. Ende der fünfziger Jahre erzählte mir Richard Gerken – wir waren damals beide Abteilungsleiter im Bundesamt –, im Herbst 1950, als er noch im Landesamt für Verfassungsschutz Niedersachsen gearbeitet habe, sei dort ein Bericht eingegangen, in dem zu lesen war, ein gewisser Nollau sei im Bundesamt eingestellt worden. Gegen diesen Nollau sei in Dresden ein Verfahren wegen Mordes anhängig gewesen. Nollau habe sich seiner Festnahme auf mysteriöse Weise entzogen. Er, Gerken, sei erschrocken gewesen und habe befürchtet, jener Nollau sei von den DDR-Behörden laufengelassen worden, damit er sich im Bundesamt als Spion bewähre. Damals habe er dafür gesorgt, daß Dr. John von dieser Gefahr unterrichtet werde. Zugleich habe man alle Hebel in Bewegung gesetzt, um aus Dresden Informationen über Nollaus Vorleben zu gewinnen. Das sei auch gelungen. Von dem Jagdabenteuer meines Freundes sprach Gerken mit Anerkennung: »Mich hätte das auch gewurmt, die Russen mit aufgeblendeten Autoscheinwerfern das Wild abknallen zu sehen.« Im übrigen seien die Auskünfte über mich so eindeutig gut gewesen, daß nichts hängengeblieben sei. Hierin hatte sich Onkel Richard, wie wir ihn nannten, aber geirrt. Die Weisheit des alten Wortes »es bleibt immer etwas hängen« bewährte sich.

Nach Johns Verschwinden nahm der kommissarisch zum Präsidenten des BfV ernannte Dr. Jess noch im August seine Tätigkeit auf. Sein Amt als Präsident des Bundeskriminalamts übte er unterdessen nicht aus. Dr. Jess stellte sogleich Untersuchungen an. Mich fragte er zum Beispiel, ob die Nachricht zutreffe, daß ich in Dresden Mitglied der SED gewesen sei.

Ich legte eine von der Dresdner CDU ausgestellte Urkunde vor, die meine Mitgliedschaft in dieser Partei von 1945 bis 1950 bestätigte. Eine Urkunde der SED, ich sei nicht Mitglied gewesen, werde mir wohl nicht ausgestellt werden, fügte ich hinzu. Ich brachte aber eine eidesstattliche Versicherung eines früheren Mitglieds der Dresdner Anwaltskammer bei, in der es hieß:

»Dr. Nollau wurde wegen seiner temperamentvollen und sehr mutigen Verteidigung bei den politischen Behörden bald sehr unbeliebt, wenn nicht geradezu verhaßt. Wir haben uns in der Anwaltskammer manchmal Sorgen um Dr. Nollau gemacht. Ich selbst hatte bei politischen Verteidigungen, mit denen ich in erheblichem Maße befaßt war, unmittelbar Gelegenheit zu erfahren, in welchem Maße gefürchtet und gehaßt Herr Dr. Nollau vor allem bei der politischen Polizei (K 5) war.
Der Werdegang und das Verhalten Dr. Nollaus in der Sowjetzone lassen die Behauptung, er sei Mitglied der SED gewesen oder habe mit dieser Partei sympathisiert, nur als lächerlich erscheinen. Dr. Nollau war vielmehr ein ausgesprochener Feind der SED und des von dieser Partei vertretenen Systems . . .«

Auch wegen meines Möbeltransports von Dresden nach Berlin mußte ich mich rechtfertigen. Ich benannte den Kammersänger Josef Hermann als Zeugen. Er wurde von einem Beamten befragt, dem er sogar unseren einst fingierten Kaufvertrag noch vorlegen konnte. Nach seiner Rückkehr sagte mir dieser Beamte: »Das ist alles einwandfrei.« Auch die Mordsache aus dem Erzgebirge wurde erneut überprüft. Ich verwies auf die Akten der Berliner Staatsanwaltschaft, aus denen nicht nur hervorgehe, daß dem Berliner Ersuchen um Übersendung der Dresdner Akten nicht entsprochen worden sei. Außerdem fänden sich in den Berliner Akten Mitteilungen der Dresdner Behörden, wonach der gegen mich im März 1950 erlassene Haftbefehl aufgehoben und das Ersuchen auf Überstellung nach Dresden zurückgenommen worden sei.
Die Ergebnisse der Überprüfung wurden damals dem Bremer Senator Ehlers vorgelegt. Nach einem längeren Gespräch ließ er durchblicken, er habe gegen meine weitere Tätigkeit im Bundesamt für Verfassungsschutz nichts einzuwenden.

Von Bergen und Büchern

». . . Alpen, Alpen unvergeßlich seid
Meinem Herzen ihr in allen Tagen.«
Nikolaus Lenau

Die Passion für das Bergsteigen beeinflußte mein ganzes Leben. Der Berge wegen wählte ich meine Studienorte Innsbruck, Wien und München und meldete mich als Soldat bei der Gebirgstruppe. Die Nähe der Hohen Tatra war mitbestimmend für die Übersiedlung nach Krakau. Nicht im Rheinland, wo ich fünfundzwanzig Jahre lebte, ließ ich mich nach meiner Pensionierung nieder, sondern in den bayrischen Bergen. Und im Oberengadin, dem »Festsaal der Alpen«, erwarb ich eine Wohnung.

Zu meiner Passion bin ich durch das Vorbild des Onkel Kurt gekommen, der ein begeisterter Skiläufer und Kletterer war. Schon als Vierzehnjähriger nahm er mich mit in das Elbsandsteingebirge. Aus dem alpenfernen Dresden sind viele hervorragende Alpinisten hervorgegangen. Übungsgelegenheiten in höchsten Schwierigkeitsgraden lagen für die Kletterer im Elbsandsteingebirge vor unserer Haustür. Gelände für Skilanglauf bot das nahe Erzgebirge. Im Elbsandsteingebirge machte ich auch meine erste Erfahrung mit der fatalen Seite des Kletterns. Von unserem Schullandheim war es nicht weit zu den ersten Kletterfelsen, zu denen uns ein jüngerer Lehrer mitnahm. Er selbst wurde Opfer seines Leichtsinns. Er wollte sich in einem Kamin mit Händen und Füßen emporstemmen. Unerfahren, wie er war, glitt er ab und stürzte acht Meter hinunter auf den glücklicherweise sandbedeckten Boden des Kamins. Den dumpfen Aufschlag seines Körpers auf dem Sandboden hatte ich noch lange in den Ohren. Die Mahnung Onkel Kurts, »nicht herumzupfuschen«, sondern die Technik zu erlernen, fiel danach auf vorbereiteten Boden. Ich beschäftigte mich intensiv mit Franz Nieberls »Klettern im Fels« und Paulckes »Gefahren der Alpen«. Darüber hinaus verschlang ich alle alpine Literatur, deren ich habhaft werden konnte. Das war nicht wenig, denn Onkel Kurt hatte Zugang zur Bücherei der Dresdner Alpenvereinssektion. Ich kannte den Bericht Edward Whympers über die Erstbesteigung des Matterhorns, versenkte mich in Julius Kugys Schriften über die Julischen Alpen und in Ernst Meyers Essay »Tat und Traum«. Mein alpines Lieblingsbuch war Eugen Guido Lammers »Jungborn«, der Bericht des besten Alleingängers der Jahrhundertwende. Ich beschäftigte mich auch mit der alpinen Führerliteratur, vor allem studierte ich die Bände des »Hochturist in den Ostalpen«. Sonntags hatte ich dann im Elbsandsteingebirge Gelegenheit, enge Risse, breite Kamine, Reibungsstellen und Überhänge zu meistern.

So vorbereitet, drängte ich darauf, das Hochgebirge kennenzulernen. Meiner Mutter erzählte ich, daß wir eine Alpenwanderung unternehmen wollten. Mit meinem älteren Bruder, der nicht so begeistert war wie ich, fuhr ich als Siebzehnjähriger nach Berchtesgaden. Am ersten Tag stiegen wir auf den Watzmann, der obere Teil des Anstiegs war eine Steilwanderung. Aber wir gelangten bis auf den Gipfel. Am nächsten Tag wollten wir vom Königssee aus zum Steinernen Meer gehen. Das Funtenseehaus erreichten wir mittags. Die Schönfeldspitze hatte ich schon vom See aus gesehen. Nachmittags machte ich mich auf, sie zu besteigen. Vorher las ich noch einmal die Beschreibung des Anstiegs in meinem Führerbändchen. Dann marschierte ich los. Mein Bruder blieb in der Hütte zurück. Der Weg über das Steinerne Meer war gut markiert. Auch den eigentlichen Anstieg hatte man mit roten Farbflecken versehen, denen ich folgen konnte. Aber dort, wo der Gipfelanstieg begann, geriet ich in Wolken. Es begann zu schneien. Da ich aber die roten Markierungen erkennen konnte, gelangte ich trotzdem auf den Gipfel. Guten Mutes trug ich mich in das Gipfelbuch ein und begann den Abstieg. Das Schneetreiben wurde dichter. Die Sicht betrug nur noch zehn Meter. Die roten Markierungen verdeckte inzwischen der Neuschnee. Trotzdem stieg ich immer weiter abwärts und merkte bald, daß ich die Hochfläche des Steinernen Meers längst hätte erreicht haben müssen. Aber die Steilhänge nahmen kein Ende. Ich konnte nur die nähere Umgebung wahrnehmen, rechnete mir aber anhand der Karte aus, daß ich in die Steilabstürze der Schönfeldspitze geraten war, die nach Süden etwa tausend Meter abfielen. Ich hielt es für sinnlos, wieder aufzusteigen und auf der Hochfläche nach dem Weg zu suchen. Also kletterte ich weiter abwärts. Der Schneefall ging in Dauerregen über. Ich kam in die Latschenregion. Wenn an mir noch ein trockener Faden gewesen war, dann wurde er jetzt beim Abwärtshangeln an den nassen Ästen durchweicht. Nach Stunden, es war Spätnachmittag geworden, traf ich auf einen Jägersteig, dem ich folgte. Er führte mich zu zwei kleinen Hüttchen, einem heugefüllten Stadel und einer Jägerhütte. Ich war naß und müde. Eingedenk dessen, was ich für solche Fälle in der Literatur gelesen hatte, stieg ich in den Heustadel, entkleidete mich völlig, hängte meine Sachen auf und wühlte mich ins trockene Heu, wo ich auch sofort einschlief. Nach einiger Zeit weckte mich Hundegebell. Der Jäger war gekommen und hatte seine Hütte aufgeschlossen. Er gab mir ein trockenes Hemd und eine Hose, vor allem aber kochte er eine schmackhafte Suppe. Am nächsten Morgen war strahlendes Wetter. Der Jäger brachte mich auf den Weg zur Hochfläche, und ich stieg munter hinan. Oben war klare Sicht. Den Weg zur Hütte fand ich nun ohne Mühe. Unterwegs begegneten mir drei Männer, die mich fragten, ob ich einen vermißten Mann gesehen hätte. Ich verneinte und eilte weiter, um meinen Bruder möglichst rasch von seiner Sorge zu befreien. Ich traf ihn auf der Hütte. Er hatte bereits die Bergwacht alarmiert. Die drei Männer, die mich nach dem Vermißten gefragt hatten, waren auf der Suche nach mir gewesen. Ich erklärte dem Hüttenwirt, wie es mir ergangen war, und hinterließ meine Adresse. Dann setzten wir unsere »Alpenwanderung« fort, die wir ohne weitere Zwischenfälle in Salzburg beendeten. Zu Hause erreichte mich eine Rechnung der Bergwacht über 20 Mark »Bergungskosten«, deren Bezahlung ich meiner Mutter irgendwie schmackhaft machte.

Dieses Abenteuer eines Anfängers weckte meinen Tatendrang

erst richtig. Als Ostern 1930 nach dem Abitur ein Studienort zu wählen war, ging ich nach Innsbruck. In der dortigen Akademischen Sektion des Alpenvereins traf ich einige gleichgesinnte junge Männer, mit denen ich Kletterberge in Innsbrucks Umgebung bestieg. In den einsamen Karen des Karwendel sah ich zum erstenmal starke Gamsrudel, ein Anblick, der mich faszinierte, obwohl ich damals nur am Klettern interessiert war.

Der Höhepunkt jenes Sommers war eine Durchsteigung der Marmolata-Südwand. In jenen Tagen lernte ich auch einen der berühmten Dolomitenführer, Tita Piaz, kennen. Er erzählte nicht nur von kühnen Erstbesteigungen, sondern berichtete auch über die Irredenta und über die Kämpfe, die vor dem Ersten Weltkrieg für die Unabhängigkeit der von Italienern bewohnten südlichen Dolomitengebiete geführt worden waren. Piaz war kein Italiener, sondern Ladiner und war nicht glücklich über die Unterdrückung der Südtiroler Deutschen durch das faschistische Italien. Für uns, die wir bis dahin nur von dem Leiden der Südtiroler gehört hatten, war es lehrreich, zu erfahren, was vor der Besetzung der Brennergrenze durch die Italiener geschehen war.

Im nächsten Jahr war eine unserer ersten Touren der Weg, den Tita Piaz durch die Westwand des Totenkirchls im Wilden Kaiser gefunden hatte. Wegen schlechten Wetters mußten wir biwakieren. Aber dank der nun schon gesammelten Erfahrung überstanden wir die Nacht im Regen und Wind ohne Schaden.

Nach wenigen Wochen waren wir wieder am Totenkirchl, um die sogenannte direkte Westwand, den Dülferweg, zu »machen«. Wir hatten Glück. Der Himmel war seit Tagen wolkenlos, die Wand demzufolge trocken. Wir kamen gut vorwärts. Abends gegen 6 Uhr saßen wir in der Abendsonne auf dem Gipfel. Ich war in gehobener Stimmung. Als Junge hatte ich davon geträumt, diese Wand zu erklettern, nun hatte ich es geschafft.

Zwei Wochen später waren wir unterwegs zu einem neuen großen Ziel: Wir wollten die Südwand der Schüsselkarspitze im Wettersteingebirge durchklettern. In meinem Führer hieß es dazu »äußerst schwierig, obere Grenze; Kletterzeit mindestens neun Stunden«. In mein Tourentagebuch von 1931 notierte ich: »Am 11. 7. fuhren Heini und ich mit der Bahn bis Mittenwald

und gingen nach Leutasch. Von dort durch das Puitental auf das
Scharnitzjoch. In der Erinnerungshütte trafen wir Mittasch und
Drexel*. Auch Spindler** war mit seiner Frau da.

Am nächsten Morgen standen wir $1/_2 3$ Uhr auf und gingen hinüber zum Einstieg der Schüsselkar-Südwand. $1/_2 5$ Uhr Einstieg.
Wir stiegen als erste Partie. Ich führte. Zuerst ein Riß, der an die
Kante des Pfeilers führt. Dann noch hoch bis zu einem Block und
weiter durch einen engen Riß. Dann kommt eine Querung an
guten Griffen und schließlich sehr schön mit Benutzung eines
waagerechten Risses um die Kante in eine Rißreihe. Hat man diese
hinter sich, so sieht man schon von einem begrünten Platze aus
›die Verschneidung‹. Unten am Fuß hing ich das Seil in einen guten Haken ein. Dann ging es – zuerst leichter – dann schwer
5–6 m empor bis die Verschneidung sich etwas erweitert. Dort
verklemmt man sich, langt hoch hinauf und hängt einen Karabiner in einen Haken ein, der in dem wieder ganz engen Riß steckt.
Nun zieht man sich hoch und kommt leichter empor über be-
grünte Schrofen auf den Kopf des Pfeilers. Hier warteten wir auf
die zweite Partie, die bald erschien. Nun kletterte ich an der
westlichen Seite des Pfeilers hinunter und benützte dann eine
lange ziemlich schwere Rißreihe zum weiteren Aufstieg. So stieg
ich empor bis auf einen guten Platz. Von dort wollte ich nach
links hinauf zum ›Achtmeter-Wandl‹, mußte aber zurück, da ich
nicht hinaufkam. Also folgte ich dem Riß noch und querte an seinem Ende drei Meter nach links zum Fuß des ›Wandls‹. Von hier
ab ging ich an zwei Seilen erstens wegen der größeren Sicherheit,
zweitens weil sich zwei Seile durch die vielen Haken besser ziehen, wenn man in die Haken abwechselnd nur ein Seil einhängt.
An verhältnismäßig guten Griffen gelangte ich bald zum ersten
Haken. Nun folgte eine fast ununterbrochene Hakenreihe, in die
ich die Seile immer abwechselnd einhing. Ich kam gut vorwärts
und überwand oberhalb auch einen überhängenden Riß, der
ziemlich schwer war. An seinem Ende fand ich einen guten
Standhaken. Nachdem Heini nachgekommen war, kletterte ich

---

* Heinz Mittasch und Alfred Drexel waren mit uns Bergkameraden in der Akademischen Sektion München. Mittasch stürzte wenig später am Matterhorn ab. Drexel starb
in einem der folgenden Jahre auf einer Himalaja-Expedition.
** Spindler war ein bekannter Garmischer Bergsteiger.

den ›Pendelriß‹* hoch, der sehr naß und glatt war. In den Karabiner hing ich das Sicherungsseil ein und seilte mich ab bis etwa zwei Meter über Heinis Stand. Dort warf ich das Seil um eine Kante herum, damit sie das Seil beim Pendeln nicht hindern sollte, band eine Rebschnur in das Seil und gab deren Ende Heini. Er sollte damit, wenn ich mit Pendeln fertig war, das Seil zu sich herüberziehen. Nun setzte ich mich in den Dülfersitz und fing das Pendeln an. Plötzlich erschrak ich. Von unten kamen Hilferufe. War etwa von unserer zweiten Seilschaft einer gestürzt? Nein, ich sah sie zwanzig Meter unter mir stehen und in die Tiefe blicken. Auch von ihrem Stand aus war der untere Teil der Wand nicht einzusehen, aus dem die Rufe offenbar kamen. Was sollten wir machen, diskutierten wir. Auch wenn Zurücksteigen möglich gewesen wäre, hätten wir uns nicht dazu entschließen können, weil wir den Standort der Verunglückten nicht kannten. Ich setzte also die Pendelei mit einem neuen Schwung fort und kam auch gut drüben auf einem Tritt an, hängte das Sicherungsseil in einen Haken ein, den ich über mir erreichte. Das Pendelseil befestigte ich in einem Haken, der noch etwas höher eingeschlagen war. Nun begann ich den Seilquergang, bei dem ich abrutschte und ein Stück zurückpendelte. Schließlich erreichte ich aber das Felsköpfel, auf dem dieser Quergang endet. Am nächsten Haken ließ ich Heini nachkommen, der die Quergänge gut bewältigte. Nun mußte ich einen Riß hinabsteigen zum Biwakplatz der Ersteigteiger. Es folgte ein schwerer Quergang und eine neue Abseilerei in die 120 m hohe Kaminreihe, durch die man aussteigt. Jetzt riefen die Freunde von der zweiten Seilschaft herauf, sie hätten die Verunglückten in der Spindlerroute** gesehen. Einer hänge im Seil, der andere halte ihn. Sie hätten ihnen zugerufen, wir kämen so bald wie möglich. Wir wußten: Höchste Eile war geboten. Wer mehrere Stunden im Seil hängt, kann schwere Schäden erleiden. Auch können die Kräfte dessen, der ihn hält, auslassen.
Wir eilten nun die Kaminreihe hinauf. Über eine letzte schwere

---

* »Pendelriß« heißt er, weil er nur zu dem Zweck erstiegen wird, um oberhalb ein Seil zu befestigen, das beim folgenden Pendelmanöver benutzt wird.
** Spindlerroute, ein zweiter durch die Wand führender Weg, benannt nach dem Erstersteiger.

Wandstelle stieg ich auf den Grat hinaus. Wir waren neun Stunden ab Einstieg geklettert. So schnell wir konnten, sausten wir den Westgrat hinunter, um den Verunglückten vielleicht noch helfen zu können. Daher hatten wir wenig Genuß von der sonst wunderbaren Tour und der Aussicht, die vom fernen Glockner bis zu den Ötztalern reichte. Unterwegs verständigten wir uns durch Rufe mit Spindler, der am Wandfuß wartete. Dort angekommen, querten wir zurück zum Einstieg. Mittasch und ich, Spindler und Drexel stiegen hinauf. Dank Spindlers Wegkenntnis kamen wir bald auf der Höhe der Verunglückten an. Einer war gestürzt. Der andere hielt ihn noch am Seil. Es waren zwei Innsbrucker Brüder. Wir warfen ihnen ein Seil zu, damit sie erst einmal gesichert waren, und zogen sie an einem zweiten Seil zu uns herüber. Dann folgte ein Abseilmanöver (32 Meter), das dem, der stundenlang im Seil gehangen hatte, sehr schwerfiel, weil die Blutzirkulation in einem seiner Arme schwer beeinträchtigt gewesen war. Schließlich ging aber alles gut und gegen 1/210 Uhr nachts saßen wir glücklich, daß wir so schnell hatten helfen können, in der Erinnerungshütte.«
Hochgemut fuhren wir am nächsten Morgen nach München zurück.
Ein Jahr später – 1932 – wurde mein Selbstvertrauen aber erheblich getrübt: Ich stürzte in der Watzmann-Ostwand ab:
Mit meinem Freund Kunz war ich von München nach Berchtesgaden gewandert. Wir schlugen unser Quartier in einem Heustadel auf, der zur Kühroint-Alm gehörte. Von dort stiegen wir hinab nach St. Bartholomä am Königssee. Schon auf dem Weg zum Fuß der Wand hörten wir Hilferufe. In der riesigen Wand waren die um Hilfe Rufenden aber nicht auszumachen. Als wir zur »Eiskapelle«, einem steilen Schneefeld, kamen, bei dem der Anstieg beginnt, entdeckten wir zwei Männer, die sich verstiegen hatten. Sie standen auf einem Grasfleck im unteren Drittel der Wand und behaupteten, als wir näher kamen, daß sie weder vorwärts noch zurück könnten. Wir nahmen sie ans Seil und brachten sie zum Einstieg hinunter. Durch diesen Vorfall hatten wir viel Zeit verloren, Mittag war schon vorbei. Wir überlegten daher, ob wir noch in die Wand einsteigen sollten. Wenn wir das tun würden, mußten wir biwakieren. Da wir nun aber einmal da

waren, entschlossen wir uns, den Anstieg zu beginnen. Das Wetter war sicher, und wir waren auch zum Biwakieren ausgerüstet. Das untere Wanddrittel bewältigten wir glatt. Gegen Abend erreichten wir den Biwakplatz am Beginn eines schwierigen Anstieges, des Salzburger Weges. Dort verbrachten wir eine ruhige Nacht und stiegen am nächsten Morgen weiter. Ich führte und kam auch gut vorwärts. Nach einigen hundert Metern merkte ich aber, daß das Klettern schwieriger war, als es nach der Beschreibung unseres Führers hätte sein dürfen. Ich versuchte, mich zu orientieren. Möglicherweise hatten wir uns verstiegen. Da sah ich etwa 15 m von meinem Standplatz entfernt ein Seil hängen. Dort vermutete ich den Weg. Ich ließ Kunz zu meinem Platz kommen und zeigte ihm das Seil. Wir entschlossen uns, dorthin zu queren, was nicht allzu schwierig schien. Kunz verklemmte sich in einem Kamin. Ich begann meine Querung. Nach fünf Metern legte ich das Seil hinter einen Felsblock, um besser gesichert zu sein. Die Wand wurde nun steiler, und als ich weiterquerte, drängte sie mich nach außen. Ich hatte zwar ganz gute Tritte, aber meine Hände lagen nur auf einem glitschigen Grasband. Als ich mich dem Seil auf zwei Meter genähert hatte, passierte es. Meine hocherhobenen Hände rutschten ab, ich bog mich nach hinten, und wie bei einem Kopfsprung nach rückwärts sauste ich in die Tiefe. Ich hörte das Poltern der die Wand hinabstürzenden Steine. Es war der Felsblock, den das Seil herausgerissen hatte. Ich sah den weißen Karboden schnell auf mich zukommen. Dann zog das Seil an. Es hielt. Ich versuchte, den Kopf durch die erhobenen Arme zu schützen, machte einen riesigen Pendelschwung und knallte mit meiner Rückseite an den Fels. Ich pendelte zurück und hing schließlich zehn Meter senkrecht unter meinem Gefährten. Wir brachen beide in ein hysterisches Gelächter aus. Ich wollte einen Mauerhaken einschlagen, um mich zu sichern und Kunz zu entlasten, an dem immer noch mein Gewicht zerrte. Nach wenigen Sekunden hatte ich einen Riß gefunden, in den der Haken zu passen schien. Nach einigen Hammerschlägen zeigte mir das charakteristische Summen, daß der Haken hielt. Ich hängte eine Seilschlinge mit Karabiner in den Haken ein und rief Kunz zu, er könne locker lassen. Nun überlegten wir, ob wir weitermachen sollten. Aufziehende Wetterwolken erleichterten uns die Entscheidung. Wir seilten ab. Das war nicht schwierig. Wir führten zwei Seile, jedes 40 Meter lang, mit uns. In zwei Stunden waren wir am Biwakplatz, nach einer weiteren Stunde standen wir am Wandfuß. Es wurde bereits dunkel, außerdem nahte ein Gewitter. Da uns eine Übernachtung im Gasthof St. Bartholomä zu teuer war, machten wir uns auf den Weg zu unserer »Pension«, dem Stadl auf der Kühroint-Alm, von dem uns noch drei Stunden steilen Anstiegs trennten. Nach wenigen Minuten fielen die ersten Tropfen. Da wir keinen Regenschutz hatten, verstauten wir unsere Kleider in den Rucksäcken und setzten dann splitternackt bis auf die Bergschuhe unseren Aufstieg fort. Blitze erleuchteten ab und zu den Pfad. Das Echo verlängerte den Donner. In finsterer Nacht kamen wir oben an und krochen ins Heu. Am nächsten Morgen besichtigte Kunz meine Rückseite, mit der ich beim Sturz an den Fels geschlagen war. Seine Diagnose lautete: »Dein Arsch sieht aus wie ein Pressack.«

Nach einem solchen Erlebnis drängt sich die Frage auf, warum wir derartige Strapazen auf uns nahmen. Als junger Mann hatte ich nur ein Motiv: Ich wollte mich selbst bestätigen, meine Jugendträume in die Tat umsetzen. Die Schönheit der Natur war uns damals kaum einen Blick wert. Verächtlich sahen wir auf die harmlosen Wanderer herab, die sich auf gebahnten Wegen das Hochgebirge erschlossen.

Zu ihnen zähle ich auch heute noch nicht. Aber inzwischen bemerke ich deutlich, daß die verminderte physische und psychische Leistungsfähigkeit die Betrachtungsweise dessen verändert, der ins Gebirge geht. Zwar befriedigt es mich auch heute noch, mehr zu leisten als die meisten Gleichaltrigen, aber meine nun bescheidener gewordenen Ziele erfordern keine so intensiven Vorbereitungen mehr wie das Studium von Führern, die Befragung von Vorbegehern oder das Komplettieren der Ausrüstung. Dafür bleibt jetzt mehr Zeit zur Beschäftigung mit der Geschichte, Flora und Fauna des Gebiets, das man begeht.

Damals konzentrierte ich mich einige Jahre auf das extreme Klettern, und zwar nicht nur im Hochgebirge, sondern auch zu Hause in der Sächsischen Schweiz. Wir bemühten uns täglich, dafür in Form zu bleiben. Mein jüngerer Bruder war dabei ein

unermüdlicher Begleiter. Morgens und abends übten wir, nur an den Fingerspitzen hängend, je zwanzig Klimmzüge am Türrahmen, um »Schmalz« für die Überhänge zu erwerben. Zweimal in der Woche rannten wir durch die Dresdner Heide, um Kondition für lange Anstiege zu gewinnen. Im Sommer radelten wir in jenen Jahren an jedem Samstag in die 50 Kilometer entfernte Sächsische Schweiz. Wir übernachteten nie im Gasthaus, sondern biwakierten im Freien. »Boofen« nannten wir das. In den Sandsteinfelsen suchten wir nach Höhlen, die nur durch schwieriges Klettern zu erreichen und für die Förster deshalb unzugänglich waren. Den Schutz der steilen Felsen brauchten wir, denn »Boofen« war verboten. Einmal, es war am 30. Juni 1934, wartete ich in einer solchen »Boofe« am Falkenstein auf meine Kameraden. Wir waren getrennt geradelt, weil ich als Student Zeit gehabt hatte, schon am Abend vorher zu fahren. Nun sah ich einen von ihnen, den wir »Mampe« nannten, in ungewöhnlichem Tempo den Berg herauflaufen. In Rufweite angelangt, brüllte er: »Sie knallen sich gegenseitig ab.« Ich konnte mir darauf keinen Vers machen, warf ihm aber ein Seil hinunter, um die Neuigkeit so schnell wie möglich zu erfahren. Keuchend kam »Mampe« an. Röhm und andere seien erschossen worden, berichtete er.
Härter als im Sommer waren die Radtouren im Winter, wenn wir zum Skifahren auf den Kamm des Erzgebirges fuhren, wo wir auf dem Dachboden eines Bauernhauses eine primitive Bleibe hatten. Wir lagen dort nur auf Streu, und der kalte Wind pfiff durch die Scheune. Aber wir zahlten auch nur fünfzig Pfennig pro Nacht. Wenn die Straßen glatt waren, warteten wir mit der Heimfahrt oft, bis nachts der Autoverkehr nachgelassen hatte. So manches Mal kam ich erst am Montag morgens gegen zwei Uhr zu Hause an.
In jener Zeit begann ich anderer Interessen wegen ab und zu ein Wochenende in Dresden zu bleiben. Mein Bruder fragte mißbilligend: »Du bist wohl unter die Tänzer und Säufer gegangen?« Ich überzeugte ihn bald eines Besseren.
Ich hatte inzwischen nicht mehr so viel Ferien wie in der Studentenzeit. Nach meinem Sturz nahm ich auch nicht mehr so unbeschwert am extremen Hochgebirgsklettern teil wie einst. Also planten wir eine Dolomitentour auf Skiern. Eine junge Dame,

die uns begleiten wollte, erschreckte mein Bruder durch kühle
Schilderungen von Schneebiwaks und Iglu-Bauten. So blieben
wir auch auf unseren »Tagestouren« im Sellagebiet unter uns. In
der Nacht brachen wir in Canazei auf. Als der Tag graute, hatten
wir das Pordoijoch erreicht. Dort herrschte Totenstille, kein
Hotel war geöffnet. Wir wandten uns der Pordoi-Scharte zu. Der
Steilhang war knochenhart. Doch unsere Steigeisen halfen uns
weiter. Die Skier mußten wir allerdings dabei tragen. Auf der
Sella-Hochfläche lag schöner Pulverschnee. Den Steilanstieg zur
Boespitze machten wir wieder zu Fuß. Schon um zehn Uhr standen wir oben. Der Blick schweifte vom Ortler im Westen zu den
Apezzaner Bergen im Osten, von den Zillertaler Alpen im Norden bis zu Marmolata und Pala im Süden.
Dann suchten wir die Einfahrt zum Val de Mesdi, einem steilen,
nach Norden geneigten Tal, in dem der schönste Pulverschnee
lag. Unten vermieden wir die kleinen Dörfer Colfuschg und
Corvara und stiegen zum Grödner Joch an, wo damals im Winter
noch niemand zu sehen war. Möglichst ohne Höhenverlust
schlängelten wir uns zum Sellajoch. Obwohl es schon dunkel
war, blieben wir aber auch dort nicht. Zum Abendessen erwartete uns unsere Wirtin, eine Bauersfrau in Canazei. Also fuhren
wir bei Mondschein die Dolomitenstraße hinunter. Als wir
hungrig und müde ankamen, hielt die Bauersfrau schon Polenta
und eine Korbflasche mit Rotwein bereit.
Im März 1938 waren wir wieder unterwegs. Die Nazis hatten inzwischen verfügt, daß die Ausreise nach Österreich nur gegen
eine Gebühr von 1000 Reichsmark gestattet wurde, um den Tou-
ristenstrom von diesem Lande abzulenken und damit seine
Wirtschaft zu ruinieren. Wir unterliefen diese Verordnung. Der
Alpenverein bescheinigte uns, wir hätten Hütten zu inspizieren.
Das taten wir dann auch gründlich. In Stuben am Arlberg mußten wir aber doch, vom Kaltenberg kommend, im Gasthof übernachten. Da wir eine Woche keine Zeitung gelesen hatten, staunten wir nicht schlecht, als am nächsten Morgen, dem 13. März,
auf der Dorfstraße die meisten Häuser im Hakenkreuz-
»Schmuck« prangten.
Während der Krakauer Zeit verbrachte ich viele Sonntage in der
Hohen Tatra. Durch Lauftraining versuchte ich auch hier, meine

sportliche Form zu halten. Bei den alpinen Meisterschaften des Generalgouvernements belegte ich in der Kombination Abfahrt-Torlauf den vierten Platz. Beim 3000 m-Lauf am Tage des »Unbekannten Sportsmanns« in Krakau wurde ich sogar Erster. Das war nicht schlecht für einen 34jährigen. Aber viel konnte ich mir trotzdem nicht darauf einbilden, denn die Besten waren an der Front.

Dann sah ich das Hochgebirge sieben Jahre lang nicht mehr. Den ersten Urlaub nach unserer Ankunft im Westen verbrachten wir im Sommer 1951 in Tirol. Meine Frau erwies sich dabei als ausdauernde und passionierte Bergsteigerin. Nach einer Besteigung des Lisenserfernerkogels hätte sie allerdings bald einen Kollaps erlitten, weil wir, die Errungenschaften des Westens voll auskostend, zuviel Nescafé getrunken hatten.

So bald wie möglich nahmen wir auch unsere Kinder mit ins Hochgebirge. Im Sommer 1953 verbrachten wir einige Ferientage auf der Neuen Heilbronner Hütte im Ferwallgebirge. Unsere Jüngste, die fünfjährige Sibylle, war eines Abends in gehobener Stimmung. Sie hatte mit uns ihren ersten Berg, die Westliche Fluhspitze, immerhin 2600 Meter hoch, bestiegen. Beim Essen in der Gaststube hörten wir im Radio, der Mount Everest sei erstiegen worden. Darauf erhob »Bille« ihre Stimme und fragte: »Sag mal, Papi, ist der Mount Everest eigentlich für Kinder verboten?«

Einige Jahre später waren die Kinder schon groß genug für »Höheres«. In den Zillertaler Alpen stiegen wir von der Berliner Hütte aus auf die 3200 Meter hohe Berliner Spitze. Der Abstieg war steil. Ich hatte die Kinder angeseilt. Auf dem glatten Firn kam Sibylle ins Rutschen. Ich hielt sie. Ihre Schwestern, Bine und Franziska, beschimpften Bille, weil sie nicht aufgepaßt habe. Darauf Bille: »Ihr Doofen, ihr müßtet mal sehen, was ich für einen See von Tränen hinter der Gletscherbrille habe.«

1961 im Wallis zeigte sich, daß Kinder selbst an anstrengenden Touren Freude haben. Nach einigen Touren, die der Akklimatisation dienten, wollten wir von Arolla aus die Pigne d'Arolla besteigen. Nach einem langen Marsch waren wir über die Vignetteshütte an den Südfuß des Berges gelangt. Da ich nur zwei Eispickel bei mir hatte, wollte ich nur Sabine mit auf den Gipfel nehmen. Meine Frau blieb mit den beiden jüngeren Schwestern an einem Rastplatz zurück. Als wir uns verabschiedeten, weinte Franziska bitterlich, weil sie nicht mit »hinauf« durfte. Nachdem ich den ersten Steilhang gut gangbar gefunden hatte und Sabine mir mühelos gefolgt war, fragte ich sie: »Kannst du allein hier warten? Ich will Franziska nachholen?« Sie war einverstanden. Ich band sie vom Seil los und stieg den Hang wieder hinunter. Unten seilte ich die nun strahlende Franziska an. Sie war unsere eifrigste Bergsteigerin und folgte mir zügig. Nach einer Stunde erreichten wir zu dritt den Gipfel und bewunderten die Aussicht vom Matterhorn zum Montblanc. Lange konnten wir uns aber nicht aufhalten, weil wir noch einen mühsamen Abstieg vor uns hatten. Wir erreichten unsere »Hinterbliebenen« und stiegen nun zusammen nach Arolla hinunter. An diesem Tag hatte die ganze Familie 1900 m Höhendifferenz im Aufstieg und 1900 m im Abstieg bewältigt.

Auch heikle Situationen haben wir mit den Kindern erlebt. An einem schönen Wintertag waren wir wieder auf der Berliner Spitze in den Zillertaler Alpen gewesen. Bei der Abfahrt über den steilen Gletscher meinte ich, auf Anseilen verzichten zu können, weil alle Spalten gut verschneit schienen. Wir waren schon einige hundert Meter ohne Schwierigkeiten abgefahren, als mich ein entsetzter Zuruf meiner Frau auf Franziska aufmerksam machte. Sie lag im Schnee, ein Fuß war mit dem Ski in einem Loch verschwunden. Offensichtlich lag sie über einer Spalte, die nur dünn verschneit war. Mir lief es kalt den Rücken hinunter. »Rühr dich nicht«, rief ich ihr zu, »ich komme.« So schnell ich konnte, stieg ich zu ihr hinauf. Durch Sondieren mit dem Skistock vergewisserte ich mich über die Sicherheit meines Standplatzes. Dann ging ich so nahe an sie heran, daß sie den Teller meines Skistockes erreichen konnte. Sie faßte ihn mit beiden Händen, und ich zog sie langsam auf sicheres Terrain. Mir fiel ein Stein vom Herzen.

Jahre hindurch gemeinsam verbrachte Ferien, gemeinsame Touren und gemeinsame Erlebnisse haben ein festes Band zwischen uns und den Kindern geknüpft. Heute kann uns nur noch selten eines der Kinder auf Touren begleiten, aber die Erinnerung bleibt wach. Meist treffen wir uns zu Weihnachten im Oberengadin, wo wir seit 1960 regelmäßig die Ferien verbringen. Auf

Touren gehen die jungen Damen zwar nicht mehr mit, weil sie inzwischen »liften«. Aber abends beim Wein reden wir uns die Köpfe heiß über Politik, über die Stellung der Frau in der Gesellschaft, in der Ehe und über viele andere Dinge.

Dort, im Oberengadin, haben wir vor einigen Jahren einen Tourenkameraden gefunden, der uns inzwischen zum Freund geworden ist, Charles Golay aus Pontresina. Mit seinen 80 Jahren ist er ein wahres Wunder an Unternehmungsgeist und Ausdauer. Als er 75 Jahre alt wurde, haben ihn, der von Beruf Apotheker ist, die Pontresiner Bergführer zum Ehrenbergführer ernannt. Wenn sich Golay im winterlichen Hochgebirge bewegt, bemüht er sich natürlich, durch die Wahl seiner Route jede Lawinengefahr zu vermeiden. Kommt er aber doch einmal an einen Hang, den er verdächtigt, lawinös zu sein, so »spricht« er mit dem Schnee. Er redet ihn nicht mit Worten an. Aber er hat eine Art von Zeichensprache entwickelt. Vorsichtig nähert er sich der verdächtigen Stelle. Dann stampft er plötzlich hart mit dem Ski auf, in der Erwartung, der Schnee werde »antworten«, das heißt, einen dumpfen Laut von sich geben und sich setzen oder als Lawine abfahren. Reagiert der Schnee nicht, so inquiriert Golay dringlicher, indem er die verdächtige Stelle mit dem Stock schlägt, um eine Reaktion zu erzielen. Erfolgt auch daraufhin nichts, dann pflegt er uns zu empfehlen, an einer sicheren Stelle, zum Beispiel unter einem Felsblock zu warten und ihn, den Spurenden, genau zu beobachten, »damit ihr wißt, wo ich lande, falls das Brettli doch abgeht«. Ich habe es noch nicht erlebt, daß die Lawine entgegen seiner Einschätzung »kam«. Aber meine Frau ist einmal mit ihm und einigen anderen in einem Schneerutsch »abgefahren«, was glücklicherweise glimpflich verlief. Der Unermüdliche war weit davon entfernt, die Tour nach diesem Zwischenfall abzubrechen. Gegen seine Logik »eine Lawine, die herunter ist, tut uns nichts mehr« ist auch nichts einzuwenden.

Mit Lawinen erlebt man auch dann noch Überraschungen, wenn man wie ich seit Jahrzehnten im winterlichen Hochgebirge unterwegs ist. Im Januar 1976 hatte ich mit meiner Frau den Piz Belvair bei Zuoz im Oberengadin mit Ski bestiegen. Golay war verhindert gewesen (»Heut muß ich brav sein, meine Tochter hat

Geburtstag«). Der Berg war uns vertraut. Wohl schon zehnmal waren meine Frau und ich von seinem Gipfel zu Tal gefahren. Noch öfter hatten wir seine Hänge beobachtet. Nie hatten wir dabei eine Lawine bemerkt. Auch an diesem Tage schien keine Gefahr zu bestehen. Den steilen Gipfelaufschwung hatten wir schon hinter uns. Dort war kein Schneerutsch abgegangen. Im unteren Drittel der Abfahrt näherten wir uns einem Hang, der mit Felsblöcken durchsetzt war, also Sicherungen zu enthalten schien. Da machte mich ein Schreckensruf meiner Frau aufmerksam: Der große Hang unter uns setzte sich lautlos in Bewegung. Schollen türmten sich über Schollen. Im Schuß fuhren wir aus der Fallinie heraus und hielten nach 50 Metern im Schutz eines Felsblocks an. Tief unter uns kamen die Schollen einer großen Lawine zum Stehen. Ein Hang, 150 Meter tief und 200 Meter breit, war abgefahren. Schockiert drehten wir ab und schlängelten uns zu Tal, jede Deckung durch Felsblöcke, Waldstücke und Gestrüpp ausnutzend.

Als wir unser Erlebnis unserem Freund Golay schilderten, sagte er: »Fernauslösung«. Das heißt, die durch unsere Schwünge verursachte Erschütterung hatte den Hang ins Rutschen gebracht, obwohl wir uns selbst noch nicht in der unmittelbar gefährdeten Zone befunden hatten.

Nicht nur die Gebirgslandschaft und der Baustil mit den wuchtigen Häusern faszinierte mich am Engadin, auch die Sprache seiner Bewohner, das »Rumantsch«, interessierte mich. Ich war einem Zweig dieser Sprache, dem Ladinischen, schon 1930 begegnet, als ich in den Dolomiten kletterte. Nun, 30 Jahre später, stieß ich wieder darauf. Das Rumantsch war, so lernte ich, ebenso wie Italienisch, Französisch, Spanisch und andere romanische Sprachen, eine Weiterentwicklung des Lateinischen. Obwohl Rätien im 5. Jahrhundert n. Chr. durch den Einbruch der Alemannen vom französischen (d. h. galloromanischen) Westen abgeschnitten wurde, gab es noch im frühen Mittelalter zwischen dem Rätoromanischen und dem Französischen keine gravierenden Unterschiede. Als ich durch Zufall beim Schmökern auf die Straßburger Eide stieß – den Bündnisschwur zwischen Ludwig dem Deutschen und Karl dem Kahlen aus dem Jahre 842 n. Chr. – stellte ich erstaunt fest, daß sich der altfranzösische Wortlaut dieses Schwures wie modernes Rumantsch liest. Und auch heute kann sich ein Engadiner noch leicht auf rumantsch mit einem Katalanen aus Barcelona verständigen.

Besonders interessierten mich Fluß- und Flurnamen, die im Raum nord- und südwärts der Alpen Gemeinsamkeiten aufweisen. Zum Teil sind sie aus den lebenden Sprachen erklärbar. Ein Teil dieser Namen läßt sich aber auf keine der bekannten Sprachen zurückführen. Das lernte ich auch bei dem Versuch, mir den Namen »Engadin« erklären zu lassen.

Wen ich auch im Engadin fragte, keiner konnte mir die Herkunft des Talnamens überzeugend erklären. Grotesk war die Deutung eines Pfarrers aus Zuoz, der meinte, der Name Engadin leite sich vom biblischen »Engeddi« ab, einer noch heute bewohnten Oasensiedlung am Westufer des Toten Meers. Ernster zu nehmen war die Erklärung des alten Bündner Chronisten Ulrich von Campell, der schon 1582 geschrieben hat, Engadin bedeute »an den Quellen des Inn«. Daran ist auf jeden Fall richtig, daß der Name etwas mit dem Fluß im Tal zu tun hat. Die Römer, deren Straßen den Unterlauf des Inn bei Rosenheim überquerten, nannten ihn »Ainos«, auch »Enus«. Auf einer illyrischen Inschrift, die im früheren Pannonien gefunden wurde, wird eine Zollstelle, die sich am Unterlauf des Inn befand, »statio Enensis« genannt. Als »Daz In« kannten ihn die Nibelungen, die seinen Lauf bei Passau überschritten. Die »Rumantschen«, d. h. die Anwohner des Flußoberlaufs, nennen ihn heute noch »En«. Die Namenforscher sind sich einig darüber, daß Flußnamen oft den sonst verschwundenen Wortschatz frühester Zeiten überliefern. Das Flußtal muß schon in der jüngeren Bronzezeit besiedelt worden sein, denn die Schwerter, die erst Anfang dieses Jahrhunderts in der Quellfassung von St. Moritz entdeckt worden sind, stammen etwa aus der Zeit um 1200 v. Chr. Welcher ethnischen Gruppe die Siedler angehörten, ist jedoch umstritten.

Einige Forscher haben herausgefunden, daß »En« zum mittelirischen en = Wasser gehört, was auf keltische Namengeber schließen läßt. Dadurch kam ich auf den Gedanken, nach Entsprechungen für die Silben »gadin« in heute noch lebenden Sprachen zu suchen, die aus dem Keltischen hervorgegangen sind. Ich suchte also »gadin« in irischen, walisischen und schottischen Lexika. In

einem »Dictionary of the older Scottish Tongue« fand ich: gader, gadder = vereinigen. Das schien mir eine Lösung zu sein. Engadin war danach das Tal, in dem sich die Wasser vereinigten. Meine Genugtuung war jedoch nicht von Dauer. Im Vergleich zu Deutungen anderer alter Flurnamen erschien mir »meine Lösung« zu abstrakt. Außerdem kamen mir, je mehr ich mich mit der Geschichte des Engadin beschäftigte, Zweifel, ob das Keltische wirklich eine Rolle bei der Namensgebung des Engadin gespielt haben könnte. Die Kelten haben bis etwa 400 v. Chr. nur nördlich der Alpen gesiedelt. 390 v. Chr. tauchten Kelten vor Rom auf. Vorher haben sie die Alpen zwar überschritten, aber sie konnten die Alpenvölker nicht verdrängen. Wer waren diese Alpenbewohner? Spätere römische Schriftsteller, die sie wegen ihres Eindringens in Oberitalien als räuberisch bezeichneten, nannten sie »Räter«. Archäologische Funde, die im Engadin gemacht worden sind, weisen die Räter als Angehörige der Melaun-Fritzener Kultur aus – so benannt nach Fundorten bei Brixen (Melaun) und Innsbruck (Fritzens). Die Melaun-Fritzener Kultur ist illyrisch. Die Illyrer waren ein indogermanisches Volk, das noch vor 1200 v. Chr. aus Mitteleuropa in den Nordwestteil der Balkanhalbinsel vorgestoßen war. Große Wanderungen führten die Illyrer nach Griechenland, nach Italien und auch in einige Alpenländer. Illyrer sind auch ins Engadin gelangt. Dafür sprechen außer den erwähnten Funden auch die in der Quellfassung von St. Moritz entdeckten Schwerter. Ihre Formen erinnern an ähnliche Waffen, die in Ungarn, also in früher illyrischem Gebiet, gefunden worden sind. Lexika, die Sprachen keltischen Ursprungs zum Inhalt hatten, brauchte ich also nicht mehr zu konsultieren.
Der Bündner Namenforscher Schorta zählt Engadin in seinem Standardwerk »Rhätisches Namenbuch« zu den ungeklärten Fällen. Er zitiert eine Vermutung des Nestors der rumantschen Linguistik, Robert von Plantas, der vorgeschlagen hatte, aus einer dem 10. Jahrhundert n. Chr. entstammenden schriftlichen Form »vallis Eniatina« auf Inn-Anwohner zu schließen, die er »eniates« nannte. Diese Vermutung überzeugte mich jedoch nicht, weil die »Eniates«, die Innanwohner, nur in den Köpfen der Linguisten existieren. Die Römer haben die Namen der von

ihnen besiegten Alpenvölker auf einem Monument festgehalten, das sie – etwa zur Zeit von Christi Geburt – in La Turbia (heute La Turbie, frz. Riviera) errichteten. Die Liste dieser besiegten Völker hat Plinius der Ältere in seiner »Naturalis historia« überliefert. Sie enthält sechsundvierzig Namen. Die »eniates« erscheinen nicht in ihr. Plinius berichtet auch nichts darüber, daß ein Volk unbesiegt geblieben sei.

»Gadin« ist von dem Flußnamen »En« nicht zu trennen. »En« kann man sich erklären. Worauf deutet aber »gadin«? Ich versuchte, im früheren rätischen Sprachgebiet ähnliche Formen zu finden. Dabei stieß ich auf das Gadertal, das im ladinischen Sprachraum südlich des Pustertals liegt. Die italienischen Sprachforscher können den Namen nicht deuten. Sie sind sich aber in einem Punkte einig: Der Name ist vorrömisch. Auch in der näheren Umgebung des Engadin fand ich ähnliche Flurnamen. Der untere Teil des Baches, der von Gargellen zum vorarlbergischen Montafon fließt, heißt »Sugadin«. Und im Montafon gibt es zahlreiche Reste rätischer Namen. Im Avers (Hinterrheintal) heißt eine Wiese »Magadin«. Und auf gleichfalls früher rätischem Gebiet am Unterlauf des Ticino-Flusses liegt »Magadino«.

Alle diese Namen, in denen »gader« oder »gadin« vorkommt, haben eins gemeinsam: Sie bezeichnen Talfluren. Magadino liegt an der breitesten Stelle des Ticino-Tales. Alte Flurnamen leiten sich oft von topographischen Besonderheiten ab. Zieht man weiter in Betracht, daß »ma« in vielen Sprachen die Bedeutung »groß«, »viel« hat (z.B. lateinisch »magnus«, griechisch »makros«, englisch »much«), dann könnte man unter Magadino ein »großes Tal« verstehen. Gadin steht also für Tal, Sugadin könnte »nasses Tal« bedeuten, denn »su« ist ein altes Wort für Wasser. Topographisch trifft diese Bezeichnung zu, denn das Sugadin ist ein enges Tal, das besonders bei Hochwasser von den Fluten des Baches überschwemmt worden ist. Der Name Gadertal ließe sich mit der Erfahrung erklären, daß alte Flurnamen, deren Bedeutung später nicht mehr verstanden wird, oft von den Bewohnern eine topographische Erläuterung erhalten, die in Verbindung mit dem primären Namen tautologisch ist, wie z.B. Pitzberg oder Soiensee. »Gader«-Tal würde demnach »Tal-Tal« bedeuten.

Und Engadin wäre dann das »Inntal«. Den Bezeichnungen
Oberengadin und Unterengadin entsprechen in Tirol Oberinntal
und Unterinntal.

Schon als junger Mann ließ ich eine gewisse Neigung zum Schrei-
ben erkennen. Das älteste noch in meinem Besitz befindliche
Zeugnis dafür ist der Bericht über eine Ersteigung des Preußris-
ses an der Kleinsten Zinne in den Dolomiten, der 1931 in dem
Blättchen »Der sächsische Bergsteiger« erschien.
Ende der dreißiger Jahre, ich war noch ein Adept des Zivilrechts,
habe ich einige Artikel in der »Zeitschrift für gewerblichen
Rechtsschutz und Urheberrecht« veröffentlicht. So lautete nach
meiner Erinnerung jedenfalls der Name der Zeitschrift.
Aber erst als meine Entwicklung im Verfassungsschutz zu sta-
gnieren begann, habe ich mich intensiv mit Schreiben beschäftigt.
Ich wollte meinen Gegnern wenigstens durch Publikationen be-
weisen, daß ich etwas konnte.
Dem XX. Kongreß der Kommunistischen Partei der Sowjetunion war die Rehabilitierung Jugoslawiens vorausgegangen.
Von daher interessierten mich die Beziehungen der Kommunistischen Parteien untereinander. Darüber gab es nur Arbeiten aus
den dreißiger Jahren, und soweit es sich um Bücher deutscher
Autoren handelte, waren sie teils vernichtet, teils von der Anti-
Komintern-Hysterie der Nazis geprägt. Die Entwicklung
schien, entsprechend der Idee des »Polyzentrismus« des Italie-
ners Togliatti, inzwischen in eine neue Richtung zu laufen. Ich
ahnte anfangs nicht, was ich mir mit diesem Thema aufgeladen
hatte. Weil ich davon überzeugt war, daß die gegenwärtigen Beziehungen nur in Kenntnis des historischen Hintergrundes zu
verstehen seien, mußte ich mich mit der I., der II. und schließlich
auch mit der III. Kommunistischen Internationale (Komintern)
befassen. Da die Nazis alles Material vernichtet hatten, war es
1956 sehr schwer, Unterlagen über die Komintern zu beschaffen.
Und ich hatte keine Zeit, die Bibliotheken in Amsterdam und in
Stockholm zu besuchen, in denen Originale lagerten. Nach und
nach gewann ich trotzdem Klarheit. Allerdings waren dazu außerordentliche Anstrengungen erforderlich. Jahrelang stand ich
morgens um 5 Uhr auf und arbeitete zwei Stunden, bevor ich

frühstückte und dann ins Büro ging. Vor 18 Uhr kam ich in jener Aufbauzeit des Verfassungsschutzes selten nach Hause, nach einer Stunde Pause begann ich dann wieder zu studieren. Meine Töchter erinnern mich noch heute daran, ich hätte damals zwar für ihre Schulprobleme gerade noch Zeit gehabt, aber wenn sie mit mir spielen wollten, seien sie oft mit einem »raus« beschieden worden.

Dem Kölner Verleger Witsch war das Ergebnis meiner Mühen eine Publikation wert. 1959 erschien »Die Internationale. Wurzeln und Erscheinungsformen des proletarischen Internationalismus«. Mein Verleger sagte mir damals: »Materiell wird Ihnen das Buch nicht viel einbringen, aber es wird Ihr Renommee begründen.« Das stimmte.

Ich gewann nicht nur in der Bundesrepublik einen gewissen Ruf als Kenner der Materie. Angesehene Verlage publizierten eine amerikanische und eine englische Ausgabe, zu der Professor Leonard Schapiro, wohl der beste Kenner der Kommunistischen Partei der Sowjetunion in der englisch sprechenden Welt, ein Vorwort schrieb. Er hoffe, so schrieb er, meine dienstlichen Pflichten in Bonn würden mich nicht hindern, meine Studien fortzusetzen.

Dieser Anfangserfolg machte mir Mut. Ich wollte nun untersuchen, wie sich der sowjetische Drang nach Süden in der Türkei, in Persien und Afghanistan auswirkte. Dieses Thema hatte nach 1945 noch niemand behandelt.

Aufmerksam geworden war ich durch die außerordentliche Aktivität persischer Kommunisten in der Bundesrepublik. Es handelte sich dabei vor allem um Studenten, die von der iranischen Kommunistischen Partei, der Tudeh-Partei, gelenkt wurden, die ihren Exilsitz in Leipzig hatte. Ich beschäftigte mich zunächst mit persischer Geschichte und Kultur und der russischen Expansion in Richtung auf den Persischen Golf, deren Anfänge bis auf Peter den Großen zurückgingen. Der Norden Irans war im Zweiten Weltkrieg von der Sowjetunion besetzt gewesen. Damals war die Sowjetrepublik Aserbeidschan gegründet worden, die jedoch zusammenbrach, als die Sowjets sich zurückzogen.

Über den Kommunismus in der Türkei konnte ich mir leicht Material verschaffen, da türkische Kollegen in dem Spezialkomitee der NATO mitwirkten, an dessen Sitzungen ich mehrmals jährlich teilnahm. Afghanistan hatte 1919 als erster Staat die Sowjetunion diplomatisch anerkannt. Von meinen Kominternstudien wußte ich, daß Lenin den phantastischen Plan hegte, ein Expeditionskorps durch Afghanistan nach Indien marschieren zu lassen, um die Engländer, damals noch die Hauptmacht des westlichen Imperialismus in Asien, zu treffen. Dazu war es zwar nie gekommen, aber nach dem Zweiten Weltkrieg hatte die Sowjetunion durch Straßenbauten und Fabrikanlagen an Einfluß in Afghanistan gewonnen. Die westliche Presse berichtete auch von sowjetischen Militärlagern nördlich des Hindukusch. Darüber wollte ich nicht nur angelesenes Wissen verbreiten. Aus dieser Erwägung entstand der Plan, eine Erkundungsfahrt nach Zentralasien zu unternehmen, den wir, mein Co-Autor H. J. Wiehe und ich, 1960 in die Tat umsetzten. Unsere Erfahrungen veröffentlichten wir in dem Buch »Rote Spuren im Orient«, das 1963 in Köln herauskam. Auch davon erschienen je eine englische und amerikanische Ausgabe (»Russia's South Flank«).

Nachdem ich mich einmal mit der Einheit des Weltkommunismus beschäftigt hatte, konnte ich die divergierenden Tendenzen, die sich seit 1956 im Weltkommunismus zeigten, nicht ignorieren. Das Ergebnis dieser Beobachtungen war die kleine Schrift »Zerfall des Weltkommunismus«, die ebenfalls 1963 erschien. Tito war der erste gewesen, der schon 1948, also zu Lebzeiten Stalins, die nationale Unabhängigkeit seines Landes gegen die sowjetischen Herrschaftsansprüche behauptet hatte. Chruschtschow rehabilitierte den Ketzer Tito, und – was noch entscheidender war – durch seine auf dem XX. Parteitag gehaltene sogenannte Geheimrede enthüllte er gewissermaßen parteiamtlich einen Teil der Verbrechen Stalins. Damit stieß er nicht nur den einstigen Diktator vom Piedestal der Verehrung. Er fügte auch – wahrscheinlich ungewollt – dem Nimbus der Sowjetunion als Vaterland der Werktätigen einen schweren Schlag zu. Noch im gleichen Jahr trat der Chef der Kommunistischen Partei Italiens, Palmiro Togliatti, mit seiner Idee des Polyzentrismus hervor, als dessen Kernstück er die Autonomie für jede kommunistische Partei forderte. Togliatti glaubte nicht daran, daß der italienische Kommunismus in Konkurrenz zur sowjetischen

Partei als der führenden Kraft des Weltkommunismus treten könnte, aber in den nächsten Jahren erwuchs den Russen eine solche Konkurrenz in den Chinesen.

Die neuen Entwicklungen im Weltkommunismus wurden in der Fachwelt zwar registriert, erreichten aber den Normalbürger kaum. Die Boulevardpresse und gewisse Tageszeitungen nahmen sich dieses Themas lediglich an, um damit Angst zu erregen. Breite Schichten der Bevölkerung, das wurde mir damals klar, konnte man nur über die Massenpresse oder über das Fernsehen informieren. 1959 vereinbarte ich mit Jürgen Rühle, der in der Ost-West-Redaktion des Westdeutschen Rundfunks arbeitete, eine Sendung zum vierzigjährigen Bestehen der Komintern zu machen. Wir kannten uns schon aus der DDR. Rühle meinte, wir brauchten einen Co-Autor, der die Komintern aus eigenem Erleben kenne. Er dachte an Leo Bauer, dessen Lebenslauf ich kannte.

Bauer war, in Chemnitz aufgewachsen, als junger Mann Kommunist geworden und aus Hitler-Deutschland emigriert. In Paris hatte er dem Stab des Kominternpropagandisten Willy Münzenberg angehört. Nach dem Spanischen Bürgerkrieg war er in einem französischen Lager interniert, hatte aber in die Schweiz fliehen können. Dort wurde er 1943 festgenommen und wegen Spionage »für eine unbekannte Macht« angeklagt. Nach dem Kriege arbeitete Bauer zunächst für die KPD in Hessen, ging aber bald als Chefredakteur des Deutschlandsenders nach Berlin. Im August 1950 verhaftete man ihn dort wegen der Beziehungen, die er während des Krieges zu dem Amerikaner Noel Field unterhalten hatte. Ein sowjetisches Gericht verurteilte ihn zum Tode. Nachdem er mehrere Jahre in einem sibirischen Zwangsarbeitslager verbracht hatte, wurde er nach dem Besuch Adenauers in Moskau mit vielen anderen ebenfalls amnestiert. Seitdem arbeitete er in der Bundesrepublik als Journalist, gehörte einige Jahre zu den Beratern Willy Brandts und leitete zuletzt die Redaktion der SPD-Zeitschrift »Die Neue Gesellschaft«. Er starb 1972 an einer Lebererkrankung, die er sich in Sibirien zugezogen hatte. Bauer war ein höchst erfahrener, menschlich lauterer Mann, dem seine Erlebnisse zu einem illusionslosen Urteil über die politischen Verhältnisse in Ost und West verholfen hatten.

Bauer erzählte gern Anekdoten. »Gestern saß ich bei Horst Ehmke«, begann er einmal. »Der kam gerade von einer Audienz, die Wessel beim Kanzler erbeten und erhalten hatte, und berichtete, Wessel habe mit wichtiger Miene dem Kanzler vorgetragen: ›Bei Ihnen geht ein Mann ein und aus, der früher Kommunist war, ein gewisser Leo Bauer.‹ Darauf hätten Willy Brandt und er schallend gelacht, habe Ehmke geendet.« Bauer fuhr fort: »Wer den Wessel mit dieser ollen Kamelle von Pullach nach Bonn geschickt hat, wollte ihn bestimmt beim Kanzler diskreditieren, denn meinen Lebenslauf kennt doch jeder bessere Journalist.«

Ich kannte ihn jedenfalls und hatte keine Bedenken, mit ihm zusammenzuarbeiten. Bauer wollte jedoch erst mein Komintern buch lesen und sich dann entscheiden, ob wir den Film zusammen machen könnten. Aber schon nach wenigen Tagen besuchte er mich. Über die Konzeption des Fernsehfilms wurden wir uns schnell einig. Der Sendetermin rückte näher. Der Fernsehbräuche unkundig, irritierte es mich etwas, daß wir noch keine Zeile Text hatten. Am Tage vor der Sendung kamen wir abends zusammen, um zu »texten«. Wir arbeiteten die ganze Nacht. Morgens um 5 Uhr entbrannte über eine Bagatelle ein Streit zwischen Bauer und Rühle, in dessen Verlauf Rühle entnervt die Tür des Studios hinter sich zuschlug und entschwand. Bauer und ich machten allein weiter. Gegen 8 Uhr morgens waren wir fertig. Es war Zeit für mich, ins Büro zu gehen. Dort kam ich selten zu spät. An jenem Tag konnte ich es aber nicht vermeiden. Ich hatte am Abend vor dem WDR-Studio meinen Wagen abgestellt und die Beleuchtung brennen lassen. Auf meinen Anruf eilten zwei treue Fahrer des Verfassungsschutzes herbei und schleppten mich ab.

Zu den weiteren Sendungen, die wir erarbeiteten, gehörte »Zwietracht unter Roten Fahnen«, ein Feature, das sich mit dem sowjetisch-chinesischen Konflikt beschäftigte. Als wir nach dem Scheitern des Redneraustausches das Thema »Volksfront« im Fernsehen aufgriffen, wurde die SED-Presse mobil. Mich bezeichnete »Neues Deutschland« am 28. Juli 1966 als »Spezialisten für Arbeiterfragen«, was mir keineswegs unlieb war. Etwas zuviel der Ehre war, daß man behauptete, ich hätte die SPD-

Führer Brandt und Wehner vor die Kamera zitiert. Leo Bauer hatte auf diesem Gebiet mehr Einfluß als ich. Bauer, Rühle und ich fanden es vor allem erfreulich, daß sich zwei bekannte Kommunisten, der Italiener Lombardo Radice und der Österreicher Ernst Fischer, über die Probleme der Zusammenarbeit zwischen Kommunisten und Sozialdemokraten geäußert hatten.

Beim »Texten« derartiger Sendungen wurde mir klar, welch große Bedeutung der sprachlichen Form zukam, dem Stil, in dem man seine Meinung ausdrückte.

Ich begann deshalb, mich mit Stilfragen, mit der Qualität des sprachlichen Ausdrucks zu beschäftigen. Es war gar nicht so einfach, sich so auszudrücken, daß man von Lesern oder Hörern auch wirklich verstanden wurde. Dazu mußte man sich in die Mentalität des Lesers versetzen, seinen Bildungsgrad berücksichtigen und die eigene »Schreibe« dementsprechend gestalten. Ich hatte viel an meinem Stil zu arbeiten. Aber nach und nach gelang es mir, ihn zu verbessern. Auch im Büro stieß ich mich täglich am bürokratischen Deutsch der Berichte, die mir manche Kollegen vorlegten. Dort schienen meine Verbesserungsversuche jedoch auf passiven Widerstand zu stoßen. Ich fühlte mich bald in der Rolle des Don Quichotte, der gegen Windmühlen kämpft. Zwar hatte ich für das Bundesamt für Verfassungsschutz eine Stilfibel entworfen und an die Referenten verteilt, aber viele Berichte, die mir als Vizepräsident und später als Präsident vorgelegt wurden, ließen wenig Liebe zur Muttersprache erkennen. Zu den stereotypen Floskeln, die mir immer wieder begegneten, gehörten Formulierungen wie »er trat in Erscheinung« oder »kam zur Beobachtung«. Bald lernte ich aber, mich darauf zu beschränken, nur grobe Sprachdummheiten zu eliminieren. Wo ich allerdings selbst als Autor zeichnete, setzte ich meine eigenen Maßstäbe durch.

Arbeit am Stil hilft einem zwar, Unklarheiten im eigenen Denken auszumerzen, aber sie schützt nicht vor Schwierigkeiten, die sich aus den eigenen Veröffentlichungen ergeben. In der Rezession von 1966/67 sprach ich mit Leo Bauer, der damals »stern«-Redakteur war, über einen Beitrag, der deutlich machen sollte, daß die Russen zur Zeit keine militärischen Aggressionen gegen die kapitalistischen Staaten beabsichtigten. Deshalb könne man es sich durchaus leisten, den Haushalt mit Mitteln aus dem Verteidigungsetat auszugleichen. Dieser Artikel erschien dann auch im »stern«. Damit war ich nach Meinung mancher Kritiker zu weit gegangen. Vielleicht hätte ich mich mit dem Hinweis auf eine mögliche Sanierung des Haushalts aus dem Verteidigungsetat begnügen sollen, wozu sich die damalige Regierung dann auch entschlossen hat. Am meisten provozierte meine Kritiker aber die Überschrift des Artikels: »Die Russen kommen nicht«[*]. Sie stammte von einem klugen Redakteur und war nicht nur plakativ, sondern auch zutreffend. Seit dem Erscheinen des Artikels sind fast zehn Jahre vergangen. Die Russen sind bis heute nicht gekommen.

Nach der Invasion der fünf Warschauer Paktstaaten in die Tschechoslowakei im Jahre 1968 trumpften meine Gegner auf. Sie sahen nun in der Aggression gegenüber unserem Nachbarland einen Beweis dafür, daß auch uns ein militärischer Angriff der Sowjets drohe. Dieser »Beweis« war jedoch in keiner Weise stichhaltig. Schon seit der sowjetischen Intervention in Ungarn und ihrer Rechtfertigung als Akt brüderlicher Hilfe konnte jeder Zeitungsleser wissen, daß die zum sowjetischen Imperium gehörenden Staaten von der Koexistenz-Doktrin ausgenommen sind. Diese Doktrin gilt in den Augen der Sowjets nur gegenüber kapitalistischen Staaten. Die Invasion in Ungarn und der Tschechoslowakei war also kein Indiz für eine der Bundesrepublik geltende militärische Bedrohung.

Wer diese Erkenntnis ausspricht, die immerhin durch die Erfahrungen seit dem XX. Kongreß der KPdSU – also seit 20 Jahren – bestätigt wird, verharmlost damit keineswegs die militärische Macht der Sowjetunion. Die Sowjetunion hat hoch gerüstet. Das zu ignorieren wäre verfehlt. Aber es ist ein Trugschluß, daraus den Satz abzuleiten: Weil die Sowjetunion hoch gerüstet hat, droht *uns ein militärischer* Angriff. Die sowjetischen Führer bemühen sich um die Stabilisierung ihrer eigenen Macht und die ihrer Klasse. Sie haben ferner ein Imperium zu verteidigen, das seit 1953 von inneren Aufständen oder Unruhen erschüttert worden ist: in der DDR, in Ungarn, in Polen, in der Tschechoslowakei.

[*] vgl. »stern« Nr. 22/1967

Außerdem leiden die sowjetischen Führer unter dem Trauma, ihr eigenes Land könne sowohl von China als auch vom kapitalistischen Westen angegriffen werden.

Die Sorge vor einem chinesischen Angriff hat historische und aktuelle Gründe. Im Mittelalter hatte die Goldene Horde, Nachfahren Tschingis Khans, dessen Reiter bekanntlich 1241 bis Liegnitz in Schlesien vorgedrungen waren, einige hundert Jahre den Süden Rußlands beherrscht. Erst im 19. Jahrhundert entriß das zaristische Rußland dem schwachen chinesischen Reich weite Teile Ostsibiriens. Nach Stalins Tod machte das China Mao Tse-tungs den Sowjets die Hegemonie im Weltkommunismus streitig. Chinesische Parolen wie »Der Ostwind wird über den Westwind herrschen« erschienen den Russen bedrohlich, nachdem sie bemerkt hatten, daß die Chinesen die Sowjetunion zum Westen zählten.

Auch die sowjetische Sorge vor einem westlichen Angriff hat ihre Wurzeln in der Geschichte. Nach der Russischen Revolution intervenierten die kapitalistischen Mächte, das heißt, sie versuchten, durch militärische Angriffe aus allen Himmelsrichtungen das sowjetische Regime aus den Angeln zu heben. Deutsche Truppen hatten im Frühjahr 1918 das Baltikum besetzt und waren in Finnland gelandet. Im Laufe des Jahres wurden britische Soldaten in Murmansk und Archangelsk ausgebootet. Im April landeten japanische und britische Truppen in Wladiwostok. Ihnen folgten Amerikaner. In Turkestan stützte sich eine »weiße« Regierung auf britische Einheiten, die aus Persien vorgerückt waren. Im August 1918 eroberte die tschechoslowakische »Legion« Kasan an der Wolga. Im November lief ein englisch-französisches Geschwader ins Schwarze Meer ein. Englische Truppen landeten in Batum, französische in Odessa. Im März 1919 standen in der Ukraine 45000 »Interventen« unter französischem Kommando, darunter griechische, rumänische, polnische und serbische Einheiten.

Ebenso erscheint den Sowjetrussen Hitlers Überfall von 1941 als kapitalistische Aggression, weil sie den Faschismus als aggressivste Form des Kapitalismus betrachten. Sowjetischen Angaben zufolge starben in diesem Krieg 20 Millionen Sowjetbürger. Nach diesen Erfahrungen sind die Anstrengungen eines jeden sowjetischen Regimes durchaus verständlich, sich gegenüber allen Angriffen aus dieser Richtung zu wappnen.

Bei der sowjetischen Militärpolitik kann eine historische Tatsache nicht unbeachtet bleiben: Die Russen haben in den letzten Jahrhunderten zwar Angriffskriege gegen kleinere Nachbarn wie Persien und Finnland geführt, einen großen Krieg, bei dem es um Sein oder Nichtsein ging, haben sie jedoch – anders als der verblendete Hitler – nie vom Zaune gebrochen. Ein Angriff gegen einen NATO-Staat wie die Bundesrepublik würde aber das Risiko eines großen Krieges enthalten.

Meine Beschäftigung mit dem internationalen Kommunismus und der jahrelange ständige Gedankenaustausch mit Kollegen aus anderen Ländern, insbesondere aus Mitgliedstaaten der NATO, halfen mir, die von den deutschen Kommunisten in der Bundesrepublik drohende Gefahr in der richtigen Proportion zu sehen. Als ich 1950 in die Bundesrepublik kam, stand ich unter dem Eindruck der mir wohlbekannten Erwartungen der DDR-Kommunisten. Sie rechneten mit einer baldigen Wiedervereinigung unter kommunistischem Vorzeichen. Der Koreakrieg als Versuch der kommunistischen Hälfte eines geteilten Landes, sich des nichtkommunistischen Teils zu bemächtigen, nährte in jenen Jahren auch analoge Befürchtungen für die Bundesrepublik. Deshalb hatte ich Dr. John in meiner Argumentation gegen das Verbot der KPD auch nicht vorgetragen, von dieser Partei gehe keine Gefahr für die Sicherheit der Bundesrepublik aus. Die Lage änderte sich aber nach dem XX. Kongreß der sowjetischen Partei (1956). Zwar ließ die Politik der »friedlichen« Koexistenz nicht auf ein Nachlassen der Klassenkämpfe in den kapitalistischen Ländern schließen. Aber Chruschtschow hatte auf diesem Kongreß die These von der Unvermeidlichkeit von Kriegen mit kapitalistischen Ländern aufgegeben und die »Möglichkeit« eines friedlichen Übergangs zum Sozialismus eingeräumt.

Durch meine täglichen Berufserfahrungen erkannte ich bald, daß die Kommunisten in der Bundesrepublik keine Aussicht hatten, eine führende politische Kraft zu werden.

Die Untergrundarbeit der verbotenen KPD stagnierte, obwohl sie über reiche, von der SED zur Verfügung gestellte Mittel verfügte. Ihre Versuche, über neutral firmierende Wahlparteien wie die Deutsche Friedens-Union (DFU) Wahlerfolge zu erringen, scheiterten. Die seit Jahrzehnten betriebenen Versuche unserer Kommunisten, in den Gewerkschaften und Betrieben entscheidende Positionen zu besetzen, hatte ebensowenig Erfolg. Wenn ich die Lage in Italien und Frankreich betrachtete, die mir meine Kollegen aus diesen Ländern drastisch schilderten, konnte ich mich glücklich schätzen, in einem Lande Abwehrarbeit zu leisten, in dessen führenden Gewerkschaftsgremien keine Kommunisten saßen und dessen Wirtschaft nur minimale Verluste durch Streiks erlitt.

Warum die Aussichten unserer an Moskau orientierten Kommunisten so gering waren, in unserem Lande Resonanz zu finden, war unschwer zu erkennen. Millionen unserer Landsleute kannten die Praxis des sowjetischen Kommunismus. Teils waren sie Kriegsgefangene in der Sowjetunion gewesen, teils waren sie vor der Roten Armee aus ihren Wohnorten geflohen, teils waren sie Flüchtlinge aus der DDR. Millionen unserer Bürger sahen die Zustände in der DDR mit eigenen Augen. Auch als sich die materielle Lage dort zu bessern begann, übersah man nicht die weiterhin herrschende Unfreiheit. Die Reaktionen der westdeutschen Bürger schlugen sich in dauernden Wahlniederlagen der Kommunisten nieder. Deshalb war ich davon überzeugt, daß die Gefahr des Kommunismus in unserem Lande ständig übertrieben wurde. Ich hielt es weder für sachlich begründet noch erforderlich, jedesmal in ein Geschrei über eine drohende Volksfront auszubrechen, wenn einmal Jungsozialisten oder Jungdemokraten mit Kommunisten sprachen.

Bei dieser Agitation taten sich wohlsituierte Politiker hervor, denen sichtlich daran gelegen war, die Besitzvorstellungen des 19. Jahrhunderts zu konservieren. Karl Marx hatte offensichtlich zu Recht gelehrt, die ökonomische Lage bestimme das Bewußtsein. Sosehr ich sonst Bedenken hatte, diesen Lehrsatz als alleinige Wahrheit zu betrachten, so wenig fühlte ich mich bewogen, Handlangerdienste zu leisten, um jene als Verfassungsfeinde abzustempeln, die eine Änderung der Besitzverhältnisse verlangten, gestattet doch immerhin Artikel 15 unseres Grundgesetzes, Grundeigentum und Produktionsmittel – gegen Entschädigung – in Gemeineigentum überzuführen.

Bald hatte ich mich jedoch mit einer wirklichen Gefahr für die Sicherheit des Landes zu befassen. Im Laufe des Jahres 1966 las ich Berichte aus München und Berlin über die Tätigkeit von sogenannten »Anschlag«-Gruppen. Mir wurde berichtet, daß diese Gruppen tatsächlich Attentate planten. Damit tauchte ein für die Bundesrepublik neuer Faktor im linken Spektrum auf. Da die von Lenin für Gewaltanwendungen vorausgesetzte revolutionäre Situation in der Bundesrepublik nicht gegeben war und sich die moskautreuen Kommunisten dementsprechend ruhig verhielten, lag es nahe, daß diese politisch motivierten Anschläge das Werk von Anarchisten seien.

Der Anarchismus war mir bisher nicht in der Verfassungsschutzarbeit, sondern nur beim Studium der Geschichte des Kommunismus begegnet. Der Streit zwischen Karl Marx und dem Anarchisten Bakunin hatte die I. Internationale erschüttert. Das war in der zweiten Hälfte des 19. Jahrhunderts geschehen. Seitdem hatte der gewalttätige Anarchismus in der deutschen Geschichte – außer in der Episode der Münchener Räterepublik – kaum eine Rolle gespielt.

Auch die anarchistischen Tendenzen, die wir seit 1965 in der studentischen Protestbewegung beobachteten, waren nicht auf deutschem Boden erwachsen, sondern aus den USA übernommen worden. »Wir haben euch den Marxismus exportiert, ihr habt uns den Anarchismus reexportiert«, sagte ich damals meinen amerikanischen Kollegen.

Die politisch-terroristische Welle, die damals aus den USA in die Bundesrepublik (und andere europäische Staaten) herüberschwappte, wurzelte jedoch nicht im klassischen Anarchismus. Für die Anarchisten des 19. Jahrhunderts war das Elend der Proletarier der Ausgangspunkt ihrer Agitation gewesen. Die jugendlichen Pseudoanarchisten in der zweiten Hälfte unseres Jahrhunderts stammen nicht aus Elendsgebieten. Sie sind in den Wohlfahrtsstaaten der modernen Industriegesellschaft aufgewachsen, deren Charakteristika, die Vermassung, die Uniformität, die Bürokratisierung, sie abstießen. Die Reaktion auf das Mißvergnügen an den gesellschaftlichen Zuständen, auf das Unbehagen an der Kultur, wie Sigmund Freud es schon 1930 seherisch genannt hat, war nicht einheitlich. Die einen flüchteten aus dem konformistischen Elternhaus in die Hippie-Bewegung. Andere flohen aus der Wirklichkeit in den Rauschgiftkonsum, den manche, die »umherschweifenden Haschrebellen«, mit einer politischen Note versahen. Gegen den korrekten Anzug des Wohlstandsbürgers protestierten sie durch vergammelte Kleidung und entsprechendes Auftreten.

Hätte sich die Feindschaft gegen den Wohlstandsstaat und seine Bürger nur in derartigen Schrullen gezeigt, dann hätte der Verfassungsschutz zur Tagesordnung übergehen können. Das war aber nicht möglich, weil ein kleiner Teil der jugendlichen Protestler seine gesellschaftsfeindlichen Schwärmereien in gewalttätige politische Aktionen umzusetzen begann, deren Ziel es ursprünglich war, den Protest »aus den Universitäten in die Fabriken« zu tragen und so die Arbeiterschaft für den Umsturz zu gewinnen. Als dies mißlang, begannen einige Aktionisten unter den politisch Enttäuschten nach anarchistischem Vorbild »Propaganda durch die Tat« zu betreiben. Sie begingen Bombenanschläge und Morde.

Diese Hintergründe der Anschläge und die Mentalität der Terroristen versuchte ich in mehreren Artikeln der Öffentlichkeit zu verdeutlichen. So publizierte ich einen Artikel mit dem Titel »Der Anarchismus« in der Beilage zur Wochenzeitung »das parlament« am 22. 11. 1967. Später – am 11. 5. 1972 – erschien im »stern« ein Beitrag unter der Überschrift »Mit den Bomben leben«. Das gesamte Problem der rechts- und linksradikalen Gruppierungen behandelte ich in dem 1976 im C. Bertelsmann Verlag erschienenen Buch »Wie sicher ist die Bundesrepublik?« Natürlich ließ ich es nicht bei der publizistischen »Aufklärung« über Anarchismus und Terrorismus bewenden. Vom September 1970 bis Ende April 1972 hatte ich als Leiter der Abteilung Öffentliche Sicherheit im Bundesministerium des Inneren Gelegenheit gehabt, die Nachrichten zu studieren, die Verfassungsschutz und Polizei über die Tätigkeit des damals äußerst aktiven Kerns der Baader-Meinhof-Bande lieferten. 1970 hatte der Verfassungsschutz in Berlin noch Nachrichten gewonnen, die der Exekutive vorbeugende Maßnahmen gegen Terroristen ermöglichten. Andreas Baader und Horst Mahler waren dort festgenommen worden. Später aber flossen derartige Nachrichten nur noch spärlich. Die Polizei war darauf angewiesen, die Verbrecher nach begangener Tat zu ermitteln, was schließlich im Sommer 1972 durch die Festnahme der führenden Bandenmitglieder gelang. Ich wußte, warum der Verfassungsschutz keine Nachrichten mehr hatte liefern können, die vorbeugende Maßnahmen ermöglichten: Ein geheimer Vertrauensmann, der in Berlin gearbeitet hatte, war den Terroristen bekannt geworden und damit »verbrannt«. Diese Erfahrung lehrte mich, was ich zu tun hatte, nachdem ich am 1. 5. 1970 Präsident des Bundesamts geworden war. Da ich davon überzeugt war, daß die Terrorakte trotz der gelungenen Festnahme weitergehen würden, schlug ich Minister Genscher noch im Mai 1972 schriftlich vor, unsere Anstrengungen zu intensivieren, um geheime Vertrauensleute in die Reihen der Terroristen einzuschleusen. Im Laufe des Sommers entschloß ich mich, im Amt eine besondere Einheit zu bilden, die sich nur der Nachrichtengewinnung aus Kreisen der Terroristen widmen sollte. Zu diesem Zweck zog ich fähige Mitarbeiter aus anderen Abteilungen heraus und teilte sie der neuen Einheit zu. Auch einige Landesämter für Verfassungsschutz waren so kooperativ, mir gute Leute zum Aufbau dieser Einheit zu »leihen«. Alles schien auf bestem Wege zu sein, wenngleich schnelle Erfolge nicht zu erwarten waren. Um Mitarbeiter heranzubilden, die dieser Aufgabe gewachsen sind, braucht man Jahre. Ich war aber der Meinung, das Problem des Terrorismus werde uns noch lange belasten und verdiene höchste Priorität. Diese Meinung wurde jedoch nicht allenthalben geteilt. Während ich noch im Amt war und das Problem der Nachrichtengewinnung diskutiert wurde, erklärte mir ein Staatssekretär in Gegenwart meiner höchsten Mitarbeiter, er betrachte den orthodoxen Kommunismus als größte Gefahr für die verfassungsmäßige Ordnung und der Herr Minister teile seinen Standpunkt. Mit dieser Meinung standen die Herren nicht etwa allein da. Die CDU-Fraktion des Deutschen Bundestags veröffentlichte im Januar 1975 erstmalig einen Bericht über links- und rechtsradikale Bestrebungen, in dem es hieß, der orthodoxe Kommunismus Moskaus sei gegenwärtig und auf absehbare Zeit die gefährlichste Form des Linksradikalismus. In diesem Bericht meinte ich die Gedankengänge einiger mir nur zu gut bekannter hoher Beamter zu erkennen.

Von Männern solcher Einstellung konnte ich keine energische Förderung meiner Pläne erwarten, die auf der Meinung basierten, der Verfassungsschutz müsse alle verfügbaren Kräfte konzentrieren, um Nachrichten über die Pläne der Terroristen zu gewinnen.

Von besorgten Juristen, die manchmal über Zwirnsfäden stolpern, wurde mir entgegengehalten, wenn man Leute in die terroristischen Gruppen einschleuse, dann gerate man in die Gefahr, »agents provocateurs« heranzubilden. Außerdem müßten sich unsere Vertrauensleute irgendwie an den Taten der Terroristen beteiligen. Das sei jedoch strafbar und müsse deshalb unterlassen werden. Mein Einwand, angesichts der Größe der Gefahr müsse man nach dem Grundsatz der Güterabwägung verfahren, wie wir das schon seit Jahren getan hätten, fand wenig Gegenliebe. Über derartigen Diskussionen vergingen Monate. Die Abteilung wurde dann schließlich doch gegründet. Dabei hat mir die Unterstützung geholfen, die ich beim Haushaltsausschuß des Bundestages und beim Bundesrechnungshof fand. Als ich 1975 aus dem Amt schied, steckte die Arbeit dieser Abteilung noch in den Kinderschuhen. Ich nehme an, daß wenigstens einige der Verantwortlichen durch die tragischen Ereignisse um Buback, Ponto und Schleyer davon überzeugt wurden, wer heute die Sicherheit der Bürger am schwersten bedroht.

Mit meinen schriftstellerischen Versuchen verfolgte ich noch ein anderes Ziel: Ich wollte den Nimbus zerstören, den der frühere Leiter des Bundesnachrichtendienstes um sich verbreitet hatte. Durch Geheimnistuerei und durch eine Nachrichtengebung, die konservative Gemüter in allen Parteien ansprach, hatte er sich den Ruf geschaffen, einer der besten Kenner des Ostens zu sein. Ich hatte aus der jahrelangen Beurteilung von Nachrichten, die Gehlen verbreiten ließ, und auch aus persönlichen Begegnungen allerdings einen anderen Eindruck gewonnen. Gehlen verwendete bei seinen Reisen einen Decknamen, dem er, was mir charakteristisch erschien, einen akademischen Grad beilegte. Die Geheimnistuerei benutzte er aber auch, um seinen Nimbus zu pflegen. Dabei verwendete er Mittel, deren Anwendung einem normalen Menschen komisch vorgekommen wäre.

1973 reiste ich durch die Türkei. In einem kleinen Badeort am

Ägäischen Meer betrat ich mit einem türkischen Kollegen ein Restaurant, von dem man auf besonnte Inseln blickte. Ich wählte, um die Aussicht zu genießen, einen Tisch, der an der Brüstung einer Veranda stand. Da sagte mein Begleiter: «Vor einiger Zeit war ich mit General Gehlen hier. Er hat es abgelehnt, an diesem Tisch zu sitzen, weil er vorn an der Brüstung das Opfer eines Anschlages sowjetischer Agenten werden könne.« Wir lachten herzhaft über diese »Lagebeurteilung« Gehlens. Gehlen schätzte offensichtlich auch die Gefahr, die seiner wertvollen Person drohe, falsch ein. Die Russen konnten eigentlich kein Interesse daran haben, Gehlen umzubringen. Sie mußten ihm im Gegenteil sogar dankbar sein. Hatte er doch durch jahrelange unkritische Übernahme der Nachrichten, die sie durch Heinz Felfe, ihren Agenten im BND, übermittelt hatten, – ungewollt – die Absichten gefördert, die sie mit ihrem Doppelspiel verfolgten. Damals war es mir nicht möglich, die Leichtgläubigkeit Gehlens öffentlich mit der Selbstbeweihräucherung zu konfrontieren, die er mit Erfolg betrieb. Das Material, auf das ich mich hätte stützen müssen, die Gehlenschen Berichte nämlich, wurden als »geheim« bezeichnet. Da verschaffte mir Gehlen in Verkennung seiner Verwundbarkeit selbst die Gelegenheit, öffentlich darzulegen, wes Geistes Kind er war. Nachdem er in den Ruhestand getreten war, veröffentlichte er seine Memoiren. Die Vorabdrucksrechte erwarb das Springerblatt »Die Welt«. Sie begann ihre Serie mit einer fetten Ente, die Gehlen geliefert hatte. Die Überschrift lautete: »Gehlen: Bormann war Stalins Agent«. Gehlen malte diese »story« noch durch die Behauptung aus, Bormann habe nach Kriegsende »perfekt abgeschirmt« in der Sowjetunion gelebt. So »perfekt« war die Abschirmung natürlich nicht, daß Gehlen sie nicht hätte durchbrechen können. Wie ihm dies gelungen war, verriet er in seinem Buch noch nicht. Eine zuverlässige Information, schrieb er, habe ihm die »Gewißheit verschafft«, daß Bormann noch in der Sowjetunion lebe. Anderes Beweismaterial, insbesondere die Aussage eines Zeugen, der erklärte, Bormanns Leiche im Mai 1945 in Berlin gesehen zu haben, machte Gehlens Agentenstory höchst unwahrscheinlich. Immerhin gelang es ihm – und »Die Welt« sekundierte ihm dabei –, die Spionagehysterie anzuheizen und zugleich den Irrglauben zu nähren, wir hätten den Krieg »nur durch Verrat« verloren, eine angesichts der Fakten aberwitzige Vorstellung, die schon nach dem Ersten Weltkrieg in den Reichswehrpublikationen »Im Felde unbesiegt« eine unheilvolle Rolle gespielt hatte.

Um diesen Effekt und anderen Ungereimtheiten des Gehlenschen Buches entgegenzutreten, schrieb ich eine Kritik, die »Der Spiegel« am 1. 11. 1971 veröffentlichte. Zu meiner Genugtuung rief mich am Tage des Erscheinens dieser Kritik der damalige Bundespräsident Dr. Heinemann an und gratulierte mir zu dem Artikel.

Wie Gehlen zu seinen Sensationsnachrichten über den »Agenten« Bormann gekommen war, enthüllte er später einem Frankfurter Richter, der zu untersuchen hatte, ob Bormann strafrechtlich verfolgt werden könne. Voraussetzung dafür war, daß er noch lebe. Gehlen sagte dazu vor dem Richter aus, einer seiner Kontaktmänner habe 1946 oder 1947 einen Bericht der Ostberliner Wochenschau »Der Augenzeuge« über eine Sportveranstaltung in Moskau gesehen. In einer der Aufnahmen habe er im Publikum Martin Bormann erkannt. Jeder, der einmal Aussagen von Zeugen zu bewerten hatte, weiß, daß der Informationswert einer solch flüchtigen Beobachtung gleich Null ist. Gehlen jedoch verschaffte sich durch diese »Information« Gewißheit. Diese Art von »Gewißheit« war mir nicht neu. Ich hatte mich zwei Jahrzehnte lang damit herumschlagen müssen.

Erinnerungen
an die Organisation Gehlen

Als ich im Herbst 1950 meinen Dienst im Bundesamt antrat, hatte ich noch nie etwas von Reinhard Gehlen gehört. Ich wußte nichts von der Generalstabsabteilung »Fremde Heere Ost« und auch nichts von der Geschicklichkeit ihres letzten Chefs, sich und seine zahlreichen Getreuen in amerikanischen Diensten über Wasser zu halten. Aber ich hörte meine Vorgesetzten ehrfurchtsvoll von »Org« oder »Otto« reden. Und ich las Meldungen, die – ohne Kopf und Unterschrift, jedoch numeriert – von dort kamen, anfänglich mit großem Interesse, denn ich erwartete, ihre Verfasser, die »alten Hasen«, wie sie sich gern nannten, würden uns mitteilen, wie die Verfassungsfeinde vorgingen, um »ganz Deutschland kommunistisch zu machen«. Diese Tendenz, die den Meldungen der »Org« zugrunde lag, bezweifelte ich nicht im geringsten. Nur Informationen darüber, wer die Verfassungsfeinde waren, wann, wo, wie und was sie verabredet hatten, waren aus dem, was die »Org« verfaßte, selten zu entnehmen. Dafür lernte ich neue Begriffe kennen. »Aus dem Meldungsbild ergibt sich . . .« war eine der häufigsten Formulierungen. Doch Tatsachen, insbesondere nachprüfbare Tatsachen, waren in dem »Meldungsbild« kaum enthalten. Wir erhielten keine Meldungen der »Org«, die sich mit der militärischen Lage befaßten, daher hatten wir keine Gelegenheit, ihre zweifellos glänzenden Leistungen auf diesem Gebiet zu bewundern. Dagegen entdeckten wir bald Anzeichen einer regen Tätigkeit der »Org« im Inland, und mit einiger Verblüffung stellten wir fest, daß die Zentrale der »Org«, ihre »Generalvertretungen« und sonstige Dienststellen im Inland weit mehr Mitarbeiter beschäftigten als der gesamte Verfassungsschutz in Bund und Ländern. Mit wichtiger Miene wurden wir belehrt, das seien alles nur

Stützpunkte für die Auslandsarbeit. – Allmählich baute der Verfassungsschutz seine Organisation im Inneren des Landes aus. In diesem Bereich konnten wir mehr und mehr Gehlens Berichte kontrollieren, weil wir nun eigene Vertrauensleute in verfassungsfeindlichen Organisationen hatten. Schon in den ersten Jahren unserer Tätigkeit hatten uns alliierte Kollegen nicht nur theoretisch von der Nützlichkeit eigener Quellen in den Organisationen der Gegner überzeugt, diese Kollegen zeigten uns auch durch praktische Ergebnisse, daß durch diese Methode ein unersetzlicher Beitrag zur Abwehr von verfassungsfeindlichen Organisationen geleistet werden kann. Jeder Abwehrdienst in einer Demokratie westlicher Art hat defensiv zu sein. Das heißt, er hat seine Maßnahmen nur einzuleiten, wenn eine Bedrohung der Sicherheit des Staates erkennbar wird, wenn zum Beispiel eine Partei den gewaltsamen Umsturz propagiert oder die »Zerschlagung der bürgerlichen Staatsmaschinerie«. Die KPD war – angesichts der Ziele und Methoden, die sie Anfang der fünfziger Jahre vertrat – eine solche Partei. Sie zu beobachten war damals eine unserer Hauptaufgaben. Da unsere Arbeit erst im Herbst 1950 eingesetzt hatte, standen wir gerade am Anfang unserer »Durchdringung« der KPD, als die Bundesregierung im November 1951 den Verbotsantrag stellte. Die Alliierten hatten schon fünf Jahre früher angefangen, die KPD zu beobachten, und sie hatten hervorragende Ergebnisse erzielt, die sie uns – soweit sie im Prozeß von Nutzen waren – übergaben. Dank diesem Material, zu dem der Verfassungsschutz noch einiges beisteuerte, konnte die Bundesregierung beim Bundesverfassungsgericht anregen, gewisse, bis dahin geheime Auslagerungsstätten der KPD durchsuchen zu lassen. Diese Aktion war ein voller Erfolg. Das sichergestellte Originalmaterial der KPD bewies ihre völlige Abhängigkeit von der SED.

Von Gehlens Organisation erhielten wir keine nützlichen Beiträge zum Prozeß gegen die KPD. Ihre Arbeit im Landesinneren richtete sich mehr gegen demokratische Politiker als gegen Kommunisten. Dagegen hatten wir uns mit allerlei Unnützem herumzuschlagen, das aus Pullach geliefert wurde. Einmal, es war im Frühjahr 1953, erschien Dr. John, der damalige Präsident, mit einem dicken Wälzer, der ihm im Bundeskanzleramt übergeben worden war. Er enthielt einen Bericht der Organisation Gehlen, der den Außenministern der vier Mächte auf ihrer bevorstehenden Berliner Konferenz vorgelegt werden sollte, und zwar als Beweis der Aggressionsabsichten der DDR. Der Bericht war aus einem Sammelsurium von Ungereimtheiten und Unwahrscheinlichkeiten zusammengesetzt und durfte meiner Ansicht nach keinesfalls den Außenministern der vier Mächte vorgelegt werden. Deren Experten wären – gleich, ob Amerikaner oder Russen – beim Lesen des Elaborats in ein Hohngelächter ausgebrochen. Mein Problem war, diese Ansicht durchzusetzen. Man muß erst einmal beweisen können, daß im Thüringer Wald an diesem und jenem Ort *keine* Schule für rote Sexbomben bestand, die als Agentinnen auf die Standorte der alliierten Truppen losgelassen werden sollten. Aber einige Schauermärchen ließen sich doch widerlegen. Auf einer Insel im Schweriner See, hieß es in dem Bericht, befinde sich eine Sabotageschule des Ministeriums für Staatssicherheit. Ich ließ mir eine Spezialkarte kommen, auf der diese Insel eingetragen war. In der Tat fand ich dann den Namen der »Insel« mitten im Wasser. Was bedeutete das? Einer unserer Kollegen stammte aus Schwerin. Ich fragte ihn nach der Insel im heimatlichen See. »Sie wollen dort wohl ein Fußbad nehmen?« fragte er. »Das ist ein Sandwerder, der im Winter und Frühjahr überschwemmt ist.« Diese Aussage war einer der Trümpfe, als die Herren der Organisation Gehlen – ihrer Bedeutung wohl bewußt – zu uns kamen, um über ihren Bericht zu diskutieren. Sie mußten ihn schließlich zurückziehen. Eine wesentliche Stütze bei meiner Opposition gegen Tatarennachrichten, die Gehlen verbreiten ließ, waren mir amerikanische und englische Kollegen, die mich in meiner Skepsis bestärkten.

Leider konnten und können wir Skeptiker nicht für uns in Anspruch nehmen, unsere Meinung auch in der Öffentlichkeit durchgesetzt zu haben. Ein schlagendes Beispiel lieferten die Hakenkreuzschmierereien in Köln, die sich Ende 1959 zutrugen. Damals wurde die Kölner Synagoge mit Hakenkreuzen und mit dem Spruch bemalt: »Deutsche fordern: Juden raus.« Unser Amt untersuchte den Fall. Noch ehe wir fertig waren, behauptete Gehlens Organisation, die Hakenkreuze seien von der illegalen KPD geschmiert worden. Die polizeilichen Ermittlungen ergaben nichts, was geeignet war, diese Information zu bestätigen. Meine Organisation hatte in der KPD Dutzende von geheimen Vertrauensleuten. Ich ließ alle befragen. Keiner kannte Anweisungen der Partei, Hakenkreuze zu malen. In der Bundesrepublik und in mehreren europäischen Staaten wurden nach dem Kölner Vorfall ähnliche Schmierereien beobachtet, die ebenfalls den Kommunisten zugeschrieben wurden. Ich war damals für die Befragung der Landsleute verantwortlich, die aus der DDR in die Bundesrepublik flohen. Ihre Zahl lag bei einhundert- bis zweihunderttausend jährlich. Anfang 1960 ließ ich Tausende solcher Flüchtlinge befragen, ob sie etwas über Hakenkreuzschmiereien in der DDR wüßten. In wenigen Wochen wurden mir 126 Fälle gemeldet, in denen auch in der DDR Hakenkreuze angemalt worden waren. Diese Tatsache sprach entschieden dafür, daß angesichts der ungeheuren Publizität, die diese antisemitische Aktion in ganz Europa gefunden hatte, der Nachahmungstrieb verbunden mit latenten antisemitischen Tendenzen in mehreren Ländern die wahrscheinlichste Ursache der blöden Malereien war. Dies schien um so wahrscheinlicher, als die Polizei zwei junge Männer, gebürtige Kölner, überführte, die gestanden, aus eigenem Antrieb die Tat begangen zu haben. Selbst diese eindeutigen Tatsachen veranlaßten Gehlens BND nicht, von seinen Falschmeldungen abzurücken, und ein Teil der damaligen Regierungsmitglieder unterstützte ihn dabei.

Wer hierzulande Kommunisten als Täter hinstellt, findet offensichtlich allemal Glauben, zumal er dann nicht zu erklären braucht, warum es in unserem Lande, wenn auch vereinzelt, noch nazistische Spinner gibt.

Eine Frage, die mich beschäftigte, war: Wie kam es, daß der Gehlensche BND immer wieder Nachrichten produzierte, die geeignet waren, den Antikommunismus anzuheizen?

Der Lösung schien mich ein Ereignis näherzubringen, das die Fachleute im November 1961 erschütterte: Die Festnahme Heinz Felfes, des früheren SS-Mannes, den Gehlen mit der »Gegenspionage«, das heißt mit dem Eindringen in den sowjetischen Nachrichtendienst, beauftragt hatte. Die Annahme, ein großer Teil der von Gehlens BND in jener Zeit verbreiteten Meldungen mit »antikommunistischer« Tendenz stamme von Felfe, beruht

auf einer Analyse der Praktiken der östlichen Nachrichtendienste. Sie pflegen ihre Spione anzuweisen, als wackere Antikommunisten aufzutreten. Deshalb hat sich Guillaume als rechter Sozialdemokrat geriert, hat Kim Philby, der größte englische
Spion, die Rolle eines Konservativen gespielt, obwohl er wahrscheinlich ein überzeugter Kommunist war, und auch der 1976
unter Spionageverdacht festgenommene Schweizer General
Jean-Louis Jeanmaire wurde nicht müde, sich in seinem Bekanntenkreis als entschiedener Antikommunist auszugeben.

Neben seiner Desinformationstätigkeit hatte Felfe natürlich seinen Auftraggebern alles verraten, was er im BND erfuhr, außerdem auch einiges aus dem Bundesamt für Verfassungsschutz, in
dessen Spionageabwehrabteilung er ein- und ausgegangen war.
Jetzt war uns auch klar, warum Kirpitschew, ein in Hamburg tätiger KGB-Offizier, kurz vor seiner Festnahme hatte entfliehen
können. Nicht klar war allerdings, welche Art von Information
das KGB seinem Doppelagenten mitgegeben hatte. Ich regte damals beim BND an, die von Felfe stammenden Meldungen zusammenzustellen, damit man erkennen könne, welcher Trend
aus dem KGB-Spielmaterial hervorgehe. Mit anderen Worten:
Man sollte analysieren, was das KGB uns hier glauben machen
wolle. Eine Reaktion auf meine Anregung habe ich nie erhalten.
Offensichtlich war es dem Gehlenschen BND peinlich, zuzuge-
ben, auf was er hereingefallen war. Sogar die Entlarvung Felfes
versuchte Gehlen als eigenes Verdienst auszugeben, indem er behauptete, seine Leute hätten am 27. Oktober 1961 durch Entzif-
ferung eines vom KGB an Felfe gerichteten Funkspruchs das
entscheidende Beweisstück geliefert. Die Vermutung, der BND
sei dem Spion erst durch einen Tip des übergelaufenen KGB-Of-
fiziers Golyzin auf die Spur gekommen, suchte Gehlen in seinen
Memoiren durch den Hinweis zu entkräften, Felfe sei am 6. November festgenommen worden, während der Übertritt Golyzins
erst am 15. Dezember 1961 stattgefunden habe. Auf diese Version sind sogar Zolling und Höhne in ihrem Buch »Pullach intern« hereingefallen. Aber dieser Hinweis auf das spätere Datum
des Übertritts ist nicht geeignet, die »Vermutung« zu widerlegen. Mir sind Fälle bekannt, in denen spätere Überläufer ihren
westlichen Partnern Informationen geliefert haben, *bevor* sie sich

199

schließlich entschlossen, dem Ostblock den Rücken zu kehren. Die Vulkan-Affäre war aus den Angaben eines solchen Überläufers entstanden.

Man fragt sich, wie es möglich war, daß Felfe zehn Jahre als Spion im BND wirken konnte, ohne entdeckt zu werden. Hätte er nur – wie z. B. Guillaume – als Nachrichtenlieferant gearbeitet, dann wäre ein langjähriges Unentdecktbleiben nicht außergewöhnlich. Felfe war aber in der »Gegenspionage« tätig. Er hatte die Aufgabe, dem BND Nachrichten aus der gegnerischen Organisation, dem Moskauer KGB, zu besorgen. Wer weiß, wie ungeheuer schwer es ist, eine solche Aufgabe zu lösen, wird schon mißtrauisch werden, wenn Nachrichten dieser Art reichlich fließen. Erst recht hätte Gehlen mißtrauisch werden müssen, als Felfe – schon 1953 – mitteilte, es sei ihm gelungen, in Moskau eine Gruppe von V-Männern aufzustellen, an deren Spitze ein Oberst stehe. Wer eine Ahnung davon hat, was es bedeutet, V-Leute hinter dem Eisernen Vorhang in dem perfekt organisierten sowjetischen Polizeistaat zu gewinnen und zu führen, der hat für den dummdreisten Schwindel Felfes nur eine Erklärung: Das KGB schätzte den Chef der »Org« richtig ein. Gehlen hatte von der operativen Seite des Geheimdienstes keine Ahnung. Er hat nie einen V-Mann geführt, geschweige denn geworben. Deshalb war seine Reaktion auf die Nachrichtenproduktion Felfes nicht Kritik, Skepsis und Mißtrauen, sondern Lob. Folgende Gehlen-Äußerung ist überliefert: »Der Felfe ist hervorragend. Er bringt an, was andere nicht schaffen.«

Jeder gutgeleitete Dienst ist bestrebt, Nachrichten, gleich wer sie liefert, sorgfältig zu überprüfen. Man nennt das »auswerten«. In Gehlens BND konnte Felfe das ihm vom KGB gelieferte Spielmaterial vielfach der Bundesregierung zuleiten, ohne daß es die »Auswertung« passiert hatte, also sorgfältig geprüft worden war. Diese Möglichkeit erhielt er durch Gehlens Gewohnheit, »gute« Nachrichten, das heißt solche, die sensationell waren, möglichst schnell nach oben an die Regierung »durchzuschießen«, wie man dort – gut militärisch – die Übermittlung durch Fernschreiber nannte. Die Auswertungsabteilung des BND bekam die Nachrichten später. Ihr Urteil war verhältnismäßig unerheblich, denn das, was das KGB mit seinem Spielmaterial, das es Felfe gab, erreichen wollte, war bereits eingetreten: die Desinformation der Bundesregierung.

Wir haben im Bundesamt jahrelang auf die Fehler, ja Absurditäten, hingewiesen, die in gewissen BND-Nachrichten enthalten waren. Im Frühjahr 1968, kurz nach den unruhigen Berliner Ostertagen, rief mich ein hoher Bonner Ministerialbeamter an und fragte: »Haben Sie etwas von einer Konferenz hoher KGB-Beamter gehört, die während der Osterfeiertage in der Sowjetbotschaft von Rolandseck stattgefunden und über die Steuerung der rebellischen Jugend beraten haben soll?« Ich antwortete: »Das haben Sie wohl vom BND?« Er lachte laut, wahrte aber die Diskretion. Ich sagte ihm zu, vorsichtshalber meine Kollegen zu fragen, die den Verkehr in der Sowjetbotschaft gut kannten. Ich erhielt die Antwort, während der Osterfeiertage habe keine Konferenz in der Botschaft stattgefunden. Diese Auskunft erteilte ich meinem Bonner Gesprächspartner am nächsten Tag und riet ihm, sich Springers »Welt« anzusehen. Bei dieser Zeitung, die so vieles von dem, was in der Welt passiere, den Kommunisten in die Schuhe schiebe, sagte ich, habe der BND seine Ente untergebracht*.

Abgebrüht durch jahrelang gelesene Falschmeldungen, konnte mich eine unsinnige Kolportage kaum noch erschüttern. Aber ich sprang doch vom Sessel, als ich einige Wochen später in einer BND-Meldung las, in Europa werde die rebellische Jugend von Rot-China finanziert. Das Geld werde über das portugiesische Macao nach Frankreich transferiert und dort von einem Kaufmann (Name und Wohnort waren genannt) verteilt. Hier hatten die guten Menschen von Pullach einen Fehler gemacht. Was in Macao vorging, konnte ich zwar nicht nachprüfen. Aber ich fragte meine französischen Kollegen. Von ihnen erfuhr ich, daß ein Kaufmann dieses Namens in der genannten Stadt nicht existiere. Sie konnten mir auch nicht bestätigen, daß ihre extremistische Jugend Gelder aus China erhalte.

Oft habe ich mit meinen Kollegen darüber diskutiert, ob die Herren vom BND eigentlich selbst glaubten, was sie da berichteten.

Wir konnten uns darüber keine übereinstimmende Meinung bil-

* vgl. »Die Welt« vom 15. Mai 1968

den. Einige Kollegen nahmen an, man halte diese Berichte im BND für wahr. Ich selbst war mehr und mehr zu der Auffassung gekommen, es gebe Leute in Gehlens BND, die ihre Abnehmer für so leichtgläubig hielten, daß sie ihnen zynisch alles zumuteten. Mehrmals habe ich versucht, mit Vertretern des BND über Meldungen unwahrscheinlichen Inhalts zu diskutieren. Leider gelang das nicht, weil man sich in Pullach jeder Diskussion unter dem Vorwand entzog, der Schutz der empfindlichen Quellen gestatte es nicht, auf Einzelheiten einzugehen. Lag solchen Ablehnungen nur der Geheimhaltungsfimmel zugrunde, der in Gehlens Büro grassierte, oder wollten sich seine Vertreter nicht auf Diskussionen einlassen, weil sich dabei herausgestellt haben würde, daß den Meldungen kein echter »Zugang« zugrunde lag, daß sie also fabriziert waren?

Dem Geheimhaltungsfimmel, einer Kinderkrankheit der Nachrichtendienste, erlagen nicht alle Organisationen, mit denen wir zusammenarbeiteten. Mit Amerikanern, Engländern, Franzosen und Holländern habe ich sehr offen über derartige Probleme diskutiert. Wir haben uns sogar die Namen von geheimen Quellen mitgeteilt, um auszuschließen, daß eine Quelle etwa für zwei Dienste arbeitete. Ein Nachrichtendienst, darüber waren wir uns einig, arbeitet nicht um der Geheimhaltung willen, sondern um gute Nachrichten zu erbringen.

Das A und O der Prüfung nachrichtendienstlicher Meldungen ist die Frage nach dem Zugang der Quellen. Kann die Quelle, so fragt man, nach der Position, die sie einnimmt, das wissen, was sie berichtet hat? Mit den Nachrichtenbeschaffern des BfV habe ich derartige Fragen oft diskutiert. Manchmal war ich zu kritisch und verdarb mir dadurch die Gelegenheit, Lorbeeren für den Verfassungsschutz zu ernten. Im Frühjahr 1956 meldete uns eine Quelle aus dem Zentralkomitee einer kommunistischen Partei, auf dem XX. Parteitag der KPdSU habe Chruschtschow in einer geschlossenen Sitzung eine Rede gehalten, in der er die Verbrechen Stalins bloßgestellt habe. Unser Informant berichtete, eine Abschrift der Rede sei in seinem Zentralkomitee von Zimmer zu Zimmer gereicht worden. Er habe sie nicht fotografieren können und auch nicht abschreiben wollen. Er habe seine Lektüre aber mehrmals unterbrochen, um sich auf der Toilette Notizen zu machen. Die Notizen lasen wir. Es waren etwa zehn Schreibmaschinenseiten voller Sensationen. Die Bloßstellung Stalins, das Eingeständnis einiger seiner Verbrechen, die Preisgabe von Interna der sowjetischen Spitze erschienen mir unerhört. Wenn das wahr wäre, meinte ich, dann hätte Chruschtschow Moskaus Führungsanspruch im Weltkommunismus schwer geschädigt. Das war so unglaublich, daß ich anordnete, unseren Bericht nicht zu verwenden, bevor wir nicht eine Bestätigung von anderer Seite erlangt hätten. Die Bestätigung kam bald. Anfang Juni 1956 veröffentlichte das amerikanische State Department den vollen Wortlaut der Rede Chruschtschows, den die CIA von irgendwoher beschafft hatte. Wir begannen zu vergleichen. Absatz für Absatz stimmten die Notizen unseres Informanten in ihrer Reihenfolge und inhaltlich mit der »Geheimrede« Chruschtschows überein. Im Wortlaut gab es – verständlicherweise – Unterschiede. Wir hatten uns zwar einen Knüller entgehen lassen. Aber nun besaßen wir die Bestätigung, daß unsere Quelle korrekt berichtet hatte. Die Folgen der Kritik ließen nicht lange auf sich warten. Schon im Juni desselben Jahres begann Palmiro Togliatti, der Generalsekretär der KP Italiens, die Idee der Unabhängigkeit der kommunistischen Parteien von Moskau und den Gedanken des Polyzentrismus zu verbreiten. Und nach einigen Jahren brach Rot-China mit der Sowjetunion.

Schon 1971 hatte ich in meiner Besprechung des Gehlenschen Buches »Der Dienst«* geschrieben, der Chef des BND habe die Bundesrepublik mit einem Netz von V-Leuten überzogen, um seinen Nachrichtendienst zu politischen Zwecken zu betreiben. Gehlen hat gegen diesen schweren Vorwurf damals nichts unternommen. Er wußte, daß ich dies beweisen konnte. Tatsachen, die in den Verhandlungen des Guillaume-Ausschusses zutage kamen, haben meine Behauptung bestätigt. Groteske Beispiele für die Inlands-»Aufklärung« des BND habe ich selbst erlebt. Eines Tages sandte uns ein Kölner Arzt einen dicken Brief, den er in seinem Postfach gefunden hatte. Der Brief enthielt, wie der Arzt schrieb, anscheinend kommunistisches Propagandamaterial. Wir sahen uns das Material genauer an und staunten, es war der monatliche Lagebericht des Bundesamts für Verfassungsschutz über

---

* vgl. »Der Spiegel« Nr. 45/1971

kommunistische Bestrebungen. Der Arzt war so umsichtig gewesen, uns auch den Briefumschlag mitzuschicken. Den Absender kannten wir wohl. Es war ein Mann, der unseren Lagebericht auf legale Weise erhielt. Interessanter war jedoch der Empfänger. Sein Name war dem des Arztes ähnlich. So erklärte sich die Fehlleitung in dessen Postfach. Wer aber verbarg sich hinter dem Empfänger? Wir brauchten einige Stunden, um das zu ermitteln. Dann waren wir beruhigt und amüsiert: Es war der Kölner Resident des BND. Er »beschaffte«, was sein Dienst sowieso in mehreren Exemplaren erhielt.

Im Untersuchungsausschuß Guillaume kam ferner ans Licht, was die Presse so ausdrückte: »Einem eine Dame, einem anderen Kontakt zur SED angehängt*.«

Ich konnte diese Praxis des Gehlenschen BND aus eigenen Erfahrungen bestätigen. Gehlen hatte in den fünfziger Jahren auf allen möglichen Kanälen, darunter auch bei der Justiz, verbreiten lassen, ich sei »von drüben geschickt« worden, also in Wahrheit ein Agent des Ostens. Das hat mir einer der höchsten Justizbeamten der Bundesrepublik nicht nur zugeflüstert. Er hat diese Gehlenschen Verdächtigungen auch dem Bundesminister des Innern schriftlich mitgeteilt und dazu bemerkt, sie seien so obsolet und unsinnig, daß nur Böswillige damit argumentieren könnten. Meinen Lebensweg hat Gehlens BND durch die hinter meinem Rücken ausgestreuten Verdächtigungen allerdings nur erschweren, aber nicht korrumpieren können. Wenn er einmal naiv stolz gesagt hat: »Ein Generalstabsoffizier kann alles«, so stimme ich ihm zu: auch verdächtigen kann er.

Trotz des Versagens seiner Nachrichtenbeschaffung – zumindest auf politischem Gebiet – und trotz jahrelanger leichtfertiger Belieferung der CDU-Bundesregierungen mit dem Desinformationsmaterial, das der sowjetische Geheimdienst über seinen Agenten Felfe eingeschleust hatte, war es Gehlen gelungen, sich als »einer der besten Nachrichtendienstchefs« (Professor Dr. Carstens), als »ungewöhnlich begabter Analytiker« (Marion Gräfin Dönhoff) oder als »Weltstar der Spionage« (Jochen Willke) feiern zu lassen. Wie war das möglich? Nun, Gehlen ließ nach der Devise handeln, das schlechte BND-Ergebnis müsse

* vgl. »stern« Nr. 49/1974

durch eine gute Presse wettgemacht werden. Durch den Untersuchungsausschuß Guillaume erfuhr die Öffentlichkeit, was Eingeweihte schon lange wußten. Der frühere Kanzleramtschef Professor Dr. Ehmke sagte als Zeuge aus:
»Es gab regelmäßige Geldleistungen an Presseangehörige, deren Gegenleistung, falls es überhaupt eine gab, jedenfalls nicht auf dem Gebiet der Auslandsaufklärung lag.« Mit anderen Worten: Eine beträchtliche Anzahl von Journalisten ließ sich von Gehlen dafür hoch und steuerfrei bezahlen, daß sie über ihn und seine Organisation günstig berichteten. Die Beziehungen zu diesen Journalisten wurden im Dienst »Sonderverbindungen« genannt.

Nachdem Gehlen in den Ruhestand gegangen war, ließ ich mir von der Pressestelle meines Amtes Artikel vorlegen, die Lobpreisungen Gehlens enthielten. Auf diese Weise kam eine erstaunliche Liste von »Sonderverbindungen« zusammen.

In der BND-Literatur* habe ich gelesen, zehn Generale und fünfzig Oberste hätten den Nachrichtendienst quittieren wollen, falls ich zum Präsidenten des BND ernannt worden wäre. Sollte das wahr sein, so hat sich die Bundesregierung eine Gelegenheit entgehen lassen, sechzig Herren vom Geiste und von der Qualität Gehlens billig loszuwerden: Einen größeren Dienst hätte die Regierung dem öffentlichen Wohl kaum leisten können.

---

* vgl. Zolling/Höhne, Pullach intern, S. 329

Hindernisse

Otto John hatte den Russen durchaus zutreffend erzählt, daß ich mich im Bundesamt für Verfassungsschutz nicht glücklich fühlte. Zwar fand ich die Arbeit hoch interessant, aber ich hatte große Schwierigkeiten vorwärtszukommen. 1950 war ich als Angestellter eingetreten. In den ersten Jahren betrug mein Gehalt etwa 650,– DM. Das war wenig für den Unterhalt einer Familie mit drei Kindern, wenig vor allem auch für mich, der ich immerhin schon vierzig Jahre alt war und vorher als Anwalt nicht über jede Mark hatte nachdenken müssen. 1952 wurde ich zum Oberregierungsrat befördert. Danach schien ich aber keine Aussicht mehr zu haben, weiter aufzusteigen. Eine weitere Entwicklung verhinderten Beamte aus dem Innenministerium. Vor allem dem Leiter der Personalabteilung, einem früheren Corpsstudenten, schien meine soziale Einstellung zu mißfallen. Er hatte Dr. John erzählt, ich stünde »ganz links« – was immer er damit gemeint haben mag. Geschadet hatten mir auch respektlose Äußerungen, die ich über den damaligen Innenminister Dr. Lehr gemacht hatte. Dr. John schrieb in seiner »Charakteristik«, ich hätte mich über den damaligen Minister lustig gemacht. Fast wäre ich deshalb entlassen worden: Auf einer Konferenz im Innenministerium, es war wohl 1952, hatte Dr. Lehr in einem Vortrag über die politische Lage gesagt, die stärkste gegnerische Kraft im Bundesgebiet stelle zur Zeit die »Strasser-Bewegung« dar. Da ich alle Berichte des Bundesamtes an das Ministerium verfaßt hatte, hielt ich diese Behauptung für absurd. Zwar war in diesen Berichten hin und wieder auch die Rede von Otto Strasser gewesen, wir hatten ihn aber eher als eine Art skurrile Randfigur angesehen, jedenfalls nicht als bedeutenden Politiker. Schon gar nicht war seine »Bewegung« als stärkste politische Kraft bezeichnet worden. Am Abend nach dieser Konferenz saßen wir mit einigen Berliner Kollegen beim Essen und Trinken, wobei natürlich über die markigen Worte des Dr. Lehr gesprochen wurde, die ich dann auch kommentierte. Zu meiner Überraschung wurde mir nach einigen Wochen dienstlich vorgehalten, ich hätte an jenem Abend, anknüpfend an einen Romantitel, der damals in aller Munde war – »Müssen Männer so sein?« –, gefragt: »Müssen Minister dumm sein?« Ein Teilnehmer, der dem Landesamt Berlin angehörte, hatte nichts Eiligeres zu tun gehabt, als diese Majestätsbeleidigung dem CDU-Abgeordneten Dr. Krone mitzuteilen, der Dr. Lehr davon informierte. Ich habe nie zugegeben, an jenem feucht-fröhlichen Abend so despektierlich gefragt zu haben. Zu meinem Glück konnten sich die anderen Teilnehmer der abendlichen Runde auch nicht erinnern, dergleichen von mir gehört zu haben. Damit war die Personalabteilung des Innenministeriums in Beweisnot, und die Sache verlief im Sande.

Nach dem Verschwinden Dr. Johns vergingen mehrere Jahre mit verschiedenen Untersuchungen. Obwohl ich erheblichen Anteil am Aufbau des Bundesamtes hatte, wurde ich auch weiterhin nicht befördert. Seit Jahren war ich auch auf internationaler Ebene für das Bundesamt tätig, wobei mir meine Sprachkenntnisse sehr zustatten kamen. Um nicht länger blockiert zu werden, bemühte ich mich um eine Anstellung in einem anderen Ministerium. Eine gute Aussicht bot sich mir im Atomministerium, wo ich eine Ministerialratsstelle erhalten sollte. Nachdem dieses Ministerium meine Personalakten angefordert hatte, wurde man jedoch im Innenministerium aktiv. Staatssekretär Ritter von Lex bestellte mich zu sich, um über meine Lage zu sprechen. Als wir meinen Werdegang erörterten, stellte sich heraus, daß ihn die Personalabteilung nicht einmal über meine sehr guten Examensnoten unterrichtet hatte. Herr von Lex kannte einiges aus meiner Arbeit. Er wertete auch meinen Auftritt als Zeuge im John-Prozeß positiv, von dem er sagte, er habe sich wesentlich von dem anderer Herren des Bundesamtes unterschieden. Ich hatte ihm auch im Prozeß gegen die KPD einiges Material geliefert. Dabei hatte ich ihm allerdings auch unverblümt gesagt, dokumentarisches Material über die Finanzierung der KPD durch die SED könne ich ihm nicht beschaffen. Er erinnerte sich noch an meine

Worte: »Die Kommunisten waren blöd genug, uns das Programm der ›Nationalen Wiedervereinigung‹ als Beweismittel zu liefern. So blöd, Dokumente über die Finanzierung zu hinterlassen, sind sie aber nicht gewesen.«

Zum Abschluß unserer Aussprache sagte mir Herr von Lex, er werde mich nicht gehen lassen. Aber er sehe ein, daß das Innenministerium etwas für mich tun müsse.

Nach einer Woche wurde ich zum damaligen Innenminister Dr. Schröder bestellt. Er sagte, in den vergangenen Jahren sei etliches gegen mich vorgebracht worden. Bei jeder Überprüfung hätten sich diese Vorwürfe jedoch als unbegründet erwiesen. Er wolle nun dafür sorgen, daß ich nicht länger unter einer Glocke des Mißtrauens leben müsse. Ich bedankte mich und ging.

Nach wenigen Wochen, im Juli 1957, wurde ich zum Regierungsdirektor ernannt und noch im gleichen Jahr wurde mir – gelegentlich einer Umorganisation des Amtes – eine Abteilung anvertraut. Sie hatte die Aufgabe, Nachrichten über verfassungsfeindliche Bestrebungen von Kommunisten zu sammeln.

In meiner Abteilung fand ich einige fähige und passionierte Mitarbeiter vor. Wir harmonierten gut. Auch zu den Landesämtern bestand ein guter Kontakt. Wir legten einige Untergrundorganisationen der KPD lahm. 1959 wurde ich zum Leitenden Regierungsdirektor befördert. Ich war der Meinung, mich allgemeinen Ansehens zu erfreuen. Als im Sommer 1964 Herr Radke, der bisherige Vizepräsident, in Pension ging, machte ich mir Hoffnung, sein Nachfolger zu werden. Zu meiner Enttäuschung wurde mir aber Dr. Brückner, der bisherige Leiter der Sicherungsgruppe des Bundeskriminalamtes vorgezogen. Ich blieb Abteilungsleiter und konnte auf keine weitere Beförderung hoffen, denn Dr. Brückner stand etwa im gleichen Alter wie ich. Damals spielte ich bereits mit dem Gedanken, vorzeitig in Pension zu gehen, um mich meiner Liebhaberei, dem Bücherschreiben, widmen zu können. Wie ich bald bemerkte, fühlte sich Dr. Brückner jedoch in seiner Haut nicht wohl. Als er im Laufe des Jahres 1966 um seine Pensionierung bat, wurde seiner Bitte entsprochen.

Inzwischen war die Große Koalition zwischen CDU und SPD gebildet worden. Der damalige Innenminister Lücke fragte die

Otto John auf der Pressekonferenz in Ostberlin

Oben: Bei der Übernahme des Präsidentenamtes. Unten: Antrittsbesuch bei Bundeskanzler Willy Brandt

Oben: Mit Innenminister Hans Dietrich Genscher. Unten: Im Gespräch mit den »Spiegel«-Redakteuren Axel Jeschke und Peter Stähle

SPD, ob sie einen Kandidaten für den Posten des Vizepräsidenten vorzuschlagen habe. Die SPD benannte mich, obwohl ich ihr
nicht als Mitglied angehörte. Im Dezember 1966 wurde ich ernannt.

Als SPD und FDP nach der Bundestagswahl von 1969 die Regierung bildeten, war meine Position gefestigter denn je. Mit dem
neuen Innenminister, Herrn Genscher, stand ich gut. Im Frühjahr 1970 fragte er mich, ob ich bereit sei, im Innenministerium
die Stellung des Leiters der Abteilung Öffentliche Sicherheit anzunehmen, meine Aussicht, nach der Pensionierung des damaligen Präsidenten des BfV, des Herrn Schrübbers, sein Nachfolger
zu werden, könnte sich dadurch verbessern. Ich sagte zu. Am
1. September 1970 trat ich im Innenministerium an und wurde
im gleichen Monat zum Ministerialdirektor ernannt.

Die Arbeit im Ministerium fiel mir nicht leicht. Im Verfassungsschutz hatte ich mich auf die Beschaffung und Bewertung von
Tatsachen konzentriert. Im Ministerium trat die Beschäftigung
mit Rechtsfragen in den Vordergrund. Intensiv mußte ich mich
auch mit Fragen des Polizeirechts und der Rolle des Bundes in
Polizeiangelegenheiten befassen. In jenen Jahren drohten Serien
von Terrorakten das Vertrauen der Bürger zu erschüttern. Für
den Bundesinnenminister wurde die Koordinierung der polizeilichen Exekutive der Länder zu einer Frage des politischen
Überlebens. Die Regierung förderte den Ausbau des von ihren
Vorgängern etwas stiefmütterlich behandelten Bundeskriminalamts. Dessen Befugnisse wurden erweitert und seine Kopfstärke
bedeutend vergrößert. Ich hatte den Eindruck, meinen Anteil
daran zur Zufriedenheit des Ministers zu leisten. Als Präsident
Schrübbers wenige Monate vor Vollendung seines fünfundsech-
zigsten Lebensjahres in Pension ging, wurde ich am 1. Mai 1972
zu seinem Nachfolger im Bundesamt für Verfassungsschutz ernannt.

Menschen und Methoden
im Geheimdienst

Bei meinem Eintritt in das Bundesamt für Verfassungsschutz hatte ich keine geheimdienstlichen Erfahrungen. Nach dem, was ich in Polen und in der DDR gelernt hatte, wußte ich jedoch, mit welchen Methoden Verdächtige verfolgt und überlistet worden waren. Da ich selbst aus der DDR geflohen war, konnte ich mich auch leicht in die Mentalität verfolgter Personen versetzen, mir ihre Wachsamkeit, ja ihren oft weit über die echte Gefahr hinausgehenden Argwohn vorstellen. In dem entstehenden Bundesamt für Verfassungsschutz traf ich auf Kollegen und Vorgesetzte völlig verschiedener Herkunft. Einer von ihnen, ein älterer Abwehroberst, hatte die Nachkriegsjahre in Gehlens Organisation verbracht. Er besaß solide Kenntnisse von Spionageabwehrmethoden, die er in Diskussionen über den Einzelfall an uns Jüngere weitergab. Seiner anständigen Natur nach war er dem früheren Vorgesetzten Gehlen gegenüber in den ersten Jahren loyal. Seine Loyalität ging so weit, daß er geneigt war, auch die Berichte, die uns von Gehlens Organisation gesandt wurden, als zutreffend zu akzeptieren. Später konnte aber auch er nicht mehr die Augen vor den Unwahrscheinlichkeiten verschließen, die Gehlens Berichte enthielten, zumal dann nicht, wenn es in diesen Berichten um Bereiche ging, die im Inneren des Landes, also im Arbeitsfeld des Bundesamtes für Verfassungsschutz, lagen.

Von der Gehlen-Organisation war uns auch ein anderer früherer Abwehroffizier überstellt worden, der sich der Nachrichtenbeschaffung widmen sollte. Von Anfang an versuchte er, uns, die Anfänger, durch Geschichten über seine Abwehrerfolge zu düpieren. Seiner Lust am Fabulieren ließ er aber auch bei seinen Dienstgeschäften freien Lauf. Als Beschaffer hatte er Angaben über die Herkunft seiner Meldungen und über den »Zugang«

seiner Quellen zu machen. Ich war damals Auswerter und hatte seine Meldungen zu beurteilen. Nach einigen Monaten begann ich zu zweifeln, ob alles zutraf, was er berichtete. Ich teilte ihm meine Bedenken mit. Er lehnte weitere Angaben ab, da er seine Quellen schützen müsse. Hinter diesem Schutzschild verbarg er Übleres. So bezog er zum Beispiel Meldungen von einem Angehörigen eines Landesamtes für Verfassungsschutz. Dabei bezeichnete und bezahlte unser Beschaffer die Ehefrau dieses Landesamtsangehörigen als »geheime« Quelle. Ich konnte den Schwindel aufdecken, weil jener Landesamtskollege mir erzählt hatte, er besitze gute Verbindungen auf jenem Gebiet, über das unser Beschaffer nun berichtete.

Dieser Beschaffer informierte sogar den damaligen Präsidenten Dr. John unzutreffend über die Herkunft seiner Berichte. Dr. John setzte durch, daß er dahin zurückkehrte, woher er gekommen war, zu Gehlens BND. Sein Nachfolger war gelernter Kriminalbeamter. Er hatte aber während des Krieges als Abwehroffizier gedient und dabei beträchtliche Erfahrungen gesammelt. Sein betuliches Wesen und seine fürsorgliche Art gegenüber seinen Mitarbeitern trug ihm den Spitznamen »Onkel Richard« ein. Mir erzählte er eines Tages offen, bevor er ins Bundesamt gekommen sei, habe man ihm aus Berlin Berichte gesandt, nach denen ich unter merkwürdigen Umständen aus Dresden geflohen sei, weshalb er den Verdacht gehegt habe, ich sei als Agent in den Westen geschickt worden. Er habe daraufhin in Dresden Erkundigungen eingezogen, deren Ergebnisse aber jeden Verdacht ausgeräumt hätten. So sympathisch diese Offenheit war, sie konnte eine Schwäche »Onkel Richards« nicht verdecken: Er glaubte an das, was er beschafft hatte. Er war nicht kritisch genug gegenüber den Ergebnissen seiner Arbeit. Das zeigte sich in drastischer Weise in der Vulkan-Affäre.

Den Leuten, die aus der Abwehr kamen, war eins gemeinsam: die Hochschätzung des Fachmanns, des Technikers, der die hergebrachten Methoden des Nachrichtendienstes beherrschte. Diese Hochschätzung veranlaßte die früheren Abwehrleute, auch im Bundesamt für Verfassungsschutz einige »Experten« zu beschäftigen, die früher in der Gestapo gedient hatten. Das war ihnen gelungen, weil sie auch den Präsidenten Dr. John überzeugt hatten, daß es unerläßlich sei, sich auf solche Experten zu stützen. Dennoch hielt sich die Zahl dieser »Fachleute«, die der Verfassungsschutz beschäftigte, in engen Grenzen. Nicht nur die alten Abwehrleute im BfV schätzten diese »Experten« hoch, auch Gehlen dachte in ähnlicher Kategorie, obwohl er verbreiten ließ, er habe aus grundsätzlicher Überzeugung darauf verzichtet, SS-Männer zu beschäftigen, und ihm viele das einige Jahre hindurch abnahmen*. In Wahrheit hat Gehlen seit 1950 Dutzende von ehemaligen SS- und Gestapo-Leuten eingestellt.

Meine Erfahrungen aus der Zusammenarbeit mit den Fachleuten im BfV sind nicht negativ. Diese Leute waren überwiegend in der Spionageabwehr beschäftigt. Dabei lernte ich ihre Stärken, die Kenntnis der Techniken der östlichen Nachrichtendienste, schätzen, aber auch ihre Schwächen wurden offenbar, zum Beispiel die Unkenntnis des gerichtlichen Verfahrens in einer westlichen Demokratie. Eine Schwäche hatten sie mit den alten Abwehrleuten gemeinsam: Öffentlicher und parlamentarischer Kritik gegenüber waren sie höchst empfindsam. Sie waren nicht daran gewöhnt, ihre dienstlichen Aktionen öffentlich rechtfertigen zu müssen. Drastisch wurde das in der sogenannten Telefon-Affäre sichtbar. 1962 hatte ein Angestellter des BfV namens Paetsch die Flucht in die Öffentlichkeit angetreten, die er über die Zusammenarbeit des BfV mit den Nachrichtendiensten der Alliierten auf dem Gebiet der Telefonüberwachung informierte. Das Parlament setzte einen Untersuchungsausschuß ein, der die Tätigkeit des Bundesamts auf diesem Gebiet klären sollte. Präsident und Abteilungsleiter diskutierten darüber, wie man sich vor dem Ausschuß verhalten solle. Von vornherein war klar, daß wir selbst keine Telefone abgehört hatten. Es ging aber um die Frage, ob die Alliierten aus eigenem Antrieb oder »im Auftrag« des BfV ihre Maßnahmen eingeleitet hatten. Was die Alliierten aus eigenem Antrieb getan hatten, ging uns nichts an. Zur Debatte stand lediglich unser eigenes Verhalten. In diesen Diskussionen traten einige Leute aus der früheren Abwehr dafür ein, wir sollten als Zeugen vor dem Ausschuß aussagen, wir hätten den Alliierten keine Aufträge erteilt. Ihre Begründung: Da wir nicht befugt gewesen seien, den alliierten Diensten Aufträge zu erteilen, könne

* vgl. »Der Spiegel« Nr. 39/1954

man das, was wir ihnen mitgeteilt hatten, auch nicht als Auftrag bezeichnen. Ich war der Auffassung – und sagte das auch –, so könne man den Untersuchungsausschuß nicht abspeisen. Wir hätten als Zeugen nicht Tatsachen zu interpretieren, also nicht Sachverhalte als »Auftrag« zu qualifizieren, sondern Tatsachen zu bekunden. Tatsache sei aber, daß mehrere Abteilungsleiter, darunter ich, den Alliierten Namen, Telefonnummern und Anschriften von Personen mitgeteilt hätten, bei denen aus gemeinsamem Sicherheitsinteresse Maßnahmen der Post- und Telefonkontrolle erforderlich seien. Bei manchen der Diskussionsteilnehmer wurde ein Unbehagen erkennbar, dem Untersuchungsausschuß den vollen Sachverhalt darzustellen. Im Dritten Reich hatte es keine parlamentarischen Untersuchungsausschüsse gegeben. Auch war der Nachrichtendienst der öffentlichen Diskussion, etwa durch die Presse, entzogen worden. In der westdeutschen Demokratie war das anders. Als Abwehrbeamter mußte man sich den Fragen der Abgeordneten stellen und das Fragerecht der Volksvertreter anerkennen. Das fiel einem leicht, wenn man ein gutes Gewissen hatte. Man mußte in seiner Amtsführung mindestens vorsätzliche Verstöße gegen Gesetze oder Dienstvorschriften vermeiden. In der Zusammenarbeit mit den Alliierten in Sachen der Post- und Telefonkontrolle hatten wir uns so verhalten. Ich ging jedenfalls mit der festen Überzeugung in den Untersuchungsausschuß, daß diese Zusammenarbeit rechtlich nicht zu beanstanden sei. Diese Überzeugung brauchte ich nicht zu revidieren, nachdem der Untersuchungsausschuß und – im Strafverfahren gegen Paetsch – der Bundesgerichtshof den Sachverhalt geprüft hatten.

Der Fall des Angestellten Paetsch war lehrreich. Warum hatte Paetsch die Abhörpraxis publik gemacht? Seine Erklärung, er habe die Rechtsverstöße, die er beobachtet hatte, nicht länger mit ansehen können, war wenig überzeugend. Er hatte an der Praxis, die er nun brandmarkte, jahrelang mitgearbeitet, ohne auch nur gegenüber Vorgesetzten oder Mitarbeitern Bedenken zu äußern. Paetschs wahres Motiv trat in der Hauptverhandlung vor dem Bundesgerichtshof zutage. Er war der Überzeugung, jahrelang von einem Vorgesetzten, der früher der Gestapo angehört hatte, schlecht behandelt worden zu sein.

Die Beschäftigung von früheren Angehörigen der Gestapo im Bundesamt für Verfassungsschutz war damit – auch ein Effekt der Telefonaffäre – zum Gegenstand der öffentlichen Diskussion geworden. Im Bundesamt für Verfassungsschutz meinte man, sich gegen den Vorwurf, suspekte frühere Gestapoangehörige übernommen zu haben, durch sorgfältige Überprüfung ihrer Vergangenheit absichern zu können. Auch die Alliierten wurden um Mitteilung aller Erkenntnisse über jeden einzelnen dieser Aspiranten gebeten. Man stellte nur solche ein, gegen die kein Verdacht geäußert wurde, an Gestapoverbrechen beteiligt gewesen zu sein. Gegen diese Argumente erhob auch der damalige Präsident Dr. John keine Einwendungen, dem keinerlei Sympathie für Gestapo-Fachleute nachgesagt werden konnte. Trotzdem ließ sich das Odium »Gestapo« auf diese Weise nicht wegwischen. Immerhin war die Zahl dieser Fachleute, die das Amt beschäftigte, recht gering. Insgesamt dürften es nicht mehr als zehn gewesen sein.

Im Laufe der Jahre habe ich mit einigen dieser Gestapoangehörigen zu tun gehabt. Ich habe einiges von den Fachleuten gelernt. Der eine war in der letzten Phase des Krieges Agentenführer von Victor Sukulow – einst unter Trepper »petit chef« der sowjetischen Spionageorganisation – gewesen, die von der Abwehr »Rote Kapelle« genannt worden war. Sukulow hatte sich von der Gestapo dafür gewinnen lassen, durch nach Moskau gesandte Funksprüche dort den Eindruck zu erwecken, er sei noch loyal als sowjetischer Agent tätig. Durch dieses Funkspiel habe die Gestapo bis zu den letzten Tagen des Krieges interessante Informationen über Aktionen und Pläne des sowjetischen Nachrichtendienstes gewonnen, behauptete der ehemalige Gestapoangehörige. Erkundigungen, die ich an anderer Stelle einzog, bestätigten mir das. Einer dieser Fachleute hatte in den letzten Kriegsjahren die Aufgabe gehabt, sowjetische Fallschirmagenten aufzuspüren, die hinter den deutschen Linien abgesprungen waren. Obwohl der sowjetische Nachrichtendienst zahlreiche derartige Agenten im letzten Kriegsjahr hinter der Front, aber auch im Reichsgebiet hatte absetzen lassen, war darüber – infolge der im Dritten Reich herrschenden Geheimhaltung – nichts an die Öffentlichkeit gedrungen. Mein Fachmann berichtete interessante Einzelheiten. Verständlicherweise hatten die Russen als Fallschirmagenten ausschließlich Emigranten eingesetzt. Niemand kannte die Sprache und die deutsche Heimat besser als sie. Auch Verwandte prominenter Emigranten wurden nicht von diesen Himmelfahrtskommandos verschont. Aber darüber wunderte sich nur, wer nicht wußte, welch bescheidene Rolle Emigranten, auch wenn sie »prominent« waren, in der Sowjetunion gespielt hatten. Unter diesen Fallschirmspringern war auch Theodor Winter gewesen, der Schwiegersohn Wilhelm Piecks, des späteren Präsidenten der DDR, der damals schon einen hohen Posten in der Komintern hatte. Einen anderen Agenten mit prominentem Namen, Heinrich Koenen, Sohn eines früheren Reichstagsabgeordneten, hatte mein Fachmann selbst gefaßt. Koenen war nach seiner Landung nur sechs Tage in Freiheit gewesen. Nach seiner Landung in Ostpreußen gelangte er nach Berlin, wo er Ilse Stöbes Wohnung aufsuchte. Diese Mitarbeiterin der Roten Kapelle war aber bereits sechs Wochen, also längst vor dem Abflug Koenens, verhaftet, ein Indiz dafür, daß der sowjetische Nachrichtendienst auch nicht alles wußte. Die Gestapo war von der Ankunft Koenens durch einen entzifferten Funkspruch unterrichtet. Koenen sagte in den Vernehmungen alles, was er wußte. Dennoch wurde er hingerichtet.

Als Anfang der sechziger Jahre das Problem der Tätigkeit ehemaliger Gestapobeamter öffentlich diskutiert wurde, bestand die Mehrzahl der Mitarbeiter des Bundesamts für Verfassungsschutz aus Leuten, die nicht durch die Schule der Abwehr oder gar der Gestapo gegangen waren. Die meisten meinten, es sei ein schwerer politischer Fehler gewesen, frühere Gestapoangehörige zu beschäftigen, weil dadurch – ganz gleich, ob diese Leute Verbrechen begangen hätten und wie viele beschäftigt wurden – auf das Amt das Odium fiel, Nachfolgeinstitut der Gestapo zu sein. Auch waren diese jüngeren Leute – und ich mit ihnen – der Meinung, das Amt hätte auch technisch schwierigere Probleme lösen können, ohne sich mit früheren Gestapobeamten zu belasten. Wir hatten das durch die Maßnahmen bewiesen, die getroffen worden waren, um Nachrichten über die seit 1956 illegale KPD zu gewinnen. Ich war damals Leiter der Abteilung geworden, deren Aufgabe es war, Nachrichten über die verbotene KPD zu sammeln und auszuwerten. Schon vor Erlaß des Verbotsurteils im August 1956 beriet ich mit einigen fähigen Mitarbeitern aus Bund und Ländern darüber, wie diese Aufgabe zu lösen sei. Ich suchte auch den Rat von Experten befreundeter Nachrichtendienste, der mir kollegial erteilt wurde. Unser Konzept war bald klar: Wir hatten einige Informanten in der legalen KPD gehabt. Einige davon wurden von der illegalen KPD in der Untergrundarbeit verwendet. Wir planten, mit ihrer Hilfe durch Observationen, also durch Augenbeobachtung, den Umfang des Netzes der illegalen KPD kennenzulernen. In der Nachkriegszeit waren Observationsgruppen bis dahin nur bei der Abwehr gegnerischer Spionage verwendet worden. Da die illegale Organisation der KPD ähnlich konspirativ arbeitete wie das Netz eines gegnerischen Nachrichtendienstes, hofften wir, unsere Kenntnisse über die illegale Organisation durch Observationen erweitern zu können. Außerdem wollten wir keine Gelegenheit vorübergehen lassen, Kenntnisse, die wir auf diese Weise gewonnen hatten, durch Werbung neuer Informanten im Apparat der illegalen KPD zu vertiefen.

Die Leitung der Observationsgruppe übertrug ich einem jungen Juristen, der theoretische Kenntnisse über den Kommunismus mit Einfühlungsvermögen in die Mentalität der zu beobachtenden Personen verband. Außerdem besaß er Phantasie und war mit Leidenschaft bei der Sache, was ihn und seine Mitarbeiter zu außerordentlichen Leistungen befähigte. Da er immer in Eile war, nannten wir ihn »den Schnellen«. Wenn er zu mir wollte, hörte ihn meine Sekretärin schon im Laufschritt herannahen, wenn er noch auf dem Korridor war. Hatte ich einen anderen Besucher, so pflegte sie sich mit ausgebreiteten Armen vor die Tür meines Zimmers zu stellen. Eine andere Art, ihn im Vorzimmer aufzuhalten, gab es nicht. Bürgerliche Formalitäten, wie Anklopfen und auf den Hereinruf zu warten, ignorierte er. Wir legten allerdings ohnehin mehr Wert auf Effizienz als auf militärisches Gehabe. Das Einfühlungsvermögen »des Schnellen« und seine Phantasie, allerdings auch ein gewisser Schematismus der gegnerischen Arbeit, befähigten ihn, die Bewegungen einer beobachteten Organisation in überraschender Weise vorherzusagen. Einmal berichtete er mir und seinem unmittelbaren Vorgesetzten, der ebenfalls ein fähiger junger Jurist war und heute ein Landesamt für Verfassungsschutz leitet, über die Beobachtung eines Kurierapparates der KPD. Das klang etwa so: »Also vor einer Stunde haben meine Leute den Kurier in dem bekannten grünen PKW bei der Autobahnraststätte Siegburg gen Süden fahren sehen. Der Verkehr ist heute mäßig. Also dürfte er in fünf Stunden in Basel sein. Dort nimmt er den Nachtzug nach Brüssel, wo er morgen früh gegen 7 Uhr eintrifft. Ich denke nicht daran, meine Leute bis Basel hinterherrasen zu lassen. Eine solche Dauerobservation fällt nur auf. Es genügt, wenn ich zwei Leute nach Nancy schicke, die nachts in den Zug Basel–Brüssel einsteigen und herausfinden, in welchem Abteil der Kurier sitzt. Ich werde am Morgen mit einigen Leuten am Bahnhof in Brüssel sein und die Observation fortsetzen, damit wir seine dortige Anlaufstelle herauskriegen. Bitte genehmigen Sie«, wandte sich »der Schnelle« an mich, »die erforderlichen Auslandsdienstreisen.« Sein unmittelbarer Vorgesetzter sah mich mit einem Blick an, der bedeuten sollte: »der spinnt«. Das war nicht unangemessen, denn an dem geschilderten Reiseverlauf war nur die Beobachtung bei der Autobahnraststätte real. Alles andere existierte bisher nur in der Phantasie »des Schnellen«. Einem Spinner sollte man normalerweise keine Dienstreise genehmigen. Mir aber schienen die Deduktionen »des Schnellen« irgendwie plausibel. Ich sagte daher in dem etwas zynischen Ton, in dem wir damals verkehrten: »Ach wissen Sie, wir machen so viele überflüssige Dienstreisen. Lassen wir ihn und seine Leute doch fahren. Morgen abend kommt er dann und meldet, wie er auf den Bauch gefallen ist.« »Der Schnelle« strahlte. Eilig holte er die schon ausgefüllten Dienstreisegenehmigungen hervor und ließ mich unterschreiben. Dann war er zur Tür hinaus. Am nächsten Abend rief er triumphierend aus Brüssel an: »Wir sind nicht auf den Bauch gefallen. Der fährt noch weiter. Bitte, die Genehmigung um einen Tag zu verlängern.« Was wollte ich machen? Nachdem die Gruppe zurück war, bestellte ich die beiden zu mir, die nach Nancy gefahren waren. Sie berichteten, sie seien in den Zug eingestiegen und hätten alle Abteile durchsucht, den Kurier aber nicht gefunden. Schließlich hätten sie sich in einem leeren Abteil 1. Klasse niedergelassen, um noch ein paar Stunden zu schlafen. Nach 15 Minuten sei die Tür aufgegangen, der ihnen von früheren Observationen bekannte Kurier sei hereingekommen, habe sich in eine Ecke gesetzt und sei offenbar eingedöst. In Brüssel habe »der Schnelle« schon am Bahnsteig gewartet und sie hätten ihm ihren Klienten »übergeben«.

Eines Tages war »der Schnelle« wieder unterwegs, um mit seinen Leuten, die sich »Nollaus schnelle Truppen« nannten, einen Kurier und seine Treffs zu observieren. »Der Schnelle« pflegte mich alle paar Stunden anzurufen, um mich über den neuesten Stand zu unterrichten oder um Probleme zu besprechen. Ab und zu tauchte die Frage auf, ob er einer observierten Person ins Ausland folgen sollte, wenn sie Kurs auf einen Grenzübergang nahm. »Nacheile« nannten wir das. Ich pflegte in solchen Fällen sofort die Zustimmung des befreundeten Dienstes einzuholen, in dessen Land die Reise ging. An diesem Tage hatte ich schon lange nichts vom »Schnellen« gehört. Am späten Nachmittag rief einer der Observanten aus einer Stadt im benachbarten Ausland an: »›Der Schnelle‹ und fünf von uns sitzen hier im Gefängnis«, rief er erregt. »Tun Sie bitte was.« Dann erfuhr ich, daß »der Schnelle« mit einigen Observanten »nacheilen« mußte. Sie hatten ihre Dienstwagen, die mit der Funkeinrichtung beim Grenzübergang aufgefallen wären, diesseits der Grenze stehenlassen. In der nächsten Stadt des Nachbarlandes hatten sie sich Autos gemietet, um wieder mobil zu sein. In jener Stadt war gerade eine Fahndung nach Gangstern im Gange, die teure Autos mieteten, um sie über die Grenze zu verschieben. Einem wachsamen Polizisten waren die jungen Männer aufgefallen, die ohne Gepäck, aber mit reichlichen Geldmitteln hantierten. So waren sie festgenommen worden. Sie zu »befreien« war kein Problem. Ich rief meinen Kollegen in der Sicherheitsbehörde der Hauptstadt jenes Landes an, und nach einer Stunde stand der Mobilität »des Schnellen« kein Hindernis mehr im Wege. Am Telefon fluchte er, weil er in der Zwischenzeit den Observierten aus den Augen verloren hatte. Darauf frotzelte ich: »Warum machen Sie auch so einen unseriösen Eindruck?«

»Der Schnelle« ist leider früh von uns geschieden. Er ignorierte ein Magenleiden, das er sich zugezogen hatte. Auf besorgte Fragen antwortete er ausweichend. Schließlich starb er an einer

Bauch-Phlegmone. Zu seiner Beerdigung in seiner Heimat im fränkischen Ellingen waren nicht nur seine meist aus dem Bundesgrenzschutz hervorgegangenen Mitarbeiter erschienen, auch ausländische Kollegen gaben ihm das letzte Geleit.

Die handelnden Personen dieser Episode repräsentierten eine andere Gruppe unseres Mitarbeiterstabes, die in der zweiten Hälfte der fünfziger Jahre zu uns gestoßen war. Es waren junge Akademiker, Angehörige der Nachkriegsgeneration, die in den letzten Kriegsjahren noch – teils als Flakhelfer, teils zum Volkssturm – eingezogen worden waren, mindestens aber die Reichsmark-Zeit noch erlebt hatten. Sie wußten zwar durchaus eine gesicherte wirtschaftliche Lage und eine praktisch unkündbare Anstellung zu schätzen, aber ihr Diensteifer, ihre Passion, den nach 1945 gewonnenen politischen Werten zu dienen, überwog bei weitem ihre materiellen Interessen.

In der späteren Zeit der wirtschaftlichen Hochkonjunktur war es dagegen schwer, guten Nachwuchs zu gewinnen. Die Prädikatsassessoren bevorzugten eine Karriere bei den Banken, Versicherungen oder in der Industrie. Wer dennoch in den öffentlichen Dienst wollte, hätte schon sehr entschiedene Neigungen für den Nachrichtendienst aufweisen müssen, um den Werbungen des Bundesinnenministeriums zu widerstehen, das stets an fähigen jungen Leuten interessiert war.

1972, als ich Präsident wurde und Einfluß auf die Besetzung der Stellen des höheren Dienstes gewann, hatte sich die Lage geändert. Infolge der Rezession waren die offenen Stellen in der Industrie selten geworden. Auch die Ministerien hatten kaum freie Stellen. Die Sicherheitsbehörden waren aber dank des Verständnisses, das der Haushaltsausschuß des Bundestags angesichts der Gefahren des Terrorismus immer wieder zeigte, in der Lage, neues Personal einzustellen. Einige Kollegen und ich überlegten uns, ob wir nicht neue Wege beschreiten sollten, um geeignete Mitarbeiter für uns zu gewinnen. Bisher hatte das Bundesinnenministerium durch Annoncen für uns gesucht (»für eine Bundesbehörde im Bonn-Kölner Raum«). Inzwischen war aber der Verfassungsschutz durch einige »Affären« in der Öffentlichkeit hinreichend bekannt geworden. Wenn wir unter unserem Namen inserierten, erwogen wir, dann würde sich niemand bei uns bewerben, der über unseren Ruf die Nase rümpfte. Wir hatten aber die Aussicht, unmittelbar auf solche Leute zu stoßen, die sich für unsere Probleme interessierten. Natürlich waren uns die Bedenken bekannt, die in manchen Geheimdiensten gegen die Personalsuche durch Annoncen bestehen. In Gehlens BND herrschte zum Beispiel die Praxis, nur Leute einzustellen, die von Angehörigen des Dienstes empfohlen waren. Der Spion Felfe war auf diese Weise in den BND gelangt. Diese Methode begünstigt eine Cliquenwirtschaft, eine Schwäche, die nicht nur im BND zu beobachten war. In einem englischen Dienst ist Jahrzehnte hindurch nach dem »Old-boy-System« verfahren worden, das die Absolventen bestimmter Schulen und Universitäten bevorzugte. Die old boys waren zwar unterhaltsamer als Generalstabsoffiziere, aber sie haben auch das Eindringen eines der effektivsten Spione in den englischen Dienst ermöglicht: Kim Philbys.

Gegen das Eindringen von Spionen über eine Annonce meinten wir uns durch sorgfältige Überprüfung der Bewerber sichern zu können.

Die Innere Sicherheit war 1972/73 in vieler Munde. Die Reaktion auf unseren Vorstoß bestätigte die Weisheit des amerikanischen Satzes: »There is no such thing as bad publicity.« Die Presseangriffe auf den Verfassungsschutz hatten nicht verhindert, daß sich schon auf die erste Annonce etwa 60 junge Akademiker bewarben, die zum Teil gute Qualifikationen vorweisen konnten. Als wir unter ihnen die geeignetsten Anwärter auswählten, mußten wir uns die Frage vorlegen, welche Eigenschaften ein junger Mensch mitbringen mußte, damit er Aufgaben, die uns gestellt waren, erfüllen konnte. Dabei hielt ich auch Frauen, wenn sie die Voraussetzungen erfüllten, für geeignet. Aber welche Voraussetzungen waren das?

Im höheren Dienst hielt ich ein akademisches Studium mit entsprechendem Examen für erforderlich. Diese Voraussetzung war aber nicht unabdingbar. Auch aus den unteren Rängen des Verfassungsschutzes können verdiente Mitarbeiter in den höheren Dienst aufsteigen.

Wer wissenschaftlich zu arbeiten gelernt hat, sollte unterscheiden können zwischen Tatsachen und der eigenen Meinung dazu. Ein

Jurist lernt das schon in der Ausbildung, denn im Urteil muß er »Tatbestand« und »Entscheidungsgründe« auseinanderhalten. Aber nicht nur ein Jurist, sondern jeder Wissenschaftler muß nach dieser Methode arbeiten. Für uns war im Grunde jeder brauchbar, ob Historiker, Volkswirt oder Psychologe, der so zu arbeiten gelernt hatte und das überzeugend nachweisen konnte. Sehr willkommen waren uns außerdem Bewerber, die eine gewisse Neugier besaßen, ein Bestreben, herauszufinden, wie die Tatsachen wirklich waren. Dazu gehört auch ein gewisses Interesse für Einzelheiten und Kleinigkeiten. Denn wie die Erfahrung zeigt, steckt der Teufel im Detail. Oft beobachtete ich, daß die Geschichte, die ein Verdächtiger über seinen Lebenslauf erzählte, in scheinbar nebensächlichen Punkten von dem abwich, was er bei anderen Gelegenheiten ausgesagt hatte. Derartige Differenzen haben den Lebenslauf oft als Legende, den Verdächtigen als Agenten enttarnt. Wer sich also gern mit Details beschäftigt, ist willkommen im Verfassungsschutz. Mit einer solchen Vorliebe muß allerdings die Fähigkeit einhergehen, Wesentliches vom Unwesentlichen zu unterscheiden und das Wesentliche kurz darlegen zu können. Natürlich ist es unmöglich, nach einer halbstündigen Befragung in allen Fällen zu entscheiden, ob der Bewerber diese oder jene Eigenschaften besitzt. Sehr oft aber läßt sich, wenn man ihn zum Reden bringt, herausfinden, daß er ungeeignet ist. Manchmal fragte ich, selbst ein eifriger Leser, welche Lektüre ein Bewerber bevorzuge oder was er zuletzt gelesen hätte. Dann entfaltete mancher seine ganze Beredsamkeit, mancher mußte auch seinen Charme zur Geltung bringen, um die Lücken zu überspielen. Konnte er das, so verbesserten sich seine Aussichten. Leute, die Nachrichten beschaffen sollen, brauchen Charme. Sie müssen kontaktfähig sein, wenn sie Erfolg haben sollen. Wird ihnen die Aufgabe gestellt, eine Person als Informanten anzuwerben, so stehen sie vor ähnlichen Problemen wie ein junger Mann, der einem Mädchen einen Antrag macht. Dabei sind die Charmeure stets im Vorteil.

Manche Bewerber traten als stramme Antikommunisten auf. Ich pflegte sie zu fragen, was sie vom Marxismus-Leninismus wüßten, was sie von Marx und Lenin oder über sie gelesen hatten. Sehr selten erhielt ich dabei Auskünfte, die mich zufriedenstellten. Diese Bewerber hatten eines mit den »Verbal-Antikommunisten« gemeinsam, die sich im Parlament oder in den Medien produzierten: Sie reden zwar über Kommunismus, aber sie verstehen nicht viel davon.

Eine Voraussetzung müssen allerdings alle erfüllen, die im Verfassungsschutz arbeiten wollen: Sie müssen der Überzeugung sein, daß diese Demokratie unter den gegebenen Bedingungen die beste realisierbare Staatsform ist. Noch weiter geht, wer von einem Bewerber auch verlangt, er müsse bereit sein, sich für unseren Staat zu engagieren, und willens sein, für ihn auch Opfer zu bringen. In Gesprächen mit Bewerbern habe ich es vermieden, ein solches Engagement ausdrücklich zu fordern, weil ich weiß, daß solche verbalen Bekenntnisse wenig wert sind. Mit einem derartigen Engagement ist es ähnlich wie mit der Tapferkeit vor dem Feind. Wie sich diese oft bei unscheinbaren Soldaten erst auf dem Schlachtfeld zeigt, so bewähren sich Engagement und Loyalität meist erst im Hagel von Presseartikeln oder in Untersuchungsausschüssen gegenüber bohrenden Fragen, die bona oder mala fide gestellt sein mögen.

Dort standhaft zu sein, kann niemandem verordnet werden. Vor der Einstellung läßt sich auch kaum voraussehen, ob ein Bewerber den Situationen gewachsen sein wird, in die er dort geraten kann. In den parlamentarischen Untersuchungsverfahren, die ich erlebt habe, bot sich reichlich Gelegenheit zu der Beobachtung, daß sonst sehr gute, treue Mitarbeiter dennoch versagen können. Nicht jeder vermag die Isolierung zu überwinden, in die er durch die Arbeit im Nachrichtendienst geraten kann. Nicht jeder kann auch den Fachjargon, in dem er zu sprechen gewohnt ist, in allgemeinverständliches Deutsch übersetzen.

Mit dem Wesen unserer Gesellschaft, die sich »offen« nennt und in der möglichst alles »transparent« sein soll, erscheint die Existenz von Geheimdiensten unvereinbar. Jedoch auch diese Gesellschaft ist nicht völlig offen. Journalisten, die – im eigenen Interesse – laut die Transparenz der staatlichen Institutionen fordern, hüten sich, die Namen ihrer Informanten publik zu machen. Das Gesetz erkennt ihr Interesse als schutzwürdig an, indem es ihnen ein Zeugnisverweigerungsrecht zugesteht. Die Industrie wahrt, was jeder billigt, ihre Produktionsgeheimnisse. Spione tarnen oft ihre Identität, immer aber ihren Auftrag. Ein Teil der Verfassungsfeinde lebt völlig im Untergrund. Terroristen treten erst dann ins Licht des Tages, wenn sie ihr Programm durch brutale Taten zu realisieren versuchen. Danach tauchen sie wieder unter. Andere Verfassungsfeinde, unsere moskautreuen Kommunisten zum Beispiel, behaupten, völlig offen zu arbeiten. Ihre Finanzierung aber, den Transport der Geldmittel von der Ostberliner Parteizentrale der SED in ihre Parteikasse, entziehen sie dem Blick der Öffentlichkeit. Dem Auge des Verfassungsschutzes haben sie sich jedoch nicht völlig entziehen können. Wer die Untergrundarbeit von Verfassungsfeinden überwachen will, kann sich nicht nur des uniformierten Schutzmanns bedienen. Auch dieser erfährt zwar viel, wenn er sein Revier gut kennt. Aber in eine Untergrundorganisation, in ein Spionagenetz eindringen kann er nicht. Das ist die Aufgabe des Abwehrdienstes, der Nachrichten sammelt, die geheim sind. Quantitativ ist der Anteil der offenen Nachrichten, die in einem Abwehrdienst verarbeitet werden, weit höher als der des geheimen Materials. Dennoch prägt der Geheimcharakter der Arbeit den Stil des Amtes. Das hat seine Gründe. Geheime Informationen sind, das liegt auf der Hand, schwieriger zu beschaffen als offene. Mit der Auswertung von Zeitungen oder der Lektüre der Werke von Marx, Bakunin, Lenin und Stalin kann niemand Lorbeeren erwerben, obwohl diese Arbeit unerläßlich ist. Wer dagegen Funksprüche entziffert, die an Agenten gerichtet sind, wer einen geheimen Informanten anwirbt, der herausfindet, wie das Geld von der SED zur DKP transportiert wird, wer durch Observation ermittelt, wo Anarchisten ihre Bomben verstecken, der liefert das Salz für die Suppe der offenen Nachrichten, die dem Amt zufließen. Dem entspricht das Ansehen, das der Betreffende im Amt genießt, dem entspricht aber auch der Ruf, in dem das Amt steht, sei er positiv, wenn ein Spion überführt wird, sei er negativ, wenn bombastische Ankündigungen – wie in der Vulkan-Affäre – als Seifenblase zerplatzen. Geheimnisse zu schützen, mit denen der Sicherheit des Staates gedient wird, ist legitim. Den Namen eines geheimen Informanten dürfen nur die Personen im Amt kennen, die eine solche Kenntnis brauchen, um ihre Arbeit sachgemäß ausführen zu können. »Need to know« nennt man dieses Prinzip, das in allen Nachrichtendiensten des Ostens und des Westens – möglichst – respektiert wird. Der Beamte, der V-Mann-Führer, der sich mit dem Informanten trifft, um die Nachrichten entgegenzunehmen, kennt selbstverständlich den Namen seines Informanten. Auch der Abteilungsleiter, der seinen Beamten zu kontrollieren hat, muß den Namen kennen und – unter Umständen – sogar der Präsident, der für die Maßnahmen eintreten muß, die auf Grund der Meldungen des Informanten zu ergreifen sind.

Ein Mitarbeiter, der die Meldungen des Informanten auswertet, d. h. prüft und weitergibt, wenn er sie für geeignet hält, braucht deshalb jedoch den Namen des Informanten nicht zu kennen. Alle Berichte, die das Amt verlassen, müssen daraufhin geprüft werden, ob sie keinerlei Hinweis auf die Person des Informanten enthalten. Einen solchen Hinweis zu vermeiden, ist schwierig, wenn zum Beispiel über ein Gespräch berichtet wird, das unter vier Augen stattgefunden hat. In einem solchen Fall pflegen die Nachrichtendienste den wesentlichen Inhalt der Information weiterzugeben oder ihre Herkunft aus einem solchen Gespräch zu verschleiern. Nicht immer gelingt das. Ich hatte dem vorgesetzten Minister einmal über einen Sachverhalt berichtet, der sich zwischen zwei Personen abgespielt hatte. Es ging um Material eines Nachrichtendienstes, das durch einen ungetreuen Beamten an die Presse gelangt war. Der Minister fand, der Vorfall sei so schwerwiegend, daß er von mir die Angabe des Namens meines Informanten verlangte, ehe er Maßnahmen einleitete. Ich habe mich dem Wunsche, der aus dem Munde eines Ministers einer Forderung gleichkam, nicht verschlossen und den Namen mündlich genannt. Das ermöglichte, ein Verfahren gegen den Schuldigen einzuleiten. Es hatte aber auch zur Folge, daß im Verlauf des Verfahrens der Name des Informanten durchsickerte, was für diesen – aber auch für mich – sehr unangenehm war. Diese Erfahrung bestätigt die alte Weisheit, daß sich der Schutz eines Informanten nicht aufrechterhalten läßt, wenn sein Name Personen bekanntgeworden ist, die außerhalb des Dienstes stehen.

Das Problem des Quellenschutzes ist nur eine Seite der geheimen Arbeit. Der Schutz geheimer Arbeitsmethoden ist von gleicher Bedeutung. Ein Dienst, dem es gelungen ist, den Code einer gegnerischen Organisation zu dechiffrieren, wird dieses Wissen hüten wie einen Schatz. Er wird die Kenntnis von einem solchen Erfolg auch im eigenen Dienst auf die kleine Zahl der Mitarbeiter beschränken, die mit der Methode arbeiten müssen, weil nur eine rigorose Geheimhaltung, ja sogar die Verheimlichung des Erfolgs die Chance erhält, weitere gegnerische Funksprüche zu entschlüsseln. Um zu gewährleisten, daß eine solche Quelle weitersprudelt, muß unter Umständen darauf verzichtet werden, Kenntnisse auszunutzen, die auf diese Weise gewonnen worden sind. Sind sie gravierend, betreffen sie zum Beispiel einen Spion, der Regierungsgeheimnisse an seinen Auftraggeber liefert, so lassen sich die erlangten Informationen nicht unbegrenzt verheimlichen. Man muß versuchen, durch andere Beweismittel die Grundlage für die Festnahme des Spions zu schaffen. Dies ist um so mehr geboten, als dechiffrierte Funksprüche kaum geeignet sind, vor Gericht als Beweismittel präsentiert zu werden. Sie tragen keinen Kopf und keine Unterschrift. Meist ist nicht einmal ihr Inhalt aus sich heraus verständlich. Ein penibles Gericht kann dann verlangen, daß in einem solchen Fall gleich mehrere Personen als Zeugen vernommen werden: der Beamte, der den Funkspruch abhörte oder das Tonband laufen ließ; der Beamte, der den Spruch dechiffriert hat; bei der Verwendung von Computern ein Sachverständiger, der dem Gericht deren Funktionieren zu erklären hat – und wenn der Inhalt des Funkspruchs nicht aus sich heraus verständlich ist, müssen die Beamten als Zeugen aussagen, die ermittelt haben, daß der Inhalt des Spruches gerade auf diesen Angeklagten zutrifft usw. Die Zeugenaussagen und Demonstrationen müssen meist öffentlich, mindestens aber in Gegenwart des Angeklagten und seines Verteidigers vor sich gehen. Läßt sich ein Dienst auf diese Art der Beweisführung ein, dann liefert er dem Gegner kostenlos erstklassige Kenntnisse über die Methoden und das Personal der Spionageabwehr.

Jeder Dienst versucht deshalb tunlichst andere Beweisstücke zu beschaffen, um dem Gericht nicht seine Interna, das »Eingemachte« vorzuführen. Das geeignetste Mittel dazu ist die Observation, die begonnen wird, sobald die Identität eines Spions feststeht. Sie basiert auf der Erfahrung, daß der Spion sein Material (Urkunden, Filme) dem Auftraggeber zustellen muß. Er kann das durch Übergabe an einen Kurier oder durch Verbergen des Materials in einem sogenannten Toten Briefkasten tun. Das ist ein mit dem auftraggebenden Dienst vereinbartes Versteck. Der Briefkasten wird – ein Sicherheitsfaktor – von einem Mitarbeiter des auftraggebenden Dienstes geleert, den der Spion nicht kennt. Wird der Spion allerdings gut observiert, so kann das Beschicken des Toten Briefkastens beobachtet, im günstigen Falle die »Füllung« sogar untersucht und schließlich der Abholer fotografiert und beobachtet werden, bis er identifiziert ist. Dann wird allerdings die Festnahme nicht länger verzögert werden, denn jede Observation birgt das Risiko des Entdecktwerdens. Jahrelange gute Arbeit kann dadurch in einen Fehlschlag münden.

Geheimdienstliche Arbeit besteht nicht nur darin, Nachrichten und Material herbeizuschaffen, das zur Festnahme von Verfassungsfeinden dienen kann. Wer die Besonderheiten der Untergrundarbeit erkannt hat, kann auch mit feinerer Klinge fechten. Ich hatte Gelegenheit, das zu probieren.
Die KPD war 1956 verboten worden. Im selben Jahr hatte der XX. Parteitag der KPdSU stattgefunden, auf dessen Geheimsitzung Chruschtschow Stalin heftig angegriffen und dadurch dessen System diskreditiert hatte.
Intelligente Kommunisten diskutierten damals darüber, welcher Weg nun beschritten werden sollte. War es richtig, den orthodoxen Stalinismus beizubehalten, oder sollte man sich im kapitalistischen Bereich der reformerischen Sozialdemokratie anschließen? Einige meiner Mitarbeiter und ich diskutierten damals mit ehemaligen Kommunisten, vor allem mit dem aus der DDR geflohenen zweiten Sekretär der FDJ, Honeckers damaligem Stellvertreter Heinz Lippmann, darüber, wie man diese Diskussionen anregen und für unsere Abwehrzwecke nützen könne. Wir kamen zu dem Ergebnis, eine offene Werbung für die Sozialdemokratie werde es den moskautreuen Kommunisten erleichtern, jeden neuen Gedanken mit dem Etikett »Sozialdemokratismus«

zu versehen und abzulehnen. Einer kam auf die Idee, einen »Dritten Weg« zu propagieren, einen schmalen Pfad, den zu begehen die Fähigkeit erforderte, zwischen dem orthodoxen Kommunismus und der reformerischen Sozialdemokratie zu balancieren. Wir trauten uns das zu, wobei manchem der Balancierenden der schmale Pfad als ein echter Weg in die Zukunft erschien. Andere – wie ich – erwarteten, dieser Balanceakt werde in der illegalen KPD zersetzend wirken und uns die Möglichkeit eröffnen, unter den Dissidenten, die wir kennenzulernen hofften, Informanten zu gewinnen.

Wir druckten ein bescheidenes Blättchen, nannten es »Der Dritte Weg« und versandten es an Kommunisten in Ost und West, deren Anschriften wir uns beschafften. Wir hatten auch eine Spalte für Leserbriefe geschaffen und baten um Zuschriften. Auf diese Weise hofften wir, Kommunisten kennenzulernen, die Gegner des Stalinismus waren.

Im Mai 1959 starteten wir unser Blättchen mit dem Artikel »Zwischen Stalinismus und Kapitalismus«. Die Angriffe auf den Stalinismus fielen uns leicht. Aber um glaubwürdig zu sein, mußten wir auch den Kapitalismus und die Politik der Bundesregierung kritisieren. Das war zwar nicht schwer, denn an der damaligen Ostpolitik gab es zum Beispiel manches zu beanstanden. Aber die Angriffe mußten so dosiert sein, daß sie, falls das Unternehmen einmal platzte, vor der Dienstaufsichtsbehörde zu vertreten waren. Diesem Teil des Balanceakts widmete ich mich selbst. Ich schrieb zwar keine Artikel, aber alle zwei Wochen hielten wir in einer Kölner Wohnung eine Redaktionssitzung ab, in der ich – als eine Art Chefredakteur – für die richtige Dosierung sorgte. Dabei diskutierten wir auch über die Resonanz, die unser Blättchen hervorrief. Wir konnten zufrieden sein: In der DDR hatten wir anscheinend eine offene Wunde berührt. Sogar Walter Ulbricht befaßte sich mit dem »Dritten Weg«. Am 26. Juni 1959 erklärte er vor Intellektuellen in Dresden: »Was bedeutet diese Konzeption des sogenannten Dritten Weges? . . . Zwischen den Fronten kann man nur das Leben verlieren.« Noch mehr als die Angriffe Ulbrichts erfreute uns »Der Spiegel« mit einem Artikel, dessen Ausgabe vom 16. September 1959 unter der Überschrift »Dritter Weg« erschien. Darin hieß es: »Ausgerechnet einer Zeitschrift solcher Ideal-Kommunisten, einem obskuren, seit Mai dieses Jahres in Koblenz erscheinenden Blättchen, widerfuhr die Ehre, für die größte ideologische Abwehrkampagne in der Geschichte der SED den Titel liefern zu dürfen.«

Wir waren dankbar für die kostenlose Reklame, die »Der Spiegel« für unser in der Tat obskures Blättchen machte. In dem Koblenzer Postfach, an das wir Zuschriften erbeten hatten, stauten sich die Anfragen. Unser Zweck, Anschriften ideologischer Abweichler zu erhalten, war damit erreicht. Wir ernteten auch Anerkennung von anderer Seite. Als ich einige Nummern des Blättchens an einen der größten westlichen Nachrichtendienste mit der Bitte um Beurteilung gesandt hatte, erhielt ich die Antwort:

»Nach unserer Meinung ist ›Der Dritte Weg‹ eine der besten Sachen, die wir im Bereiche der SED-Opposition gesehen haben. Die Themen sind gut gewählt. Die Artikel sind treffend und gut dokumentiert . . .«

Die klugen Spiegel-Redakteure hatten sich nicht die Frage gestellt, woher die »Ideal-Kommunisten« ihre Mittel hatten, um dieses Blättchen erscheinen zu lassen. Jede Nummer kostete immerhin einige tausend D-Mark. Die Frage nach dem Geldgeber hatten sich aber andere Leute gestellt, die – begreiflicherweise – auch an unserer obskuren Publikation interessiert waren: die Kollegen vom Ministerium für Staatssicherheit (MfS) der DDR. Sie brauchten einige Jahre, um das Problem zu lösen. Im Dezember 1961 hatten sie es geschafft. Wir lasen in der Berliner Zeitung vom 28. Dezember:

»Das Bundesamt für Verfassungsschutz hat . . . unter dem Namen ›Dritter Weg‹ eine Agentur geschaffen, die zugleich die Hetzzeitschrift ›Der Dritte Weg‹ herausgibt . . .

Jede Zeile dieses ›Druckerzeugnisses‹ genehmigt Dr. Nollau persönlich. Er legt ebenso den genauen Anteil der in jeder Ausgabe zu veröffentlichenden Materialien fest . . . und selbst die scheinbare Kritik an Ansichten von SPD-Führern ist nichts anderes als Spiegelfechterei mit dem letztendlichen Zweck, die Untergrundtätigkeit dieser Verfassungsschutzagenten abzudekken.«

Zu diesen Erkenntnissen war das MfS durch einen Agenten gelangt, den es in die Redaktion »Dritter Weg« (nicht in das Bundesamt für Verfassungsschutz) eingeschleust hatte. Für uns war das ein Rückschlag, über den wir uns mit dem Gedanken trösteten, daß derartige Publikationen ohnehin kurzlebig sind. Außerdem konzentrierte sich nun unser Interesse auf eine neue Aussicht, Verwirrung in die Reihen der verbotenen KPD zu tragen: 1960 war der sowjetisch-chinesische Konflikt in ein Stadium der öffentlichen gegenseitigen Anfeindung getreten. Die chinesischen Kommunisten betrieben offen »Fraktionsbildung«, d. h., sie warben in anderen kommunistischen Parteien um Zustimmung für ihren Standpunkt. In Moskaus Augen – und in denen seiner Anhänger – war das eine Todsünde. Die Chinesen betrieben ihre Werbung, indem sie ihre internationale Zeitschrift »Peking Review« allen Interessenten zusandten, deren Adressen sie sich verschaffen konnten. Auch ich hatte mir von dem Pekinger Verlag »Guozi Shudian« die »Peking Review« kommen lassen. Jeder Kenner kommunistischer Bräuche empfand es als Sensation, daß die KP Chinas am 6. 7. 1963 in der kapitalistischen »Frankfurter Allgemeinen Zeitung« inserierte, um Interessenten zu animieren, in Peking den Briefwechsel zwischen der KPdSU und der KP Chinas zu bestellen. Eines Tages lagen einer Nummer der »Peking Review« Formulare bei, die der Leser benutzen sollte, um dem Verlag Anschriften von Personen mitzuteilen, die interessiert waren, die Zeitschrift zu beziehen. Das brachte mich auf den Gedanken, derartige Formulare mit Adressen von Mitgliedern der illegalen KPD auszufüllen und nach Peking zu senden. Wenn das funktionierte, dann würden nicht nur die Pekinger antisowjetischen Schriften in der KPD verbreitet, sondern auch bei der Führung der KPD der Eindruck entstehen, in ihrer Organisation sei eine mächtige prochinesische Fraktion am Werke. Um dieser Aktion die nötige Breite zu verschaffen, ließ ich einige hundert dieser Formulare nachdrucken. Wir ergänzten sie durch Anschriften von Mitgliedern der KPD und sandten sie an Guozi Shudian, Postfach 399, Peking/China. Um der Sache einen konspirativen Anstrich zu geben, gaben wir unsere Briefchen nicht alle in der Bundesrepublik zur Post. Wenn einer unserer Mitarbeiter ins Ausland fuhr, nahm er ein Päckchen solcher Sendungen mit. So gingen in Peking Bestellungen aus Basel, Brüssel oder Paris ein.

Unter die Absender verteilten wir auch einige Adressen unserer Leute, damit wir, wenn die »Peking Review« bei diesen eintraf, annehmen konnten, daß auch die von uns benannten Kommunisten mit dem »Spalter-Material« beliefert worden waren.

Die so bestellten Exemplare der »Peking Review« erhielten wir bald. Die Reaktion der KPD folgte ebenso prompt. In »Neues Deutschland« vom 21. 7. 1963 hieß es:

»Was denken sich eigentlich die chinesischen Genossen, wenn sie im führenden Sprachrohr des deutschen Imperialismus, in der ›Frankfurter Allgemeinen Zeitung‹, inserieren, um ihre Angriffe gegen die KPdSU und andere Bruderparteien, darunter auch gegen unsere Partei, auf den Markt zu bringen?

Wie vereinbaren die Führer der KP Chinas mit ihrer Verpflichtung, sich nicht in innere Angelegenheiten einer Bruderpartei einzumischen, ihre Aufforderung, westdeutsche Kommunisten sollten ihnen Adressen zum Versand ihrer gegen die politische Linie unserer Partei gerichteten Auffassungen besorgen, um diese Materialien zu verbreiten?«

Manche der von uns als Empfänger benannten Kommunisten lasen in der »Peking Review« mit Interesse, wie die Sowjetunion des Großmacht-Chauvinismus und des Sozial-Imperialismus bezichtigt wurde. Andere – »gute« Genossen – empörten sich über diese Beschuldigungen und legten ihrer Partei die »Hetzblätter« vor. Die KPD reagierte darauf nicht nur mit Protesten in der SED-Presse, sondern veranstaltete auch eine Untersuchung darüber, welche Genossen das Material empfangen und – entgegen ihrer Parteipflicht – nicht abgeliefert hatten. In einer konspirativ aufgebauten Organisation – jeder soll möglichst nur die Mitglieder seiner Gruppe kennen – stößt eine solche Untersuchung auf Schwierigkeiten. Der KPD Schwierigkeiten zu bereiten, war der Zweck unserer Übung gewesen.

Während meiner Tätigkeit im Bundesamt für Verfassungsschutz hatte ich es mit vier parlamentarischen Untersuchungsausschüssen zu tun, die sich mit unserer Arbeit beschäftigten:

- 1954 untersuchte ein Ausschuß den Übertritt Otto Johns in die DDR, ein Strafverfahren folgte.
- Anfang der sechziger Jahre beschäftigte sich ein Untersuchungsausschuß mit der sogenannten Telefonaffäre. Das Strafverfahren Paetsch folgte.
- 1973 wurde die Zusammenarbeit des CDU-Abgeordneten Steiner mit östlichen Stellen, aber auch mit dem Verfassungsschutz, untersucht. Ein Strafverfahren – außer gegen Steiner – gab es hier nicht.
- 1974/75 tagte der Untersuchungsausschuß in Sachen Guillaume. Die meisten der Zeugen, die er vernommen hatte, mußten auch im folgenden Strafprozeß gegen Guillaume und seine Frau aussagen.

Schon Anfang der fünfziger Jahre hatten beunruhigte Parlamentarier den Verdacht, der Verfassungsschutz habe eine nationalistische Organisation, den »Bund Deutscher Jugend«, protegiert. In der Vulkan-Affäre wurde dem Verfassungsschutz vorgeworfen, leichtfertig Festnahmen veranlaßt zu haben. Alle diese Affären wurden von vielstimmigen Pressekommentaren begleitet, die – zu Recht oder zu Unrecht – meist Kritik am Verfassungsschutz übten. Im Amt waren die Reaktionen auf diese Kritik nicht einheitlich, sie variierten je nach Herkommen und Standort der Kritisierten. Die »alten Hasen«, durch ihre Dienstzeit in Abwehr und Gestapo jeder Kritik entwöhnt, reagierten beleidigt. »Wenn man uns so beschimpft, machen wir überhaupt nichts mehr«, habe ich manchen während der Vulkan-Affäre sagen hören. Es war damals schwer, bei den Verantwortlichen für die Meinung Verständnis zu finden, wir selbst trügen unseren Teil Schuld an dem unglücklichen Verlauf dieser Sache. Besonders empfindlich reagierten Kollegen der alten Art, wenn die vorgesetzte Dienstbehörde, also das Bundesinnenministerium, nicht für sie eintrat, sich nicht »vor sie stellte«. Das habe ich in der Anfangsphase der Telefonaffäre beobachtet. Damals gab es Meinungsverschiedenheiten in der rechtlichen Beurteilung zwischen dem Ministerium und dem Amt, die in Mißstimmung umschlugen, als Aussprüche des damaligen Innenministers Höcherl kolportiert wurden wie etwa: »Die Verfassungsschützer können nicht immer mit dem Grundgesetz unter dem Arm herumlaufen.« Oder: »Das sind Leute, mit denen man sich nicht zum Abendessen hinsetzen kann.« Von dem ersten Ausspruch fühlte ich mich nicht betroffen, denn immer mit dem Grundgesetz herumlaufen konnten wir wirklich nicht. Wenn Herr Höcherl den zweiten Ausspruch getan haben sollte, so hätte mir das leid getan, denn er war ein amüsanter Mann, mit dem ich gern zusammentraf. Meine Erkundigungen ergaben jedoch, daß er ein Abendessen mit Verfassungsschützern nicht abgelehnt hätte.

Die »alten Hasen« blieben nicht bis an das Ende ihrer Tage beleidigt. Sie zogen sich jedoch auf den Standpunkt zurück, es sei ihre Pflicht, im nationalen Interesse die Dreckarbeit zu verrichten. Auf den Dank der Allgemeinheit könne man ohnehin nicht rechnen.

Diese Mentalität persiflierte ich gern. 1954 überreichte ich Dr. John ein Plakat zum Geburtstag, auf dem das folgende Heine-Wort in Kunstschrift gepinselt war:

»Die Natur erschuf Dich zum Abtrittsfeger;
schäme Dich dessen nicht, deutscher Patriot,
Es sind die Latrinen Deines Heimatlandes,
Die Du fegst.«

Damit fand ich nicht bei allen Anklang. Ironie in Verbindung mit ihrer Tätigkeit war nicht nach dem Geschmack der »alten Hasen«. Die jüngeren Akademiker hatten eher Verständnis für einen solchen selbstkritischen Ton.

Soweit sich die Kritik in der Telefonaffäre gegen die Beschäftigung früherer Gestapoangehöriger in unserem Amt wandte, schlossen sich die meisten Mitarbeiter des BfV dieser Kritik an. Das wurde auch im Prozeß gegen Paetsch sichtbar, als ein Zeuge die Angabe von Paetsch bestätigte, er sei von einem früheren Gestapoangehörigen unterdrückt worden.

Die Mehrzahl unserer Mitarbeiter war dabei keineswegs über

Details der Probleme oder Fälle informiert, deren Behandlung öffentlich kritisiert wurde. Zum Beispiel haben den Fall Guillaume nur die acht bis zehn Leute gekannt, die ihn zu bearbeiten hatten. Dazu kamen noch 20 bis 30 Observanten, die aber nicht in sämtliche Hintergründe des Verdachts eingeweiht waren. Die Mehrzahl der Mitarbeiter bezogen ihre Informationen aus der Presse. Da die Presse je nach der politischen Einstellung ihrer Redakteure und Verleger mehr oder weniger tendenziös berichtete, war sie keine besonders gute Informationsquelle. Damals haben mir wohlmeinende Kollegen vorgeschlagen, ein Mitteilungsblatt für den internen Dienstgebrauch herauszugeben, in dem der wahre Sachverhalt solcher die Öffentlichkeit bewegender Fälle dargestellt werde. Ich habe mich dazu nicht entschließen können, weil ich davon überzeugt war, daß jede in tausend Exemplaren verbreitete Mitteilung am nächsten Tag in der Presse zu lesen sein würde. Dagegen hatte ich Bedenken – zumindest solange ein parlamentarisches Untersuchungsverfahren lief. Statt dessen versuchte ich, möglichst viele Mitarbeiter durch eingeweihte Abteilungsleiter und Referenten informieren zu lassen. Ich bemühte mich auch, den Personalrat möglichst oft zu informieren, damit seine Mitglieder in der Lage waren, Fragen von Amtsangehörigen zu beantworten.

In extremen Fällen und bei Zusammentreffen mehrerer Komponenten kann der Druck der Öffentlichkeit auch zu Kurzschlußreaktionen führen. Im Falle Otto John traf massive öffentliche und ministerielle Kritik auf geringe seelische Widerstandskraft. Die Reaktion – Johns Übertritt in die DDR – ist bekannt. Im Falle Paetsch litt ein empfindlicher Mann unter einem ungünstigen Betriebsklima, Paetschs Reaktion war seine Flucht in die Öffentlichkeit, aus der die Telefonaffäre resultierte. Wie Abhilfe zu schaffen sei, ist leicht zu raten, aber schwer auszuführen: nur belastbares Personal einstellen und – ebenso schwer – im Dienst die Ursachen für Druck von außen und Spannungen im Inneren möglichst nicht aufkommen lassen.

Ich selbst habe mich von schweren Verleumdungen oder von scharfer Kritik nie völlig aus dem Gleichgewicht bringen lassen. Leichter als eine Verleumdung war für mich Kritik zu ertragen. Ich habe die banale Tatsache, daß »irren menschlich ist« stets sowohl auf mich selbst als auch auf meine Kritiker angewandt, gleichgültig, ob es sich um Fachleute oder Laien handelte. Umgekehrt kann auch laienhafte Kritik fundiert sein. Erstens braucht man nicht Konditor zu sein, um zu wissen, ob die Torte schmeckt. Zum anderen spielen im Nachrichtendienst viele nicht-fachliche Komponenten wie politische, moralische, soziale, psychologische Aspekte eine Rolle. Keiner der Fachleute vergibt sich etwas, wenn er erwägt, ob nicht doch etwas an dem ist, was Laien über seine Arbeit sagen. Diese gewisse Toleranz gegenüber der Kritik fiel mir um so leichter, als ich meiner Natur nach wenig Neigung habe, darüber zu spekulieren, was gewesen wäre, wenn ich dieses oder jenes anders gemacht hätte. Erweist sich eine Kritik als fundiert, so liegt es mir mehr, zu überlegen, was in Zukunft besser gemacht werden könne.

Selbst in den ärgsten Wochen der Pressekampagne und Hetze konnte ich noch schlafen und deshalb am nächsten Morgen wieder erfrischt an die Arbeit gehen. Das verdankte ich meiner gesunden Natur, die ich mir durch eifriges Training erhalten habe. Seit dem Verlassen der Schule habe ich, wenn irgend möglich, zwei- bis dreimal wöchentlich Waldläufe gemacht. Ursprünglicher Zweck dieser Übung war ès, mich für das Bergsteigen im Hochgebirge fit zu halten. Den Wert des Laufens als Mittel, beruflichen Streß zu überstehen, habe ich erst später schätzengelernt.

Nicht geringer Anteil an meiner inneren Verfassung während der Guillaume-Affäre war dem Umstand zuzuschreiben, daß ich damals schon 63 Jahre alt war. Ich konnte jederzeit von meinem Recht Gebrauch machen, meine Versetzung in den Ruhestand zu erbitten. Dieses Gefühl und das Bewußtsein, auch als Pensionär noch etwas leisten zu können, verlieh mir ein gewisses Gefühl von Freiheit.

Bei meinem Ausscheiden aus dem Amt sagte Minister Maihofer in seiner Abschiedsrede am 15. September 1975, es gebe im Verfassungsschutz wohl keine Arbeit, die ich nicht ausgeführt hätte. Das stimmt annähernd. Ich hatte – wie schon gesagt – 1950 begonnen, als Panzerschränke und Schreibtische noch leer waren. Damals habe ich in der Auswertung gearbeitet. Später habe ich mich in der Beschaffung versucht. Ich habe nicht nur Observationsgruppen aufgestellt, sondern auch Observationsfahrten mitgemacht, um von den Eigenarten dieser Arbeit eigene Eindrücke zu gewinnen. Als Vizepräsident habe ich jahrelang die Arbeit aller Fachabteilungen des Amtes koordiniert und ihre finanziellen Ausgaben überprüft. Ich bin als Sachverständiger vor dem Bundesgerichtshof in Prozessen aufgetreten, die die Arbeit des Amtes betrafen. Zwei Jahre lang habe ich, was mir sehr dienlich war, im Bundesministerium des Inneren als Leiter der Abteilung Öffentliche Sicherheit das Amt aus dem Blickwinkel der Aufsichtsinstanz beobachtet. Ich habe das Amt zwanzig Jahre hindurch in Sicherheitsgremien der NATO vertreten und – als Vorsitzender des Spezialkomitees – über die Probleme der Sicherheitsdienste aller NATO-Staaten dem NATO Rat berichtet. Durch Reisen in die Länder des Nahen und des Fernen Ostens habe ich mir ein Urteil über deren Sicherheitslage bilden können. Schließlich haben mich zahlreiche Reisen aufs engste mit den Problemen unserer Nachbarstaaten vertraut gemacht, gleichgültig, ob sie mit uns verbündet oder neutral sind. Dabei habe ich Paris wohl öfter besucht als jede deutsche Großstadt, Bonn ausgenommen.

Nach all diesen Erfahrungen weiß ich, wie der Arbeitstag eines Verfassungsschützers verläuft. Allerdings haben nicht alle den gleichen Arbeitstag. Die meisten Kollegen – vor allem diejenigen, die im »Hauptquartier« als Auswerter tätig sind, also offene und geheime Berichte prüfen und verarbeiten – leisten Büroarbeit. Sie kommen früh kurz nach halb acht zum Dienst und gehen kurz vor 16 Uhr. Ein Teil des Materials, das durch ihre Hände geht, trägt einen »Geheim«-Stempel. Das macht die Arbeit aber nicht aufregender als die eines Versicherungsangestellten, denn erstens gewöhnt man sich an den roten Stempel. Zweitens sind Nachrichten nicht deswegen interessant oder aufregend, weil der Absender sie mit jenem Stempel versehen hat. Andererseits erlebt auch der Auswerter spannende Minuten, wenn er zum Beispiel die aus einem entzifferten Agentenfunkspruch entnommenen Personaldaten mit dem Geburtstag eines Angestellten des Bundeskanzleramts vergleicht und zu dem Ergebnis kommt: »Das ist er, den wir so lange suchen, Guillaume heißt er.« In solchen Fällen geht der Auswerter nicht um 16 Uhr nach Hause. Er muß dann bis spät in die Nacht hinein Berichte zusammenstellen, die als Grundlage für weitere Maßnahmen dienen. Kommt es dabei zu Festnahmen oder Durchsuchungen, so muß der Auswerter auch außerhalb der Dienstzeit mit seinen Kenntnissen und seinen Erfahrungen bereitstehen. Manchmal kann er dabei Aufzeichnungen deuten, die sich im Notizbuch eines Festgenommenen befinden oder in Papieren, die sichergestellt worden sind. Auch in solchen Fällen arbeitet der Auswerter aber am Schreibtisch.

Seit einigen Jahren haben die Auswerter eine neue Art von Arbeit lernen müssen: die Mitwirkung bei der elektronischen Datenverarbeitung (EDV). Dem außenstehenden Beobachter mag es scheinen, die Hauptaufgabe eines Nachrichtendienstes sei es, neue Informationen zu beschaffen. In der Tat arbeitet kein derartiger Dienst gut, wenn er diese Aufgabe nicht löst. Aber bevor neue Informationen beschafft werden, muß jeder Mitarbeiter – Auswerter oder Beschaffer – sich vergewissern, welche Informationen der eigene Dienst bereits besitzt, die relevant für die betreffende Aufgabe sind. Will der Beschaffer einen neuen Vertrauensmann anwerben, so muß er die Kartei seines Dienstes fragen, welche Informationen sie über diesen Mann X enthält, der als Lieferant von Informationen in Aussicht genommen ist. Vielleicht antwortet die Kartei: »unbekannt«. Vielleicht erhält der Beschaffer aber auch die Auskunft: »X. hat sich in den vergangenen Jahren als Schwindler erwiesen, der versuchte, erfundene Informationen gegen Bezahlung an den Mann zu bringen.« Oder: Ein Auswerter, der den Auftrag erhält, über die Finanzierung der DKP durch die SED zu berichten, würde einen Fehler machen, wenn er diesen Auftrag einfach an seine Kollegen von der Beschaffung weiterreichte. Als Basis für einen etwaigen Auftrag an die Beschaffung müßte der Auswerter das Material beiziehen, das sich bereits im Amt befindet.

Seit Beginn der Arbeit des Bundesamts sind Informationen, die ihm zugingen, »verkartet«, das heißt auf Karteikarten festgehalten worden. Informationen über Personen wurden einer zentralen Personenkartei zugeführt. Informationen über Sachfragen (z.B. über die Finanzierung der DKP) wurden den Sachakten des Auswertungsreferats einverleibt, das sich mit der DKP zu beschäftigen hatte. Je länger das Amt arbeitete, desto zahlreicher waren die Namen, die es in seine Personenkartei aufzunehmen hatte, desto umfangreicher und damit unübersichtlicher wurden auch die Suchakten. Wie umständlich eine Personenkartei zu bedienen ist, die aus beschriebenen Karten besteht, wird am Problem der Massennamen verständlich. Angenommen, in einer Kartei von etwa einer Million Karten gibt es 20 000 Karten, die sich auf Personen mit dem Namen Meier beziehen. Wer die Kartei nach einer Person mit dem Namen Meier abfragt, ruft – selbst, wenn er den Vornamen nennen kann und weiß, ob der gesuchte Meier sich mit »ei, ai, air, ay oder ey« schreibt – eine stundenlange Suche und eine Blockierung der Karteikasten hervor, die die Meiers enthalten. Die Folge einer solch langwierigen Sucharbeit war, daß Karteianfragen oft tagelang unbeantwortet blieben. Deshalb haben schon Ende der fünfziger Jahre fähige Mitarbeiter, die mit der Karteiarbeit vertraut und technisch verständig waren, der Amtsleitung vorgeschlagen, die Elektronische Datenverarbeitung einzuführen. Eigenart der EDV ist es, daß sie die Suche nach einer gewünschten Information nicht mit der Hand betreibt – etwa wie das Zählen von Geldscheinen –, sondern daß sie den Datenträger mit Lichtgeschwindigkeit absucht, die bekanntlich 300 000 km pro Sekunde beträgt. In der Geschwindigkeit des Suchens ist die EDV also dem die Handkartei bedienenden Menschen weit überlegen. Aber sie hat mit der Handkartei eins gemein: Sie kann keine Daten liefern, die nicht vorher in sie »hineingespeist«, also in der EDV gespeichert worden sind. Hat man eine Handkartei, die eine Million Karten umfaßt, so muß man diese große Zahl von Informationen in die EDV überführen, das heißt auf elektronische Datenträger übertragen, um sie parat zu haben. Als im Amt der Entschluß gefaßt wurde, die EDV einzuführen, waren wir der Meinung, die alten Kartenbestände in etwa zwei Jahren in die EDV überführen zu können. Wie sich dann herausstellte, haben wir ein Vielfaches dieser Zeitspanne dazu gebraucht. Bei der Überführung der alten Datenbestände in die EDV stießen die Beamten auf das Problem der Phonetik. Erfahrungsgemäß können Namen, die ähnlich klingen, in unterschiedlicher Buchstabenschrift dargestellt werden, also etwa Meier, Meyer, Mayer, Mair. Dem Bundesamt stellte sich dieses Problem nicht nur bei deutschen Namen. Seit den fünfziger Jahren waren Millionen von Gastarbeitern in die Bundesrepublik gekommen: Italiener, Griechen, Jugoslawen, Türken, Spanier, Portugiesen, Koreaner. Ferner lebten bei uns in großer Zahl Emigranten aus Osteuropa. Ein kleiner Teil dieser Personen hat sich verfassungsfeindlich betätigt. Ihre Namen und ihre Geburtsorte mußten in die Kartei aufgenommen werden. Aber wie? Wie soll man den spanischen Ortsnamen Rioja, der Rio-cha ausgesprochen wird, auf dem Datenträger festhalten, so daß der Computer, nach ihm befragt, die dazugehörige Information liefert? Wie soll man den polnischen Namen Nawrocki, der Nawrotz-ki ausgesprochen wird, übernehmen? Diesem Problem hat sich ein BfV-Mitarbeiter, der keine wissenschaftlich-linguistische Ausbildung genossen hat, angenommen. Er hat ein System entwickelt, durch das orthographische Ausdrücke gleichen Klanges, jedoch unterschiedlicher Schreibweise für die Datenspeicherung und den Suchprozeß eindeutig gestaltet werden. Dieses Verfahren, bald »Kölner Phonetik« genannt, hat sich als so brauchbar erwiesen, daß nicht nur zahlreiche deutsche Ämter es übernommen, sondern auch eine Anzahl großer Wirtschaftsunternehmen gegen Entgelt die Erlaubnis zur Verwendung erworben haben.

Die Übernahme der EDV bedeutete nicht nur eine völlige Umstellung des Kartei- und Archivwesens des Amtes, die Auswerter mußten sich in einem wesentlichen Bereich ihrer Arbeit nun auch auf das neue, bessere, weil schnellere System umstellen. Um eine Auskunft aus der alten Handkartei zu erlangen, hatte der Auswerter ein Formular auszufüllen, in das er die Daten (Name, Vorname, Geburtsort usw.) der Person eintrug, über die er eine Auskunft brauchte. Dieses Formular ging »auf dem Dienstweg« in die Kartei, bis es schließlich bei dem Mann landete, der den betreffenden Karteikasten bediente. Er vermerkte die Auskunft auf dem Formular, das dann zu dem Anfragenden zurücklief. Bei einem Routinefall konnte darüber eine Woche vergehen.

Heute verläuft diese Prozedur folgendermaßen: Der Auswerter hat ein »Terminal« (ein Datensichtgerät) neben seinem Arbeitsplatz stehen, das aussieht wie ein Fernsehschirm, an dessen Fuß eine Tastatur angebracht ist. Durch dieses Terminal ist der Auswerter über eine Leitung direkt mit dem Computer verbunden. Er kann ihn befragen, ohne einen weiteren Mitarbeiter einschalten zu müssen. Zu diesem Zweck tippt er die Daten, die er früher in das Formular einzutragen hatte, auf der Tastatur. Was er getippt hat, erscheint auf dem Bildschirm. Der Auswerter kann kontrollieren, ob seine Anfrage fehlerfrei ist. Hat er das getan, so läßt er die Anfrage durch Knopfdruck abgehen. Nach wenigen Sekunden erscheint die Anwort des Computers auf dem Bildschirm. Kann der Auswerter sie gebrauchen, setzt er eine weitere Maschine in Gang, den Drucker. In Sekundenschnelle hat er dann die Antwort gedruckt vor sich. Dieser Direktverbindung Auswerter–Computer können sich nicht nur die Mitarbeiter des Bundesamtes bedienen, seit 1975 stehen in allen Landesämtern für Verfassungsschutz derartige Terminals, durch die der zentrale Computer des Bundesamts auf besonderen Leitungen unmittelbar befragt werden kann. Damit ist ein großer Fortschritt erzielt worden.

Am Schreibtisch ist der Prototyp des Beschaffers nur selten zu finden. Er muß Spielraum haben, sich seine Büroarbeit selbst einzuteilen. Wer sich Abend- und Nachtstunden um die Ohren schlägt, von dem kann man nicht verlangen, daß er pünktlich zu Dienstbeginn erscheint. Wer vertrauliche Nachrichten aus verfassungsfeindlichen Organisationen beschaffen soll, muß Informanten gewinnen, die solchen Organisationen angehören. Er muß seine Informanten treffen, um ihre Nachrichten entgegenzunehmen. Solche »Treffs« müssen oft in den Abend- oder Nachtstunden stattfinden, weil der Informant an seinem Arbeitsplatz oder in der Universität zu sein hat. Treffs in den Nachtstunden sind auch deswegen zweckmäßig, weil sie dem Informanten größere Sicherheit bieten. Er darf nicht mit einem Unbekannten gesehen werden, den die beobachtete Organisation vielleicht als Verfassungsschützer identifizieren könnte. In vielen Fällen lassen sich Treffen in der Öffentlichkeit überhaupt vermeiden, indem der Beschaffer ein Appartement mietet, das nur vertraulichen Treffs dient. Wenn der Informant jedoch an einem »meeting« oder einer Demonstration teilnimmt, die außerhalb des gewohnten Trefforts liegen, kann er das sichere Appartement nicht aufsuchen. Dann bemüht sich der Beschaffer um andere Möglichkeiten, um unauffällig an seine Information zu kommen. Er steckt dem Informanten zum Beispiel ein Kleinst-

Funkgerät in die Tasche, in das der Informant von einem sicheren Platz aus seine Meldungen spricht. Der Beschaffer hat sich in der Nähe des Tagungsorts ein Hotelzimmer gemietet und dort ein Empfangsgerät aufgestellt. Oder er hat den Empfänger in einem Auto versteckt, das in Reichweite des Sendegeräts parkt. Dort zeichnet ein Tonbandgerät die Sendungen auf.

Vielbeschäftigte Beschaffer zeigen gelegentlich die Tendenz, die Resultate ihrer Arbeit nur in ihrem Hinterkopf zu speichern. Trotzdem müssen auch sie Büroarbeit leisten. Der Dienst braucht die Nachrichten schwarz auf weiß.

Ein Zweig der Beschaffung ist die Observation. Sie wird angewandt, um Informationen über heimlich arbeitende Verfassungsfeinde (Spione, Terroristen und sonstige »Illegale«) zu gewinnen. Der Arbeitstag des Observanten hat mit dem anderer Verfassungsschützer wenig gemein. Er hat keinen Arbeitsplatz im Hauptquartier und arbeitet auch fast nie allein. Observation ist im hohen Grade Gemeinschaftsarbeit, team-work. Mehrere Personen müssen sich abwechseln, damit der Observierte nicht dadurch aufmerksam wird, daß ihm dieselbe Person ständig auf den Fersen ist. Benutzt der Observierte ein Kraftfahrzeug, so folgen ihm die Observanten in mehreren Autos verschiedener Typen mit Kennzeichen verschiedener Orte.

Der Arbeitsbeginn des Observanten richtet sich nach dem »Fahrplan«, dem Verhalten, der observierten Person. Weiß man, z. B. aus einer Telefonüberwachung, daß ein in Köln lebender Mann am Mittag des nächsten Tages in Hamburg sein wird, so wäre es unzweckmäßig, ihm von Köln bis Hamburg auf der Autobahn nachzufahren. Das Risiko der Entdeckung der Observation wäre zu groß. Der Observationsleiter wird in einem solchen Falle einige Observationstrupps nach Hamburg vorausschicken und in Köln die Abfahrt des Observierten beobachten lassen. Den Zeitpunkt der Abfahrt kann man telefonisch nach Hamburg durchsagen. Ausgeruhte Observanten beginnen dort, das »Objekt« zu beobachten. Gewiß ist eine solche Observation nicht lückenlos. Aber das Risiko, daß uns Vorgänge entgingen, die sich während der »Lücke« ereigneten, ist uns oft geringer erschienen als die nach allen Erfahrungen bestehende Gewißheit, daß der Observierte die Beobachtungen entdeckt, wenn man versucht,

ihn keine Minute aus den Augen zu lassen. Als im Gerichtsverfahren gegen Guillaume von Verfassungsschützern als Zeugen
ausgesagt wurde, die Observation des Spions sei nicht lückenlos
gewesen, kritisierten manche Journalisten diese »schlampige«
Arbeit. Sie gaben damit zu erkennen, daß sie ihre Maßstäbe für
die Beurteilung einer solchen Arbeit phantasievollen Krimis entnommen, nicht aber in der Praxis gewonnen hatten.

Um ihren Objekten zu folgen, haben unsere Observanten im
Jahr Tausende von Überstunden machen müssen. Ein Problem
war es, diese Überstunden durch Freizeit oder durch Bezahlung
abzugelten.

Zur Büroarbeit bleibt den Observanten wenig Zeit. Dennoch
müssen sie in ihrem »Büro«, das immer unter dem Namen einer
»neutralen« Firma läuft, so oft wie möglich erscheinen. Dort fertigen sie die Berichte über ihre Beobachtungen an, dort rechnen
sie ab, dort werden sie über Ort und Art ihres nächsten »Einsat-
zes« unterrichtet. Oft habe ich die Observanten in ihren Büros
besucht, um Erfahrungen aus erster Hand zu gewinnen oder ihnen meine Anerkennung ihrer schweren Arbeit zu bekunden, die
sie zu leisten hatten.

Auch in menschlichen Problemen hatte das Amt manchem Observanten beizustehen. Dauernde nächtliche Abwesenheit, womöglich auch an Wochenenden, erregte das Mißtrauen von Ehefrauen, die den Nachbarn – der vielleicht auch im Amt beschäftigt war, aber im Büro arbeitete – pünktlich mit dem Glocken-
schlag heimkehren und im Kreise der Familie sitzen sahen. In
solchen Fällen habe ich Hausbesuche von Vorgesetzten machen
lassen.

In den letzten Jahren tauchte auch für die Verfassungsschützer
das Problem der Gefährdung durch Gewalttäter auf, die sie beobachteten. Zwar stehen dem Verfassungsschutz keine polizeilichen Exekutivbefugnisse zu. Seine Angehörigen dürfen daher
niemanden festnehmen. Aber Polizeibeamte haben sich gelegentlich der Personenkenntnisse der Verfassungsschützer be-
dient, um Irrtümer bei Verhaftungen zu vermeiden. Bei dem
Versuch, Astrid Proll in Frankfurt zu stellen, war es zu einem
Schußwechsel gekommen, bei dem die Kugeln der Terroristin
auch einem Verfassungsschützer um die Ohren pfiffen, der die

Polizeibeamten begleitet hatte. Deshalb standen wir vor der Frage, ob und wie wir bedrohte Beamte bewaffnen sollten. Ich bin dafür eingetreten, keinem eine Waffe zu versagen, der Grund hatte, sich bedroht zu fühlen. Ein Chef muß allerdings auch dafür sorgen, daß solche Beamte lernen, mit der Waffe umzugehen. Dementsprechend habe ich mich auch selbst verhalten, als Grund zu der Annahme vorlag, ein terroristischer Anschlag könnte sich gegen mich richten. Ich verließ meine Wohnung zu unregelmäßigen Zeiten und nur in Begleitung und ließ auch meinen »Waldlauf« überwachen, den ich seit Jahrzehnten vor dem Frühstück machte. Schließlich wechselten wir die Anfahrtswege zum Büro. Mein Fahrer und ich schafften uns eine Waffe an, damit wir uns verteidigen konnten. Dazu gehörten Ausbildung und Übung im Schießen. Viel verdanke ich dabei dem Leiter der Antiterror-Einheit des Bundesgrenzschutzes, GSG 9, Oberst Wegener. Er brachte mir das Schießen »aus der Hüfte« bei, das bekanntlich die einzig wirksame Methode gegenüber einem Angreifer ist, der nicht stillhält wie eine Schießscheibe. Ich hatte den Eindruck, Oberst Wegener sei mit seinem Schüler zufrieden. Schließlich wollte ich dem Staat einen gesunden Pensionär erhalten.

In den fünfziger und sechziger Jahren war der Dienst in den Observationsgruppen sehr begehrt, weil viele Dienstreisevergütungen bei sparsamen Ausgaben während der Reisen eine bescheidene Erhöhung der Einkünfte bedeuteten. Wir konnten auch eine Beschafferzulage zahlen. Diese finanziellen Vorteile fielen aber weniger ins Gewicht, sobald in den siebziger Jahren die Mitarbeiter durch Gehaltserhöhungen allgemein bessergestellt wurden. So mancher entdeckte da die Vorzüge des Innendienstes mit regelmäßiger Arbeitszeit.

Die Arbeit eines leitenden Verfassungsschützers ähnelt an neunzig von hundert Tagen der Tätigkeit sonstiger Schreibtischstrategen. Er trifft noch vor 8 Uhr im Büro ein. Mindestens eine Tageszeitung hat er schon zu Hause gelesen. Ich hatte auch entweder einen Waldlauf von drei Kilometern absolviert oder zehn Minuten Gymnastik gemacht, wobei ich mir Schallplatten mit spanischen Sprachübungen anhörte. Im Büro pflegte ich meiner Sekretärin sofort die Briefe zu diktieren oder ihr die Notizen zu geben, die ich abends beim Aktenstudium angefertigt hatte. Dann machte ich mich daran, die Papierstöße zu bewältigen, die sich auf meinem Schreibtisch stapelten. Je höher man in der Hierarchie steigt, desto größer ist der Anteil langweiliger Verwaltungsarbeit, den man als Unterschreibmaschine zu bewältigen hat. Da lagen Baugesuche in sechsfacher Ausfertigung, von deren Einzelheiten ich nichts verstand, und Vorschläge zur Einstellung von Leuten, die ich – in einem großen Betrieb unvermeidlich – nicht kannte. Da wurden einem Haushaltspläne vorgelegt, deren Inhalt einem aus Diskussionen mit den Abteilungsleitern zwar schon bekannt war, aber man fühlte sich trotzdem verpflichtet, sie noch genauer zu studieren. Sie wurden später im Ministerium mit dem Rechnungshof und im Haushaltsausschuß des Bundestags erörtert. Ehe ich mich diesem Aktenstudium zuwendete, habe ich – fünfundzwanzig Jahre hindurch – meine tägliche Strafarbeit absolviert: die Lektüre des SED-Blattes »Neues Deutschland«. Nach diesem langweiligsten Blatt deutscher Zunge las ich das international bestinformierte, die »Neue Zürcher Zeitung«. Dann blätterte ich in der »International Herald Tribune« und in »Le Monde«. Diesen Zeitungen entnahm ich nicht nur, wie die deutschen Probleme draußen betrachtet wurden, ich frischte dabei auch meine Sprachkenntnisse auf, die ich dringend brauchte.

Glücklicherweise erscheinen der »Bayernkurier«, der »Rheinische Merkur« und die »Deutsche National- und Soldatenzeitung« nur einmal wöchentlich. Daher konnte ich an meinem Vorsatz festhalten, das Reaktionärste nur in homöopathischer Dosis zu mir zu nehmen. Mittags legte man mir Auszüge aus weiteren vierzig Zeitungen vor, die im Amt gelesen werden. Die Auszüge galten vorwiegend solchen Presseäußerungen, die sich auf den Verfassungsschutz oder seine Arbeitsgebiete beziehen. Probleme der allgemeinen Politik, zum Beispiel die Wahlaussichten der demokratischen Parteien, beschäftigen den Verfassungsschützer nur, soweit er selbst Staatsbürger ist, also privat. Diese segensreiche Beschränkung des Arbeitsgebietes besteht nicht überall, z.B. nicht in Frankreich. Dort ist der zum Innenministerium gehörende Nachrichtendienst »Renseignements Généraux« verpflichtet, Wahlprognosen aufzustellen, die sich auch auf die demokratischen Parteien erstrecken müssen. Das kann riskant sein und die Karriere eines Beamten berühren, wenn ein Mann wie de Gaulle Staatspräsident ist. Ich erlebte, wie ein guter Bekannter, Chef der »RG«, nach einer Wahl als Präfekt in die Provinz versetzt wurde, als seine Prognose durch das Wahlergebnis bestätigt wurde. Es war für die Gaullisten ungünstig gewesen. Ich beglückwünschte diesen Kollegen, denn die Provinz, in die man ihn abgeschoben hatte, war ein Weinbaugebiet. Er bedankte sich und schrieb: »Sie haben es gut. Ihre Prognose erstreckt sich nur darauf, ob Ihre lächerliche DKP von ein oder zwei Prozent der Leute gewählt wird.« ›Irrtum‹, dachte ich, ›bei uns müssen sie mit 0,9% zufrieden sein.‹

In der Bundesrepublik gehört die hohe Politik nicht zum täglichen Brot des Verfassungsschützers. Amtlich geht sie ihn nur an, wenn der Verfassungsschutz selbst zum »Politikum« wird, wie im Fall Guillaume. Deshalb habe ich auch – außer in solchen Fällen – nur selten Berührung mit der hohen Politik gehabt. Manchmal aber doch: Am 27. Mai 1972 ging ich ins Bundeshaus, um die Abstimmung über das gegen Bundeskanzler Brandt eingebrachte Mißtrauensvotum im Parlament mitzuerleben.

Das Bundeskabinett hatte schon beschlossen, mich zum Präsidenten des Bundesamts für Verfassungsschutz zu ernennen. Die Ernennungsurkunde war ausgefertigt und vom Bundespräsidenten unterzeichnet. Aber Herr Genscher, der damalige Innenminister, hatte sie mir – aus welchen Gründen auch immer – noch nicht ausgehändigt. Finanziell war die Ernennung für mich unerheblich, denn als Ministerialdirektor, der ich damals war, bezog ich ein ebenso hohes Gehalt – und würde demzufolge eine ebenso hohe Pension zu beanspruchen haben – wie der Präsident des BfV. Ich hätte meine Laufbahn gern als Präsident des Amtes beschlossen, in das ich 1950 als einfacher Angestellter eingetreten war. Auch zog ich die unabhängigere Arbeit im Bundesamt dem Rackern im Weinberg des Herrn Genscher vor. Wenn das Mißtrauensvotum gegen Willy Brandt angenommen wurde, dürfte meine Ernennung jedoch kaum wirksam werden. Ich ging daher mit einiger Spannung zur Regierungstribüne, um die Abstimmung mitzuerleben. Auf dem Wege dorthin traf ich in der Wandelhalle Horst Ehmke. Er nahm mich beiseite. In einer ruhigen Ecke sagte er: »Es steht schlecht. Laß dir die Ernennungsurkunde noch aushändigen.« Ehmke war sichtlich erregt. Ich entnahm das seinem Tonfall und der Tatsache, daß er mich duzte. Auf so vertrautem Fuße standen wir sonst nicht. An seine Worte dachte ich später, als Ehmke von der Opposition beschuldigt wurde, die 50000 DM beschafft zu haben, die dem abtrünnigen CDU-Abgeordneten Steiner angeblich von Karl Wienand bezahlt worden waren. Horst Ehmke wäre wohl kaum so erregt gewesen, wenn er gewußt hätte, daß Wienand durch die Zahlung von 50000 Mark die Abstimmung in das »richtige« Gleis gelenkt gehabt hätte.

Doch zurück zum normalen Arbeitstag. Mein Aktenstudium wurde an solchen normalen Tagen häufig von Telefonanrufen unterbrochen. Ich hielt nichts davon, Leute, die mit mir telefonieren wollten, durch meine Sekretärin abweisen oder vertrösten zu lassen. Ebenso empfing ich jeden Mitarbeiter, der sich beschweren oder beklagen wollte. Sofort entscheiden – geschweige denn helfen – konnte ich in solchen Fällen nie, denn ich mußte zunächst auch die andere Seite hören. Aber ich verschaffte den Mitarbeitern wenigstens das Gefühl, mich um ihre Sache zu kümmern. Und ich hielt mein Versprechen, bald eine Antwort zu erteilen. Die Unart mancher Chefs, einen Bittsteller wochenlang ohne Bescheid hängenzulassen, vermied ich möglichst auch dann, wenn meine Entscheidung ablehnend war. Gerade in diesen Fällen rief ich die Betroffenen selbst an. Meine ständigen Gesprächspartner waren die Abteilungsleiter oder ihre Vertreter. Unter ihrer Aufsicht wurde die fachliche Arbeit geleistet. Nur die wichtigsten Fälle wurden mit mir diskutiert. Ein guter Abteilungsleiter pflegte mir am Tage vor einer solchen Diskussion ein längeres Exposé zu schicken, in dem der Fall dargestellt wurde. Im Fall Guillaume war das Exposé 19 Seiten lang. Jedes gute Exposé hatte mit einem Vorschlag zu enden, wie der Fall weiter bearbeitet werden sollte. Über diesen Vorschlag wurde dann in einer Besprechung bei mir diskutiert und schließlich entschieden. Nicht jede Entscheidung konnte jedoch nach diesem Muster getroffen werden. Höchste Eile war geboten, wenn die Gefahr bestand, daß ein erkannter Spion fliehen werde. Dann rief mich etwa mitten in der Nacht ein alliierter Kollege an und bat mich, ihn in einer halben Stunde zu empfangen. Ich kannte diesen Kol-

legen lange und wußte, er würde mich nicht wegen einer Bagatelle aus dem Bett jagen. Nach einer halben Stunde erschien er
mit einem Bündel Aussagen, die ein sowjetischer Überläufer gemacht hatte. Kaum hatte ich sie gelesen, stimmte ich dem Kollegen zu, daß die Sache brisant und eilig war. Die Flucht des Überläufers würde vom gegnerischen Dienst bald bemerkt werden,
wenn sie nicht schon bekanntgeworden war. Es war damit zu
rechnen, daß durch Funk oder durch eine Postkarte (»Tante
Emma im Krankenhaus«) Aufforderungen zur Flucht an die
Personen ergingen, die der Überläufer belasten konnte. Wir hatten aber trotzdem eine Chance: Die Spione lauschen nicht stündlich auf Funksendungen des Dienstes, für den sie arbeiten. Sie
haben »ihren« Funkplan, der ihnen vorschreibt, »ihre« Welle
zum Beispiel zweimal wöchentlich abzuhören. Wenn wir Glück
hatten, konnten wir einer derartigen Warnung zuvorkommen.
Ich rief daher noch in der Nacht den Abteilungsleiter der Spionageabwehr an. Am Telefon meldete sich seine Frau, ihr Mann
sei verreist, teilte sie mir mit. Ich entschuldigte mich. Den Dienst-
reiseplan der Abteilungsleiter pflegte ich nicht mit nach Hause zu
nehmen. Nun telefonierte ich mit dem Stellvertreter. Nach einer
Stunde war er da und schloß sich unserer Meinung an. Wir mußten die Festnahme der belasteten Personen noch an dem nun an-
gebrochenen Tage erreichen. Eigene Polizeibefugnisse hatten wir
nicht. Also rief ich um 8 Uhr den Generalbundesanwalt an. Ich
bat ihn, einen Bundesanwalt und einen Ermittlungsrichter nach
Köln zu schicken und das Bundeskriminalamt zu alarmieren.
Eine der belasteten Personen wohnte im benachbarten Ausland.
Ich telefonierte mit dem Chef des dortigen Dienstes und kündigte ihm den Besuch eines Mitarbeiters an. Der Kollege verstand
mich sofort. »Faut-il d'un juge?« fragte er. Ich bejahte. Es war
10 Uhr vormittags. Damit war mein Anteil an der Bearbeitung
dieses Falles getan. Ich konnte mich den Aktenbergen zuwenden,
die sich auf meinem Schreibtisch gestapelt hatten. Nachmittags
gegen 14 Uhr traf die erste »Erfolgs«-Meldung ein: Im Auswärtigen Amt war die Sekretärin Lore Sütterlin festgenommen worden.

Eines Tages fragte mich ein Journalist: »Wie sehen Sie eigentlich Ihren Gegner?« Ich antwortete, eine Einzelperson, die ich als Gegner bezeichnen könnte, existiere nicht. Wie auch sonst im Leben, müsse man differenzieren.

Ist ein Spion, ein Terrorist, ein moskautreuer Kommunist oder ein Rechtsextremist mein Gegner? Mich interessieren ihre Motive und das Milieu, in dem sie groß geworden sind. Das gilt es zu studieren, denn sowohl die Nachrichtenbeschaffung, zu der man verpflichtet ist, als auch die Abwehrmaßnahmen, die man vorzuschlagen hat, müssen sich nach den Charakteristiken der Verfassungsfeinde richten.

Aber sind »die Verfassungsfeinde« deshalb meine »Gegner«? Ich habe sie eher so betrachtet, wie ein Verhaltensforscher seine »Objekte« studiert. Dabei habe ich jede Gelegenheit zu derartigen Studien benutzt. In den fünfziger Jahren hatte die Sicherungsgruppe des Bundeskriminalamts einen hochrangigen Funktionär der KPD auf Grund der Hinweise festgenommen, die wir über seine geheimen Quartiere gegeben hatten. Oskar Neumann war Politbüromitglied der KPD. Ich suchte ihn im Gefängnis auf, weil ich daran interessiert war, mit einem so prominenten Kommunisten zu sprechen. Ich versuchte natürlich nicht, ihn über seine illegale Arbeit auszufragen. Das war Sache der Staatsanwälte und der Polizeibeamten. Ich schlug ihm vor, über theoretische Probleme zu diskutieren. Er antwortete: »Ich diskutiere immer gern.« Vorgestellt hatte ich mich nicht, legitimiert wurde ich nur durch meine Sachkenntnis. »Was halten Sie von der Verelendungstheorie?« fragte ich ihn. »Sie kennen ja das Ruhrgebiet« (er war dort festgenommen worden). »Haben Sie dort einen verelendeten Arbeiter gesehen?« Er kannte nur ein paar Slums, aber kein Arbeiterelend. Die Entwicklung war nicht so verlaufen, wie Karl Marx es in seiner Verelendungstheorie prophezeit hatte. Das mußte Neumann zugeben. Andererseits verwies er darauf, daß in den Ländern des Kapitalismus eine erhebliche Konzentration des Kapitals zu beobachten sei. Marxens Lehre sei in diesem Punkt wohl zutreffend. Da ich keine hundertjährige Ideologie als allein seligmachend zu verteidigen brauchte, fiel es mir leicht, ihm zuzustimmen. Über das wirtschaftliche Potential der kommunistischen Staaten konnten wir uns dagegen nicht einigen. Er war davon überzeugt, daß die Sowjetunion die USA in einigen Jahren wirtschaftlich überholen und auch die DDR die Bundesrepublik überflügeln werde, wie dies den damaligen Voraussagen Chruschtschows und Ulbrichts entsprach. Ich lachte ihn aus: »Sie sind längst aus dem Knast raus«, sagte ich, »wenn die lahme Planwirtschaft der kommunistischen Staaten noch Anlauf nimmt, die Kapitalisten zu überholen.«

Ich ahnte damals nicht, wie bald Neumann seine Freiheit wiedererlangen sollte. Einige Monate später wurde er ausgetauscht. Das DDR-Regime hatte die damalige Bundesregierung mit der plumpen Drohung genötigt, das Todesurteil an einem drüben verurteilten BND-Spion innerhalb weniger Tage zu vollstrecken, wenn Neumann nicht ausgetauscht werde. Ich hielt das für Bluff. Ich glaubte zu wissen, daß die Kommunisten die Freilassung eines Politbüromitgliedes der KPD – eines Mannes, der in ihren Augen Ministerrang hatte – gewiß nicht durch die Hinrichtung eines Spions mittlerer Güte gefährden würden. Wenn Neumann so leicht davonkäme, war auch die mehrmonatige erfolgreiche Arbeit meiner Leute vergeblich gewesen. Schließlich empörte sich der Jurist in mir: Damals war eine solche Freilassung erst nach der Verurteilung des Verhafteten durch einen Gnadenakt des Bundespräsidenten zulässig. Ich lief damals in Bonn von Pontius zu Pilatus, um zu verhindern, daß die Bundesregierung auf den Bluff der DDR-Regierung hereinfiel. Zuletzt landete ich bei einem Ministerialdirektor im Justizministerium. Er sprach von einem übergesetzlichen Notstand, in dem sich die Bundesregierung befinde. Der BND habe die Todesgefahr, in der sein Mann bei den Kommunisten schwebe, so drohend dargestellt, daß die Regierung wohl nicht anders könne, als auf die Austauschforderung einzugehen. Mein Gesprächspartner lief zwar rot an, als ich erwiderte, es habe sich wohl noch immer nichts daran geändert, daß die Juristen sich den Forderungen der Diktatoren beugten, aber es blieb beim Austausch. Meine Behauptung, die Kommunisten blufften nur mit der Todesdrohung, wurde nach wenigen Tagen überraschend und beschämend bestätigt: Oskar Neumann wurde an der Grenze übergeben, wo auch das »Tauschobjekt« erschienen war. Der Mann erklärte jedoch denen, die ihn abholen wollten, er bleibe lieber in der DDR, weil es ihm dort besser gefalle.

Ein »Gegner« als Person war in dieser Sache nicht auszumachen. Gelegentlich lassen sich aber Erkenntnisse über die Denk- und Handlungsweise der Menschen gewinnen, die auf der östlichen Seite bei uns als Agenten tätig sind. Gelegenheit zu derartigen Einblicken erhielten wir vor allem dann, wenn auf der Gegenseite Fehler gemacht wurden. Zum Beispiel machte der DDR-Geheimdienst einige Jahre lang den schweren Fehler, seinen Agenten durch verschlüsselte Funksprüche zum Geburtstag zu gratulieren. Guillaume hat solche Sprüche auch für seine Frau und zur Geburt seines Sohnes empfangen. Der DDR-Geheimdienst rechnete offensichtlich nicht damit, daß seine Sprüche entschlüsselt werden konnten. Auf jeden Fall ermöglichte er dadurch, daß einige seiner Agenten identifiziert werden konnten. Diese Geburtstagsgratulationen ließen auf eine betuliche, kleinbürgerliche Mentalität ihrer Absender schließen, aber auch auf Mängel in der fachlichen Kontrolle der Funksendungen. Gegen das Gebot, das empfindliche Mittel des Funks nur zu Mitteilungen zu benutzen, die sich auf die Sache, d. h. auf die nachrichtendienstliche Tätigkeit, bezogen, hat das MfS schwer verstoßen. Uns hatte es damit ermöglicht, den Fall Guillaume aufzudecken.

Informationen über Angehörige des gegnerischen Dienstes erhielten wir auch von Doppelagenten. Angenommen, ein Student aus der Bundesrepublik besucht Verwandte in der DDR. Er wird bei der polizeilichen Anmeldung in ein Nebenzimmer gebeten und dort von einem freundlichen Mann, der sich vorstellt, in ein Gespräch gezogen. Zunächst reden sie über den Frieden. Schließlich bietet der freundliche Mann dem Studenten an, ihm eine monatliche Studienbeihilfe zu zahlen, wenn er sich verpflichte, etwas für den »Frieden« zu tun. Was er denn tun könne, will der Student wissen. »Ab und zu einen Stimmungsbericht schicken und aus dem jeweiligen Arbeitsgebiet berichten«, schlägt der Freundliche vor. Unser Student geht auf den Vorschlag ein, um unbehelligt nach Hause fahren zu können. Er unterschreibt eine Verpflichtung und quittiert 300 DM für Reisespesen. Der freundliche Mann gibt ihm dann noch eine Adresse in Ostberlin, an die er schreiben soll, und eine Telefonnummer. Er schlägt vor, in drei Monaten wiederzukommen. »Die Verwandten dürfen davon aber nichts wissen.« Nachdem der Student in die Bundesrepublik zurückgekehrt ist, kommen ihm Zweifel. Er geht zum Verfassungsschutz, erzählt seine Geschichte und fragt, wie er sich verhalten solle. Dort trifft er mit einem Spezialisten der Spionageabwehr zusammen. Der läßt sich alles genau erzählen. Er möchte eine Personenbeschreibung des »freundlichen Mannes« haben. Und er notiert sich die Ostberliner Adresse und Telefonnummer. Dann schlägt er dem Studenten vor, man solle sich in drei Wochen treffen, damit er den erbetenen Rat erteilen könne. Die Spionageabwehr benutzt die nächsten Wochen, um die Angaben des Studenten zu prüfen. Sie forscht nach, ob die Deckadresse und die Telefonnummer bekannt sind und ob schon Berichte über den »freundlichen Mann« in der DDR vorliegen. Schließlich erkundigt man sich über den Studenten. Man sucht zu erfahren, ob er schon einmal durch Schwindeleien aufgefallen ist, ob er sich in extremistischen Kreisen betätigt und wie er charakterlich beurteilt wird.

Wozu dieser Aufwand? Wäre es nicht einfacher, dem Studenten zu sagen: »Schreiben Sie nicht, telefonieren Sie nicht, fahren Sie nicht mehr in die DDR«? Einfacher wäre dies gewiß, aber auf diese Weise würde man nie erfahren, wie der DDR-Geheimdienst Studenten behandelt, die er als »Perspektivagenten«, als Agenten auf lange Sicht, benutzen will. Man wüßte nicht, wo er sie einsetzt und welche Aufträge er ihnen erteilt. Solche Kenntnisse kann man benutzen, um andere Abwehraufgaben zu lösen.

Die Auskünfte über den Studenten lauten zufriedenstellend. Seine Angaben über den freundlichen Herrn, über Deckadresse und Telefonnummer sind durch Material bestätigt worden, das bereits im Amt vorliegt. Er ist also wirklich mit dem DDR-Geheimdienst in Kontakt geraten. Jetzt entschließt sich der Mann, der seinen Fall bearbeitet, dem Abteilungsleiter vorzuschlagen, den Studenten als Doppelagenten zu verwenden. Das heißt zu versuchen, ihn dafür zu gewinnen, unter der Kontrolle des Verfassungsschutzes Berichte an die Ostberliner Adresse zu liefern und zur vorgesehenen Zeit den vereinbarten Besuch abzustatten.

Der Abteilungsleiter stimmt zu. Aufgabe des Sachbearbeiters ist es nun, den Studenten für diese heikle Aufgabe zu gewinnen, die schauspielerisches Talent erfordert und durchaus Risiken enthält. Zwingen kann man dazu niemanden. Keiner ist verpflichtet, sich auf so etwas einzulassen. Die Motivationen eines Doppelagenten können sehr voneinander abweichen. Manche sind naiv-patriotisch-antikommunistisch eingestellt. Wenn es gelingt, diese Motivation zu erhalten, ist eine gute Basis zur Zusammenarbeit gegeben. Manche sind einfach abenteuerlustig. Das ist für die Zwecke des Verfassungsschutzes auch nicht schlecht, wenn es gelingt, die Romantik zu stabilisieren, indem man den Agenten an sein Honorar gewöhnt. Wenn der Agent nur aus materiellen Gründen seine Doppelrolle spielt, so birgt das allerdings ein Risiko: Bietet der Gegner, etwa mißtrauisch geworden, einem solchen Agenten mehr als wir, so wird dieser vielleicht versuchen, uns zu hintergehen.

Damit muß man immer rechnen. Deshalb wird jede Meldung, die ein Doppelagent erbringt, sorgfältig geprüft.

Entsprechend diesen Unsicherheitsfaktoren muß der Sachbearbeiter den Aspiranten behandeln. Vor allem muß er Vertrauen erwecken. Wenn er Geld anbietet, sollte er es zweckmäßigerweise als Auslagenersatz oder als Verdienstausfall deklarieren. Gelingt es ihm, den Studenten zu gewinnen, dann erfährt der Verfassungsschutz nicht nur von den Aufträgen, die der gegnerische Geheimdienst erteilt, der Doppelagent wird auch über den DDR-Beamten berichten, mit dem er drüben zusammentrifft: Wie alt ist er? Welche Bildung hat er? Wie äußert er sich politisch? Hat er Familie? Ist er korrupt? Läßt er sich zum Beispiel für seine Frau von dem Agenten westliche Waren mitbringen und verrechnet er den Preis mit dem Agentenhonorar? Mit hohen Offizieren trifft ein solcher Agent nicht zusammen, er lernt höchstens einmal einen Vorgesetzten des Agentenführers kennen.

Aus vielen derartigen Operationen mit Doppelagenten entstand beim Verfassungsschutz im Laufe der Jahre ein klares Bild der Auftragsrichtung des Gegners und eine Vorstellung von der Qualität der mittleren Ebene des Personals im DDR-Geheimdienst. Diese Leute sind linientreue Kommunisten von mittlerer

Intelligenz, technisch gut ausgebildet, pünktlich, nüchtern und durch Mittel, die ein Doppelagent anwenden kann, kaum zu korrumpieren. Ihre materielle Lage in der DDR ist gut, mindestens in Partei- und Funktionärskreisen genießen sie Achtung. Ähnliches kann ihnen im Westen kaum jemand bieten. Bestätigt wird das durch die Tatsache, daß in den letzten Jahren fast keine Überläufer aus diesen Kreisen in der Bundesrepublik eingetroffen sind.

Die leitenden Männer des DDR-Geheimdienstes, insbesondere der Hauptverwaltung Aufklärung (HVA) des Ministeriums für Staatssicherheit, haben in den letzten Jahrzehnten ihre Aufgabe erfüllt, soweit sie darauf gerichtet war, Nachrichten aus der Bundesrepublik zu beschaffen. Damit ist noch kein Urteil über die Qualität dieser Leistung gefällt, d. h. darüber, ob es schwierig war, zu diesem Ergebnis zu kommen. Der Flüchtlingsstrom von Ost nach West, der im Westen liberalisierte Reiseverkehr haben das Eindringen von Agenten aus allen Richtungen außerordentlich leicht gemacht. Im Inneren der Bundesrepublik hinderte das laxe polizeiliche Meldewesen die Agenten nicht daran, sich zu »legalisieren«, d. h. sich den Schein einer rechtmäßigen Existenz zu beschaffen. Das System unserer Sicherheitsüberprüfungen hat sich nicht als geeignet erwiesen, jeden Agenten am Eindringen in Behörden und Ministerien zu hindern. Das ist keine Krankheit der Bundesrepublik allein. In allen großen Staaten der westlichen Welt, in den USA, in England, in Frankreich, haben die Nachrichtendienste der kommunistischen Länder ihre Agenten in Spitzenpositionen gebracht. Das scheint einer der Preise zu sein, die wir für die von uns so geschätzte Liberalität unserer Gesellschaftsordnung zu entrichten haben. Unser Untergang ist damit auch keineswegs besiegelt. Auf manchen Gebieten, in die ein Spion Einblick hatte, mögen unsere Verhandlungspositionen geschwächt worden sein. An unsere Existenz ging das aber nie. Angriffspläne, die Spione hätten verraten können, waren ohnehin aus keinem Panzerschrank zu entnehmen, weil es keine derartigen Pläne gibt. Der Vorteil, den erfolgreiche Spionageoperationen den kommunistischen Staaten eingebracht haben, hält sich deshalb in Grenzen.

Dies gilt um so mehr, als die östlichen Nachrichtendienste ihre vorrangigste Aufgabe nicht erfüllen konnten: nämlich durch ihre Agenten zur Subversion der kapitalistischen Länder beizutragen, sie gewissermaßen reif für den Umsturz zu machen. Insoweit sind alle östlichen Nachrichtendienste, auch die der DDR, gescheitert.

Diese Zielsetzung läßt erkennen, in welchem Grade die führenden Männer der östlichen Nachrichtendienste ideologiegläubig sind oder doch der Ideologie Konzessionen machen: Das Ziel, durch Agenten zur Subversion der kapitalistischen Länder beizutragen, sie reif für den Umsturz zu machen, ist aus dem ideologischen Wunschtraum der Kommunisten abgeleitet, die Weltrevolution zu realisieren – entweder durch Waffengewalt (was zur Zeit gegenüber kapitalistischen Ländern zurückgestellt ist) oder mit »friedlichen« Mitteln. Als »friedlich« in diesem Sinne gilt auch die Subversion, die politische Unterwanderung.

Umgekehrt wäre zu fragen, welchen Wert unsere eigenen Abwehr-»Erfolge« gegen die östlichen Nachrichtendienste besitzen. Ist es ein Erfolg, wenn jemand entdeckt wird, nachdem er 10 bis 15 Jahre spioniert hat? Auf jeden Fall ist die Entdeckung eines solchen Spions besser als die unentdeckte Fortsetzung der Tätigkeit. Mehr kann man wohl nicht sagen. Angesichts der großen Zahl der Fälle, in denen Spione viele Jahre an empfindlichen Stellen unseres Staates tätig gewesen sind, sollte man vielleicht überlegen, ob das bisherige System der Massenüberprüfungen, die ihrer großen Zahl wegen nicht gründlich genug sein können, wirklich effektiv ist. Wäre es nicht sinnvoller, die Überprüfung auf Personen zu beschränken, die Zugang zu wirklich schutzwürdigem Material erhalten sollen, und diese Personen dann sehr viel gründlicher zu überprüfen?

Dadurch könnte nicht nur der Schutz von Geheimnissen verbessert, sondern auch die Spionagehysterie eingedämmt werden, der nicht nur Boulevard- und Tendenzblätter unterliegen. Selbst Politiker, die sonst ernst genommen werden wollen, fallen ihr anheim. In der gegen den Strauß-»Freund« Franz Heubl gerichteten Dokumentation, die im Juni 1976 in Deutschlands heimlicher Hauptstadt kursierte, finden sich eklatante Beispiele dafür, wie die Spionagehysterie selbst im innerparteilichen Kampf ausgenützt wird.

Der Fall Guillaume

In der letzten Maiwoche des Jahres 1973 legte mir die Spionageabwehrabteilung des BfV einen Bericht vor, in dem die Ver-
dachtsgründe gegen Günther Guillaume und seine Frau Christel
zusammengestellt worden waren. Der Bericht trug das Datum
vom 11. Mai. Er enthielt schwerwiegende Verdachtsmomente
gegen das Ehepaar und führte aus, Guillaume arbeite als Hilfsreferent für Sozialpolitik und Gewerkschaftsfragen im Bundeskanzleramt. Der Berichterstatter war allerdings der Auffassung,
das bisher vorliegende Beweismittel reiche nicht aus, um die Verdächtigen vor Gericht zu überführen. Er schlug daher vor, die
Eheleute Guillaume vorsichtig zu observieren, um weitere Beweismittel zu gewinnen. Das hielt ich für richtig, aber ich wollte
mich noch über einige Einzelheiten unterrichten und bat deshalb
meine Mitarbeiter zu einer Besprechung. An ihr nahmen am
28. Mai die Herren Bardenhewer, Rausch und Watschounek teil.
In der Besprechung ließ ich mir nochmals den Wortlaut der
Funksprüche vortragen, die vor Jahren entschlüsselt worden
waren. Den Sprüchen war folgendes zu entnehmen: Das Ministerium für Staatssicherheit der DDR – von dem die Funksprüche stammten – hatte im Jahre 1956 ein Agentenehepaar in die
Bundesrepublik gesandt, damit es Nachrichten aus der SPD gewinnen sollte. Selbstverständlich enthielten auch die entschlüsselten Funksprüche nicht die vollen Namen der Agenten. Er
wurde als »Georg« bezeichnet, sie als C. oder Chr. Damit konnten die Vornamen der Agenten bezeichnet oder abgekürzt sein,
sicher war das jedoch nicht. Auch Familiennamen oder Decknamen konnten gemeint sein. Aber die Sprüche gaben noch kon-
kretere Hinweise auf die Identität der Agenten. Anfang Februar
1956 hatte ein Funkspruch Glückwünsche zum Geburtstag von

»Georg« enthalten. Anfang Oktober 1956 war ein solcher Glückwunsch an Chr. empfangen worden. Mitte April 1957 war ein an »Georg« gerichteter Funkspruch mit Glückwünschen »zum 2. Mann« aus der Funkzentrale des Ministeriums für Staatssicherheit abgegangen.

Jahrelang hatten wir mit Unterstützung des Parteivorstandes nach Personen mit diesen Merkmalen in der SPD gesucht. Es war uns jedoch nicht gelungen, die Agenten zu identifizieren. Erst im Frühjahr 1973 waren die Personaldaten Günther Guillaumes, dessen Name inzwischen am Rande anderer Spionagefälle aufgetaucht war, mit den Hinweisen verglichen worden, die aus jenen erwähnten Funksprüchen entnommen worden waren. Dabei hatte sich ergeben: Der vom Anfang Februar stammende Geburtstagsglückwunsch an »Georg« paßte zu Günther Guillaume, der am 1. Februar Geburtstag hatte. Der am 4. Oktober abgesandte Glückwunsch für »Chr.« verwies gleich in zweifacher Hinsicht auf Guillaumes Ehefrau. Sie hieß mit Vornamen Christel, und sie hatte am 6. Oktober Geburtstag. Auch der Mitte April 1957 empfangene Glückwunsch »zum 2. Mann« paßte zu den Guillaumes. Ihr Sohn Pierre war am 8. April 1957 geboren worden. Den Teilnehmern an unserer Besprechung – auch mir – erschienen diese Übereinstimmungen frappant. Das konnte kein Zufall sein. Wenn es aber kein Zufall war, dann hatten wir einen Spion im Kanzleramt entdeckt. Warum war es uns nicht früher aufgefallen? Ich fragte, ob Guillaume bei seiner Einstellung überprüft worden sei. Damals sei nichts Negatives festgestellt worden, wurde mir erwidert. Darüber zu räsonieren war jetzt keine Zeit. Jetzt mußte gehandelt werden.

Ein Spion im Bundeskanzleramt war ein Fall von politischer Tragweite. Ich war verpflichtet, den Bundesinnenminister zu unterrichten. Am selben Tage noch rief ich den Leiter des Ministerbüros, Herrn Dr. Kinkel, an. Am 29. Mai trug ich den Herren Genscher und Kinkel den Fall vor. Ich gehöre zu denen, die ihre Überzeugung energisch vertreten, und mir lag daran, den Bundesinnenminister für unseren Vorschlag zu gewinnen, mit den Observationen zu beginnen. Deshalb trug ich die gravierendsten Verdachtsmomente vor. Natürlich habe ich unseren 19 Seiten langen Bericht nicht im Wortlaut verlesen. Das tut niemand, der

einen vielbeschäftigten Minister nicht langweilen, sondern überzeugen will. In das Zentrum meines Vortrags stellte ich die
Tatsachen, nämlich die Funksprüche, die das Ehepaar Guillaume
als Agenten identifizierten. Die Verläßlichkeit der Entschlüsse-
lung und die Bedeutung der Funksprüche als wertvollste Mittel
bei der Entdeckung von Agenten waren dem Minister bekannt.
Bei Besuchen im Bundesamt für Verfassungsschutz war ihm vorgetragen worden, in den letzten Jahren seien dechiffrierte Funksprüche der Ausgangspunkt für die Überführung von über
87 Spionen gewesen. Nur in einem Fall waren im Ermittlungsverfahren die Beweise nicht als ausreichend angesehen worden.
Nachdem ich geendet hatte, sprang der Minister erregt auf. Wie
er selbst später sagte, war er »elektrisiert«: »Das muß der Kanzler wissen«, erklärte er. Ich war zunächst dagegen, den Bundeskanzler schon zu diesem Zeitpunkt zu informieren. Da das Bundeskanzleramt – wozu es allerdings nicht verpflichtet war – uns
nicht mitgeteilt hatte, daß Guillaume inzwischen als Referent für
Partei- und Gewerkschaftsfragen im Büro des Bundeskanzlers
tätig war, wußte ich dies vor der Unterredung mit Minister Genscher nicht. Außerdem wollten meine Kollegen mit der Observation bei Frau Guillaume beginnen, die wir noch in Frankfurt
wähnten. Wir wußten zu diesem Zeitpunkt nicht, daß Guillaume
mit seiner Familie bereits nach Bonn umgezogen war. Wir hatten
nämlich nach Entdeckung des schweren Verdachts, der gegen
ihn vorlag, in Frankfurt nicht gegen ihn ermittelt, weil wir vermeiden wollten, daß irgendwelchen Beamten, z. B. im Ein-
wohnermeldeamt, unsere Nachforschungen gegen den dort
populären SPD-Funktionär bekannt würden. Wir hatten unsere
Erfahrungen mit redseligen Beamten und undichten Stellen
gemacht.
Minister Genscher wollte also den Bundeskanzler sofort informieren, und wie sich später herausstellte, war das im Hinblick
auf Guillaumes inzwischen angehobene Stellung richtig. Ich
stimmte dann auch zu und bat den Minister, die Zustimmung des
Bundeskanzlers zu den beabsichtigten Observationen einzuholen und ihn zu bitten, an der Position Guillaumes bis auf weiteres
nichts zu verändern. Diese Bitte sprach ich in der Erwartung aus,
es werde uns – wie in Dutzenden anderer Fälle – gelingen, durch

die beabsichtigten Ermittlungen weiteres Beweismaterial herbeizuschaffen. Jede Kritik an diesem Rat sollte von unserem damaligen Wissen ausgehen. Auch wenn Guillaume inzwischen Referent für Partei- und Gewerkschaftsfragen im Kanzlerbüro geworden war, so hatte er damit keinen Zugang zu Staatsgeheimnissen. Sollte das jemand besser gewußt haben, so hätte er meinen Rat nicht anzunehmen brauchen.

Bei Abschluß unserer Unterredung erklärte mir Herr Genscher, der völlig mit mir einig schien, er werde mit dem Bundeskanzler sprechen und mich über dessen Entscheidung telefonisch unterrichten. Ich verabschiedete mich. Völlig zufrieden war ich nicht, weil ich der Meinung war, der Minister hätte mich zur Unterrichtung des Bundeskanzlers mitnehmen sollen. Andererseits war ich auch nicht beunruhigt, weil ich dem Verhalten des Ministers entnahm, er sei sich der Bedeutung der Sache bewußt. Herr Genscher hat noch am selben Tage mit dem Bundeskanzler gesprochen. Aber erst über ein Jahr später, nämlich nach seiner Aussage vor dem Untersuchungsausschuß, den der Bundestag im Sommer 1975 eingesetzt hatte, habe ich erfahren, wie er das Gespräch begonnen hat. Nach der Aussage, die Willy Brandt als Zeuge im Strafprozeß gegen Guillaume gemacht hat, erklärte Genscher ihm damals: »Da ist etwas aufgetaucht, was sich beziehen soll auf einen Mitarbeiter mit französisch klingendem Namen.« Es bestehe die Befürchtung, dieser Mitarbeiter könne für die DDR arbeiten. Ob Brandt etwas dagegen habe, wenn Guillaume observiert werde. Brandt hat – nach seiner Aussage – damals geantwortet: »Ich habe nichts dagegen. Aber ich halte das für ganz unwahrscheinlich.« Durch die Eröffnung des Gesprächs mit dem Hinweis auf einen Mitarbeiter, der einen französisch klingenden Namen habe, ließ Herr Genscher den Eindruck entstehen, er kenne nicht einmal den genauen Namen des Verdächtigen. Ich hatte ihm jedoch nicht nur den Namen, Vornamen und Geburtstag gesagt, sondern auch die DDR-Funksprüche mit den Geburtstagsglückwünschen zitiert! Davon scheint Brandt keine Silbe erfahren zu haben.

Entgegen unserer Verabredung hat mich Herr Genscher auch nicht angerufen, um mir die Entscheidung des Bundeskanzlers mitzuteilen. Ich wartete und wartete, weil meine Leute mit der

Observation beginnen wollten. Von Herrn Genscher hörte ich jedoch nichts. Ich rief ihn deshalb am Nachmittag des 30. Mai an und fragte, wie denn nun in der Sache entschieden worden wäre, über die wir gesprochen hätten. Er antwortete: »Ach ja, ich wollte Sie schon anrufen, der Kanzler ist einverstanden.« Diese Information gab ich sofort an den Leiter der Spionageabwehrabteilung weiter, damit seine Leute mit der Observation beginnen sollten. Herr Rausch vom Bundesamt hat darüber eine Aktennotiz gemacht.

Nachdem ich gehört hatte, der Bundeskanzler sei informiert, wollte ich Herrn Wehner unterrichten. Auf meinen Telefonanruf in seiner Wohnung antwortete niemand. Am 31. Mai, einem Feiertag, rief ich dort wieder an. Wieder nahm niemand den Hörer ab. Ich vermutete, Wehner sei in Berlin. Daher rief ich den Leiter des dortigen Landesamts für Verfassungsschutz an und bat ihn, »Onkel Herbert« ausfindig zu machen. Es gelang ihm jedoch nicht.

Der Rest des Tages verlief turbulent. Ein Journalist fragte mich, ob ich den CDU-Abgeordneten Steiner kenne. Ich entgegnete, diese Ehre hätte ich noch nicht gehabt. Darauf der Journalist: »Dann wissen Sie wohl auch nicht, daß Steiner in Bonn herumläuft und erzählt, er habe im Auftrage des Verfassungsschutzes mit östlichen Stellen verhandelt. Er, Steiner, sei auch derjenige, der gegen das Mißtrauensvotum gestimmt habe, durch das Willy Brandt vor einem Jahr habe zu Fall gebracht werden sollen. Der SPD-Abgeordnete Wienand habe ihm dafür 50 000 D-Mark bezahlt.«

Nun war es an mir, elektrisiert zu sein. Wenn mein Amt in einen Stimmenkauf dieser Art verwickelt war, so mußte das weitreichende Folgen haben. In bezug auf meine eigene Person beruhigte mich allerdings ein Blick auf den Kalender: Das Mißtrauensvotum scheiterte am 27. April 1972. Am selben Tage sollten die 50 000 D-Mark bezahlt worden sein. Ich war jedoch erst seit dem 1. Mai 1972 Präsident. Also konnte ich nicht einmal formell verantwortlich gemacht werden. Da ich von der Sache ohnehin nichts wußte, konnte ich gelassen bleiben.

Das beruhigte mich zwar, änderte aber nichts an der Brisanz des Falles. Ich mußte sofort Herrn Genscher informieren. Er befand sich, wie ich erfuhr, in der Klinik, da er unter Nierenkoliken litt. Abends um halb acht an diesem »Feiertag« suchte ich ihn dort auf. Vorher hatte ich mich noch bei dem Leiter meiner Spionageabwehrabteilung erkundigt und von ihm erfahren: Leute meines Amtes hatten keinen direkten Kontakt mit Steiner gehabt. Nur ein Landesamt hatte uns über seine Beziehungen zu Steiner berichtet. Mir war der Fall nicht vorgetragen worden, weil Steiners Angaben – in den Augen der Spionageabwehrleute – verworren und dubios erschienen. Durch die Verbindung mit dem angeblichen Stimmenkauf, von dem Steiner dem Verfassungsschutz nichts mitgeteilt hatte, erhielt der Fall eine Dimension, die nicht voraussehbar gewesen war. Das erläuterte ich an jenem Abend Herrn Genscher. Die neue Sensation beherrschte unser Gespräch. An Guillaume dachten wir in diesem Augenblick nicht.

Aber nicht nur Steiner lieferte in jenen Tagen Material für Schlagzeilen: Am 1. Juni hörte ich um 6 Uhr früh in den Nachrichten, Herbert Wehner hätte zusammen mit dem Fraktionsvorsitzenden der FDP, Wolfgang Mischnick, Erich Honecker in der DDR getroffen. Vor Monaten hatte er mich gefragt, wie ich darüber dächte, wenn er einen der Ostblockstaaten besuche. »Nur in offizieller Mission«, hatte ich geantwortet. Es war unschwer abzusehen, wie die Opposition und die Springerpresse jeden derartigen Besuch kommentieren würden. Andererseits war mir verständlich gewesen, was die in einer derartigen Einladung liegende Rehabilitierung für Wehner bedeuten mußte. Er war von den Kommunisten jahrzehntelang als Arbeiterverräter und Gestapospitzel beschimpft worden.

Nach seiner Rückkehr traf ich Herbert Wehner am 4. Juni morgens im Bundeshaus und abends – es war mein Geburtstag – in seiner Wohnung. Ich begann mit der Information über Guillaume. Bei der Vorrede brauchte ich mich nicht lange aufzuhalten. Herr Wehner war – wie auch die Herren Ollenhauer und Erler – schon vor Jahren durch unsere Spionageabwehrleute unterrichtet worden, daß wir Hinweise auf einen in die SPD eingeschleusten Agenten hatten, dessen Vor- oder Familienname mit »G« beginne. Darauf nahm ich jetzt Bezug: »Wir haben ihn jetzt, glauben ihn zu haben, den lange Gesuchten, er heißt Guillaume und sitzt im Bundeskanzleramt.« Ich erwähnte noch, daß unsere Beweismittel nicht ausreichten und wir versuchten, durch Observation weitere zu beschaffen. Willy Brandt sei durch Herrn Genscher unterrichtet. Herr Wehner gab dazu keinen Kommentar. Anfang Juli 1973 traf ich mit Herrn Genscher zur Besprechung einer anderen Sache zusammen. Bei dieser Gelegenheit bemerkte er, gewissermaßen »en passant«: »Übrigens ›die‹ wollen den Spion mit nach Norwegen nehmen.« Ich zuckte die Achseln. Mein Amt hatte mit der persönlichen Sicherheit des Kanzlers nichts zu tun. Dafür war die Sicherungsgruppe des Bundeskriminalamts verantwortlich. Für den offenen und geheimen Fernschreibverkehr des im Urlaub befindlichen Kanzlers sorgte in technischer Hinsicht der Bundesnachrichtendienst. Für den Schutz vertraulicher Unterlagen war der Chef des Bundeskanzleramts, Herr Grabert, verantwortlich. Mein Amt erhielt von den Reisen des Bundeskanzlers keine dienstliche Mitteilung. Wir erfuhren von derartigen Reisen durch die Zeitungen. Dennoch war die Mitteilung des Herrn Genscher für mich von hohem Interesse. Ich mußte meine Leute verständigen, damit sie die Observation einstellten. Das tat ich, und darüber existiert in meinem Amt eine Aktennotiz.

Guillaume hat den Kanzler auf der Norwegenreise als einziger Referent begleitet. Deshalb hat er dort Dokumente einsehen und Staatsgeheimnisse erfahren und verraten können, zu denen er in Bonn keinen Zugang hatte. Auch das habe ich erst nach seiner Festnahme erfahren. Ebensowenig hat man mich davon unterrichtet, daß Bundeskanzler Brandt seinen Bürochef, Herrn Reinhard Wilke, und den Chef des Bundeskanzleramts, Herrn Grabert, »eingeweiht« hatte. Den Bundeskanzler habe ich in jenen Monaten nur einmal gesehen, und zwar auf seinem Sommerfest. Als wir dort vor einer Theke warteten, bemerkte er zu meiner Frau und mir: »Na, das werden wir auch noch überstehen.« Meine Frau, die von Guillaume nichts wußte, bezog Brandts Worte auf den Fall Steiner, der damals in aller Munde war. Ich dachte an Guillaume, kam jedoch nicht auf den Gedanken, daß jemand diesen Fall nicht überstehen würde. Herrn Grabert habe ich in jenen Monaten – anderer Angelegenheiten wegen – oft gesprochen. Er hat nie erkennen lassen, daß er von der Sache wisse.

Hätte ich ihn auf den Fall ansprechen sollen, den, wie ich meinte, Herr Genscher Herrn Brandt unter dem Siegel strengster Verschwiegenheit mitgeteilt hatte? Wer geneigt ist, diese Frage zu bejahen, sollte in Betracht ziehen, daß nicht ich für die Sicherheit des Kanzleramts verantwortlich war, sondern der Chef dieses Amtes selbst. Ich war zwar befugt, das Bundeskanzleramt zu beraten. Aber sollte ich in dieser heiklen Sache einen Rat erteilen, der nicht erbeten worden war? Ich konnte mich dazu um so weniger entschließen, als ich nicht wußte, daß außer dem Bundeskanzler noch andere Mitglieder seiner Behörde informiert waren.

Willy Brandt hat einer Zeitung sehr offen erklärt, wie er damals gedacht hat: »Ich habe es nicht geglaubt, weil ich es nicht glauben wollte.«

Aber wie sollten Brandt, Grabert und Wilke eine Sache ernstnehmen, die ihnen durch Hinweis auf den Mitarbeiter mit französischem Namen so unernst dargestellt worden war?

Ich ahnte damals von alledem nichts, sondern war darauf bedacht, durch meine Mitarbeiter Beweismaterial herbeischaffen zu lassen, das ausreichen sollte, den Spion vor Gericht zu überführen. Die zahlreichen an Guillaume gerichteten Funksprüche des MfS hatten in unseren Augen für sich allein keinen hohen Beweiswert, da man weder den Absender noch den Adressaten aus dem Text solcher Funksprüche entnehmen kann. An der Richtigkeit ihres Inhalts bestand aber kein Zweifel. In über achtzig Fällen hatten wir diese Funksprüche auch nicht vor Gericht zu Beweiszwecken benutzt, um dem Gegner nicht Einblick in die Methoden und Resultate der Funkabwehr zu geben.

Sorgen machte ich mir für den Fall, daß es uns nicht gelingen würde, andere Beweismittel vorzulegen. Dann wären wir in den Augen des Innenministers und des Bundeskanzlers, aber auch vor der Öffentlichkeit als unfähig betrachtet worden. Die Angelegenheit würde – nicht nur im Falle eines Erfolgs, sondern auch wenn sie scheiterte – publik werden. Dafür würden – eingedenk unliebsamer Erfahrungen – die der Opposition Nahestehenden in meinem Amt sorgen.

Also mußte observiert werden, um Beweismittel herbeizuschaffen. Ein Amtschef kann nicht selbst observieren. Selbst wenn er auf Grund eigener praktischer Erfahrungen dazu in der Lage wäre, sollte er auch keine detaillierten Anweisungen für die Anlage der Observation geben. Solche Weisungen erfordern gründliche Erkundungen der Örtlichkeiten. Ein Chef läuft – selbst wenn er erkunden könnte und wollte – Gefahr, aufzufallen und dadurch den Fall zu verderben. Ich beriet also mit Herrn Rausch und seinen Mitarbeitern, wie die Observation angelegt werden sollte. Sie schlugen vor, sich zunächst auf die Beobachtung von Frau Guillaume zu konzentrieren. Wir wußten, daß sie bei Guillaumes nachrichtendienstlicher Tätigkeit von Anfang an mitgewirkt hatte. Nach unserer bisherigen Erfahrung nahmen wir an, sie würde wahrscheinlich Kurierdienste leisten, ins Ausland oder in die DDR reisen oder Mittelsmänner treffen, um Material zu übergeben. Guillaume »lückenlos« zu beobachten, lehnten wir ab. Er war den ganzen Tag im Bundeskanzleramt beschäftigt. Unsere Observanten konnten nicht wochenlang vor dessen Tür stehen. Sie wären der Aufmerksamkeit der zahlreichen Wachen nicht entgangen, die dort postiert waren, um terroristische Anschläge abzuwehren. Wir beschlossen, Guillaume wird nur observiert, wenn dazu besonderer Anlaß besteht, wenn er zum Beispiel eine Reise unternimmt oder sich sonst in einer Weise verhält, die den Verdacht aufkommen läßt, er werde sich nachrichtendienstlich betätigen. Wir fragten uns auch, ob wir uns Informationen über Guillaumes Verhalten durch eine Telefonüberwachung seines privaten Anschlusses beschaffen sollten. Nachdem wir das Für und Wider einer solchen Maßnahme erörtert hatten, sahen wir davon ab. Wir befürchteten, der Kreis der Personen, die von einer solchen Maßnahme erfahren hätten – in unserem Amt, im Innenministerium, im Bundestag, bei der Post –, werde zu groß sein. Das Risiko, daß unsere Maßnahmen gegen den Spion im Bundeskanzleramt auf diese Weise frühzeitig bekannt würden, wollten wir nicht eingehen. Wir verzichteten daher lieber auf Hinweise, die wir durch dieses manchmal wertvolle Hilfsmittel hätten gewinnen können. Von Angehörigen der Ministerialbürokratie ist mir nachträglich vorgeworfen worden, daß ich sie nicht informiert hätte. Meine Antwort war: »Der Minister hätte Sie informiert, wenn er Ihre Mitwirkung für nötig gehalten hätte. Und: Was hätten Sie uns denn helfen können?«

Wenn ich heute vergleiche, welche Lehren aus den Fällen Guillaume und Traube (Abhöraffäre, entdeckt 1977) zu ziehen sind, so konstatiere ich: Im Fall Guillaume habe ich den Minister sofort und persönlich unterrichtet. Mein Verdacht gegen Guillaume erwies sich als begründet. Im Fall Traube ist die Ministerialbürokratie informiert worden mit dem Effekt, daß es »Kommunikationsmängel« gab und der Minister von der Operation erst erfuhr, als sie schon zwei Wochen lief.

Im Fall Guillaume beobachteten die Observanten im Sommer 1974, daß Frau Guillaume mehrmals in der Woche ein Bonner Haus besuchte, wobei sie regelmäßig Blumen mitnahm. Es gelang zu ermitteln, daß sie dort die Wohnung einer Familie F. betrat. Das schien eine bestimmte Bedeutung zu haben, denn in den Funksprüchen war die Rede davon, daß Guillaume mit einem »F« zusammenarbeite. Wir spielten auch mit dem Gedanken, Frau Guillaume besuche in diesem Hause möglicherweise nur einen Liebhaber. Diese Vorstellung wurde jedoch fallengelassen, als Frau Guillaume eines Tages von den Eheleuten F. gemeinsam an der Haustür verabschiedet wurde.

Die Beobachtungen wurden fortgesetzt. Nach Rückkehr der Guillaumes von der Norwegenreise wurde Frau Guillaume beobachtet, wie sie sich in Bonn mit einer Frau traf. Das Verhalten der beiden Frauen erschien den Beamten »konspirativ«. Nach bewährter Praxis konzentrierte sich die Observation, nachdem sich die Frauen getrennt hatten, auf die Unbekannte. Sie fuhr mit der Eisenbahn nach Köln. Dort ging sie im Großstadtgetriebe »verloren«, wie die Observanten meldeten. Wer die Observationspraxis kennt, wird sich hüten, in einem solchen Fall Vorwürfe zu erheben. Man vertraute darauf, daß diesem Treff weitere folgen würden. Ich berichtete Herrn Genscher im Laufe der Monate einige Male über unsere Arbeit, konnte aber weder mir noch ihm verhehlen, daß die Observationsergebnisse bisher höchst bescheiden waren. Ende Januar 1974 besprachen wir den Fall erneut. Herr Genscher erklärte, wir könnten dem Bundeskanzler die Ungewißheit nicht länger zumuten und müßten nun zu einem Ende kommen. Ich sah das ein und bot an, binnen einer Woche einen Bericht zu liefern, der die bisherigen Ergebnisse zusammenfassen sollte, damit entschieden werden könne, was zu geschehen habe. Herr Genscher meinte, vier Wochen Zeit könne er mir noch geben.

Am 1. März 1974 war ich mit dem Bericht bei Herrn Genscher. Ich schlug ihm vor, das Einverständnis Willy Brandts zur Abgabe des Falles an den Generalbundesanwalt einzuholen. Herr Genscher stimmte dem zu und meinte, er werde dem Bundeskanzler vorschlagen, sich den Fall von mir vortragen zu lassen. Ich bat, dafür einen Zeitpunkt zu wählen, in dem Guillaume nicht im Kanzleramt sei, denn ich wollte mit ihm nicht im Vorzimmer des Kanzlers zusammentreffen. Guillaume hätte als wachsamer Spion meinen Besuch auf sich beziehen können. Am selben Abend gegen 9 Uhr wurde ich ins Kanzleramt gerufen. Bald saß ich den Herren Brandt und Genscher gegenüber. In meinen Vortrag bezog ich selbstverständlich die Funksprüche ein, wobei ich bemerkte, ein Funkspruch habe auch einen Glückwunsch zur Geburt des zweiten Sohnes enthalten. Da warf Willy Brandt ein, Guillaume habe doch nur einen Sohn. Er hatte recht. Mein Gedächtnis hatte mir einen Streich gespielt. Der Wortlaut des Funkspruches hatte gelautet: »Glückwünsche zum 2. Mann.« An der Identifizierung Guillaumes änderte sich damit natürlich nichts. Meine Darlegungen beendete ich mit dem Vorschlag, die Sache solle an den Generalbundesanwalt abgegeben werden. Er solle entscheiden, ob das vorhandene Material ausreiche, um ein Gerichtsverfahren einzuleiten. Herr Genscher unterstützte meinen Vorschlag. Der Bundeskanzler stimmte zu, und ich empfahl mich.

Am 7. März wurden unsere Unterlagen dem Generalbundesanwalt übergeben. Dessen Mitarbeiter hatten in Dutzenden von Fällen den Wert und die Zuverlässigkeit der Tatsachen erfahren, die den entschlüsselten Funksprüchen zu entnehmen gewesen waren. Sie schlossen sich unserer Beurteilung an, daß wir in Guillaume mit an Sicherheit grenzender Wahrscheinlichkeit einen eingeschleusten Spion vor uns hatten, daß es nur noch an Beweismaterial fehle. Die Mitarbeiter des Generalbundesanwaltes, in deren Händen die Beweismittelsammlung jetzt lag, suchten daher das Material durch polizeiliche Ermittlungen anzureichern. Im April hörten wir, Guillaume plane eine Ferienfahrt nach Südfrankreich, wo er nach unserer Kenntnis schon öfter gewesen war. In Abstimmung mit dem Generalbundesanwalt versuchten wir, ihn dort beobachten zu lassen. Ich wandte mich an den Chef der französischen Spionageabwehr und bat ihn, einen Mitarbeiter zu empfangen, der ihm unsere Bitte um Unterstützung erläutern sollte. Mein französischer Kollege stimmte – wie stets in ähnlichen Fällen – sofort zu. Als Guillaume seine Reise im Auto antrat, begleiteten ihn unsere Observanten bis in die Nähe der Grenze, wo die Franzosen an einem verabredeten Treffpunkt die Beobachtung übernahmen. Guillaume fuhr bis zu einem Ort an der Côte d'Azur, wo er einen Bungalow bezog. Die Beobachtung war, wie mir berichtet wurde, lückenlos. Guillaume traf einige Leute und empfing eine Besucherin. Die Überprüfung dieser Personen ergab keinen Beweis dafür, daß sie mit dem Spionagegeschäft zu tun hatten. Dann kehrte Guillaume nach Bonn zurück.

Der Generalbundesanwalt sah nun keinen Grund mehr, die exekutiven Schritte aufzuschieben, zu denen er sich entschlossen hatte. Er beantragte und erhielt richterliche Durchsuchungsbefehle gegen die Eheleute Guillaume und gegen das Ehepaar F., denen Frau Guillaume Blumensträuße zu überreichen pflegte. Am 24. April sollte Guillaume vernommen und seine Wohnung durchsucht werden. Ich hatte an jenem Tag in Brüssel zu tun. Abends eilte ich nach Hause, um zu hören, wie »es« gelaufen war. Nach einigem Herumtelefonieren erreichte ich bei der Sicherungsgruppe Bonn Kriminaldirektor Schütz. Er fragte: »Wissen Sie's noch nicht? Guillaume hat gestanden.« Schütz erwähnte, Guillaume habe erklärt, er sei Offizier der Nationalen Volksarmee der DDR und bitte, entsprechend der Haager Landkriegsordnung behandelt zu werden. Dieses Geständnis erinnerte an eine Erklärung, die Leopold Trepper, der »Grand Chef« der Roten Kapelle, abgegeben hat, als er 1942 in Paris verhaftet wurde: »Ich bin Offizier und bitte, als solcher behandelt zu werden.«

Guillaumes Geständnis befreite mich von einigen Sorgen, weil es die Beweisführung erleichterte. Am nächsten Vormittag begleitete ich Herrn Genscher zu einer Sitzung des Parlamentarischen Vertrauensmännergremiums. Auf dem Wege dorthin fragte er mich: »Was sollen wir denen sagen, wie der Fall aufgedeckt wor-

den ist?« Ich antwortete: »Am besten sagen wir die Wahrheit, erwähnen wir die Funksprüche.« Das taten wir denn auch. Nach
der Sitzung sagte Professor Dr. Carstens zu mir: »Ich wundere
mich, daß Sie das Risiko eingegangen sind, die entzifferten
Funksprüche hier zu erwähnen. Zwölf Personen haben immerhin zugehört.« Ich erwiderte: »Jemandem muß man doch
trauen.« Damals konnte ich nicht voraussehen, daß die Funksprüche und unsere Entschlüsselungspraxis wenig später von
einem CSU-Abgeordneten doch an die Öffentlichkeit gezerrt
werden würden. Minister Genscher schien nach dieser Sitzung
des Parlamentarischen Vertrauensmännergremiums mit der Behandlung des Falles durch das Amt und durch mich völlig einverstanden zu sein.

Am nächsten Tag hörte ich der aktuellen Stunde des Bundestags
auf der Regierungsbank zu. Dort erklärte Herr Genscher:

»Die Ermittlungen sind von den Sicherheitsorganen unnachsichtig und ohne Ansehen der Beteiligten geführt worden. Ich
schließe mich denen an, die hier den Sicherheitsorganen ihre Anerkennung ausgesprochen haben. Ich tue das uneingeschränkt.«

Die Arbeit meines Amtes schien damit im wesentlichen abgeschlossen. Bundesanwaltschaft und Sicherungsgruppe hatten
nun das Gerichtsverfahren gegen Guillaume vorzubereiten. Dabei konnten Mitarbeiter meines Amtes behilflich sein. Ich selbst
würde aber nicht benötigt werden, dachte ich. Deshalb hielt ich
an meiner Absicht fest, eine seit Monaten geplante, vom Innenministerium längst genehmigte Kur anzutreten. Es war die erste,
die ich nach 24jähriger Dienstzeit beantragt hatte. Am 30. April
traf ich Herrn Genscher in Wiesbaden und fragte ihn, ob er einverstanden sei, wenn ich führe. Er äußerte keine Bedenken. Am
nächsten Tage, ich näherte mich im Auto dem Kurort Bad Tölz,
rief mich Herr Genscher über das Funktelefon an. Er bezog sich
auf einen Artikel in der »Kölnischen Rundschau«, in dem behauptet wurde, ich werde von meiner Kur nicht ins Amt zurückkehren. Herr Genscher legte mir nahe, für ein paar Tage in das
Kölner Amt zurückzukehren, um zu demonstrieren, daß ich da
sei. Ich war von der Weisheit eines solchen Schrittes zwar nicht

überzeugt, weil ich dazu neigte, meine Entschlüsse nicht auf Grund von Presse-Enten, sondern nach sachlichen Erwägungen zu fassen. Trotzdem respektierte ich den Wunsch des Ministers. Am nächsten Morgen, es war der 2. Mai, fuhr ich zurück. Unterwegs las ich in der Presse, daß zwischen den Ministern Genscher und Ehmke ein Konflikt über die Verantwortlichkeit für Fehler entstanden sei, die bei der Sicherheitsüberprüfung Guillaumes gemacht worden waren. Diese Sicherheitsüberprüfung war abgeschlossen worden, bevor ich mein Amt als Präsident antrat. Auch mein Vorgänger hatte die Akte nicht gesehen. Guillaume sollte damals nur als kleiner Hilfsreferent im Bundeskanzleramt eingestellt werden. Die Vorgänge, die ihn hätten belasten können, lagen mehr als fünfzehn Jahre zurück und waren wenig substantiiert. Der Abteilungsleiter, der schließlich den »Persilschein« für Guillaume unterschrieben hatte, war seit einigen Jahren im Ruhestand. Ich lehnte es ab, ihn zu kritisieren, weil ich mir sagte, ich hätte womöglich ebenso gehandelt wie er. Die Funksprüche, die uns später davon überzeugt hatten, daß Guillaume ein Spion sei, waren diesem Beamten und seinen Mitarbeitern nicht bekannt gewesen.

Am Nachmittag konnten sich die Herren von der Opposition im Parlamentarischen Vertrauensmännergremium davon überzeugen, daß ich noch da war. Mit Herrn Genscher verständigte ich mich darüber, daß ich am 4. Mai an meinen Kurort zurückkehren sollte.

›Wieder eine überflüssige Reise‹, dachte ich. Am nächsten Tag aber änderte ich meine Meinung. Ich arbeitete im Büro, als mich ein Anruf des Präsidenten des Bundeskriminalamts, Dr. Herold, erreichte. Er müsse mich in einer Angelegenheit von höchster Wichtigkeit sprechen, sagte er. Mit ihm hatte ich seit Jahren vertrauensvoll zusammengearbeitet. Bevor Dr. Herold eintraf, gab ich dem Westdeutschen Rundfunk noch ein Interview. Die letzte Frage des Reporters lautete: »Vermuten Sie noch weitere Agenten vom Kaliber Guillaumes in der Bundesrepublik?« Ich antwortete mit »ja«. Darauf rauschte es im Blätterwalde. Zwei Jahre später rauschte es wieder: Einige der Agenten, die ich »vermutet« hatte, z. B. Helge Berger, waren entdeckt worden. Damals, als ich mit »ja« antwortete, kannte ich noch keine Namen. Aber ich wußte, daß meine Kollegen an Projekten arbeiteten, die eines Tages Resultate erbringen mußten.

Kaum hatte ich die Journalisten verabschiedet, erschien Dr. Herold. Er fragte mich, ob ich schon etwas von den peinlichen Details wisse, die ans Tageslicht gekommen seien. Die Bundesanwaltschaft habe Kriminalbeamte vernommen, die zu Brandts Begleitkommando gehört hätten. Ich verneinte. Zugleich erinnerte ich mich aber: Vor etwa einem Jahr hatte mich Dr. Fritsch, der damalige Leiter der Sicherungsgruppe, zu deren Aufgaben der persönliche Schutz von Politikern gehörte, gefragt: »Herr Nollau, geht uns das Privatleben unserer Schützlinge etwas an?‹ Ich ahnte nicht, auf wen sich die Frage Dr. Fritschs bezog, und antwortete mit »nein«. Jetzt hörte ich Genaueres von Dr. Herold. Einige der Beamten des Begleitkommandos hatten auf die Frage, welche Aktivitäten Guillaumes sie beobachtet hätten und was er wisse, auch ausgesagt – sie durften ja nichts verschweigen –, welche privaten Erlebnisse Willy Brandts der Spion kenne. Dr. Herold nannte Namen und schilderte Details. Mir schoß durch den Kopf: ›Da hatte also nicht nur Gehlen »Sonderverbindungen«, sondern auch Brandt.‹ Diesen unernsten Gedanken teilte ich aber Dr. Herold, der sichtlich empört war, nicht mit. Mit ihm wurde ich bald einig: Uns ging das nur insoweit an, als es mit dem Spionagefall Guillaume zusammenhing. In diesem Zusammenhang war es allerdings höchst brisant. Ich sagte zu Dr. Herold: »Wenn Guillaume diese pikanten Details in der Hauptverhandlung auftischt, sind Bundesregierung und Bundesrepublik blamiert bis auf die Knochen. Sagt er aber nichts, dann hat die Regierung der DDR, der Guillaume natürlich auch das berichtet hat, ein Mittel, jedes Kabinett Brandt und die SPD zu demütigen.« Ich fragte Dr. Herold, ob der Innenminister den Sachverhalt kenne. Dr. Herold bejahte und fügte hinzu, er wisse nicht, ob Genscher etwas unternommen habe. Darauf entschloß ich mich, sofort Herbert Wehner zu unterrichten. Dr. Herold stimmte zu: »Das hatte ich von Ihnen erwartet«, erklärte er, als er sich verabschiedete.

Ich rief Wehners Stieftochter Greta an und teilte ihr mit, ich müsse »ihn« in einer höchst wichtigen Angelegenheit sofort sprechen. Da ich nicht die Angewohnheit hatte, die Bedeutung meiner Angelegenheiten zu übertreiben, begriff sie, daß es an diesem Tag dringlich war. Ich konnte sofort kommen.

Nach vierzig Minuten saß ich Herbert Wehner in seiner Wohnung gegenüber. Ich berichtete, was ich von Dr. Herold gehört hatte. Dabei erwähnte ich die Namen und Details, deren ich mich erinnerte. Das fiel mir leicht, weil ich einige der Namen schon kannte. Protokolle oder Notizen habe ich Herbert Wehner nicht übergeben, weil ich von Dr. Herold nichts Schriftliches erhalten hatte. Herbert Wehner war beeindruckt. Als ich die Konsequenzen nannte, die sich aus dieser fatalen Sache ergeben konnten, stimmte er zu. »Ich sehe ›ihn‹ morgen in Münstereifel«, bemerkte »Onkel Herbert«, sibyllinisch wie manchmal. Was er unternehmen wollte, sagte er nicht, und es entsprach nicht meiner Position, ihn danach zu fragen. Wehner erwies mir noch die Höflichkeit, mich die hundert Meter von seiner Haustür bis zum Auto zu begleiten. Dann fuhr ich ab.

Am nächsten Morgen, dem 4. Mai 1974, machte ich mich zum zweitenmal auf den Weg nach Bad Tölz, um meine Kur anzutreten.

Am 7. Mai hörte ich morgens 6 Uhr im Radio die Nachricht, Willy Brandt habe dem Bundespräsidenten seinen Rücktritt mit der Begründung erklärt, er übernehme die politische Verantwortung für »Fahrlässigkeiten« im Zusammenhang mit der Agentenaffäre Guillaume.

Nach Brandts Rücktritt liefen die Sensationen einander den Rang ab. Die »Süddeutsche Zeitung« schrieb am 11./12. Mai 1974, Brandt habe moniert, die Verfassungsschützer hätten sein Privatleben eifriger beobachtet als die Aktivitäten Guillaumes. Ich versicherte dem Innenministerium, wir hätten uns nicht eine Stunde lang um Brandts Privatleben gekümmert. Jeder Eingeweihte wußte ohnehin, daß die Informationen, die ich am 3. Mai Herrn Wehner übermittelt hatte, nicht von meinen Observanten stammten, sondern von den Kriminalbeamten, die zum Begleitkommando Brandts gehört hatten und bei ihrer Vernehmung als Zeugen aussagen mußten. Es sei ihnen schwer genug gefallen, habe ich mir sagen lassen.

Am 13. Mai schrieb der »stern« – sich auf Brandt beziehend –, Wehner hätte sich dem Verfassungsschutz als Amateuragent zur

Verfügung gestellt und uns ständig über Brandts Termine und Guillaumes Einsatz informiert. Außerdem berichtete der »stern«, Wehner habe Brandt am 4. Mai aufgesucht und ein Bündel Papiere aus der abgewetzten Aktentasche gezogen: Es seien Kopien der Vernehmungsprotokolle im Fall Guillaume gewesen, die ihm sein Freund, der Verfassungsschutz-Chef Günther Nollau, überlassen habe. In ähnlicher Weise äußerte sich »Der Spiegel«. An beiden Behauptungen war buchstäblich keine Silbe wahr. Ich hatte von diesen Enten erfahren, bevor sie gedruckt waren. Mein Dementi wurde von dem verantwortlichen Stern-Redakteur als »politisch« abgetan. Die Sicherheit, mit der die beiden Magazine diese Nachrichten druckten, beruhte – wie mir ihre Vertreter mitteilten – darauf, daß sie »von ganz oben« informiert worden waren. In der »Süddeutschen Zeitung« vom 11./12. Mai wurde der Name ihres Gesprächspartners genannt: Es war Willy Brandt.

Enten fand ich auch in einem Buch, das der frühere Korrespondent der New York Times in Bonn, David Binder, den ich gut gekannt hatte, Ende 1975 in den USA unter dem Titel: »The Other Germany, Willy Brandt's Life and Times« veröffentlicht hat. Das Schlußkapitel behandelt das Ende der Kanzlerschaft Willy Brandts. Ehrlicherweise nennt der Autor seinen Bericht »unauthorized . . . possibly highly idiosynkratic«.

Nur so kann ich es verstehen, wenn Binder (a. a. O., S. 319) über mich schreibt:

»Welche Art von Abwehrmann war das, der nicht die Selbstachtung hatte, seinem Chef in einer Zeit der Gefahr gegenüberzutreten.« Binder war zwar mehrere Jahre in Bonn, die Arbeitsweise des Bundesamtes hat er jedoch nie völlig begriffen. Mein Chef war Herr Genscher. Ihm hatte ich den Fall vorgetragen. Wie Genscher meine Information dem Bundeskanzler weitergegeben hat, habe ich erst durch den Untersuchungsausschuß erfahren.

Eine weitere Ente brüteten »Der Spiegel« am 6. Mai 1974 und »Quick« am 9. Mai gemeinsam aus. Der französische Abwehrdienst, schrieb »Quick«, habe schon 1972 erkannt, daß Guillaume ein Ostspion sei. Die von den Franzosen damals schon informierten deutschen Dienststellen hätten den Fall entweder

»verschlampt«, oder er sei von einem Gönner Guillaumes unterdrückt worden. Aus dieser Bemerkung entnahm ich später ein Indiz dafür, daß »Quick« schon damals die »Information« besaß, Guillaume habe in Köln einen Gönner, nämlich Nollau. Soweit ging »Der Spiegel« nicht. Immerhin veröffentlichte auch er die Legende, die Franzosen hätten Guillaume schon lange als Spion erkannt gehabt. Ihnen sei ein übergelaufener Mitarbeiter der DDR-Staatsbank in die Hände geraten. Von ihm hätten sie erfahren, ein Mann aus der Umgebung Willy Brandts unterhalte bei der DDR-Staatsbank ein Sperrkonto. Natürlich besaßen die Franzosen keine derartigen Informationen. Der Chef der französischen Spionageabwehr hat mir versichert, er habe das erste Mal durch mich von dem Fall Guillaume erfahren, als ich ihn im April 1974 von dessen bevorstehender Frankreichreise unterrichtete.

Wer das Ei gelegt hatte, das »Der Spiegel« und »Quick«, die ungleichen Brüder, bebrütet hatten, entdeckte ich erst im Sommer 1974, als ich das Buch »Guillaume . . . der Spion« las. Es erschien im VPA-Verlag, dessen Geschäftsführer Hans Frederik nicht nur als politischer Pamphletist hervorgetreten ist, sondern auch selbst zugegeben hat, in seinem John-Buch »Das Ende einer Legende« Material vom sowjetischen Nachrichtendienst bezogen zu haben. In dem Buch »Guillaume . . . der Spion« ist die Rolle, die der französische Geheimdienst spielte, wie sie »Quick« und »Der Spiegel« beschreiben, breit ausgewalzt und ebenso unfundiert wie dort dargestellt. »Der Spiegel« sollte prüfen, welcher Mitarbeiter ihm diese Ente auf Grund seiner Beziehungen zu Frederik angedreht hat. Er könnte dadurch vermeiden, öfter als nötig, östliche Desinformationen nachzudrucken.

Ein Untersuchungsausschuß

Am 6. Juni 1974 beschloß der Bundestag, einen Untersuchungsausschuß über den Fall Guillaume einzusetzen. Schon in den Debatten, die diesem Beschluß vorausgegangen waren, hatten Mitglieder der Opposition erkennen lassen, in welche Richtung sie zu marschieren gedachten.

Zum Beispiel äußerte der bayerische Staatsminister Heubl der Presse zufolge: »Brandts Rücktritt scheint mir ein geplantes und erfolgreiches Zusammenwirken zwischen Ostberlin und dem Fraktionsvorsitzenden der SPD.«

Der CSU-Abgeordnete Richard Stücklen erklärte: »Der damalige Bundeskanzler Brandt ist am 29. Mai vom früheren Innenminister auf erste Verdachtsmomente gegen Guillaume hingewiesen worden. Der SPD-Fraktionsvorsitzende ist einen Tag danach, am 30. Mai, in Ostberlin bei Honecker gewesen. Was sind da die Hintergründe?«

Wehner warf Stücklen daraufhin vor: »Ihre Biedermannsmaske übertrifft noch Ihre Christlichkeit.« Seine Empörung war berechtigt. Er hatte von dem gegen Guillaume entstandenen Verdacht vor seiner Abreise in die DDR weder von mir noch von sonst jemandem erfahren. Erst nach seiner Rückkehr, am 4. Juni, hatte ich Wehner unterrichtet.

Bis zur Schlußdebatte über die Ergebnisse des Untersuchungsausschusses wurde das Landesverratsthema immer wieder hochgespielt. Das Motiv der Opposition war klar. Nachdem Brandt zurückgetreten war, konzentrierte sie ihre Angriffe auf den Fraktionsvorsitzenden der SPD, ihren entschiedensten Gegner. Weil sie meinte, durch mich auch ihn treffen zu können, versuchte sie, mich zum Sündenbock zu machen.

Durch Deuteln an meiner Berichterstattung an Wehner konnte

das nie gelingen, dessen war ich sicher. Diese Berichterstattung in Sachen Sicherheit der SPD ging auf einen dienstlichen Auftrag zurück, den mir ein CDU-Innenminister 1960 erteilt hatte und der von Herrn Genscher bestätigt worden war.

Alle Spekulationen der Opposition, ob es mir nicht doch möglich gewesen wäre, Wehner vor seiner Abreise in die DDR über den Fall Guillaume zu unterrichten, erwiesen sich als Seifenblasen angesichts der Tatsache, daß ich ihn eben erst am 4. Juni, nach seiner Rückkehr, informiert hatte.

Während einer der Sitzungen des Untersuchungsausschusses wollte mich ein Abgeordneter mit der Frage nach meiner Parteizugehörigkeit aus der Fassung bringen, eine Frage, die ich, wie er selbst sagte, nicht zu beantworten brauchte. Ich sah aber keinen Grund, mich um eine Antwort zu drücken, da ich schon bei meiner Einstellung in den Bundesdienst im Jahre 1950 wahrheitsgemäße Angaben gemacht und mich inzwischen an die öffentliche Diskussion dieser Frage gewöhnt hatte. »Wie weit soll ich zurückgehen?«, fragte ich ihn und hatte damit die Lacher auf meiner Seite.

Aber eine andere Frage des Untersuchungsausschusses bereitete mir, wie sich zeigen sollte, Schwierigkeiten: Wann und in welchem Umfang hatte ich Minister Genscher über den Verdacht gegen Guillaume unterrichtet? Über die Zeitpunkte der Unterrichtung sagten Herr Genscher und ich übereinstimmend aus. Hinsichtlich des Umfangs der Unterrichtung differierten unsere Aussagen jedoch. Ich war in einer schwierigen Lage, weil ich den Wortlaut meiner Mitteilungen an Genscher im Untersuchungsausschuß nicht wiederholen wollte. Insbesondere das Kernstück dieser Mitteilung, die Funksprüche des MfS mit den Gratulationen an Guillaume und seine Frau, erwähnte ich vor dem Ausschuß nicht. Ich hielt sie noch für geheim, weil wir im Amt hofften, weitere Agenten ausschalten zu können. Auch in nichtöffentlicher Sitzung sprach ich nicht über diese Funksprüche, weil die Aussagen, die in den geschlossenen Sitzungen des Ausschusses gemacht worden waren, an den folgenden Tagen regelmäßig in der Presse breitgetreten wurden. Heute, beim Schreiben dieses Berichts, brauche ich derartige Rücksichten nicht mehr zu nehmen. Mitteilungen über diese Funksprüche, die das Innenministerium gegen meinen Rat den Abgeordneten zugehen ließ, sind von dem CSU-Abgeordneten Dr. Günther Müller der Presse zugeleitet worden. Danach haben sich im Strafprozeß gegen Guillaume auch die aus dem Bundesamt für Verfassungsschutz geladenen Zeugen veranlaßt gesehen, in öffentlicher Sitzung den Wortlaut dieser Funksprüche zu zitieren. Heute sind diese Funksprüche im Gegensatz zu damals also offen. Als ich sie in meinen Aussagen nicht zitierte, hoffte ich noch, das Geheimnis werde sich wahren lassen. Deshalb hat der als »streng geheim« bezeichnete Aktenvermerk Dr. Kinkels, des persönlichen Referenten des Ministers, vom 29. Mai 1973 den Eindruck hervorgerufen, als sei das, was darin stand, der Wortlaut dessen, was ich dem Minister vorgetragen hatte.

Der Wortlaut dieses »streng geheimen« Vermerks, der von interessierter Seite der Presse zugespielt worden ist, wurde am 20. September 1974 von der sonst sich gern über »Verrat« erregenden »Frankfurter Allgemeinen Zeitung« ungeniert veröffentlicht. Nach dem Bericht der FAZ lautete dieser Vermerk:

»Am 28. Mai 1973, gegen 15 Uhr, rief mich Herr Dr. Nollau an und teilte mit, daß er dem Minister eine wichtige Mitteilung unter vier Augen zu machen habe. Es sei nicht so wichtig, daß es ›heute oder morgen‹ sein müßte, wohl aber von – wie er meine – erheblicher Bedeutung. Ich sagte Dr. Nollau zu, diesen Wunsch dem Minister vorzutragen.

Am 28. Mai 1973, gegen 15.30 Uhr, rief mich der Minister von zu Hause an. Im Rahmen dieses Gesprächs erwähnte ich den Wunsch von Dr. Nollau, ihm eine wichtige Angelegenheit vortragen zu können.

Dieser Anruf erfolgte am 28. Mai 1973, nachmittags. In dem Ferngespräch zwischen dem Minister und Dr. Nollau, in dem Dr. Nollau auf mündlichen Vortrag bestand, wurde vereinbart, daß Dr. Nollau am 29. Mai 1973, 10 Uhr, zum Minister in sein Büro kommen sollte. Das Gespräch zwischen dem Minister und Dr. Nollau fand am 29. Mai 1973 um 10.30 Uhr im Büro des Ministers statt. Der Unterzeichner nahm am Gespräch teil.

Dr. Nollau erklärte, daß im Rahmen der systematischen Sicherheitsüberprüfungen des Bundeskanzleramtes sich ergeben habe, daß bestimmte Erkenntnisse auf den beim Bundeskanzler als persönlicher Mitarbeiter beschäftigten G. und dessen Ehefrau zutreffen würden. Dr. Nollau erklärte, Frau G. sei nicht in Bonn, sondern im Raum Frankfurt tätig. G. und seine Frau stammten aus der DDR und böten hinsichtlich ihres Alters, ihres Werdeganges (G.s Berufsdaten weisen für die Zeit von 5 Monaten vor dem Übertritt in die BRD keine Angaben aus) Anlaß für die Vermutung – wie ähnlich gelagerte Fälle –, gezielt als Agenten eingeschleust worden zu sein.

Dies alles könne nicht mit Sicherheit gesagt werden: deshalb schlage er, Dr. Nollau, vor, zunächst Frau G. zu observieren und G-10-Maßnahmen durchzuführen. Dies schlage er zunächst für G. nicht vor. Er habe allerdings die starke Vermutung, daß G. Herrn . . . (der Name wurde in der Kopie unleserlich gemacht, d. R.), gegen den ja ein starker Spionageverdacht vorlag, geführt habe.

Dr. Nollau erklärte weiter, daß dies alles unbedingt der strengsten Geheimhaltungspflicht unterliegen müsse, und er rege an, niemanden davon zu unterrichten.

Der Minister und der Unterzeichner machten hiergegen Bedenken geltend und wiesen darauf hin, daß es wohl nicht angängig sei, den Bundeskanzler über einen so schwerwiegenden, allerdings bisher in keiner Weise erhärteten Verdacht gegenüber einem seiner engsten Mitarbeiter nicht zu unterrichten.

Dr. Nollau erklärte, er könne sich dem nicht verschließen und sei damit einverstanden, daß der Minister den Bundeskanzler persönlich über den Sachverhalt unterrichte. Der Minister erklärte, er wolle dies möglichst anläßlich des Koalitionsgesprächs am 29. Mai 1973, 13.50 Uhr, im Bundeskanzleramt tun.

Anschließend erklärte Dr. Nollau, er lege Wert auf die Feststellung, daß erst gestern, am 28. Mai 1973, im BfV die entscheidende Besprechung stattgefunden habe, in der die geäußerten Verdachtsmomente gegen G. und seine Ehefrau sich erhärtet hätten. Er habe deshalb sofort gestern um ein Gespräch bei Herrn Minister Genscher gebeten. Dr. Nollau wies außerdem darauf hin, daß er wahrscheinlich zunächst nur einen G-10-Antrag gegen Frau G. vorlegen werde und nur Frau G. observieren lassen werde, weil er davon ausgehe, daß sie diejenige sei, die, wenn ein nachrichtendienstlicher Kontakt bestehe, dieses Material befördere.«

Erst durch dieses Zitat aus der FAZ lernte ich den Vermerk kennen. Der Vermerk ist – bis auf unwesentliche Punkte – nicht falsch. Auch Dr. Kinkel wollte die Funksprüche, aus Gründen, die ich akzeptiere, nicht erwähnen. Aber dadurch treten an die Stelle harter Tatsachen – also vor allem der Gratulationen, die mit den Geburtsdaten von Guillaume und seinen Familienmitgliedern übereinstimmten, und anderer »facts« – »Vermutungen«. Was die im Vermerk genannten »ähnlich gelagerten« Fälle angeht, so hatte das Bundesamt, wie bereits erwähnt, in den vergangenen Jahren, gestützt auf entschlüsselte Funksprüche, immerhin etliche gelöst. Deshalb war es mir durchaus verständlich, daß Herr Genscher nach meinem Vortrag aufsprang und sagte: »Das muß der Kanzler wissen.« Noch vor dem Untersuchungsausschuß hat Herr Genscher meinen Eindruck bestätigt, indem er erklärte: »Ich war elektrisiert.«
Um so betroffener war ich dann allerdings, als ich hörte, Herr Genscher habe ausgesagt, ich hätte ihn nicht ausreichend unterrichtet. Ich suchte mir das Telegramm heraus, das er mir am 4. Juni 1974, als er schon Außenminister war, zugesandt hatte. Darin las ich:

»Lieber Herr Nollau, zu ihrem heutigen Geburtstag meine herzlichsten Glückwünsche. Herzlichen Dank nochmals für die gute Zusammenarbeit in den letzten Jahren in guten und schlechten Zeiten
Ihr
Hans Dietrich Genscher.«

Bei keiner früheren Gelegenheit hatte Herr Genscher moniert, von mir in der Sache Guillaume nicht ausreichend informiert worden zu sein. Nie hatte er angedeutet oder gesagt, er könne meiner Bewertung der gegen Guillaume vorgebrachten Tatsachen nicht folgen. Ich habe, das ist richtig, Herrn Genscher nicht alles vorgetragen, was ich wußte, insbesondere nicht, daß eine Guillaume belastende, allerdings unsubstantiierte, alte Nachricht des BND und eine ebenso unsubstantiierte, ebenso alte Nachricht des Berliner Untersuchungsausschusses Freiheitlicher Juristen vorlagen. Ich habe das nicht unterlassen, weil ich Herrn Genscher etwas vorenthalten wollte, sondern weil ich meinen Zweck, seine Zustimmung zur Observation zu erlangen, als erreicht ansah. Seine Erklärung, er wolle sogleich zum Kanzler gehen, konnte ich nicht anders auffassen, als daß er die Sache ernst nahm. Herr Genscher hat im Ausschuß erklärt: »Und ich muß sagen, daß sich das eine Verdachtsmoment, worauf sich der Vortrag von Herrn Dr. Nollau hauptsächlich stützte, in einem anderen Fall als nicht zutreffend erwiesen hat.« Wenn Herr Genscher hinzugefügt hätte, durch die Funksprüche seien aber Dutzende anderer Fälle geklärt worden, dann hätte seine Aussage ein anderes Gewicht erhalten – für ihn und auch für mich.

Wie ich erst lange nach der Festnahme Guillaumes erfahren habe, hat Herr Genscher die von mir vorgetragenen Tatsachen ganz anders bewertet als ich. Ich war der Überzeugung, aus den Funksprüchen gehe hervor, Guillaume und seine Frau seien vom Ministerium für Staatssicherheit der DDR als Spione eingeschleust worden, man müsse es ihnen nur beweisen. Herr Genscher ist mir darin nicht gefolgt, ohne mir dies jedoch mitzuteilen. Das ergab sich aus folgendem: Am 25. April 1974, einen Tag nach der Festnahme Guillaumes, war ich mit Herrn Genscher im Parlamentarischen Vertrauensmännergremium. Vor der Tür warteten die Herren Dr. Kinkel, Rausch, der Leiter der Spionageabwehrabteilung und Herr Bardenhewer, der Vizepräsident des Bundesamtes für Verfassungsschutz. Bei dieser Gelegenheit bemerkte Herr Dr. Kinkel: »Ich bin erstaunt, daß Guillaume gestanden hat, ich habe die Sache immer für einen Spielball von Nollau und Rausch gehalten.« Auf die Frage eines Abgeordneten, ob sein Minister diese Auffassung geteilt habe, antwortete Herr Dr. Kinkel vor dem Untersuchungsausschuß: »Ja.«

Was Herr Genscher damals, am 29./30. Mai 1973, dem Bundeskanzler vorgetragen hat, konnte ich nur aus der Presse entnehmen. Beide haben dazu erklärt, der Entschluß, Guillaume mit nach Norwegen zu nehmen, sei schon damals zwischen ihnen erörtert worden. Herr Genscher hat ausgesagt, er habe mich deswegen am 30. Mai befragt und ich hätte zugestimmt.

Wie ich genau weiß, beruht diese Angabe auf einem Irrtum. Ich erinnere mich auch, daß frühere Angaben der Herren Genscher und Brandt über jene Maitage zwar auffällig übereinstimmten, sich aber dennoch als irrtümlich erwiesen haben. Dazu zitiere ich den »Spiegel« vom 23. September 1974, weil Spiegel-Redakteure seinerzeit mit beiden Herren gesprochen hatten:

»Über den Teilnehmerkreis der ersten Unterrichtung des Bundeskanzlers Ende Mai 1973 sagten letzte Woche vor dem Untersuchungsausschuß Brandt, Genscher und Nollau übereinstimmend aus, daß Nollau nicht anwesend gewesen sei.
Kurz nach der Verhaftung Guillaumes am 24. April 1974 dagegen hatten Genscher und Brandt den Eindruck erweckt, Nollau sei doch dabeigewesen und habe dem Kanzler Rapport erstattet.
Am 2. Mai 1974 sprach Bundeskanzler Willy Brandt gegenüber dem ›Spiegel‹ mehrfach von ›den Herren Genscher und Nollau‹, die ihn Ende Mai 1973 über die ersten Verdachtsmomente gegen Guillaume unterrichtet hätten.
Ebenfalls am 2. Mai 1974 erklärte auch Genscher gegenüber dem ›Spiegel‹, er habe seinerzeit zusammen mit Nollau den Bundeskanzler ins Bild gesetzt. Genscher gab damals eine präzise Schilderung: Nachdem er selber am 29. Mai 1973 von Nollau über den Verdacht gegen Guillaume informiert worden sei, hätten er und Nollau sich von seinem Ministerbüro aus für den nächsten Vormittag bei Bundeskanzler Brandt anmelden lassen.
Mit Nollau zusammen, so Genscher am 2. Mai 1974, sei er dann zu Brandt gefahren. Dem Bundeskanzler habe er zunächst allein Vortrag gehalten, dann sei Nollau hinzugezogen worden, der so umfassenden Bericht erstattet hätte, daß der Kanzler schließlich genausoviel gewußt habe wie Nollau selber. Es sei vereinbart worden, im Kanzleramt lediglich den Amtschef, Staatssekretär Horst Grabert, und den Leiter des Kanzlerbüros, Ministerialdirigent Reinhard Wilke, ins Bild zu setzen.«

Ich, der angebliche Teilnehmer an der Unterredung vom 30. Mai, kannte die Einzelheiten ihres Verlaufs nicht, mir blieb auch verborgen, daß vereinbart worden war, die Herren Grabert und Wilke zu unterrichten.

Im Mai 1974 herrschte bei den Herren Dr. Kinkel und Genscher in der Tat erhebliche Unklarheit darüber, was sich am 29./30. Mai 1973 abgespielt hatte. Damals erklärte mir Herr Dr. Kinkel, den Herr Genscher ins Auswärtige Amt mitgenommen hatte, am Telefon, er sei dabei, die Vorgänge vom 30. Mai 1973 »für die Akten« zu rekonstruieren. Ich möge ihm doch sagen, wie das damals gewesen sei, als ich Ende Mai mit Minister Genscher beim Bundeskanzler gewesen sei. Ich antwortete: »Sie irren, Herr Kinkel, ich bin damals nicht zu Herrn Brandt mitgenommen worden.« Herr Kinkel ließ sich überzeugen.

Einen seltsamen Weg ist auch der bereits erwähnte Aktenvermerk Dr. Kinkels vom 29. Mai 1973 gegangen. Dieser Vermerk war vom 29. 5. 1973 datiert, in das Geheimregister des Innenministeriums war er aber erst 1974 eingetragen worden, obwohl die Registraturanweisung vorschreibt, derartige Vermerke seien sofort zu registrieren. Das brachte ich im Untersuchungsausschuß zur Sprache. Dort fragte mich der FDP-Abgeordnete Dr. Hirsch:

»Wollen Sie damit die Vermutung suggerieren, daß der Vermerk erst später angelegt worden ist?«

Auf diesen Leim kroch ich nicht, sondern antwortete: »Nein. Was ich nicht weiß, das sage ich nicht, da vermute ich auch nicht.« Später wurde durch Vernehmung Dr. Kinkels und der Sekretärin Frau Reitzer geklärt, daß Dr. Kinkel den Vermerk schon 1973 diktiert, im Mai 1974 mit ins Auswärtige Amt genommen und ihn von dort dem Innenministerium zugesandt hatte.

Den Irrtum über den Teilnehmerkreis an der Unterredung vom 30. Mai haben die Herren korrigiert. Herr Genscher hat aber an einem weiteren Irrtum festgehalten, nämlich mich am 30. Mai gefragt zu haben, ob Bedenken bestünden, Guillaume mit auf die Norwegenreise zu nehmen. Dadurch geriet ich in eine schwierige Lage. Die »Neue Zürcher Zeitung« schrieb damals unter der Überschrift »CDU schont Genscher«:

». . . Durch seine Beschlagenheit und die Schnelligkeit seiner Antworten in der Befragung vor dem Ausschuß hielt er sich aus der Schußlinie. Im übrigen scheint aber auch die CDU/CSU Genscher schonen zu wollen. Offenbar hat sie Hemmungen, den Mann anzugreifen, von dem sie unter allen FDP-Politikern am ehesten die Bereitschaft zu einer Koalitionsbereitschaft mit den Christlichdemokraten erwarten zu können glaubt. Wenn politische Beweggründe in die Untersuchung hineinspielen, so wirken sie zweifellos zugunsten von Genscher und zu Lasten von Nollau.«

Wie ich inzwischen erfahren habe, ist Herr Grabert, der Chef des Bundeskanzleramts, am 4. Juni vom Bundeskanzler unterrichtet worden, daß Guillaume verdächtigt werde. Herr Grabert hat ausgesagt, er habe diese Frage und die Norwegenreise am nächsten Tage mit Herrn Genscher besprochen – mit dem bekannten Ergebnis. Ist das so, dann kann mich Herr Genscher nicht am 30. Mai nach meiner Meinung zur Norwegenreise gefragt haben.

Nachdem mir Anfang Juli 1974 gesagt worden war, daß Guillaume am Urlaub des Kanzlers in Norwegen teilnehme, habe ich mit Herrn Watschounek, der damals den Leiter der Spionageabwehrabteilung vertrat, überlegt, ob wir dort observieren sollten. Wir hätten das angesichts unserer bewährten Beziehungen zu den norwegischen Kollegen arrangieren können. Eines kam allerdings nicht in Betracht: Leute von uns nachträglich in das Kanzler-Begleitkommando einzuschleusen. Dessen Mitglieder kannten einander aus jahrelanger Zusammenarbeit, Guillaume war mit ihnen vertraut. Unbekannte Gesichter wären ihm aufgefallen.

Die Observation von außen mit dem Ziel, Bewegungen Guillaumes und seiner Frau in der dortigen Gegend zu überwachen, lehnten wir gleichfalls ab, da es nach unserer Erfahrung unwahrscheinlich war, daß sich Guillaume mit einem Kurier des DDR-Dienstes im einsamen norwegischen Gebirge treffen würde.

Während der Untersuchungsausschuß tagte, wurden in der Presse Unstimmigkeiten zwischen den Aussagen aufgebauscht, die Herr Wehner und ich vor dem Ausschuß gemacht hatten. Unsere Aussagen stimmten zwar über den Zeitpunkt der Unterrichtung und darüber, daß wir stets nur kurz über den Verdacht gegen Guillaume gesprochen hatten, völlig überein. Sie differierten aber hinsichtlich des Inhalts der von mir gegebenen Hinweise. Derartige Differenzen treten erfahrungsgemäß immer auf, wenn zwei Menschen nach Jahresfrist über einen erlebten Sachverhalt berichten. Als der Untersuchungsausschuß eingesetzt worden war, hatte ich Herrn Wehner vorgeschlagen, unsere Aussagen nicht abzustimmen, weil ich voraussah, daß wir in den Vernehmungen nach solchen Abstimmungen gefragt werden würden.

Ein Kuriosum muß ich noch erwähnen: In einer der Ausschußsitzungen hielt mir der CDU-Abgeordnete Vogel vor, was Herr Bardenhewer, der Vizepräsident des Bundesamts, sein Parteifreund, in einer der Sitzungen, selbstverständlich ohne vorherige Absprache, ausgesagt hatte:

»Ich meine, mich sicher zu erinnern, daß mir Herr Nollau selbst mal erzählt hat, daß er auch mit dem Kanzler darüber gesprochen hat ... Ich meine sogar, aber ich könnte da keinen Eid drauf leisten, daß er mir sogar erzählt hat, ich weiß nicht mehr genau wann, daß der Kanzler ihm, ich kann mich da irren – ich muß das hier mit einem Vorbehalt sagen – gesagt hat: ›Um Gottes willen, was soll ich denn machen, jetzt habe ich den Mann doch schon mit eingeteilt für Norwegen?‹ Ich meine, da hätte mir Nollau gesagt: ›Ja, den müssen Sie dabehalten.‹ Also aus fachlichen Gründen.«

Dieses kuriose Gestammel hielt mir der Abgeordnete Vogel nun also vor. Daß der Herr Vizepräsident Bardenhewer darauf keinen Eid leisten konnte, hätte er dabei nicht extra zu sagen brauchen. Diese »Aussage« hätte ihn sowieso niemand beschwören lassen dürfen, wenngleich sie dem Herrn Abgeordneten Vogel wie gerufen kam. Nur eins war übersehen worden, als Herr Bardenhewer befragt wurde: Die Herren Brandt und Genscher hatten inzwischen übereinstimmend bekundet, daß ich an ihren Diskussionen über die Norwegenreise nicht teilgenommen hatte.
Über die Aussage des Herrn Bardenhewer kam es zwischen mir und dem Abgeordneten Dr. Hirsch (FDP) zu folgendem Disput:

Abg. Dr. Hirsch (FDP): Herr Bardenhewer hat gesagt, Brandt habe gesagt, o Gott, ich habe den Mann doch schon für Norwegen eingeteilt, und daraufhin wäre Ihre Stellungnahme gewesen, dann müssen Sie ihn eben auch mitnehmen. – Können Sie das irgendwie erklären, wie es zu dieser Erinnerung kommt?

Z. Dr. Nollau: Da müssen Sie Herrn Bardenhewer fragen, wie er zu dieser Erinnerung kommt. Ich kann mich nicht darüber äußern, wie er zu seiner Erinnerung kommt. Ich habe jedenfalls nichts dergleichen gesagt.

Abg. Dr. Hirsch (FDP): Ich will ja nur fragen, ob Sie eine Möglichkeit sehen, diesen Widerspruch aufzuklären.

Z. Dr. Nollau: Die sehe ich nicht. Ich sage jedenfalls mit aller Klarheit, das kann schon deswegen nicht sein, weil ich überhaupt nicht bei Herrn Brandt mit war.

Und ich sage die Wahrheit. Ich rede nicht: vielleicht. Oder: unter Umständen doch. Und: ich kann es nicht beeiden. Sondern ich sage: so war's! Weil ich das ganz genau weiß.

Eins aber hätten die Abgeordneten Herrn Bardenhewer, der für die Spionageabwehr mitverantwortlich war, fragen sollen: Warum er die Spionageabwehrabteilung nicht sofort angewiesen hat, die Observation der nach Norwegen reisenden Eheleute Guillaume abzubrechen? Die Antwort kann ich geben. Er hat von der Norwegenreise zunächst ebensowenig gewußt wie ich.

Ein Umstand ist bisher viel zuwenig beachtet worden. Weder Herr Genscher noch ich haben gewußt, daß Guillaume als *einziger* Referent mit nach Norwegen genommen wurde. Dort erlangte er Einsicht in Dokumente und konnte sie fotografieren, Gelegenheiten, die ihm in Bonn nicht geboten wurden. Es scheint mir zu billig, hier darüber zu spekulieren, was ich getan hätte, wenn mir das mitgeteilt worden wäre. Ich habe auch nicht vor, den Rat zu rechtfertigen, den Herr Genscher von mir übernommen und dem Bundeskanzler weitergegeben hat: die Position Guillaumes zunächst nicht zu verändern. Die Folgen der Annahme dieses Rates haben sich als verhängnisvoll erwiesen. Jeder Kritiker sollte aber so fair sein, seiner Beurteilung den Stand des Wissens zugrunde zu legen, den ich hatte, als ich diesen

Rat gab. Also: keine Kenntnis von der Mitnahme Guillaumes nach Norwegen als einzigem Referenten. Demzufolge: keine Kenntnis vom Zugang des Parteireferenten zu Staatsgeheimnissen. Zur Beurteilung dieses Rates hat die Mehrheit des Untersuchungsausschusses in ihrem Bericht gesagt:

»Der Ausschuß ist der Auffassung, daß es vertretbar ist, einen der Agententätigkeit Verdächtigen auch über einen längeren Zeitraum auf einem exponierten Arbeitsplatz zu belassen, wenn er erst durch eine Observation überführt werden kann.«

Die den Untersuchungsausschuß bildenden Abgeordneten von Koalition und Opposition konnten sich nicht darauf einigen, zusammen *einen* Bericht über die Ergebnisse ihrer Untersuchung zu erstatten. Das überraschte niemanden. Man nahm auch die Parteilichkeit des Berichts, den der Abgeordnete Gerster für seine Kollegen von der Opposition erstattet hatte, als gewissermaßen unvermeidlich hin. Das genügte aber dem CDU-Abgeordneten Walter Wallmann nicht, der Vorsitzender des Untersuchungsausschusses gewesen war. Als in der Bundestagssitzung vom 27. Februar 1975 die Ergebnisse der Untersuchung diskutiert wurden, behauptete er:
1. Es sei mir, Nollau, durchaus möglich gewesen, Herbert Wehner vor Antritt seiner Reise zu Honecker über den Fall Guillaume zu unterrichten.
Damit wollte er suggerieren, ich hätte Wehner vor Antritt der Reise unterrichtet. Seine Suggestion diente dazu, die Unterstellung des Landesverrats gegen Wehner zu untermauern, die sich die Opposition immer wieder aus den Fingern sog.
2. Alles spreche dafür, daß ich – »der vorsichtige Dr. Nollau« – mein Verhalten, die angeblich unzureichende Unterrichtung Minister Genschers und die ihm gegebenen Empfehlungen, vorher mit Herbert Wehner abgesprochen gehabt hätte.
Diese Unterstellung sollte dazu dienen, die verleumderische These der Opposition zu stützen, Wehner und ich hätten ein Komplott zum Sturze Bundeskanzler Brandts ausgeheckt.
3. Wehners und meine Aussagen seien erkennbar nur zu dem

Zweck gemacht, den Ausschuß und die Öffentlichkeit über den wirklichen Geschehensablauf zu täuschen.

Diese unverschämten Unterstellungen entsprechen dem Niveau eines provinziellen Winkeladvokaten. Nicht einmal in dem Bericht des Oppositionsabgeordneten Gerster fanden sie eine Grundlage. Dazu erklärte der Abgeordnete Dr. Hirsch dem Herrn Wallmann in der Debatte:

»Sie können nicht behaupten, Nollaus Rat an Genscher, Brandt nicht zu unterrichten, gehe auf den Kollegen Wehner zurück, ohne gleichzeitig zu betonen, daß es sich bei dieser Behauptung um eine reine Spekulation handle und um sonst gar nichts.«

Für mich aber stellte sich die Frage, ob diese »Spekulation« eine Tatsachenbehauptung war oder nur eine verfehlte Schlußfolgerung aus Tatsachen, die der Untersuchungsausschuß erörtert hatte.

Gegen jede Tatsachenbehauptung hätte ich gerichtliche Schritte eingeleitet. Der Rat »höherer« Juristen sagte mir aber, es sei zweifelhaft, ob darin nicht nur eine »Wertung« zu erblicken sei. Also verzichtete ich auf zivilrechtliche Schritte gegen Wallmann, denn verlieren durfte ich einen solchen Prozeß nicht. Strafrechtlich war gegen Wallmann angesichts seiner Immunität ohnehin nichts zu machen.

Dazu sagte Herbert Wehner in jener Bundestagssitzung:

»Hier geht es um Bezichtigungen des Abgeordneten Wallmann, die ein Kettenglied einer Kampagne sind, durch die mir bewußt ... der Stempel des Landesverrats aufgedrückt werden soll ...

Es gibt zu viele Feiglinge in Deutschland. Sie sind Feiglinge, die Sie einen Menschen hetzen wollen!«

Wallmann hatte auf die Bezeichnung als »Feigling« nichts zu erwidern.

Résumé ex post: Ja, wenn man gewußt hätte, so gestatte ich mir mit der unschätzbaren Hilfe nachträglicher Einsicht, deren sich Kritiker so wirksam bedienen, zu räsonieren, ja, wenn man ge-

wußt hätte, daß die entschlüsselten Funksprüche im Strafprozeß
gegen Guillaume doch erörtert werden würden, weil sie durch
die Publikation jenes Abgeordneten ihres Geheimcharakters
entkleidet waren. Dann hätte man sie schon im Mai 1973 der
Bundesanwaltschaft freigeben, sich die Observationen ersparen
und im gleichen Sommer den Zugriff der Exekutive ermöglichen
können. Aber ob Guillaume auch in diesem Fall sein Geständnis
abgelegt hätte – das steht nicht einmal in den Sternen geschrieben.

Rufmörder
in Ost und West

Übers Niederträchtige
Niemand sich beklage,
Denn es ist das Mächtige,
Was man Dir auch sage.
J. W. Goethe.

Den DDR-Richter, der mir 1950 einen Haftbefehl wegen Mordes nach Westberlin nachschickte, um meine »Rücküberstellung« in die DDR zu erreichen, betrachte ich nicht als Rufmörder. Er war eher ein kleiner Menschenräuber, der eine etwas subtilere Methode als rohe Gewalt anwandte, um mich den DDR-Behörden in die Hände zu spielen.

Im Jahre 1968 veränderte sich die Spitze des Bundesnachrichtendienstes drastisch. Auf Gehlen folgte Wessel als Präsident. Der langjährige Vizepräsident Worgitzky war gestorben. General Wendtland, der de facto als sein Nachfolger arbeitete, beging Selbstmord, weil er keine Aussicht sah, förmlich zum Vizepräsidenten befördert zu werden. Angesichts dieser Lage war in der Presse zu lesen, die SPD beabsichtige, mich als Vizepräsidenten des BND vorzuschlagen. Gegen diese vermeintliche Absicht setzte eine Pressekampagne ein, die von dem Springerblatt »Die Welt« angeführt wurde (vgl. Winfried Martinis Artikel in der Ausgabe vom 28. 11. 1969: »Ist Nollau der richtige Vizepräsident für den BND?«). Martini behauptete, ich sei für den Posten ungeeignet, weil ich im Mai 1967 im »stern« den bereits erwähnten Artikel »Die Russen kommen nicht« geschrieben hatte. Diese Argumentation war harmlos, denn auch verfehlte Ansichten darf man äußern. Aber sie wurde durch üble Gerüchtemacherei hinter den Kulissen begleitet. Am 2. Dezember 1968 bat mich Herbert Wehner, damals Bundesminister für Gesamtdeutsche Fragen, zu sich. Auf dem Bundespresseball, so erklärte er mir, habe der Journalist Carl Schopen, der für die FAZ schreibe, dem Staatssekretär Horst Ehmke berichtet, ich sei in Krakau Sonderrichter gewesen. Diese Unwahrheit hatte Schopen auch in Kreisen Bonner Journalisten herumerzählt. Ich konnte sie nicht nur klipp und klar widerlegen, sondern meine Darstellung auch beweisen. Bei meinen Personalakten befand sich eine Beurteilung, die der Präsident des Oberlandesgerichts Dresden am 1. 3. 1944 über mich abgegeben hatte. Darin hieß es, ich hätte während meiner Tätigkeit »als Rechtsanwalt« in Krakau in keiner Weise »in der Bewegung« mitgearbeitet. Damit war bewiesen, daß ich in Krakau als Rechtsanwalt und nicht als Sonderrichter tätig gewesen war.

Herr Wehner riet mir, darüber Herrn Ehmke zu unterrichten. Dieser war durch meine Erklärung befriedigt. Später habe ich erfahren, diese »Ente« sei dem Journalisten Schopen durch einen gewissen »Elze« zugespielt worden, der in einer Stelle des BND für die Pressearbeit zuständig sei. Diese Verbreitung von Falschmeldungen, mit denen der Auslandsnachrichtendienst die Innenpolitik der Bundesrepublik zu beeinflussen versuchte, nannte man also »Pressearbeit«. Ich habe damals den Chef des BND schriftlich gebeten, den Ursprung dieser Verleumdung zu klären. Er hat über ein Jahr nicht geantwortet und dann ausweichend. Die Verleumdungen mit dem Ziel, meinen Ruf zu ruinieren, wurden 1971 fortgesetzt, als der politische Pamphletist Hans Frederik durch sein Buch »Das Ende einer Legende« die Version des sowjetischen Geheimdienstes vom Übertritt Otto Johns in die DDR verbreitete. Um die Authentizität seines Materials glaubhaft zu machen, gab Frederik damals zu, er habe sich wiederholt mit dem sowjetischen Geheimdienst-Oberst »Karpow« getroffen. Von ihm habe er Material und Informationen erhalten. Zu diesen Informationen, die von »Karpow« stammten und die Frederik in seinem Buch zitiert, gehört auch der folgende Satz: »Zum zweiten Mal gab es eine delikate Situation, als Dr. Nollau von seinen sächsischen Landsleuten aus Dresden angesprochen wurde. John hat damals Nollau abgeschirmt.« (»Das Ende einer Legende«, S. 547.)

Das sind »Karpows« Worte. Dr. John hatte in seiner für die Russen gelieferten Charakteristik meiner Person nicht erwähnt, daß er mich abschirmen mußte. Das war auch nicht nötig, denn ich war »von Landsleuten aus Dresden« nie angesprochen worden. »Karpow« hatte Frederik also eine Unwahrheit gesagt, um mich herabzusetzen. Ob Frederik das damals erkannt hat oder nicht, ist unerheblich. Ich überlegte mir, ob ich gegen diese Verleumdung gerichtlich vorgehen sollte. Schließlich habe ich es unterlassen, weil die Behauptung zu vage war. Die Aussichten, eine Verurteilung Frederiks zu erreichen, erschienen zweifelhaft. Den Verlust eines solchen Prozesses darf man sich nicht leisten.

Dem Rufmörder »Karpow« assistierte Springers Lieblingsblatt »Die Welt« (Chefredakteur H. Kremp). Als sie am 7. März 1972 versuchte, meine Ernennung zum Präsidenten des Bundesamtes für Verfassungsschutz zu verhindern, schrieb das Blatt: »Sowjetischer Oberst belastet Schrübbers-Nachfolger Nollau«. Dann wiederholte die Springer-Zeitung »Karpows« Behauptung, Dr. John habe mich abgeschirmt usw.

Meinen damaligen Kommentar druckte »Der Spiegel« ab: »Da amüsiere ich mich nur und rufe diesen Herren zu: ›Reaktionäre aller Länder, Kremp und Karpow, vereinigt Euch‹.« Kremp hat das geschluckt. Eins erscheint mir bezeichnend für die Heuchelei dieses Blattes. Es versuchte, anderen Publikationen, z. B. dem »stern«, den Makel anzuhängen, sie ließen sich vom sowjetischen Geheimdienst zur Verbreitung von Desinformationen benutzen. Wenn sich der »Welt« aber selbst die Gelegenheit bot, sowjetische Geheimdienst-Märchen zu drucken, um einen Gegner wie mich zu attackieren, dann griff sie bedenkenlos zu.

In die Gesellschaft der Rufmörder begab sich auch der Leiter eines Landesamts für Verfassungsschutz, den ich hier Sigmar Schönenberg nennen will. Als er hörte, ich solle zum Präsidenten des Bundesamts ernannt werden, schrieb er Herrn Genscher einen Brief, in dem er behauptete, in meinem Bestreben, Präsident zu werden, sei ich vor schwerwiegenden Unwahrheiten und Verleumdungen nicht zurückgeschreckt. Wann, wo und auf welche Weise ich jemanden verleumdet hätte, verriet Schönenberg in jenem Brief nicht. Herr Genscher, in dessen Ministerium ich damals arbeitete, mußte eine Untersuchung einleiten. Sie ergab nichts Belastendes gegen mich. Der Versuchung, Schönenbergs Brief hier abzudrucken, widerstehe ich, weil einer seiner Parteifreunde mich davon überzeugt hat, der Ruf des Verfassungsschutzes werde noch mehr leiden, wenn die Öffentlichkeit erfahre, daß ein Mann vom Kaliber des Briefschreibers jahrelang als Amtsleiter habe fungieren können.

Eine Orgie feierten die Rufmörder, als es ihnen gelang, der in Köln erscheinenden Zeitschrift »Capital« eine angeblich vom amerikanischen Geheimdienst CIA stammende »private Studie« zuzuspielen, in der ich als Ostagent und Vordermann Guillaumes bezeichnet wurde.

Ich war damals in Bad Tölz. Am Nachmittag des 22. Mai rief mich mein Kölner Vertreter an und teilte mir mit, das Amt habe von einem seriösen Journalisten erfahren, die Zeitschrift »Capital« werde in ihrer nächsten Ausgabe einen Bericht bringen, der mich als Ostagenten bezeichne. Eine Vorausmeldung sei in wenigen Stunden zu erwarten. Was man machen solle? Ich empfahl, den Chefredakteur des Blattes, Simoneit, anzurufen und ihm zu erklären, die Behauptung sei falsch. Wenn sie gebracht werde, müsse das Blatt mit gerichtlichen Schritten rechnen. Wenige Stunden später wurde ich in der 20-Uhr-Tagesschau des Fernsehens mit der Nachricht konfrontiert, laut »Capital« bezeichne mich der amerikanische CIA als Ostspion und als Vordermann Guillaumes. Ich war keineswegs erschüttert. An ähnliche Verleumdungen war ich durch die emsige Tätigkeit der Rufmörder bereits gewöhnt. Die Öffentlichkeit hatte sie bisher zur Kenntnis genommen, ohne darüber in Aufregung zu geraten. Ich beschloß, den Verleumdern nicht den Gefallen zu tun, deshalb meine Kur abzubrechen. Über die Richtung, aus der dieser Angriff stammte, konnte ich mir kein Bild machen, denn ich kannte den Wortlaut der von »Capital« angekündigten sogenannten CIA-Studie noch nicht. Nach einer Stunde gelang es mir, meine Frau telefonisch zu erreichen. Auch sie hatte ihre Fassung bewahrt. Wir hatten das Auf und Ab von Krakau über Dresden und Westberlin nach Köln zusammen durchgemacht. Sie wußte so gut wie ich, daß ich kein Spion war. Ich freute mich über ihre Mitteilung, ein Freund, Angehöriger der CIA, habe bereits angerufen und sie gebeten, sich ja nicht zu beunruhigen, es sei alles barer Unsinn. Diese Geste der Freundschaft hatte auch meiner Frau gutgetan. Jener Freund hatte sich schon einmal um mich sorgen müssen, als mir, dem unbedachten Schwimmer, vor der Küste der Florida-Keys ein Hai gefolgt war. Dem war ich entkommen. Von den Presse-Haien würde ich mich auch nicht fressen lassen, dessen war ich sicher.

Als ich eine Flasche Wein öffnete, um mir die nötige Bettschwere zu verschaffen, rief Herbert Wehner an. Wir brauchten nicht darüber zu diskutieren, daß ich kein Spion war. Aber er bemerkte: »Gestern im Bundestag hat sich schon einer verplappert.« Ich verstand das nicht sofort. Aber – wie oft bei Orakeln Onkel Herberts – wurde mir später klar, was er meinte und daß er recht hatte.

Im Bundestag hatte am 21. Mai Franz Josef Strauß, der das Wasser nicht halten konnte, erklärt: »Herr Bundeskanzler, stimmt es, daß amerikanische und französische Stellen während der Vier-Mächte-Verhandlungen über Berlin wiederholt vorstellig geworden sind, weil ihre Verhandlungspartner – an der Spitze Herr Abrassimow – zu viel wußten?« (laut Bundestagsdrucksache S. 6704). Später, nachdem ich mir die ominöse »CIA-Studie« beschafft hatte, las ich darin auf Seite 6: »Während der Vier-Mächte-Verhandlungen über den neuen Status von Westberlin haben Mitglieder der US-Delegation immer wieder die Erfahrung gemacht, daß die Sowjets über Absichten und Vorschläge der West-Alliierten bereits vor Beginn der einzelnen Konferenzen genau informiert sein mußten.«

Die Zitate stimmen inhaltlich derart überein, daß man schließen muß: F. J. Strauß hat die Studie sogar schon gekannt, bevor die Vorausmeldung der eiligen »Capital«-Journalisten über die Fernschreiber ging. Auf diesen wichtigen Umstand komme ich noch zurück.

Noch an diesem Abend überfiel mich die Presse mit Anfragen und Wünschen nach Interviews. Ich beantwortete sie, denn die Bundesregierung äußerte sich nicht. Der Bundesminister des Inneren, mein Dienstherr, der sein Amt gerade erst übernommen hatte und mich nicht persönlich kannte, wurde jedoch zu einer Stellungnahme veranlaßt. Ein Journalist teilte mir telefonisch mit, Herr Dr. Maihofer habe erklärt:

»Ein Innenminister ist von Amts wegen zu äußerstem Mißtrauen verpflichtet. Es gibt nichts, was ich nicht für möglich halten würde.«

Gegenüber philosophischen Erwägungen von hohem Niveau, dachte ich mir, wiegen vierundzwanzig Jahre geleistete treue Dienste natürlich nichts. Ich sinnierte, die Beamten im Ministerium, die mich seit Jahrzehnten kannten, mußten ihn doch auf Material über ähnliche Verleumdungen hingewiesen haben, die vor Jahren amtlich untersucht und für haltlos befunden worden waren. In dieser Lage rief ich Herrn Rechtsanwalt Josef Augstein an und fragte ihn, ob er bereit sei, meine Vertretung zu übernehmen, falls es zum Prozeß komme. Er bejahte sofort und stand künftig an meiner Seite.

Meine Bitterkeit wurde durch das Vertrauen meiner Frau und durch Solidaritätserklärungen von Freunden im In- und Ausland gemildert. So erhielt ich ein Telegramm eines französisch sprechenden Kollegen, in dem er mir seine Solidarität und die seines Dienstes versicherte. Eine ähnliche Erklärung übermittelte mir Herr Dr. Herold, der Präsident des Bundeskriminalamts. Der Chef eines der angesehensten britischen Dienste sprach mir sein Vertrauen aus, indem er mich einlud, vor den Angehörigen seines Dienstes einen Vortrag zu halten.

Am wirkungsvollsten – nicht nur zu meiner Befriedigung, sondern auch zur Beruhigung der Bundesregierung – war die für diplomatische Verhältnisse geradezu blitzartige Reaktion der USA. Noch am Abend des 22. Mai beantwortete Kenneth Rush, damals amtierender Außenminister, früher war er Botschafter in Bonn gewesen, übereinstimmend mit dem CIA-Hauptquartier, an dessen deutschem »desk« Leute saßen, die mich lange kannten, eine Anfrage der Bundesregierung lapidar:

»Wir sind darauf aufmerksam gemacht worden, daß in der deutschen Presse der Abdruck von Berichten bevorsteht, in denen behauptet wird, daß die US-Regierung Informationen über Kontakte von Dr. Nollau mit ostdeutschen oder sowjetischen Geheimdiensten besitzt. Der stellvertretende Außenminister hat heute nachmittag den deutschen Botschafter informiert, daß diese Berichte vollständig jeder Grundlage entbehren und daß daran kein einziges Wort wahr ist.«

Nun stand auch die Bundesregierung hinter Nollau. Herr Dr. Maihofer teilte es mir noch am späten Abend des 22. Mai mit. Nolens volens (»Good news is no news«) schwenkte auch die Presse um. Nur Herr Simoneit, der Chefredakteur von »Capital« (»Wir stehen zu unserer Geschichte«), und sein Chefreporter Kamer, ein Holländer, wankten – noch – nicht. In der Nacht zum 23. Mai schrieb ich eine Eidesstattliche Versicherung, die ich Rechtsanwalt Augstein am Telefon vorlas. Nachdem er sie gebilligt hatte, sandte ich meinen Fahrer zum Münchner Hauptbahnhof, damit er sie zur Post gebe. Sie sollte in dem Prozeß verwendet werden, den die Bundesregierung und ich gegen »Capital« anzustrengen gedachten.

Am 23. Mai, es war der Himmelfahrtstag, machte ich mit einem befreundeten Isarwinkler Bauern, dem »Wiesensteiner«, eine »Herrenpartie« zum Kloster Reutberg. Unterwegs kehrten wir in einer Schnapsbrennerei ein, deren Wirtin der »Wiesensteiner« gut kannte. In der Küche wies er mit seinem kräftigen Daumen auf mich: »Des is der, wo an Guillaume g'fangt hod.« Darauf die Wirtin: »Geh', du spinnst.« Frauen haben – nach meinen Erfahrungen – immer recht. So auch diese. Der »Wiesensteiner« amüsierte mich auch durch andere Sprüche. In jenen Tagen konsultierte er mich in einem Rechtsstreit, den er mit einem Nachbarn hatte. Der »Wiesensteiner« hatte sich verpflichtet, dem Nachbarn einige Quadratmeter seines Grundes zu übereignen. Was ihn wurmte, war, daß sein Rechtsanwalt ihm gesagt hatte, er dürfe wertvolle Eschen, die auf diesem abzutretenden Grunde standen, vor der Übereignung nicht schlagen. Ich nahm meine Kenntnisse des Sachenrechts zusammen und sagte ihm: »Solange Sie im Grundbuch eingetragener Eigentümer dieses Grundes sind, dürfen Sie die Eschen fällen.« Als der »Wiesensteiner« daraufhin die Motorsäge fertigmachte, riet ich ihm: »Wollen Sie nicht ein paar Freunde holen, damit der Nachbar keine Schlägerei anfängt?« Darauf der »Wiesensteiner« geringschätzig: »Der is vom Unterland, der rafft net.«

Am Abend des 23. Mai vergewisserte ich mich, ob meine Eidesstattliche Versicherung in Bonn angekommen sei. Das wurde mir bestätigt. Daher sah ich keinen Grund, meine für den nächsten Tag verabredete Bewegungstherapie, eine Bergtour, abzusagen.

Mein Fahrer war durch das Funktelefon, das er im Auto hatte, vom Innenministerium jederzeit zu erreichen. Er hatte einen Sender im Wagen, durch den er mich mittels eines Empfängers, den ich in der Hosentasche trug, sofort alarmieren konnte. So dachten wir jedenfalls.

Als ich gegen 17 Uhr tief befriedigt von meiner Bergtour zurückkehrte, fand ich meinen Fahrer in ziemlicher Aufregung vor. Der Minister hatte mich einige Male über das Telefon sprechen wollen. Der Fahrer hatte seinen Sender auch in Betrieb gesetzt, aber mein »Piepsgerät« hatte keinen Ton von sich gegeben. Nun rief ich Bonn an und erfuhr, die Kölner Richter hätten eine Ergänzung meiner eidesstattlichen Versicherung gewünscht. Da ich nicht hätte erreicht werden können, sei der Prozeß bis Montag vertagt worden. Nun hatte ich wieder Anlaß, einen Spruch zu zitieren, den ich von Zeit zu Zeit von mir gebe: »Technik ist Scheiße.«

Die eidesstattliche Versicherung hatte ich in fünf Minuten ergänzt und abgesandt. Dann ließ ich mein »Piepsgerät« untersuchen. Es war »in Ordnung«. Anscheinend hatte ich mich in einem toten Winkel befunden. Das war am Freitag. Am Sonntag, den 26. Mai, erhielt ich ein Telegramm Simoneits.

Es lautete:

»Sehr geehrter Herr Dr. Nollau,
für die gegen Sie erhobenen Vorwürfe trage ich als Chefredakteur von Capital die Verantwortung. Ich habe mich durch weitere intensive Recherchen davon überzeugt, daß diese Vorwürfe nicht haltbar sind. Ich will mich dafür bei Ihnen entschuldigen. Im übrigen habe ich die persönlichen Konsequenzen gezogen und meinen Verlag um Beurlaubung gebeten.

Hochachtungsvoll
Ferdinand Simoneit.«

Ich sprach mit Rechtsanwalt Augstein über die rechtliche Bedeutung dieser Entschuldigung. Wir waren uns einig, daß sie keinen Widerruf enthielt. Wenn jemand einem anderen unter die Gürtellinie tritt und danach zu dem Getroffenen sagt: »Entschuldigen Sie bitte«, dann sei die Sache auch nicht erledigt, meinten wir.

Dazu fühlten wir uns um so mehr berechtigt, als Chefreporter Kamer immer noch mit der Behauptung herumlief, er habe die Geschichte sorgfältig recherchiert. Gegen ihn stellte ich Strafantrag.

Gegen den Verlag von »Capital«, Gruner und Jahr, erhob ich Klage auf Widerruf, Schadensersatz und Veröffentlichungsbefugnis. Nachdem das Hamburger erstinstanzliche Gericht mir dem Grunde nach in allen Punkten recht gegeben hatte, haben wir in der zweiten Instanz – Gruner und Jahr hatten Berufung eingelegt – einen Vergleich abgeschlossen. Ich verzichtete auf die Veröffentlichungsbefugnis, weil diese so lange nach dem beleidigenden Ereignis weitgehend wirkungslos geworden war, so daß ich daran kein Interesse mehr hatte. Im übrigen befriedigte der Verlag meine Ansprüche. Der Reporter Kamer geriet in dem Strafverfahren unter Druck. Er mußte mindestens mit einer hohen Geldstrafe rechnen. Daher fand er sich schließlich bereit, seine Beschuldigungen zu widerrufen. Am 17. Oktober 1975 unterzeichnete er folgende Erklärung:

»Ich widerrufe hiermit die Behauptung, Herr Dr. Nollau stehe in Verbindung mit einem östlichen Nachrichtendienst. Ich verfüge über keinerlei Material, das einen solchen Verdacht rechtfertigt.«

An Kamers Widerruf war mir gewissermaßen der Ordnung halber gelegen. Hätte er nicht widerrufen, so wäre kein anderer Weg geblieben, als auf seiner Bestrafung zu bestehen. Viel interessanter schien mir jedoch, eine Antwort auf die Frage zu finden, wer dem scheinbar so fixen Reporter die »CIA-Studie« zugespielt hatte.

Als ich mit ihm über seinen Widerruf verhandelte, sagte er zu mitzuhelfen, die Hintermänner zu identifizieren, die ihm die Studie zugespielt hätten. Er habe diese Leute im Münchner Sheraton-Hotel getroffen, erzählte er. Als ich ihm einige Bilder von Leuten vorlegte, die als Lieferanten in Frage kamen, zeigte er, bevor ich etwas gesagt hatte, auf Hans Frederiks Bild und erklärte: »Den kenne ich nicht.« Das mag eine Freudsche Fehlleistung gewesen sein und bedeuten, daß er ihn doch kannte. Im übrigen waren Kamers Erklärungen für mich wertlos. Ich hatte auch nicht erwartet, von ihm die Wahrheit zu hören. Wenn er seine Hintermänner preisgab, war er beruflich erledigt.

Ich mußte mich also mit denjenigen beschäftigen, die ihr Wissen von der Existenz der Studie hatten erkennen lassen, bevor »Capital« seine Vorausmeldung am 22. Mai 1974 an die Presse gab. Da war zunächst Franz Josef Strauß, der im Bundestag am 21. Mai Fragen an den Bundeskanzler gestellt hatte, deren inhaltliche Übereinstimmung mit der Studie kaum einen anderen Schluß zuließ als den, daß er die Studie kannte. Sein Engagement in dieser Sache verriet Strauß, indem er der »Bild«-Zeitung am 27. Mai 1974 unter der Überschrift: »Die Bedenken gegen Nollau bleiben«, erklärte:

»Die Opposition hat sich mit den in ›Capital‹ erhobenen Vorwürfen nie identifiziert ... Gewisse Jahre seines Lebens nach dem Krieg sind nicht genau durchschaubar.«

Schon der erste Satz erschien mir unwahr. Strauß selbst hatte sich schließlich die Studie zu eigen gemacht, indem er am 21. Mai aus ihr im Bundestag zitierte.

Vor allem aber, welche Legitimation hatte dieser Mann, Jahre meines Lebens für undurchschaubar zu erklären, er, dessen Leben nach dem Krieg aus einer Kette teils durchschaubarer (Spiegelaffäre), teils undurchschaubarer Affären (Fibag, Eskapaden in New York und San Franzisko) bestand? Diese Legitimation erwuchs offensichtlich allein aus seinem dicken Fell.

Der nächste, über dessen Verbindungen nachzudenken sich lohnte, war Herr von Nouhuys, damals noch Chefredakteur der Illustrierten »Quick«. Der »stern« darf ihn nach einem Urteil des Landgerichts Minden vom 20. September 1977 beschuldigen, ein Doppelagent des BND und des Staatssicherheitsdienstes der DDR gewesen zu sein. Er hatte sich nicht nur gerühmt, die »Studie« geprüft zu haben, bevor sie veröffentlicht wurde, sondern auch bereits in seinem Blatt am 9. Mai andeuten lassen, der Fall Guillaume sei möglicherweise von einem »Gönner« unterdrückt worden. Damit hatte die »Quick«-Redaktion den Grundgedanken der Studie, hinter Guillaume stehe ein anderer, höherer, anklingen lassen.

Noch ein Blatt kam mir in die Hände, das den Grundgedanken

der Studie veröffentlicht hatte, bevor »Capital« am 22. Mai seine »Vorausmeldung« abgehen ließ. Im »Berliner Extradienst«, einem linken Blättchen, dessen leitender Redakteur damals Karl Guggomos war, hatte am 14. Mai über den Fall Guillaume gestanden:

»Kenner dieser Materie in der Bonner SPD-Spitze merken an, daß ... ganz andere Leute als Guillaume in der Bundesrepublik ein Sicherheitsrisiko darstellen.«

Wer ist nun das verbindende Glied zwischen denen, die ein Vorauswissen der Studie erkennen ließen?

Meine Vermutungen über die Hintergründe der »Studie« erhielten neue Nahrung durch ein Buch des VPA-Verlags, den Hans Frederik in Landshut betreibt. Frederik war so kühn, den vollen Wortlaut der gegen mich gerichteten Studie abzudrucken, obwohl sie von der gesamten Öffentlichkeit längst als verleumderisch erkannt worden war. Ein bayerisches Gericht hat ihm das inzwischen auf meinen Antrag durch ein rechtskräftiges Urteil verboten.

Frederik spielt in der gegen mich gerichteten Rufmord-Kampagne eine gewichtige Rolle. In seinem Buch über Otto John »Das Ende einer Legende« druckte er – wie schon erwähnt – als erster die Verleumdung des sowjetischen Geheimdienstes ab, Dr. John hätte mich schützen müssen, weil ich von meinen »Landsleuten« aus Dresden angesprochen worden sei.

In einem weiteren Buch, »Deutschland, Deine SPD«, ließ er einen Hintertreppenjournalisten spekulieren, daß Nollau schließlich »auch ein Geheimer sein könne«.

Wie aus seinen Büchern hervorgeht, hat Frederik viel Zeit und Geld (wessen Geld?) darauf verwendet, meine Vergangenheit zu recherchieren. Sogar meine Doktorarbeit aus dem Jahre 1935 hat er ausgegraben, in der Hoffnung, darin nazistische Äußerungen zu entdecken. Das war ein Fehlschlag. Nobel, wie er ist, meinte er, mich auch dadurch treffen zu können, daß er in einem seiner Pamphlete eine angebliche Liebschaft einer meiner Töchter, die damals Journalistin war, mit einem »Quick«-Redakteur erwähnte. Falsche Behauptungen, die in der angeblichen CIA-Stu-

die vorkommen, sind auch in Frederiks »Werken« enthalten.
Zum Beispiel wird in der »Studie« behauptet, Herbert Wehner
sei während des letzten Krieges in Schweden Mitarbeiter der
»Roten Kapelle« gewesen. Diese falsche Behauptung findet sich
auch in »Deutschland, Deine SPD«. In einem anderen Buch,
»Gezeichnet vom Zwielicht seiner Zeit«, hatte Frederik ebenfalls
eine Verbindung zwischen der »Roten Kapelle« und Wehner
herauszustellen versucht. In diesem Buch hatte er Wehner verdächtigt, deutsche Kommunisten der Gestapo verraten zu haben.
Und eben diese Behauptung ist auch in die angebliche CIA-Studie aufgenommen worden.
Bemerkenswert scheint mir auch zu sein, was Frederik selbst
über die »CIA-Studie« publizierte. In dem Buch »Guillaume . . .
der Spion« kann er sich nicht genugtun darzulegen, welch
plumpe Fälschung diese »Studie« sei. »In der Tat: die ›Privat-
Studie‹ der CIA muß von einem nachrichtendienstlichen Laien
angefertigt sein«, heißt es dort. Das klingt plausibel. Die »Studie« enthält tatsächlich Dutzende von Dummheiten, die jedem
Zeitungsleser hätten auffallen müssen. Nur Chefredakteur Simoneit merkte nichts. Wenn man jedoch mit den Praktiken von
Fälschern vertraut ist, so erwägt man, ob solche Fehler nicht ab-
sichtlich hineingeschrieben worden sind. Diese »Verfremdung«
genannte Technik wird angewandt, um den Eindruck entstehen
zu lassen, ein Fachmann könne das nie geschrieben haben, hier
müsse ein Laie am Werk gewesen sein.
Noch ein Satz fiel mir auf, als ich die »CIA-Studie« analysierte:
»Unsere Leute spielten mit dem Gedanken, Guillaume als ›Wegweiser‹ zur erwähnten Quelle in Köln zu benutzen.«
Über diese seltsame Verwendung des Wortes »Wegweiser«, so
erinnerte ich mich, war ich doch schon beim Studium der
»Werke« Frederiks gestolpert. Ich fand den »Wegweiser« in
»Guillaume . . . der Spion« auf S. 176 in einem ähnlichen Sinne
gebraucht.
Dieses Indiz reichte aber als Beweis dafür, daß Frederik der Ver-
fasser der Studie sei, nicht aus.
Eine andere Wendung, die der Autor der »Studie« gebrauchte,
überzeugte mich davon, daß er sich auf Wehner »eingeschossen«
hatte: »Es ist also töricht«, heißt es in der »Studie«, »wegen Guil-

laume den Rücktritt von Ehmke oder gar von Brandt zu fordern, beide haben am Bonner Skandal keine Schuld.« Hier war der Autor aus der Rolle des angeblichen CIA-Verfassers gefallen und enthüllte, welch lebhaften Anteil er an der damaligen Taktik der deutschen Opposition nahm.

Der Stil, in dem die Studie verfaßt ist, das ergibt eine Analyse, weist Eigentümlichkeiten auf, die das Deutsch eines Holländers kennzeichnen. In der Produktion von Pamphleten hatte Frederik mindestens quantitativ einiges geleistet. Er war aber wohl kaum in der Lage, ein solches Machwerk in einem Deutsch zu verfassen, das dem eines Holländers glich. Dies nahm ich um so weniger an, als feststand, daß ein Holländer dem Capital-Chefredakteur die Studie geliefert hatte: »Chefreporter« Kamer.

Einem Winkelzug der Rufmörder konnte ich meine Anerkennung nicht versagen. Sie hatten ein bürgerliches, bis dahin als solid angesehenes Blatt gewählt, um ihre Verleumdungen unter die Leute zu bringen. Wäre die sogenannte CIA-Studie zuerst in einem obskuren »Werk« – etwa Frederiks – veröffentlicht worden oder in einer kommunistischen Parteizeitung, wäre sie wohl kaum beachtet worden.

Während ich dieses Rufmörder-Kapitel niederschrieb, kursierte in München eine anonyme »Dokumentation«, die sich gegen den CSU-Staatsminister Franz Heubl richtete. Ich las, sie sei anonym, sei stümperhaft gemacht, der »Münchner Merkur« schrieb, die Vermutung liege nahe, sie sei im Auftrag der »Parteispitze« verfaßt worden. Auch die mich verfemende CIA-Studie war anonym, stümperhaft und hatte etwas mit jener »Parteispitze« zu tun, die im Bundestag daraus zitierte, bevor »Capital« die Katze aus dem Sack gelassen hatte. Ich erwartete keine stilistische Übereinstimmung in den beiden Pamphleten zu finden. Mit holländischem Akzent würde die Heubl-Dokumentation nicht gerade geschrieben sein – und war es dann auch nicht. Aber in einem Punkte stimmten die beiden Machwerke überein. Beide versuchten in stümperhafter Weise ihre Rufmordopfer in den Geruch nachrichtendienstlicher Beziehung zu bringen. Heubl wird in Verbindung zu einem angeblichen tschechoslowakischen ND-Offizier namens Uhlir gebracht, der in einem Weisungsverhältnis (!) zum Sowjetbotschafter Falin stehe. Franz Josef Strauß wird durch die Heubl-Dokumentation in erstaunlicher Offenheit exponiert: Der Dokumentation ist ein an ihn selbst gerichteter Brief des persönlichen Referenten Heubls, Arno Werner, beigefügt. Auf ihm ist mit Strauß' markiger Handschrift vermerkt: »A. W. steht unter schwerem Verdacht, nachrichtendienstlich für die falsche Seite zu arbeiten.« Strauß betätigt sich hier also persönlich als »Oberverdachtsschöpfer«. Inzwischen las ich in der Presse, das »Büro« Strauß habe in einem Brief an jenen Arno Werner die Beschuldigung, nachrichtendienstlich für die »falsche« Seite gearbeitet zu haben, als unrichtig und damit als »gegenstandslos« bezeichnet. So läßt man eine schwere Verleumdung als Bagatelle erledigen, wenn man als Abgeordneter immun und Parteichef ist.

Im »Münchner Merkur« las ich am 20. Juli 1976, ein bayerischer Staatssekretär habe öffentlich erklärt: »Bei Strauß ist eben das Haferl übergelaufen.« Dieses Kron-Zeugnis läßt Schlüsse auf den Autor der Dokumentation zu, aber auch darauf, welche Brühe das Haferl enthält.

Kurz darauf geriet Strauß – auf wohl erklärliche Weise – erneut in den Bereich einer Fälschung. »Bild am Sonntag« druckte das Faksimile eines angeblichen Schreibens des früheren CIA-Direktors Allen W. Dulles an Strauß vom 5. November 1958 ab, in dem es heißt, die »notwendigen Fonds im Lockhead-Geschäft« seien bereits zurückgelegt. »Bild am Sonntag« kommentierte: »Professionelle Polit-Fälscher haben in den letzten Tagen zugeschlagen.« – »Professionelle« hätten dies allerdings besser gemacht. Strauß selbst vermutete, der sowjetische Geheimdienst KGB habe hier gefälscht, um die SPD und FDP im Wahlkampf zu unterstützen. Mir schien es plausibler, anzunehmen, die Fälscher hätten Strauß im Wahlkampf helfen wollen, indem sie ihn als Opfer einer üblen Verleumdung hinstellten. Dafür sprach, daß der »stern« unwidersprochen behauptete, die Fälschung sei den Springer-Journalisten in der Wohnung des Strauß-Referenten Dr. Wilhelm Knittel »ordentlich« übergeben worden.

Die eineinhalb Jahre nach meinem Ausscheiden aus dem Amt aufgedeckte Abhöraffäre Traube ließ die Rufmörder nicht ruhen. Das Mikrophon bei Dr. Traube wurde eingebaut, als ich längst in den Ruhestand getreten war. Zu »meiner Zeit« hatten wir eine solche Maßnahme gegen ihn nicht erörtert. Dennoch kombinierten, phantasierten und fabrizierten Konservative und »Christen« Sensationen, die in ihr Konzept paßten. Den Anfang machte Friedrich Karl Fromme. Er »fragte« am 12. März 1977 in der sonst so biederen FAZ, wie es komme, daß der »Spiegel« in den Akten des Verfassungsschutzes hätte blättern können. In der Sondersitzung des Innenausschusses des Bundestages sei außerdem der Name Nollau gefallen. Daß niemand mich dort verdächtigt hatte, verschwieg Fromme.

Als nächster spekulierte der CSU-Abgeordnete Carl Dieter Spranger am 16. März 1977 unter dem Schutz der Immunität im Bundestag über Hintergründe der Publikation der Abhöraffäre. Dabei erwähnte er das »Gespann Wehner/Nollau«, das »im Spionageskandal Guillaume unrühmlich auffällig« geworden sei. Damit tischte Spranger erneut die Komplott-These auf, mit der schon sein Kollege Wallmann am 25. Februar 1975 im Bundestag gescheitert war. Nach Wallmanns damaliger Unterstellung sollte sich das Komplott gegen Bundeskanzler Brandt gerichtet haben. In Sprangers Aufguß dieser These vom März 1977 bezweckt das »Gespann Wehner/Nollau« neuerdings nun, die Arbeit des Verfassungsschutzes ins Zwielicht zu ziehen. Auch Frommes alte Version, zu »fragen«, ob ich dem »Spiegel« die Unterlagen verschafft habe, walzte Spranger erneut aus. Ihm genügte es offenbar nicht, daß er von Herbert Wehner im Bundestag »Lump« genannt worden war. Spranger ging noch weiter: Seine Unwahrheiten, Halbwahrheiten, Andeutungen und »Fragen« publizierte er am 17. März 1977 im »Bayernkurier« unter der Überschrift »Wem dient Nollau?«. Dabei verzichtete er in diesem Zusammenhang auf die Komplott-Theorie und fragte »nur«, »inwieweit und aus welchen Gründen Nollau dem ›Spiegel‹ die geheimen Unterlagen verschafft haben könnte«.

Diesen Unterstellungen stehen folgende Tatsachen gegenüber:
Ich habe die Traube betreffenden geheimen Unterlagen erst gesehen und von ihrer Existenz erfahren, nachdem sie im »Spiegel« veröffentlicht worden waren, also kann ich sie weder dem »Spiegel« noch sonst jemandem verschafft haben.

Ein »Gespann Wehner/Nollau« gibt es nicht. Ich habe mit Herbert Wehner weder über den Abhörfall Traube noch über die anschließend bekannt gewordenen Fälle gesprochen, korrespondiert oder mit ihm darüber irgendeinen direkten oder indirekten Kontakt gehabt.

»Die Zeit« schrieb am 25. März 1977 unter der Überschrift »Die Technik der Infamie«: »Sprangers Technik besteht darin, die Gegner so nahe bei Beschuldigungen und Verdächtigungen zu plazieren, daß die Situationsbeschreibung zwanglos zur Anklage wird.«

Diesen Mann, der sich von der »Zeit« infam nennen lassen muß, vor Gericht zu ziehen, versage ich mir. Ich folge dem Rat eines Weisen: »Niedriger hängen!«

Das fällt mir insofern leicht, als ich mich bei den meisten Verleumdungen als der sprichwörtliche »Sack« betrachten muß, den die Rufmörder schlagen, um den »Esel«, die linksliberale Regierungskoalition, zu treffen.

Rückblick

Bedenke ich das Erlebte, so überwiegt das Gefühl, es sei am Ende gutgegangen.

Ich stürzte vom Pferd, aber der Hufschlag hat mein Leben gerettet. Auch später bin ich manchmal abgestürzt, aber nie irreparabel. Manchmal fühlte ich mich in der Talsohle. Aber als ich mich umsah, war es die Talsohle des Engadins, sie liegt immerhin 1800 Meter hoch.

Deshalb schätze ich die lateinische Weisheit:

»Quidquid agis, prudenter agas et respice finem« –
Mach's klug, was du machst, und warte das Ende ab.

Personenregister

Bildnachweis: Otto John (Süddeutscher Verlag, Bildarchiv); Nollau/Brandt (Deutsche Presseagentur, Bildbüro Bonn); „Spiegel"-Gespräch, Porträt (J. H. Darchinger, Bonn); alle übrigen Fotos sind Eigentum des Autors.